Recuperemos el periodismo

Recuperemos el periodismo

Ideas para regenerar la profesión periodística

Coordinado por Ignacio Bel Mallén

Gestión 2000

Gestión 2000 es un sello editorial de Centro de Libros PAPF, SLU.
Av. Diagonal, 662-664
08034 Barcelona
www.planetadelibros.com

Primera edición: febrero de 2023
Depósito legal: B. 467-2023
ISBN: 978-84-9875-556-5
Preimpresión: Realización Planeta
Impreso por Romanyà Valls, S. A.

Impreso en España - *Printed in Spain*

El papel utilizado para la impresión de este libro está calificado como **papel ecológico** y procede de bosques gestionados de manera **sostenible**.

A todos aquellos periodistas que hacen de su profesión un acto de servicio para que la sociedad esté informada, con verdad y a través de unos medios de comunicación libres, independientes y que ejerzan su papel de contrapoder de cualquier poder legítimo.

Sumario

Tercera parte
Editores versus empresarios

Prólogo

Soy consciente de lo que es un prólogo, he tenido el privilegio de ser requerido para prologar libros en muchas ocasiones, y por eso quiero advertir desde el principio que en esta ocasión me siento movido a prescindir casi por completo de uno de los indispensables componentes de todo prologuista: la neutralidad, la objetividad, la distancia crítica con el texto, la visión desapasionada y aséptica con la que se invita sin más a la lectura de su contenido.

Nada me preocupa tanto y con tanta intensidad en estos momentos de mi vida como la situación por la que está transitando esa sociedad a la que ya Masuda se refirió como «la sociedad de la información», y que está resultando ser la más desinformada de la historia. Por eso quiero en primer lugar agradecer a Ignacio Bel la iniciativa de editar esta obra y a todos los autores, entrañables compañeros y muchos de ellos queridísimos amigos, su contribución para regenerar la profesión periodística.

El profesor Bel ha mostrado en todo momento una especial sensibilidad por mostrar y defender el derecho universal a la información con el que el profesor José María Desantes Guanter, su maestro, quiso poner la sólida base científica de una profesión que sigue todavía en construcción. Y lo primero que me gustaría aclarar es que ese derecho sigue generando confusiones terminológicas anacrónicas.

No podemos seguir identificando el derecho de todo ciudadano a recibir una información veraz con el derecho a la libertad de expresión y el derecho a la libre empresa informativa. Son derechos relacionados intrínsecamente y desde luego todos ellos igualmente necesarios, pero no intercambiables ni confundibles. Confundir la libertad de expresión con la libertad de informar a los demás (libertad de información) y ambas con la libertad de crear un instrumento que informe (una tecnología) en formato de entidad empresarial pública o privada, podría entenderse hace un par de siglos, cuando el que los ejercía era un mismo individuo, ese viejo pionero que de forma artesanal y rústica editaba noticias en su modesta imprenta para representar la opinión de sus conciudadanos. Pero en estos momentos esa situación resulta tan inimaginable como si el derecho universal a la salud se confundiera con el derecho a ser curado, y, por tanto, al ejercicio profesional de la medicina y a poner en marcha hospitales con las últimas novedades tecnológicas.

Hace unos años —todos éramos más jóvenes— gritábamos desde los órganos de representación profesional: «Sin periodismo, no hay democracia. Y, sin periodistas, no hay periodismo». El silogismo es evidente, sin periodistas no hay democracia, pero hoy seguimos sin saber definir al periodista y, por tanto, sin saber definir el periodismo. Las definiciones románticas, ingeniosas, perversas o nostálgicas con las que los colegas se despachan no son por lo general más que involuntarias cortinas de humo que siguen sin desvelar su auténtica función.

Hoy, cuando nos intoxican por tierra mar y aire, cuando cualquiera puede erigirse en informador autorizado, cuando las fuentes hacen lo propio con todos los recursos imaginables a su alcance, cuando todos se consideran investidos con la autoridad moral de ser los intermediarios mientras desacreditan la intermediación, cuando nadie separa el grano de la paja, cuando cualquier interés de cualquier tipo encuentra su acomodo mediático con desfachatez y desparpajo, cuando más desguarnecidos están los ciudadanos destinatarios de las informaciones por su nula formación en esta materia, cuando los reguladores son los manipuladores..., hoy, queridos compañeros, todavía no hemos sido capaces de definir lo que es un periodista.

Hace años, y antes de definir el periodismo especializado, quise aportar una definición previa de periodismo, como «una intermediación profesionalizada para comunicar con eficacia la información socialmente pertinente». Hablaba sobre todo del *qué* de la información, de la selección de contenidos que atendieran precisamente el derecho universal del ciudadano a recibir información, una información veraz y pertinente que única, libre y responsablemente fuera seleccionada, elaborada y emitida por un periodista, por un profesional del periodismo, formado, titulado y colegiado. ¿A qué viene esa batalla inútil contra la colegiación?, ¿cómo regular el periodismo?, ¿desde qué instancias?, ¿cómo conseguir la excelencia, la ética, la deontología del periodismo?, ¿con comités ciudadanos?, ¿con consejos audiovisuales a base de cuotas políticas?, ¿con ancianos sabios independientes?...

Creo que ahora comprenderá el lector la advertencia inicial de mi falta de distanciamiento sobre esta cuestión, pero ésta es responsabilidad exclusiva del que me ha pedido que escriba este prólogo. Nuestra maltrecha y manoseada Constitución se atrevió con un artículo 20, que según opiniones autorizadas derogaba de hecho la famosa y vetusta ley de prensa de Fraga. Allí, los constituyentes ya apuntaron la necesidad de proteger una figura poco definida y necesaria para salvaguardar el espíritu de todo el artículo, los profesionales de la información, por eso sugirieron con un futuro imperativo: «se legislará sobre la cláusula de conciencia y el secreto profesional»..., qué curioso, el intento fallido de la ley de la cláusula de conciencia se ha quedado en agua de borrajas porque nadie sabe quién es el que tiene ese derecho, nadie se ha atrevido todavía a definir al periodista. Todo el mundo sabe lo que es un abogado, un médico, un arquitecto..., hasta un administrador de finca urbana, que tiene su colegio y sus colegiados, pero los periodistas..., ya se sabe, son lo que otros quieren que sean, o que no sean.

«Recuperemos el periodismo», de acuerdo, pero, por favor, pongámonos previamente de acuerdo en saber lo que tenemos que recuperar y, sobre todo —y es lo que me parece más importante—, no dejemos que nuestra sociedad siga avanzando a ciegas, movida por intereses ajenos, mientras con ese avance nos estamos alejando todos cada vez más de la verdad.

Javier Fernández del Moral,
periodista y catedrático emérito
de la Universidad Complutense

Introducción

La libertad de expresión y con ella la información están sufriendo en los últimos años grandes y graves ataques por parte del poder ejecutivo y sus aledaños. La manifestación, sin ningún tipo de rubor, de personas del ámbito político o relacionadas directamente con él, las evidencias de interferencias del Gobierno en la composición de equipos directivos empresariales, las prohibiciones de preguntas en ruedas de prensa públicas o la elección de interlocutores, al margen del uso partidista y bochornoso de los medios públicos de comunicación, y alguno privado, son algunos de esos síntomas que han colocado a la profesión periodística en uno de sus peores momentos de los últimos decenios. Para completar este cuadro negativo, hemos conocido la intención del Gobierno de promulgar un anteproyecto de «Ley de Información Clasificada» que supone una censura de documentos que los ciudadanos tienen derecho a conocer.

Por la parte profesional podríamos citar, en muchos casos, el olvido del papel lícito de crítica a la acción del Gobierno, sea el que sea, la vigilancia de los excesos de dicho poder o incluso la militancia política que demuestran en sus intervenciones públicas, que hace recordar la época de la «prensa de partido». Y tampoco podemos olvidar, en la relación de este cuadro negativo, el mundo empresarial. La crisis económica de 2008, la revolución de las tecnologías de la información y la falta de previsión ante estos hechos, como ellos mismos reconocen, han conducido a las empresas a situaciones límites en lo que a su viabilidad se refiere y en el mejor de los casos a un recorte de talento redaccional que repercute en la baja calidad informativa. A ello se une la llegada a los consejos de administración de empresas de comunicación de personas desconocedoras del verdadero sentido de lo que es la información, interesadas sólo en la cuenta de resultados.

El objetivo del libro ante esta delicada situación en que se encuentra la profesión periodística en España es presentar de una manera rigurosa, pero justificada con ejemplos y casos prácticos, la deficiente realidad de nuestra profesión en el momento actual, en el que goza de escaso privilegio en el reconocimiento social. Se han olvidado, en gran medida, los atributos esenciales de la actividad informativa en todos los estamentos que conforman la profesión, con el consiguiente deterioro del nivel intelectual y profesional. No se trata de ser negativos en su planteamiento ni desarrollo, simplemente de mostrar las carencias que las distintas parcelas periodísticas tienen en estos momentos, sobre todo por haber abandonado las esencias de lo que es, para qué es y por qué es la información.

No se pretende que sea un libro teórico, sino que combine el aspecto docente con las vivencias que el día a día presenta en el terreno puramente profesional. Por lo tanto, el libro se mueve entre el ensayo y la opinión, evidenciando las notas negativas que la profesión tiene en estos momentos y sus causas, analizando hasta qué punto las nuevas estructuras informativas, sean redes sociales, medios online o páginas web, están ayudando o no a ese descenso de valor de nuestra profesión.

La información y sus protagonistas se enfrentan en estos momentos a una serie de desafíos de indudable importancia, derivados todos ellos de dos fenómenos que no tienen conexión en su origen, pero que conjugados están llevando a la profesión periodística a una nueva realidad. Se trata en primer lugar del nacimiento de las tecnologías de la información, que han afectado de manera brutal al modo de hacer y transmitir la información. Y junto a ello, a las sucesivas crisis, económica y sanitaria, transcurridas desde el año 2008, y que han influido principalmente en uno de los sujetos esenciales del proceso informativo: la empresa periodística.

Como consecuencia de estos dos impactos negativos —más el olvido de muchos de los principios esenciales que han configurado la profesión periodística durante doscientos años—, los más críticos vaticinan la desaparición del oficio menestral, tal y como se ha ejercido hasta el momento, y otros, menos radicales, anuncian el nacimiento de una manera de hacer y desarrollar la información, sin mucha semejanza con lo que ha venido siendo en su historia.

Si a estos olvidos, fundamentalmente en el terreno deontológico, les unimos los nuevos y tremendos ataques que sufre la información —como la desinformación, las *fake news*, la tendencia de la posverdad y el uso negativo del marketing, realidades que siempre han existido pero que hoy adquieren una dimensión inusitada por el poder de multiplicidad que permiten las nuevas tecnologías—, se puede dibujar un panorama bastante negro, pero real, de la situación de la información en España (y en otros muchos países), y que no sólo afecta a la información, sino a la propia humanidad tal y como afirma el informe mundial de la Unesco 2021/2022, cuando señala: «La capacidad de generar desinformación a gran escala y atentar contra los hechos establecidos científicamente es un riesgo esencial para la humanidad».[1]

Este libro nació con la intención de abordar esos riesgos esenciales que la profesión informativa tiene en España, estudiando su porqué, analizando sus causas, subrayando sus consecuencias y sobre todo alertando de las nefastas consecuencias que puedan tener en ese binomio sociedad-información (periodistas). Quienes lo han escrito son mujeres y hombres que desde el mundo profesional y docente se han enfrentado con las difíciles circunstancias que rodean a todos los temas analizados y, por tanto, no hablan ni escriben de oídas, sino por haber sido y seguir siendo

1. Guterres, António, en *El periodismo es un bien común: Tendencias mundiales en libertad de expresión y desarrollo de los medios*, Informe mundial 2021/2022, Unesco, 2021, p. 5.

testigos de todos y cada uno de esos «puntos negros» que aquejan al periodismo español y de los que habló el profesor Díaz Nosty.[2]

Si el contenido sirve para recapacitar, pensar y profundizar en cada uno de los temas tratados, la finalidad de la obra se habrá cumplido en su primer objetivo. Y si además sirve para que tomemos conciencia del delicado momento de la profesión y que cada profesional ponga su grano de arena para que mejore la realidad periodística, la recompensa al esfuerzo de sus autores será completa.

Jávea, septiembre de 2022

2. Díaz Nosty, Bernardo, *Libro negro del periodismo en España*, Ediciones APM, Madrid, 2011.

Agradecimientos

La redacción de un libro, como de cualquier otra obra, conlleva el agradecimiento a las personas que lo han hecho posible. Este trabajo no es una excepción porque, además, tiene múltiples autores que han contribuido a su culminación.

Por ello y en primer lugar quisiera dar las gracias a todos y cada uno de los que me han acompañado desde el inicio de esta obra, porque sin su participación no hubiera sido posible su realización. Gracias por todas sus sugerencias siempre realizadas para mejorar su contenido. Ellos son los verdaderos protagonistas del libro y estoy seguro de que el contenido de cada capítulo supondrá un excelente aporte intelectual que, sin falsas modestias, servirá para conocer la realidad informativa en España en los momentos actuales y para contribuir a la reflexión sobre las medidas que necesita el trabajo periodístico en nuestro país para seguir avanzando positivamente en los próximos decenios. Su profesionalidad, docente o periodística, es una garantía de que sus reflexiones contribuirán a un mejor conocimiento del problema de la información en España.

Desde el primer momento, cuando le conté a Jorge del Corral el proyecto que tenía en mente en aquellos momentos, me animó a seguir adelante, aportándome su ayuda, valoración, apoyo y gestión, incluida la búsqueda de la editorial para que el libro fuera una realidad. A lo largo de los meses que ha costado su edición ha sido una ayuda constante en las más diversas necesidades que se han ido planteando para culminar su edición. Por ello le quiero agradecer de manera especial su permanente apoyo en este y en anteriores proyectos, y me alegro muy vivamente de que haya querido participar en el contenido de esta obra.

Quiero agradecer también a Loreto Corredoira, compañera de toda la vida en las tareas docentes y copartícipe de muchas aventuras de formación en España y en Latinoamérica, el ánimo y los consejos que desde el primer momento me dio para seguir con la aventura de este libro, y su buena disposición para ayudarme a concluir su edición.

No puedo olvidar a otras personas que, sin participar en la redacción del libro, como hubiera sido mi deseo, me han mostrado su apoyo y ayuda, con sus muestras de ánimo, su colaboración en los momentos de dudas e incertidumbres sobre determinados enfoques y a través de importantes gestiones con empresarios de los medios de comunicación a los cuales entrevistar, etcétera. Entre ellos quisiera citar a José María García Hoz, amigo entrañable y conocedor como pocos de los entresijos periodísticos empresariales de los últimos decenios de España, y a José Luis Martín Martínez, redactor de la Asociación de la Prensa de Madrid, por todas las facilidades dadas para la consecución de la documentación precisa para la realización de diversos capítulos del libro. No quiero olvidar a otro buen amigo del mundo universitario, Javier Fernández del Moral, que aceptó escribir el prólogo nada más se lo solicité.

Mi agradecimiento a Roger Domingo y a Héctor Juan Herrero, del Grupo Planeta, que han hecho que este libro vea la luz. Desde el primer momento su disposición fue positiva, facilitando su edición y aportando su experiencia para que su contenido fuese una realidad.

Y finalmente, y no por ello menos importante, mi agradecimiento a mi mujer, que como en anteriores proyectos editoriales, ha «sufrido» mi olvido durante las muchas horas que la redacción y edición de una obra de estas características exige, descontándolas de esa vida en común tan agradable siempre, y máxime en la etapa de jubilado, donde la convivencia es más esperada y deseada.

Primera parte

El papel de los periodistas en el momento presente

1

Restauremos el valor de la verdad. De dónde venimos, dónde estamos y adónde vamos

Fernando González Urbaneja

Antes del recorrido clásico que les propongo (de dónde venimos, dónde estamos y adónde vamos), quiero anticipar a modo de conclusión una expectativa personal: vamos a más y a mejor. Una conclusión quizá insuficientemente fundada y justificada por los datos, pero es mi esperanza tras cincuenta años de ejercicio profesional que padece ahora de una sensación de impotencia, de jarrón chino retirado de la sala porque no hay dónde colocarlo sin que estorbe. Lo haré apelando a un breve discurso (doce minutos) que el presidente Obama pronunció en el homenaje a Walter Cronkite en septiembre de 2009. Decía Obama:

> Éste es un momento difícil para el periodismo. Aunque crece el apetito por noticias y la información, las redacciones están cerrando. A pesar de las grandes historias de nuestro tiempo, los periodistas serios se encuentran con frecuencia sin empuje. Al tiempo que disminuyen las noticias se reduce lo fundamental de ellas. Llenan el hueco con comentarios apresurados, con cotilleos sobre algunos famosos o historias insustanciales. «¿Qué ha ocurrido hoy?», se reemplaza por «¿quién ha ganado hoy?». El debate público se degrada, la confianza del público se quiebra. No somos capaces de entender nuestro mundo ni de entendernos unos a otros.

A Obama le obsesionó la «polarización» del debate político, social y cultural; el extremismo, el desinterés por la verdad. Pero esa obsesión del presidente no se tradujo luego en resultados prácticos, ocurrió lo que advertía Churchill: lo complicado de la política es «pasar a la acción, poner en práctica...». La doble presidencia de Obama dio pocos frutos, sobre todo si se mide por las expectativas. De hecho, era un centrista que quería convencer y quizá buscaba ser querido y admirado más que hacer cosas que duraran. Obama concluyó su breve intervención en los siguientes términos: «Volverán los tiempos dorados del periodismo, los de Cronkite cuando perseguía la verdad, con honestidad, explorando nuestro mundo de la mejor manera posible».

Comparto esa creencia en el retorno a los buenos tiempos, a más y mejor periodismo. Encuentro amparo en las ideas de Albert Camus, que me parece una referencia de autoridad para el periodismo permanente, escritas en *Combat* a finales de 1944, cuando los aliados acababan de liberar París. Escribía Camus: «Un país vale lo que vale su prensa. Debemos elevar este país elevando su lenguaje» (referido al periodismo). Luego precisó una serie de principios sustanciales en los que asentar el buen periodismo, que servían entonces y sirven ahora.

Resumo esos principios tomados del excelente trabajo realizado por María Santos-Sainz publicado en 2016 por Libros.com y titulado *Albert Camus periodista*. Sigamos a Camus:

1. «En este oficio a la jactancia o a la estupidez no hay más que un paso [...] existe el peligro de dar a entender que creemos tener el privilegio de la clarividencia y la superioridad de los que no se equivocan jamás.» Una sugerencia que debería presidir las redacciones y ser leída y recordada a cuantos intervienen en una tertulia o equivalente antes de sentarse a opinar. Incluso sería deseable que cuantos incurran en ese riesgo sean apercibidos con tarjetas amarillas o rojas, para evitar reincidencias.
2. «Que los artículos de fondo [...] tengan fondo y que las noticias falsas o dudosas no sean presentadas como verdaderas [...]. No debemos publicar noticias probables o

suposiciones misteriosas.» Otro lema para presidir las redacciones y guiar el trabajo de redactores, redactores jefes, directores y, en última instancia, de los editores. No dar gato por liebre, no confundir lo verosímil o lo probable con los hechos.

3. «Un diario que acepta amañar sus cuentas para beneficiarse de una gran audiencia no tiene derecho a hablar de este país.» Una proposición que tiene que ver con la honradez y la transparencia. La prueba del algodón es cómo los medios hablan de sí mismos y de sus competidores. Es asombroso cómo los medios mienten, falsean y manipulan la información que les concierne y a la que tienen derecho sus lectores. Rectificar esa mala práctica sería el primer escalón para recuperar la credibilidad. El segundo escalón sería gestionar con decencia y rectitud las «rectificaciones», las quejas de los ciudadanos que se sienten maltratados por los medios.
4. «Por poco que conozcamos el mecanismo de la información, es fácil asegurarse de la autenticidad de una noticia. A ello debe dedicarse un periodista libre, porque si no puede decir todo lo que piensa, sí le es posible no decir lo que no piensa o lo que considera falso.» Una propuesta que apela a la conciencia y al carácter de cada periodista individual. No es casualidad o rareza que la Constitución reconozca la «cláusula de conciencia», se trata de uno de esos derechos/deberes del periodista. La apelación a ella en muchas redacciones contribuiría a evitar desviaciones y descrédito.
5. «Un diario independiente señala el origen de su información, ayuda al público a evaluarla, repudia el lavado de cerebro, suprime las invectivas, mitiga mediante comentarios la uniformización de las informaciones; en suma, sirve a la verdad en la medida de sus fuerzas [...]. Informar bien más que informar rápido, precisar el sentido de cada noticia con comentarios apropiados [...], instaurar un periodismo crítico y no admitir que la política venza sobre la moral, ni que ésta caiga en el moralismo.» Una

propuesta completa que reclama transparencia, enseñar cómo se hace el trabajo, gestionar las fuentes con decencia.

Y concluyo, siguiendo a Camus, con una especie de mandato:

> La tarea de cada uno de nosotros es pensar bien lo que nos proponen decir, modelar poco a poco el espíritu de nuestro medio, escribir lúcidamente y no perder de vista la necesidad que tenemos de dar al país su voz profunda. Si hacemos que esa voz sea la de la energía en vez de la del odio; la de la orgullosa objetividad y no la de la retórica; la humanidad antes que la mediocridad, entonces muchas cosas se habrán salvado y nosotros no habremos defraudado.

Me parece que la propuesta de Camus es ahora la mejor medicina para recuperar el periodismo, sometido a múltiples amenazas y dilemas precisamente cuando disponemos de buena información, mejor que nunca, de informaciones y opiniones diversas, documentadas y fundadas en la razón. Pero hay que hacer un esfuerzo para localizarlas y más esfuerzo aún para sortear los velos, las trampas: para no asumir como cierto lo que es mentira, media verdad o fabulación. De manera que las personas que no hagan ese esfuerzo corren el riesgo de intoxicación permanente. El periodismo tiene sentido como antídoto contra las intoxicaciones. Disponemos de la mejor información, pero eso no quiere decir que sea la dominante; aquí vale la famosa ley de Gresham para la moneda, la mala desplaza a la buena; el bulo sofoca la información rigurosa y ponderada.

Con ese marco de confianza en el futuro, voluntarista y voluntariosa, desarrollaré ese esquema un tanto jesuítico del «de dónde, dónde y adónde».

De dónde venimos

Pues venimos de una siesta, la que siguió a un éxito: el del modelo de medios que salió de la convulsión de la Segunda Guerra

Mundial. El factor clave fueron los lectores y anunciantes que sustentaron el nuevo periodismo profesional, que pronto fue pujante. De la mediocre prensa militante del siglo XIX y de la primera mitad del XX pasamos al periodismo industrial y profesional sustentado en las rotativas y el consumo de masas que necesitaba de la publicidad.

El modelo de negocio era sencillo: ganar credibilidad y obtener una difusión que proporcionara ingresos suficientes para alcanzar la independencia financiera; condición necesaria para una independencia editorial, que sustentara la profesionalidad periodística que produce credibilidad. El periodismo fue la voz de la sociedad actuando como control externo de los poderes; así los medios ganaron credibilidad e influencia, fueron útiles a los ciudadanos y lograron unos clientes que pagaban.

Momentos culminantes de ese éxito fueron el caso Watergate y la crítica a la guerra de Vietnam. Puedo poner más ejemplos, incluidos europeos y españoles, pero son conocidos y no quiero extenderme. Tan culminante fue ese momento que los poderes tomaron buena nota y empezaron a equiparse para neutralizar el periodismo. No han parado de equiparse desde entonces, tanto que se aproximan al objetivo de capturar el periodismo para desnaturalizarlo.

Cuando el general Colin Powell dijo que no quería periodistas merodeando por el teatro de operaciones de la primera guerra de Irak (se acordaba de Vietnam), los poderes ganaron un primer asalto. Cuando Trump logró utilizar a los medios para que las críticas y las burlas le proporcionaran gratis la notoriedad que buscaba, la partida estaba perdida. Además, algunos medios se entregaron cuando detectaron que la polarización y la militancia les iban bien, que su negocio no era difundir noticias, sino facilitar a un amplio grupo de ciudadanos lo que querían escuchar.

Vuelvo al caso español con un dato referido a los medios, a los diarios españoles, que sirve para otros países. En este negocio se ha ganado mucho dinero y se ha reinvertido poco en el sector. El año 2007 los diarios españoles facturaron 3.000 millones de euros y ganaron 300 millones, con unos recursos propios de

300 millones, en buena medida reservas autogeneradas, y poca deuda. Cifras contundentes. La radio obtenía tan buenos o mejores resultados. Y además el dividendo intangible de la influencia. Luego llegó la siesta complaciente y suicida. Precisamente cuando la revolución tecnológica (internet) amenazaba los cimientos del negocio. Como no se enteraron, no inventaron nada, lo dejaron para otros que los parasitaron.

Ese buen negocio se esfumó rápido a lo largo de los años posteriores, especialmente entre 2008 y 2013. Una larga siesta antes y después de la crisis. Hoy el sector está en pérdidas, los balances son catastróficos, necesita recapitalizar, se endeudan, reclaman ayudas y venden su alma. No sintieron cómo se movía el suelo bajo sus pies y no hicieron nada. Se distrajeron con las licencias de televisión, un negocio distinto y complejo que no entendían y en el que perdieron dinero, energía y, sobre todo, independencia.

A la pregunta tópica «¿cuándo se jodió el Perú?» (en este caso los medios), tengo una respuesta: el día y hora (última década del siglo XX) en la que los grandes medios aspiraron a obtener del Gobierno de turno el favor de una licencia de televisión o de radio. Ése fue el iceberg contra el que chocaron voluntaria e inconscientemente.

Seducidos por las licencias no entendieron que empezaba un mundo nuevo, una disrupción tecnológica, el fenómeno de la digitalización, las nuevas tecnologías, a las que los medios no aportaron nada, no inventaron nada, no innovaron, no se pusieron a la hora, ni al día, ni al año. Vendieron su alma, precisamente cuando tendrían que haber estado más despiertos. Si hubieran invertido en su negocio y no en distracciones (el mito del multimedia, la diversificación y las sinergias) hoy la historia sería distinta.

Durante la «edad de oro» del periodismo, entre 1950 y 1990, dos generaciones de periodistas y editores profesionales construyeron medios sólidos, con personalidad, cada vez más poderosos e influyentes, en todos los ámbitos, del internacional al local, y en todos los sectores, de los negocios, al deporte, desde las ideas al entretenimiento. Un mundo que hemos vivido y conocido, del que sentimos nostalgia. Un modelo ahora agotado por tres factores confluyentes: el económico (la recesión), el tecnológico (la ruptura digital) y el profesional (la incompetencia, la siesta).

1. El factor económico (lectores y anunciantes): El impacto de las sucesivas crisis (la de 2008, la de 2010, la de 2020) y también los cambios industriales y tecnológicos (internet y digitalización) abatieron los ingresos; para siempre en algunos casos, cuando la publicidad significaba la mitad de ellos.

Hubo tiempo para reaccionar, para buscar alternativas, para ensayar. No lo hicieron. También entró en crisis la otra mitad del negocio, los ingresos que aportaban los lectores que de comprar el periódico pasaron a obtener gratis esa misma información (o parecida) a través de los buscadores de las grandes tecnológicas. Así que en pocos años las dos fuentes de ingresos se secaron.

Los diarios españoles ingresaron el año pasado menos de un tercio que en 2008, están en pérdidas, que disimulan como pueden, van vendiendo activos y aplicando ajustes poco inteligentes (malbaratan sus activos). Los balances están destrozados y el patrimonio evaporado. Los editores han desaparecido sustituidos por dueños y ejecutivos que no quieren serlo (son acreedores o liquidadores en busca de un buen bonus) o sólo tienen interés en instrumentalizar las cabeceras.

Dos años atrás decía en la Universidad Internacional Menéndez Pelayo (UIMP) de Santander:

> La crisis ha sido dura para editores que han visto esfumarse su patrimonio y su posición. Pero sobre todo se ha llevado por delante empleo y capacidades. Entramos en la crisis sobredimensionados (nuestra propia burbuja), y la pérdida acelerada de ingresos y márgenes impuso ajustes duros, mal explicados y peor aplicados. Reducir las plantillas sólo aplazó los problemas para complicarlos. Cataplasmas. Las indemnizaciones elevadas (dicen que generosas) para que la gente se fuera dejó las cuentas de explotación aparentemente apañadas, pero incurriendo en costes devastadores sobre las redacciones, que afectaron al valor de las marcas y deprimieron la moral profesional. Hay medios que han perdido su carácter y ahora ignoran quiénes son, de dónde vienen, y adónde van.

Y hace doce años en el Foro de Nueva Economía (2009) comenté:

> Los periodistas no vamos a salir bien parados (de esta crisis), nos va a tocar buena parte de la factura. Me pregunto ¿hay jefes con autoridad moral para plantear a sus redacciones el dilema entre empleo y salario?, ¿podemos imaginar acuerdos para diferir retribuciones hasta que vuelvan mejores tiempos? Despedir, ajustar eso que llaman pasivos laborales, cambiar redactores caros por baratos, experimentados por aprendices... significa también deteriorar el producto. Sin buenos editores no habrá espacio para el periodismo, y sin buenos periodistas los editores lo tienen crudo. Algo de lo peor que nos ha pasado es que periodistas y editores distanciamos nuestros intereses hace tiempo, quizá por las intrigas de los gobiernos, por el tráfico de licencias y contratos, o por mala cabeza.

Unos comentarios inútiles que molestaron a algunos colegas bien instalados. Los de los convenios a 80.000 euros de coste salarial medio anual.

En 2010, en una ponencia que presenté con motivo de que España ejerciera la presidencia de la Unión Europea, dije:

> Los errores más serios no vienen del agotamiento del negocio central, sino de diversificaciones mal planteadas; de inversiones mal calculadas y peor ejecutadas; de compras equivocadas; de deudas asumidas con irresponsable alegría. El viaje al multimedia ha sido una aventura incierta. Las sinergias son hipotéticas, restan más que suman. Son errores graves de gestión. En este negocio se ha ganado mucho dinero y se ha reinvertido poco en el sector. Ganaron aquí para perder allá. Ahora la rentabilidad es más problemática, algunos pierden, el negocio está difícil, pero hay oportunidades, y hay que experimentar para ganar el futuro. Asumir errores y volver a intentarlo.

Durante la gestación de la crisis (ya en el siglo XXI) los editores han mirado su dedo, y no el horizonte, ni el entorno; se opusieron con sorprendente unanimidad a la prensa gratuita, reclamaron (y reclaman) ayudas a los gobiernos, a través de los partidos, también a los del IBEX 35, y se olvidaron de cuál es su negocio, su materia prima: los periodistas, la información y los ciudadanos. Y la independencia.

2. El factor tecnológico ha laminado los sistemas de producción y distribución, (para bien), pero también, y es lo más importante, han liquidado el monopolio de la intermediación informativa que tenían los medios y los periodistas, que ya no son necesarios para obtener información. La ruptura de esa franquicia no la entendieron, ni asimilaron ni los editores ni los periodistas. La mayoría sigue mirando al pasado y reclamando ayudas públicas o privadas a cambio de su alma. Como Fausto, la venden al diablo.

La revolución tecnológica no sólo afecta al periodismo, las demás actividades y profesiones se han visto alteradas por la disrupción que suponen la digitalización e internet. Algunos sectores han desaparecido como los dinosaurios en su día, pero otros se adaptan, se reinventan y mejoran su posición para ganar el futuro. Para el periodismo, internet supone una gran oportunidad que por ahora sólo ha sido parcialmente explorada y asimilada.

3. El factor del modelo de negocio, del carácter. A las dos crisis anteriores y simultáneas se unió otra más grave: la quiebra del modelo de negocio, del paradigma del periodismo una vez roto el monopolio de la intermediación informativa. Los principios del periodismo profesional son permanentes: informar de lo que pasa, de lo que interesa, hacerlo con claridad, tras una búsqueda diligente de la verdad, con verificación, al servicio del ciudadano, dando voz a todos los implicados..., pero para hacerlo ahora las herramientas son distintas, los procedimientos han cambiado. Señalaba en Santander hace un par de años: «Me parece incomprensible que diarios de referencia mantengan la misma estructura y modelo que hace treinta años en una sociedad donde los flujos informativos han cambiado de forma radical. Hay que volver a pensar en los ciudadanos como objeto/sujeto del periodismo profesional; a colocar en su sitio instrumental a las fuentes y sus intereses y pretensiones; hay que rechazar la agenda que imponen esas fuentes; dar la espalda a lo gregario, a la propaganda y la docilidad. Construyamos otro modelo. Otro modelo adaptado a las formas de lectura, de acceso de los ciudadanos».

Ahora la información es instantánea, en directo, las exclusivas se comparten al segundo, saber dónde y quién fue el origen de la noticia es complicado, la información llega, fundamentalmente, a través de las redes sociales, especialmente WhatsApp, que es el medio al que se otorga más o menos credibilidad según, cómo y quién, pero atención permanente, ¡es tan sencillo, tan inmediato! Además, al alcance del dedo, en el mismo teléfono, al mismo tiempo, Twitter, Facebook o YouTube difunden comentarios, noticias, insidias... que permiten prescindir de los periodistas, utilizando a esos mismos periodistas cuyas informaciones difunden.

El caso de Twitter es interesante, ya que es una de las referencias de inspiración y consulta permanente de los periodistas, que pescan en ese abrevadero como fuente y alerta, que lo utilizan para divulgar sus trabajos y que al mismo tiempo reciben su influencia, la interacción de crítica o aplauso que alimenta algunas bajas pasiones y que produce miedos o entusiasmos.

La mexicana Mónica Nepote, en una reciente conferencia en la Fundación Telefónica, dijo: «Twitter, del diálogo que proponía al principio, ha derivado en una burbuja de "opinología". Ya no es un espacio de información, contraste y reflexión, sino un espacio masivo de descalificación y odio donde todo el mundo es experto en algo o en casi todo».

No son pocos los periodistas que, tras conseguir decenas de miles de seguidores en Twitter (lo que consideran un gran activo), acaban apeándose de la aventura por los insultos, mentiras, deformaciones de las que son víctimas por anónimos descontrolados o muy controlados. Twitter se convierte en una autopista de conversación sin reglas, sin turno, sin moderación, sin respeto.

Otro pequeño ejemplo del cambio de paradigma que vivimos estos días: el formato de las conferencias de prensa, definitivamente averiado. Lo vemos en la Moncloa y en otros lugares donde los que convocan responden más que a periodistas a personas seleccionadas por una consultora que hacen preguntas en directo o en diferido. Los periodistas son innecesarios y cuando utilizan el formato tradicional apenas sirve por la multiplicación de medios, algunos sin estructura informativa, ni experiencia, ni preparación, que convierten el formato en poco operativo. Los artistas para promocionar una película o un acontecimiento reciben por turno de cinco minutos, uno detrás de otro, a periodistas previamente seleccionados que sirven más a la promoción que a la información, al artista que al público.

A los responsables de las redes sociales no les interesa el periodismo, ni su disciplina; sólo transmiten, no elaboran y huyen de cualquier responsabilidad editorial. Ahora disimulan y buscan excusas contratando verificadores externos para evitar responsabilizarse; su negocio es captar publicidad, marketing directo, utilizando la información como cebo, subordinando la información que es mero instrumento y no objetivo final. No responden por lo que difunden, no se responsabilizan, les da lo mismo distribuir verdad o mentira, buena información o basura.

Es algo que los editores y periodistas tenían que haber entendido y analizado y sobre lo que tenían que haber actuado en consecuencia. No lo hicieron, se entregaron al clic, a lo cuantitativo, a los buscadores, desdeñando el valor añadido de su trabajo, se olvidaron del cliente y se entregaron a la comodidad del gratis. Ahora quieren recuperar al cliente y el precio, con una suerte incierta, ya que el «gratis» se ha instalado y costará dejarlo. La difusión de los diarios se ha venido abajo y no consiguen sustituir lectores por abonados de pago a sus ediciones digitales, entre otras razones porque los propios editores no han creído en el valor añadido de su trabajo. En vez de capitalizar sus redacciones las han reducido y devaluado. Los valores del periodismo, su deontología, se han deteriorado con la crisis, precisamente cuando más importantes eran para la credibilidad, que es la vacuna contra la «infodemia».

Tres ejemplos:

1. Es una vergüenza lo mal que rectifican los grandes medios, su resistencia a reconocer errores que debilitan su credibilidad.
2. Es una vergüenza la autopropaganda, que daña la credibilidad y desprecia al ciudadano.
3. Es una vergüenza la grosería en la descalificación de los competidores.

Todo esto se puede arreglar si una docena de personas deciden hacerlo, si uno empieza y nota el efecto, los demás le seguirán. Hace dieciocho años (2004) en el Foro de la Nueva Economía, cuando vivíamos en años felices, comenté:

> ¿Qué le pasa al periodismo de hoy? Va a menos y a peor; un deterioro con difícil enmienda; los daños puede que sean más serios de lo que parece. El griterío, la militancia desaforada, la arbitrariedad... se notan más que el buen trabajo. Lo extravagante se impone a lo riguroso. No son pocos los que creen que las noticias y los comentarios se compran y se venden, que todo es relativo y depende de quién ande interesado. Los agujeros en los buenos periódicos, el descrédito de los mejores noticiarios, son alarmantes. Aquí y en los demás países, algunos con más tradición. Sin periodismo razonablemente independiente, plural y creíble, el modelo no funcionará. Pero el mismo éxito del periodismo trae consigo amenazas y fracasos. El periodismo es objeto de captura de todo tipo de intereses [...] que consiguen su objetivo.

Facebook o Google han saqueado el negocio de los medios, los han privado de fuentes de ingresos (la publicidad) y, además, se han apropiado de los productos de más valor: informaciones, crónicas, reportajes, artículos de opinión, entrevistas... para ofrecerlos gratis, abiertos a quien quiera acceder a ellos a través de la red, de tabletas o correos electrónicos, con contenidos ordenados, indiciados, emitidos a borbotones abrumadores. Tienen problemas a la hora de valorar, de distinguir lo que es cierto y relevante de lo que no lo es, lo que es la naturaleza del periodismo, pero ese matiz esencial se da de lado y cursa en contra del periodismo y de su credibilidad, al quedar relegada la profesión a un papel de tonto útil, de proveedor sin poder efectivo. A cambio de clics se cede lo esencial, el trabajo con valor añadido. Y los agregadores y buscadores se quedan con los ingresos, con la publicidad que era la fuente de ingresos. Así que los medios ceden gratis lo que antes cobraban y además ven como se esfuman los ingresos publicitarios.

Sobre la politización, que se puede calificar de concupiscencia (apetito desordenado de placer), un tema viejo y permanente sobre el que decía en 2005, en el Club Siglo XXI, cuando Zapatero y los editores guerreaban por las nuevas licencias de canales de televisión (La Sexta y Cuatro): «Sin arte ni parte, los periodistas nos vemos metidos en una bronca monumental, de esas en las que para entender lo que pasa los no iniciados necesitan descodificador. Una bronca que puede llevarnos, de nuevo, a un estéril túnel de recelos y alineamientos coyunturales, como ocurrió hace ahora ocho años, el invierno de 1997, cuando la guerra de las plataformas, los descodificadores y los derechos del fútbol... que asoló el sector, en perjuicio de casi todos, con desastrosos efectos para la credibilidad de los medios y de los profesionales que los fabricamos. En este negocio perder credibilidad es lo peor que puede ocurrir. La credibilidad de los medios es el mayor desafío para los periodistas, es el oxígeno necesario para vivir. Un activo que se construye poco a poco y se destruye con velocidad. Muchos de los protagonistas más activos de aquel desastre de 1997, tan costoso para todos, ni están ni se los espera, pasaron por el sector como elefantes en cacharrería, se metieron en camisas de once varas para sacar ventaja, para ajustar cuentas, o por otras razones y causas... y luego desaparecieron de escena, dejando platos rotos, facturas sin pagar y enfrentamientos, odios en algunos casos, que durarán, servidos para largo. Aquélla fue una guerra de restas, tuvo un efecto sustraendo para casi todos y un precio muy alto».

Dónde estamos

Estamos en un momento de incertidumbre y cambio; al borde del precipicio. Lo nuevo no consolida y lo viejo no muere. Un momento de cabeceras zombis que se resisten a aceptar que están muertas; y de recién nacidos que no saben si van a crecer y cómo van a hacerlo. Es curioso que buena parte de los mejores periodistas del siglo pasado que fueron ajustados, despedidos, prejubilados en los ERE de la última década son ahora promotores de las nuevas iniciativas digitales, en muchos casos, con las mismas estrategias de los zombis: publicidad convencional de eso que llaman IBEX o equivalentes, becarios, eventuales y bajos salarios. Pero van ocupando un espacio creciente de influencia que puede llegar a ser la semilla de los protagonistas del nuevo periodismo para el siglo XXI, ese al que aludía Obama y en el que creo.

Algunas de esas nuevas iniciativas digitales (*El Diario* o *Libertad Digital*) apuestan por un esquema de socios-amigos que aportan ingresos regularmente que sin ser aún suficientes significan una vía de financiación. Socios que no aportan capital ni tienen derechos por ello, pero que son algo más que suscriptores pasivos, que soportan, al menos emocionalmente, el proyecto por su sesgo ideológico o por simpatía. Me parece un camino interesante y con futuro, en el fondo es volver al modelo tradicional de la doble vía: publicidad y lectores-suscriptores. El problema radica en lograr una base amplia y suficiente de suscriptores. Las grandes cabeceras en inglés (*NYT*, *The Economist*...) han logrado millones de suscriptores y crecen cada día, pero se dirigen a mercados muy grandes con productos de mucha calidad. En el caso español la base es más modesta, falta espesor al mercado, a pesar de disfrutar de un activo tan importante como un idioma con 500 millones de hablantes, algo que casi nadie ha conseguido rentabilizar hasta ahora.

Si alguno de los grandes medios decide dejar de publicar cada mañana su periódico en papel, no me extrañaría. Quizá traten de mantener una edición de fin de semana, u otros formatos para defender el valor de marca, de la cabecera, pero estamos ante el punto final del diario de papel e influencia que hemos conocido. Cada lector o suscriptor que pierden... no vuelve; elige otros soportes o procedimientos para informarse. Habrá algún tipo de medio, como hay libros, que sobrevivirán, pero no serán dominantes, ni generalizados, aunque pueden ser influyentes, medios de élite. El mercado se va a diversificar y ampliar.

Y con respecto a la televisión, si los informativos tradicionales, los telediarios a hora fija, dejaran de emitirse en alguna de las cadenas o en todas, sustituidos por otros formatos a la carta, tampoco me sorprendería. La información en directo, caliente, instantánea, perpetua (aunque con rendimientos decrecientes) tiene valor y presencia creciente en el nuevo universo televisivo. Van a desplegar nuevos formatos y métodos, en plataformas abiertas o de pago. Éste es un sector incipiente por su contenido informativo o analítico, pero va a ser cada día más importante e influyente. Sospecho que es lo que viene, que será dominante como medio informativo universal, pero me parece que está en la fase inicial de un prometedor futuro.

Con todo esto quiero decir que estamos en un momento crítico de cambios en todos los ámbitos de la información. Una nueva era. Los informativos de televisión, muchos de ellos de forma casi continua y en directo, sustituirán en influencia a los diarios tradicionales. Si esos diarios no se transforman perderán su sitio y desaparecerán. Eso a pesar de la calidad informativa de esos medios que ofrecen cada día contenidos de calidad, aunque sus líneas editoriales, al menos las que perciben los ciudadanos, tropiezan con un déficit de independencia.

No está claro que la calidad garantice difusión, ni publicidad, ni siquiera lectores de pago. Por eso las cabeceras históricas pierden clientes mes tras mes y los nuevos no consiguen sustituirlos. Los ingresos por el lado digital son insuficientes para mantener la estructura informativa tradicional, necesaria para ofrecer buena información y opinión de forma continuada.

Hay medios que se han adaptado tras no pocos intentos innovadores. Algunas grandes cabeceras internacionales, asentadas en grandes mercados, se han transformado y hoy pueden aspirar a ganar el futuro. Otro tanto vale para medios locales o especializados con público bien identificado y atendido. Todos ellos han superado el «gratis», cuentan con clientes leales y exigentes a los que quieren ser útiles y han aprendido al uso de las nuevas herramientas tecnológicas, para informar mejor.

El fundador de Apple sostenía: «No podemos prescindir del criterio editorial de los grandes medios tradicionales». Quizá eso explica que Bezos comprara personalmente el *The Washington Post* y haya decidido sostenerlo sin inmiscuirse más allá de alentar su modelo de periodismo profesional. Los medios necesitan editores, propietarios convencidos y profesionales que entiendan y profesen la deontología periodística. En resumen, volver al binomio editor-periodista que fue decisivo en la edad de oro de la segunda parte del siglo XX. Dos actores complementarios que se respetan y se exigen, que es una característica diferencial de este negocio que necesita dos espíritus (el económico-comercial y el informativo) que tienen que entenderse.

En cualquier caso, se ha producido un desplazamiento de los vectores de influencia, un cambio de actores y autores de la agenda informativa sometida a presiones de todos los interesados. Controlar la agenda, dictar la agenda, fijar las prioridades, ése es el objetivo de los políticos y de los personajes de actualidad (deportistas, empresas, artistas...). Quieren fijar el marco, utilizan los medios, que tienen no pocas dificultades para preservar su independencia. Además, todos esos agentes que quieren dominar la agenda informativa pueden hacerlo por su cuenta, sin pasar por la intermediación del periodismo.

Adónde vamos

Vivimos un momento en el que tendrán que decantarse los modelos de propiedad de los medios, es decir, el papel y la función de los nuevos editores, que tendrán que pasar por la prueba del algodón de no incurrir en «conflictos de intereses». Ése fue uno de los cánceres que acabaron con muchos editores a finales del pasado siglo. Para hacer frente al «conflicto de intereses» sólo hay una medicina preventiva bien conocida: transparencia e incompatibilidades.

La misma transparencia que los medios exigen a los gobiernos y a los demás tendrá que aplicarse las empresas editoriales. Los medios transparentes explican su «modelo editorial», su «compromiso con los lectores», su «libro de estilo o código deontológico», en resumen, sus límites y objetivos; explican quiénes son sus propietarios, de dónde proceden sus ingresos, cuáles son sus resultados y su aplicación y cómo son sus contratos con derechos y deberes de sus periodistas. Construir reputación y credibilidad; acreditar su «propósito», por utilizar la terminología de moda, en la responsabilidad social corporativa.

Y también incompatibilidades, ya que no se puede ser juez y parte. Los medios, el periodismo, gestionan la reputación de personas e instituciones y eso significa un compromiso social y moral que requiere derechos (libertad de información y expresión) y obligaciones (respeto a los otros derechos de las personas e instituciones). Articular estos dilemas constituye el reto del periodismo del futuro precisamente para tener futuro. Y esto es algo que trasciende a los propios editores y periodistas, algo que debe interesar al conjunto de la sociedad, incluidos los poderes tradicionales, especialmente el judicial, que es el árbitro final de la convivencia social.

Me parece que necesitamos un marco nuevo para el ejercicio del periodismo y para el desempeño de la libertad de información, del derecho de los ciudadanos a estar informados, a saber lo que ocurre. Hoy este derecho está amenazado. Éste es un debate para nuestro tiempo que excede el ámbito nacional y que requiere aportaciones multidisciplinares desde la academia y la política. Un debate que debe llevar a conclusiones en forma de recomendaciones o incluso de legislación indicativa. La Unión Europea, con tradición y experiencia en la gestión de las libertades civiles, debería contribuir a esta causa.

Casi todos los gobiernos pretenden someter a disciplina a los medios, regular la libertad de expresión, poner en marcha leyes antilibelo, denominadas de una u otra forma, todas muy patrióticas. Lo intentó Felipe González en su día, también Bush y Blair. Aunque nadie se atreve ahora a combatir en público «los males de la imprenta», son muchos los que lo intentan con argumentos campanudos, para proteger a los ciudadanos de los excesos de la prensa. Han tenido poco éxito: los tribunales siguen defendiendo la libertad de expresión, incluso sus excesos, considerados un mal menor necesario; aunque hay atisbos de revisión, precisamente por los excesos, existen casos concretos, algunos países que han conseguido reducir o controlar la prensa imponiendo un modelo de libertad limitada.

Durante muchos años defendimos que la mejor ley de prensa es la que no existe, conforme al espíritu y la letra de la Primera Enmienda de la Constitución norteamericana (materia no legislable, que el Gobierno no se inmiscuya). Hoy no lo tengo tan claro. Por los conflictos de intereses, por la necesaria transparencia, por las recomendables incompatibilidades... quizá estamos en un momento en el que hay que pensar, al menos abrir el debate, sobre cómo garantizar el marco de la libertad de información y cómo proteger el periodismo por su función social. Un debate peligroso pero necesario. Por ejemplo, creo que habría que explorar un estatuto del editor e incluso del periodismo, aunque me inquieta un resultado restrictivo.

He defendido la autorregulación, pero no hay garantías de que vaya a funcionar. Fracasó en Inglaterra y aquí no funciona. La autorregulación requiere que los autorregulados quieran... y por ahora no quieren. A la profesión le vendría bien para ganar credibilidad y respeto, pero no hay el menor interés. De manera que estamos en un momento divisorio, habrá cambios y van a contribuir a ellos muchos factores y autores. Pronosticar el futuro es muy arriesgado, probablemente inútil, pero en la confianza de este ámbito me atrevo a aventurar alguna hipótesis, como tercera parte de esta reflexión.

Sospecho que en el futuro inmediato vamos a asistir a un proceso de consolidación del sector editorial de los medios semejante al que han sufrido otros sectores recientemente. Por ejemplo, el bancario. El tamaño y la especialización van a contar. Sospecho que las debilidades financieras, de balance o de resultados, así como la necesidad de un editor al frente, van a forzar fusiones de distinta intensidad con el resultado de una reducción de editores y cabeceras. Si hoy tenemos una docena de grupos editoriales de ámbito nacional-regional, en breve quedarán menos de la mitad, probablemente más fuertes y mejor dirigidos. Al mismo tiempo se multiplicarán las iniciativas sectoriales y especializadas que contribuirán al pluralismo y a la competencia leal.

También vamos hacia nuevos modelos laborales que la actual pandemia ha acelerado. Las grandes salas de redacción con puestos fijos y jerarquizados son reliquias, el trabajo en remoto, el trabajo individual o en equipo, pero a distancia, ocupará cada vez a más profesionales. Además, éstos tendrán que disponer de recursos y habilidades técnicas para investigar, para informar con imágenes, en prosa, con infografías... Y sobre todo con técnicas de verificación, de gestión de datos, de identificación de fuentes solventes... cumpliendo los principios permanentes de búsqueda diligente de la verdad y de verificación.

Los periodistas, además de recursos tecnológicos, tendrán que aprender marketing, conocimiento de su público; tendrán que pensar como profesionales independientes sean o no asalariados con contrato estable. Tienen que entender que para ganarse el sueldo hay que añadir valor a su trabajo. Una sociedad tan compleja y plural como la actual, más educada que nunca, aunque parezca desmovilizada, necesita del periodismo, de la buena información que valide los hechos ciertos y rechace los bulos. Por eso al periodismo se le abren oportunidades extraordinarias, al buen periodismo, el que se gana el sueldo, el que tiene un precio de utilidad ciudadana. Para concluir reitero las palabras de Obama: «Volverán los tiempos dorados del periodismo».

Y en ese viaje para «recuperar» el periodismo, el vector principal, la piedra angular, no puede ser otro que la búsqueda diligente de la verdad. La veracidad como combustible y objetivo; restaurar el periodismo es restaurar el valor de la verdad y denunciar y desterrar las llamadas «realidades alternativas», una forma hipócrita para decir y proclamar mentiras.

2

Los periodistas, además de quejarnos, ¿qué debemos y podemos hacer?

José Antonio Zarzalejos

Profesión de plañideras

En las últimas décadas nos hemos convertido en una profesión de plañideras. Y de forma constante nos formulamos preguntas existenciales. Cuestionarnos el futuro de nuestra profesión se ha convertido en un reiterado lamento porque la respuesta siempre, o casi siempre, es la misma: precariedad laboral, medios de comunicación insuficientemente financiados, descapitalización de periódicos, radios y televisiones por la expulsión de los profesionales de más coste salarial y de mayor excelencia profesional, deterioro de la libertad de prensa sobre la que inciden nuevos fenómenos políticos y empresariales y, en fin, la disrupción de la tecnología que ha alterado sustancialmente el entendimiento de nuestro oficio.

Creo, en mi modesta opinión, que tiene escasa funcionalidad práctica la constatación ya perfectamente documentada de que el periodismo atraviesa por una situación crítica. No voy a abundar en ella, que se describe numéricamente con exactitud en el informe que anualmente elabora y publica la Asociación de la Prensa de Madrid.

Desde un planteamiento más prospectivo y de mayor utilidad hay que hacerse una pregunta: «Además de lamentarnos,

¿qué podemos y debemos hacer los periodistas para recuperar de su actual depresión nuestra actividad profesional?». Podemos indagar, creo, en nuestras propias insuficiencias al afrontar las disrupciones que han alterado el paradigma del periodismo del siglo xx e, incluso, de la primera década del presente. O, en otras palabras: interesa averiguar qué clase de respuesta podemos y debemos ofrecer para entender por qué estamos donde estamos y qué podríamos hacer para superar este bache que tiene trazas, si no reaccionamos, de convertirse en una oquedad estructural.

Debemos asumir que la profesión ha perdido su principal función, que era la de la intermediación. La información pasaba por nuestros filtros profesionales, era sometida a valoración y contraste y se publicaba en los diversos soportes tradicionales de periódicos —de papel y digitales—, radios y televisión. La tecnología ha empoderado a los ciudadanos, que se sienten autosuficientes en el suministro de la información, e incluso de la opinión. Un smartphone sirve hoy para grabar y reproducir audio y vídeo, para enviar voz e imagen a los lugares más remotos e, incluso, para convertir a sus usuarios en vehículos de la información.

La consecuencia de este empoderamiento es que el periodista ha pasado a ser prescindible en la opinión colectiva. Y nosotros hemos asumido mansamente esta marginación sin lanzar —mediante la debida y urgente agrupación profesional— el mensaje de que toda información que prescinda del factor humano, de la inquisitiva observación del profesional, del fielato del periodista, puede constituir un fraude de grandísimas dimensiones. De hecho, el millonario Elon Musk ha querido saber el número de perfiles falsos o fantasmas que alberga Twitter, así como el tropel de bots que funcionan en esa red social. Quiere descubrir, en definitiva, cuánto de artificioso y manipulador se escapa de la mano del hombre y se entrega a la tecnología, sean cuales fueran sus intenciones de adquirir o no ese artefacto bifronte —bueno y malo— que es Twitter.

De hecho, la tecnología —redes sociales en todas sus variantes— es el instrumento más idóneo de los que fungen como protagonistas de la posverdad y de los hechos alternativos. Eso que llamamos populismo —sea de este o de aquel signo— se caracteriza, precisamente, por su interés en neutralizar el ejercicio de la profesión periodística propiciando una relación directa entre el emisor y la audiencia. Y se vale de la tecnología. Ésta no es una disrupción como la del teléfono o la televisión —que afectaron al ejercicio periodístico—, sino la disrupción definitiva, la última a la que se enfrenta nuestra profesión y el entero sistema de valores que comporta el ejercicio libre de nuestro oficio.

Lo acaba de declarar el recién nombrado director de *The New York Times*, Joe Kahn: «No queremos que la gente se tome Twitter como si representara a la audiencia, que es mucho más amplia y rica. Queremos que los periodistas sigan su misión periodística al margen de las redes. Esta recomendación es un mensaje para que los periodistas se centren en lo importante. Twitter genera debates muy tóxicos y no deberíamos utilizarlos como una especie de barómetro de lo que es bueno y lo que no lo es».

Las excrecencias del populismo —emotividad en vez de racionalidad, relativización del concepto de lo verdadero y de lo auténtico, la dialéctica binaria de amigo/enemigo, la atribución conspiradora a los periodistas y a los medios— se producen a costa de una erosión constante de la profesión periodística.

Fracaso ante los populismos

Hemos perdido muchas batallas contra el populismo y seguimos fracasando en esa pelea. Entre otras razones porque ha logrado hundir nuestra reputación social, esa garantía que constituíamos para los ciudadanos y para la esencialidad de la libertad en democracia. De nuevo, Kahn sostiene que «la polarización política supone un gran desafío para el periodismo. Nos planteamos cómo lograr que nuestra oferta resulte más valiosa para más personas con independencia de su punto de vista político. Necesitamos enfatizar continuamente la importancia y el papel indispensable de la calidad de la información y nuestra independencia».

En una encuesta, a la que le atribuyo toda la solvencia por la compañía que la ha elaborado (Metroscopia), cuyo trabajo de campo se remonta a enero de este mismo año 2022 y con una muestra fiable, se adveraban algunas conclusiones que ya presentíamos, al margen de los canales preferidos, según las distintas franjas de edad, para informarse.

Lo preocupante es que para el 54 por ciento de los consultados la información del conjunto de los medios no es fiable y sólo lo es para el 46 por ciento, siendo los más críticos y escépticos los sondeados que confesaron votar a Vox (66 por ciento) y a Podemos (71 por ciento) y los más confiados, los votantes del PSOE (44 por ciento) y los del PP (42 por ciento). También a la mayoría (57 por ciento) los medios de comunicación le parecen menos fiables que hace unos años y sólo a una minoría (31 por ciento) más que antes. En términos de confianza la radio se lleva el liderazgo con un 59 por ciento, le sigue la prensa con un 44 por ciento; la TV con el 41 por ciento; la prensa digital con el 39 por ciento; las redes sociales con un 12 por ciento, y sólo un 8 por ciento atribuye credibilidad a los mensajes recibidos por teléfono en las distintas aplicaciones de transmisión.

Es interesante observar que en las temáticas en las que los medios de comunicación disponen de menos fiabilidad es en la política (33 por ciento) y en la economía (38 por ciento); en cambio, se considera más sólida la información internacional (56 por ciento) y, coyunturalmente, la que ha tenido que ver con la pandemia (51 por ciento). El diagnóstico de estos datos, sin elevarlos a categoría de dogma sino como sintomáticos y tendenciales, nos remite a la intensa política de desprestigio de los medios que se ha implantado en determinadas fuerzas políticas que resultan reconocibles en el populismo.

Una de las características de estos movimientos populistas es que sabe optimizar para sus intereses el llamado «régimen de la información», que en apreciación del ensayista Byung-Chul Han, autor del imprescindible ensayo titulado *Infocracia,* es «la forma de dominio en la que la información y su procesamiento mediante algoritmos e inteligencia artificial determinan de modo decisivo los procesos sociales, económicos y políticos». Y añade este autor: «El factor decisivo para obtener el poder no es ahora la posesión de medios de producción, sino el acceso a la información, que se utiliza para la vigilancia psicopolítica y el control y el pronóstico del comportamiento». En otras palabras: en el nuevo régimen de dominio social y político se ha arrumbado el factor humano, sustituido por los algoritmos y la inteligencia artificial.

No hay que dudar ni un minuto —y nada más lejos de mi intención que plantear teorías conspirativas— que, si siempre la información ha sido poder, ahora lo es en grado superlativo porque la tecnología tiene el propósito de absorber datos y mediante las fórmulas antes dichas —algoritmos e inteligencia artificial— confeccionar informaciones y conocimientos que conformen una suerte de dominación orwelliana de los ciudadanos.

En ese esquema de nuevo poder, los periodistas sobramos, estorbamos, porque nuestra función no es de dominación mediante el *big data*, sino de liberación personal y colectiva, mediante el conocimiento veraz de la realidad. Convenzámonos: un periodismo digno, el periodismo auténtico, es el que sirve a la democracia entendida ésta como un conjunto de valores, derechos, libertades y obligaciones que crean ciudadanía, no sumisión adictiva como pretenden algunos tecnólogos, que son una categoría de personajes sin un bagaje deontológico reconocible.

La fuerza excluyente de la tecnología

De modo que el grave problema del periodismo es que la fuerza de la tecnología nos excluye y que esa tecnología está al servicio en muchas ocasiones de propósitos que nada tienen que ver con los objetivos de nuestro oficio. Ésta es la razón última y radical de por qué debemos poner en observación y chequear cómo ha de ser el periodismo para este nuevo tiempo.

Rebasa el propósito de este texto la necesidad de que los medios de comunicación que no estén en manos prostituidas por poderes visibles u opacos dispongan de una financiación que les permita autonomía editorial. Porque para que esa suficiencia financiera se produzca ya no se puede fiar sino en un pequeño porcentaje a la publicidad y a otras fórmulas tradicionales, habría que apostar por la complicidad entre los lectores y los medios mediante el pago por contenidos, es decir, mediante la suscripción, que sería la nueva forma de ir al quiosco a comprar el periódico, sólo que por menor precio.

Sólo me detengo brevemente en este punto: las suscripciones de los lectores. En España está costando mucho que ésta sea la fuente principal de financiación de los medios. Pero se está avanzando, aunque lastrados por una cultura detestable de gratuidad de los llamados productos culturales que se ha manifestado de manera virulenta con las distintas formas de piratería en la red que han afectado y lo siguen haciendo a la música, el cine y la industria editorial.

La suscripción a un medio consiste en un pacto renovado de confianza mutua, de servicio recíproco y sólo es posible en una sociedad civil que no esté dominada por ese «régimen de la información» al que alude el autor de *Infocracia*, que concluye con un aserto terrible: «El régimen de la información está desplazando al régimen de la verdad».

En este mismo sentido, son esclarecedoras, otra vez, las opiniones del nuevo director de *The New York Times*: «La prioridad de la redacción y la empresa es que el buen periodismo impulse una relación basada en la suscripción con más y más personas. No estoy seguro de que haya funcionado así en el auge del periódico de papel, cuando éramos principalmente una empresa de publicidad y también una empresa de circulación. La gente pagaba entonces por un producto físico, pero la relación entre los artículos y el número de suscriptores que teníamos era muy difícil de medir. Se medía la cantidad de publicidad vendida. Así que había un enfoque mucho más centrado en la parte de la empresa que vendía publicidad y la redacción producía periodismo que en su mayoría rellenaba el periódico impreso. Dimos un giro y nos transformamos en una organización esencialmente digital con la suscripción como eje. El modelo de suscripción apuesta por el valor del periodismo».

Ahora bien, la complicidad entre los medios y los lectores que se acredita mediante la suscripción requiere del factor humano.

Depende de los periodistas capaces de ofertar valor añadido a las noticias e informaciones que se conocen por ósmosis. Esos conocimientos son bienes mostrencos, sin propietarios, fluyen con una rapidez extraordinaria, sin barreras, sin derechos de autor, están en el ambiente. No tienen valor en sí mismos. Y nuestra misión es dotarlos de otro añadido que los haga diferentes, que los contextualice, que indague sobre su etiología y sobre sus consecuencias.

Encender la pantalla de un móvil, de una tableta o de un ordenador ha de ser el prólogo de una revelación, el comienzo del camino de un aprendizaje, el primer paso de una reflexión, un hábito imprescindible para vivir en una realidad alejada del régimen de dominación de los algoritmos y la inteligencia artificial, el momento de sentirse identificado con un análisis, o, por el contrario, discrepante, pero siempre sabiendo quién lo firma con solvencia.

Hemos de recuperar la «alegría del conocimiento» en los lectores y usuarios, garantizarles que lo que saben o creen saber es sólo algo parcial e incompleto que nosotros somos capaces de ofrecer en plenitud. Y más aún, que también podemos —y desde luego, debemos— desvelar la agenda oculta, aquello que no se quiere que se sepa y, en fin, que trasladamos veracidad —no tanto verdad, un concepto tan absoluto que resulta prepotente— y aplicamos a los análisis inteligencia y empatía, además de ecuanimidad y rigor.

Vuelta al activismo

El periodismo ha de volver a ser activista en el mejor de los sentidos. Y ha de ser hostil con la realidad que escruta. Me acojo al mejor ensayo que un periodista puede tener en su estantería: *Verdad y mentira en la política*, de Hannah Arendt. En este texto la escritora reflexionaba así:

> La transmisión de la verdad factual abarca mucho más que la información diaria que brindan los periodistas, aunque sin ellos nunca

> encontraríamos nuestro rumbo en un mundo siempre cambiante, y nunca, en el sentido más literal, sabríamos dónde estamos. Sin duda, esto tiene la máxima importancia política, pero si la prensa llegara alguna vez a convertirse en el cuarto poder, tendría que ser protegida del poder gubernamental y de la presión social incluso con mayor cuidado que el poder judicial, porque esta importantísima función política de suministrar información se ejercita, hablando en términos estrictos, desde fuera del campo político; no hay, o no debería haber, ninguna acción o decisión implícita. (p. 76 de la edición del ensayo por Página Indómita.)

La segunda cita de este ensayo de Arendt que tan vivamente recomiendo dice así:

> La verdad, aunque resulte imponente y siempre salga derrotada en un choque frontal con los poderes establecidos, tiene una fuerza peculiar: hagan lo que hagan quienes ejercen el poder, son incapaces de descubrir o inventar un sucedáneo viable de ella. La persuasión y la violencia pueden destruir la verdad, pero no pueden reemplazarla.

El sentido último, en consecuencia, de nuestro oficio es el activismo por la verdad que no viene dada ni por algoritmos ni por la inteligencia artificial, sino a través del factor humano intermediador que asumimos profesionalmente y que debemos desarrollar con una «mirada hostil» hacia la realidad, es decir, crítica, o, en palabras de Arendt, «el compromiso con la verdad de hecho es considerado como una actitud antipolítica». Cierto por completo. El valor añadido que da sentido a una nueva intermediación que nos ha arrebatado la tecnología consiste, justamente, en pelear por la veracidad en los términos de la autora referente del análisis filosófico de los totalitarismos.

¿Basta con esa actitud para volver a ampliar nuestro espacio social y profesional? No, pero el activismo por la verdad es un presupuesto que debe venir acompañado por otros tres factores:

1. Tenemos la obligación de disponer de una formación muy superior a la actual. Por lo tanto, hemos de ser sabios

en las materias que tratamos, trabajadores en las fuentes, verificadores y validadores de las versiones, estudiosos y constantes en nuestra capacitación intelectual. Y, francamente, no estoy nada seguro de que la actual conformación del programa universitario que ofrece las titulaciones sea la adecuada.

2. Debemos disponer de una legitimación completa de la sociedad hacia nuestra labor profesional. Eso implica un cierto grado de ejemplaridad, un estándar alto de autoexigencia en nuestras conductas y, sobre todo, en el modo en el que afrontamos nuestra labor intermediadora. Las recetas son las típicas, pero olvidadas: empatía, escucha, humildad y una actitud de permanente curiosidad.
3. Hay que plantearse si los medios de comunicación deben ser negocios mercantiles (empresas con ánimo de lucro) o si su configuración jurídica puede responder también a un proyecto social con personalidad jurídica propia a través de una fundación cuyo objetivo sería el de sostener con independencia el medio. Esta experiencia se ha producido ya en algún país anglosajón y ha funcionado.

Termino aquí con una reflexión que siempre me ha parecido necesaria. Los periodistas somos como el ejército de Pancho Villa. Incapaces de agruparnos. Y cuando lo hacemos discutimos la herramienta de nuestra solidaridad (¿debemos ser asociaciones?, ¿debemos constituirnos en colegios?, ¿debemos sindicarnos?). La unión hace la fuerza. Todas las profesiones en situaciones de crisis —¿cuál se libra?— se han constituido en entidades colectivas para afrontar los retos y desafíos que las ponen en riesgo, que mejoran sus prácticas, que establecen criterios deontológicos y que implementan la defensa de su colectivo.

Debemos estar especialmente orgullosos de que nuestra misión social sea vehicular la libertad madre de la democracia, que es la de la expresión, y que nuestro rol consista en rescatar lo factual de lo virtual, de conectar la realidad con la veracidad. Se trata de un esfuerzo colosal contra el que trabajan grandes poderes tecnológicos, políticos y económicos.

Ante ellos no nos queda otra opción que el activismo periodístico en una labor de reconquista que tiene el atractivo de la épica y de las causas improbables pero que deben ser intentadas porque, de lo contrario, nos rendiríamos ante aquellos que, a diferencia de Thomas Jefferson, prefieren gobiernos sin periódicos, cuando es cívicamente superior la preferencia de periódicos sin gobiernos.

En ese dilema, formulado por el tercer presidente de Estados Unidos, se localiza la radicalidad con que debemos defender la libertad de los ciudadanos que las Constituciones democráticas nos confían. Más aún en tiempos de retroceso, de políticas retroactivas, de grandes catástrofes y del regreso del monstruo del siglo pasado: la guerra. Por eso, basta ya de quejarnos y preguntémonos qué debemos y podemos hacer. Y podemos, no sin esfuerzo, hacer mucho más de lo que hacemos.

Segunda parte

Los problemas diarios

3

Las tertulias informativas

Rubén Arranz y Álvaro Zarzalejos

Érase una vez las TDT

Pudo ser de otra forma, pero sucedió así, con la lógica particular con la que suelen desarrollarse las luchas de poder en las que nadie utiliza armas de fuego, pero todos combaten. Todo empezó con la aprobación del Plan Técnico Nacional de la Televisión Digital Terrestre (TDT) en septiembre de 2014 que, entre otras cosas, abría la puerta a la adjudicación de nuevas licencias para emitir en la televisión comercial. Un par de años antes, el Tribunal Supremo había ordenado el cierre de nueve canales al considerar que habían sido repartidos de forma fraudulenta por el Gobierno de José Luis Rodríguez Zapatero. ¿Cómo? Mediante el método del dedazo. «Uno para ti, otro para ti... y espero que me tratéis todo lo bien que merezco.»

Quizá le falle la memoria al lector, pero fue en ese extraño 2014 —de purgatorio entre la crisis y la recuperación— cuando Podemos y Ciudadanos (presente sólo en Cataluña) entraron en escena en la vida política española tras lograr cinco y dos escaños en las elecciones europeas, respectivamente. El bipartidismo se resquebrajaba tras varios años de recesión y el malestar que bullía en los hogares españoles desde finales de la década anterior se solidificó y tomó forma, como la cera de una vela. De aquello surgió un partido populista cuyo diagnóstico interesaba —y mucho— a los televidentes. Así que Pablo Iglesias, Juan Carlos Monedero, Íñigo Errejón y compañía se convirtieron en figuras con las que los españoles desayunaban, comían y cenaban frente al televisor.

Las compañías privadas de la TDT no gozaban entonces de una salud plena. La «gran recesión» había provocado una caída del 35 por ciento de los ingresos publicitarios (3.538 millones en 2007 frente a 2.314 millones en 2014), y eso generó una fuerte incertidumbre en el sector. En este contexto, PRISA y el tándem Globomedia —Jaume Roures decidió vender sus participaciones mayoritarias en Cuatro y La Sexta en favor de Telecinco y Antena 3— conformaron los conglomerados de Mediaset España y Atresmedia.

Eso provocó la desaparición de un plumazo de dos competidores, que abandonaron el mercado pocos años después de que TVE dejara de emitir anuncios en sus canales. Ahora bien, las vacas, famélicas, no habían comenzado a engordar en ese 2014 y los anunciantes poco a poco comenzaban a incrementar su apuesta por las nuevas compañías dominadoras de internet, pero todavía no habían vuelto a la televisión. Y, en realidad, una parte significativa nunca lo hizo: la inversión publicitaria en 2021 en televisión fue de 1.840 millones de euros. En 2014, esa misma inversión ascendió a 1.815 millones, prácticamente la misma cifra.

Así que urgían formatos que no fueran muy costosos, pero que interesaran a la audiencia. ¿Qué ocurrió? Que, a partir de la segunda década del siglo, proliferaron los debates en la parrilla de programación. Nunca se fueron, pero hacía muchos años que no adquirían tanto protagonismo. La clase media española había menguado con la crisis económica, el país se había empobrecido, el descontento era evidente a pie de calle... y las tertulias daban respuestas al ciudadano medio. Buenas, malas, completas o sesgadas... ése es otro debate. Pero en esos programas se hablaba de política y de economía, y eso llegaba al espectador.

Viajemos unas semanas hacia delante, hasta el 27 de marzo de 2015. Ese día, Mediaset decidió apartar a Jesús Cintora de «Las mañanas de Cuatro». Lo anunció con un comunicado que dejaba pocas dudas sobre los motivos de la destitución. «La línea editorial de Mediaset España es coherente con toda su programación y tiene el claro objetivo de informar, que no formar, a los espectadores a través de un pluralismo con el que dar voz a absolutamente todas las opiniones políticas y con unos presentadores que traten la informac ión de manera objetiva.»

Gráfico 3.1. Ranking i2P

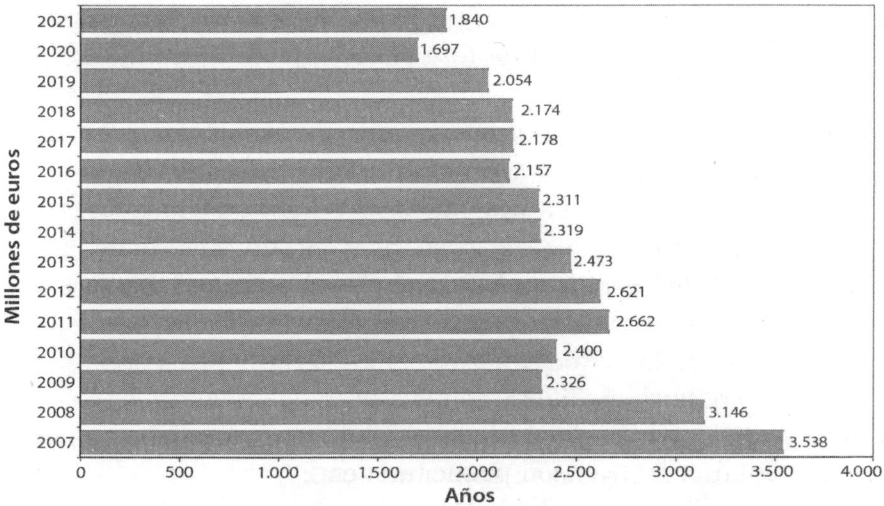

Fuente: Arce Media.

La tertulia de Cintora estaba conformada por algunos personajes que parecían salidos de una opereta, como la monja sor Lucía Caram, que defendía las tesis de Podemos en la misma mesa en la que se sentaban con frecuencia Monedero, Errejón o Iglesias. Los portavoces del Partido Popular habían abandonado los debates televisivos en la época por decisión de la entonces secretaria de Estado de Comunicación, Carmen Martínez Castro, que era defendida por la parte del Gobierno que consideraba que las televisiones privadas habían realizado una labor fundamental —y lamentable— para extender la mancha de la izquierda radical en España. En el otro extremo se encontraban aquellos que consideraban como un error garrafal de comunicación el hecho de que Podemos no tuviera contrapeso en los debates.

Pero había una conclusión clara: los partidos eran conscientes de que el interés de los programas de política y actualidad había aumentado y eso preocupaba en la Moncloa. ¿Qué se hizo para remediarlo desde el palacio presidencial? En abril de 2015, la hoy exvicepresidenta del Gobierno, Soraya Sáenz de Santamaría, anunció la convocatoria de un concurso público para repartir seis licencias de televisión: tres en calidad estándar y tres en alta definición. Recapitulemos: unas semanas antes, Mediaset había apartado a Cintora de su tertulia matinal, cuya audiencia era similar a la de Antena 3 y Telecinco en esa franja. La política estaba de moda.

Habrá quien piense que será casual, pero cuesta pensarlo. En esos días, el Tribunal Supremo deliberaba acerca del cierre de otros ocho canales de TDT de Mediaset (Divinity, Boing, Energy y FDF), Atresmedia (Neox y Nova), Net TV (un canal) y Veo TV (un canal) que fueron adjudicados unos años atrás de una forma que luego se confirmó irregular. Principalmente, porque el Ejecutivo de José Luis Rodríguez Zapatero los adjudicó a dedo, sin concurso público mediante, con la excusa de fomentar la televisión digital terrestre. Es decir, la que dominaría el panorama audiovisual tras el apagón analógico de 2010.

¿Y qué ocurrió con el litigio por estos ocho canales? A mediados de 2015, las televisiones afectadas y Cellnex —la compañía de telecomunicaciones encargada del transporte y difusión de la señal de TDT— pagaron varios millones de euros a los demandantes para que retiraran los recursos de casación. El Supremo no llegó a pronunciarse, pero este acuerdo extrajudicial da pistas del destino que podían correr estos canales si llega a hacerlo.

Unos meses antes, a finales de 2012, otros nueve canales se fueron a negro tras una sentencia judicial del alto tribunal desfavorable para las televisiones: tres de Atresmedia (Nitro, Xplora y La Sexta 3), dos de Mediaset (La Siete y Nueve), dos de Veo TV y dos de Net TV. El cese efectivo fue en mayo de 2014.

Un año después, en mayo de 2015, se celebraron elecciones municipales en toda España. Las primeras a las que se llegaba con la idea asumida de que el bipartidismo iba a perder fuerza, lo que preocupaba en los cuarteles generales de los partidos. ¿Qué porcentaje de sus bases quedaría afectado después de los comicios? Podemos estaba todavía en proceso de gestación y organización, pero no se fue de vacío de esa cita en las urnas. Manuela Carmena y Ada Colau lograron la alcaldía de las dos principales ciudades del país, Madrid y Barcelona. Y el PP apenas si superó en 400.000 votos al PSOE. Cuatro años atrás, le había sacado 2,2 millones. Los populares perdieron 2,4 millones de votos por el camino.

Cuando esos comicios se celebraron, las seis licencias de TDT a concurso todavía no se habían repartido. ¿Utilizó el Gobierno este concurso para tratar de amortiguar las críticas de las televisiones?

Unos días después de las elecciones, Mariano Rajoy compareció ante su ejecutiva y denunció «el martilleo» de las televisiones con los casos de corrupción de su partido. A su juicio, ese factor había sido importante para desmovilizar al votante medio del partido conservador e impulsar a la izquierda radical y sus marcas autonómicas y municipales. Ese verano, el presidente repescó a Jorge Moragas y le encargó un giro en la estrategia de comunicación del partido. Una de las primeras decisiones que tomó fue la de designar a Andrea Levy y a Pablo Casado como portavoces. También apostó por que los populares regresaran a los debates televisivos. Entre los nuevos tertulianos se encontraba el propio Casado.

Conviene no dejar ningún tema en el aire. El concurso de licencias se resolvió antes del final de 2015. Atresmedia y Mediaset lograron dos licencias para emitir en alta definición. La otra, se la llevó el Real Madrid de Florentino Pérez. Las tres de calidad estándar las obtuvieron el Grupo Secuoya, Radio Blanca —Kiss FM, controlado por el empresario Blas Herrero— y 13 TV —perteneciente a la Conferencia Episcopal—. Fracasaron en su intento compañías como PRISA y Vocento.

¿Cuáles fueron los criterios que utilizó la Moncloa para repartir estos permisos de emisión, que pretendían mejorar la pluralidad de la TDT? Los firmantes de este capítulo intentaron hace varios años tener acceso a la resolución a través del Buzón de Transparencia, sin éxito. Algún ciudadano ha obtenido una versión de ellos que —por decirlo de algún modo— había sufrido una severa censura previa.

Los partidos en las tertulias

Uno de los contertulios más habituales de la televisión guarda en su teléfono un mensaje del ex secretario general del Partido Popular (2018-2022), Teodoro García Egea, que fue enviado tan sólo unos días antes de que oficializara su dimisión. La comunicación tiene únicamente cinco palabras: «Muchas gracias por el apoyo». El tertuliano la recibió a los pocos minutos de criticar a la cúpula de los populares en un plató de televisión. No es ni mucho menos un caso aislado. Una periodista que interviene de forma frecuente en las tertulias del mismo canal reconoce que es común que los ministros relacionados con los temas que suele abordar le envíen mensajes a su teléfono móvil para proponerle enfoques o para criticar alguna de sus opiniones.

Desde el PSOE y el Partido Popular salen cada mañana —o muchas de ellas— unos correos electrónicos o mensajes de WhatsApp que contienen las ideas que les interesan transmitir acerca de los temas de actualidad. Son los famosos «argumentarios», que reciben sus portavoces, pero también muchos de los periodistas que se prodigan con asiduidad en las tertulias. Algunos ni los miran, mientras que otros los recitan casi al dedillo. El primer contertulio que se cita en este epígrafe reconoce con sorna que a veces le sorprende la capacidad de memorizar de alguno de sus compañeros de mesa, al que le cuesta salirse del guion que le marcan desde las «centrales» de los partidos. Un exdirector de un periódico nacional consultado por los autores va más allá y los tacha de «aberrantes».

Sería improcedente afirmar lo anterior sin explicar por qué los partidos invierten tiempo y recursos en estos argumentarios. Un profesional de la comunicación que trabajó durante años en el Gobierno defiende su utilidad y legitimidad: «Aportan información, es inabarcable para un periodista llegar a todo, pero no hay que tomarlos como doctrina». Señala que las formaciones políticas realizan una división muy clara entre el contenido que distribuyen a los tertulianos y el que entregan a los periodistas. A los primeros se les trasladan las ideas clave, las frases cortas y precisas para disparar en directo, mientras que a los segundos se les hace llegar información más amplia y detallada de cara a las informaciones que van a publicar.

Agustín García Matilla, catedrático de Comunicación Audiovisual de la Universidad de Valladolid, se pregunta si «un tertuliano que a veces participa en tres y hasta cuatro diferentes tertulias, que en ocasiones dirige medios de comunicación o que ocupa puestos directivos en ellos, puede tener capacidad para opinar con conocimiento de causa sobre un abanico de temas tan variados que van desde los más recientes atentados perpetrados por el autodenominado Estado Islámico hasta la política educativa que ampara la Ley Orgánica para la Mejora de la Calidad Educativa (LOMCE)».

El experto no sólo pone el foco sobre la falta de profundidad de los debates, sino que también hace hincapié en la carga ideológica con la que los participantes tienden a aderezar sus intervenciones. «Las tertulias priman valores enfrentados a los que tradicionalmente se han defendido en el ejercicio del mejor periodismo. Se suele anteponer el sesgo ideológico de sus tertulianos, sus caprichos e intereses, sus filias y sus fobias particulares. La repetición de las apariciones de los mismos personajes lleva a una reiteración de idénticos argumentos que se convierten en clichés ya denunciados hace años por [Bill] Kovach y [Tom] Rosenstiel», dos conocidos periodistas norteamericanos autores de *Los elementos del periodismo*.

El conductor de uno de estos programas responde a la única pregunta que se le plantea en una llamada telefónica: ¿es cierta la leyenda de que los partidos políticos presionan para que estos programas incluyan colaboradores de su cuerda? La respuesta es rotunda: un día sí, al otro, también.

Este mismo presentador cita el ejemplo de un conocido periodista —habitual en la defensa de la derecha populista— que tras ser despedido de su periódico intentó colarse en una buena parte de las tertulias de televisión, tanto de las políticas como de las dedicadas al corazón. Afirma que le llamaron desde un partido, e insistieron, para que le reclutara para su programa.

> —¿Quién llama en esos casos?
> —En este caso, un amigo en común.
> —¿Son normales estas llamadas?
> —Lo son, tanto desde los partidos como desde los medios de comunicación, que piden tener más representación en el programa. A más contertulios, mayor visibilidad.
> —Pero ¿quiénes suelen llamar desde los partidos?
> —A veces, los portavoces nacionales. Otras, algunas personas que están por debajo, pero que les interesa tener a periodistas en las mesas de debate porque son afines.
> En la conversación con este conocido presentador, se le plantea otra pregunta.
> —¿Y los partidos presionan?
> —Los partidos presionan constantemente. Aunque no lo definiría como «presiones». Son quejas. Quejas por la forma en la que abordamos los temas.

En este sentido, el exmiembro del gabinete de prensa del Gobierno insiste: «Los partidos y las Administraciones públicas cuidan especialmente el tratamiento de sus temas en las tertulias [...]. Que un tema esté en una tertulia significa que está en el debate público. Y las tertulias pueden tener más influencia que los medios tradicionales».

Respecto a la presencia de políticos en tertulias televisivas, recuerda que hay una exigencia de «perfiles carismáticos» que a la vez tengan un buen conocimiento técnico. «En radio es diferente, el tono es mucho más pausado. Muchos perfiles de tertulianos de radio no los vas a ver nunca en televisión, y viceversa.»

¿Cuánto cobra un tertuliano?

Los espectadores de televisión seguramente ignoran que los contertulios de las cadenas privadas más vistas perciben entre 200 y

800 euros por cada una de sus colaboraciones. Esta cantidad —que no es exacta— depende del tiempo que dure su intervención —medio programa o entero—, del caché del tertuliano y de la importancia que tenga el programa en la parrilla. Los tertulianos, además, suelen tener exclusividad por franjas horarias. En las televisiones públicas, las comparecencias se pagan a partir de los 150 euros.

No es escasa esta cantidad en tiempos del cólera, pero para las compañías audiovisuales españolas es perfectamente asumible. Los debates son mucho más baratos de producir que cualquier programa de ficción. Sirva como ejemplo que, durante los últimos dos años, Radiotelevisión Española ha pagado 680.225 euros por cada capítulo de la serie *Cuéntame cómo pasó*. Una mesa de debate de una hora, con sus conexiones en directo y sus colaboradores de postín —sean cuatro, seis u ocho— cuesta mucho menos. Bien sea de actualidad política, de deporte o del corazón.

El director de un periódico que colabora habitualmente en estos debates reconoce que las intervenciones deben ser cortas y llamativas. Es decir, no hay un gran espacio para la argumentación sesuda, dado que la televisión contemporánea exige dinamismo, energía, ritmo y agitación. Por eso, los discursos deben estar elaborados a base de titulares. No todo el mundo tiene la capacidad de síntesis o el carisma para brillar en esas condiciones. «La clave», de José Luis Balbín, no podría programarse con esos mimbres. Los discursos elaborados y reflexivos no son predominantes en el mundo del tuit y el vídeo de TikTok de 15 segundos. Todo ha cambiado, hasta nosotros. Hasta las tertulias.

¿Cuántos ciudadanos ven las tertulias?

Es innegable la influencia de la que gozan los programas de debate en las esferas de influencia de la política y los periodistas. La pregunta es: ¿tienen aceptación entre los ciudadanos? O en otras palabras: ¿los argumentos de los contertulios que más se prodigan por los coloquios televisivos llegan a una audiencia masiva?

Los datos de Kantar Media revelan que una parte significativa de estos programas logran una audiencia que es superior a la media de las cadenas en las que se emiten. Uno de los ejemplos más claros en este sentido es el de «Al Rojo Vivo», el magacín informativo presentado por Antonio García Ferreras:

- En 2014, su *share* medio fue del 10,2 %, frente a la media del 7,2 % de La Sexta.
- En 2015, del 11,7 % (7,4 % el canal).
- En 2016, del 12,4 % (7,1 %).
- En 2017, del 12,2 % (6,7 %); en 2018, del 13,8 % (6,9 %).
- En 2019, del 15,2 % (7 %), en 2020, del 14,7 % (7 %).
- En 2021, del 11,4 % (6,4 %).

Gráfico 3.2. Evolución de la audiencia

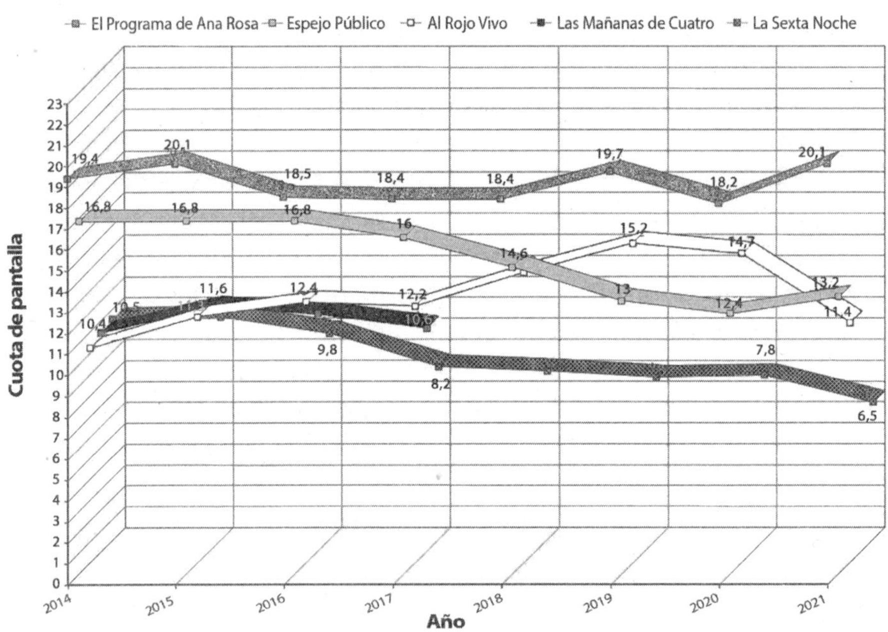

Fuente: Kantar Media.

En estos años de elevada actividad política —se han celebrado múltiples procesos electorales— y turbulencias económicas y sanitarias, este debate se ha convertido en uno de los referentes de la parrilla en información de este tipo. En 2020, cuando se produjo el confinamiento y se establecieron los dos estados de alarma, su audiencia superó el millón de espectadores de media.

Hasta 2018, este programa competía en su franja con «Las mañanas de Cuatro», que también cosechaba cuotas de pantalla muy superiores a la media del segundo canal de Mediaset España. En 2014, logró el 10,2 por ciento (6,7 por ciento), frente al 11,6 por ciento de 2015 (7,2 por ciento), el 11,3 por ciento de 2016 (6,5 por ciento) y el 10,6 por ciento de 2017 (6,1 por ciento).

Sus resultados son más dispares en el horario de máxima audiencia. Así se aprecia al analizar los datos de «La Sexta Noche», que es el programa de debate que se emite los sábados por la noche en el «canal verde». En 2014, cuando la «nueva política» acaparaba las conversaciones de los españoles, y cuando Pablo Iglesias lograba duplicar o triplicar el *share* de los programas donde aparecía, este espacio consiguió una media del 10,5 por ciento y 1.320.000 espectadores. En 2021, había descendido hasta el 6,5 por ciento y los 657.000.

El último ejemplo en este sentido es el del programa «Las claves del siglo XXI», que se emite los viernes en horario de máxima audiencia en La 1 desde el 21 de enero de 2022. Los resultados de su primer semestre no son precisamente positivos, dado que en varias de sus ediciones no ha logrado superar el 5 por ciento de cuota de pantalla. Es decir, su cosecha ha sido peor que la de La 1, que se encuentra en las horas más bajas de su historia.

De la democracia tierna al desgaste

Los tiempos cambian y existe siempre la tentación de pensar que lo hacen para peor. La impotencia de las viejas generaciones suele resumirse en un pensamiento muy común, y es el que dicta que el paso de los años lo desgasta todo y que los jóvenes no han sido capaces de mejorar lo que heredaron. Es sencillo rebatir esta afirmación en muchos campos, pero no ocurre igual con el que nos ocupa, que es el de los debates de los medios de comunicación. El de los coloquios que observan una o varias veces cada jornada la opinión pública.

Fue un miércoles de junio de 2022 cuando la mujer de Balbín, Julia Mesonero, informaba del fallecimiento del histórico periodista. Unas semanas antes del deceso, la también profesional de los medios de comunicación reconocía —en conversación telefónica— su malestar porque Radiotelevisión Española quería utilizar el nombre de «La clave» —el recordado debate de Balbín— para el coloquio que iba a estrenar los viernes por la noche, en horario de máxima audiencia, cuyo presentador sería Javier Ruiz.

Balbín trasladó a los responsables del programa y al propio presidente de RTVE, José Manuel Pérez Tornero, su deseo de que desistieran de bautizar el nuevo espacio con un título igual o similar al de «La clave». No le hicieron caso. Lo llamaron «Las claves del siglo XXI». La pareja temía en ese momento que esa decisión tiznara la impoluta historia del debate de Balbín, que alumbró a los ciudadanos españoles, durante la Transición, sobre algunos de los temas más relevantes de la política, la ciencia o los derechos sociales de ese momento.

Las comparaciones son odiosas. La involución del género es evidente. «La clave» contó en su plató con algunas de las figuras nacionales e internacionales más relevantes de la época —por allí llegó a pasar Neil Armstrong a los pocos años de pisar la Luna—. Las intervenciones de los contertulios no eran breves para evitar la fatiga del espectador, ni estaban acompañadas de dobles pantallas ni cuadros con mensajes desafiantes. En ese programa había un grupo de hombres, en corro, que charlaban. Y allí comparecieron desde Olof Palme hasta Antonio García Trevijano. Desde Santiago Carrillo hasta Ramón Tamames. Desde Miguel Herrero hasta Blas Piñar. Desde Julio Anguita hasta Gustavo Bueno, Fernando Sánchez Dragó, Antonio Escohotado, Bernard-Henri Lévy, Ian Gibson o Severo Ochoa.

Sería injusto decir que el programa de Javier Ruiz se presenta con un tono más alterado que los de su competencia. Sin embargo, no puede pasarse de largo sobre un hecho, y es que Eduardo

Serra, exministro de Defensa con José María Aznar y previamente secretario de Estado del ramo con Felipe González, abandonó el plató en directo tras considerar que se estaba linchando al PP —no es afiliado— en un debate sobre la crisis del partido y la guerra de Ucrania. Su audiencia rara vez ha superado el 5 por ciento de cuota de pantalla en el horario de máxima audiencia, lo cual es muy negativo para La 1. ¿Por qué no lo han retirado de la parrilla si en el caso de otros debates, como el de «La primera pregunta», de Lluís Guilera, no se tuvo paciencia y apenas si aguantaron un mes en la parrilla? Nadie sabe contestar esta pregunta en su consejo de administración, aunque las sospechas son las de siempre.

¿Cuáles? Cabe recordar que «La clave», de Balbín, fue retirado de la parrilla en 1985, ante la incomodidad que le ocasionaba al Gobierno de Felipe González la pluralidad de voces de este espacio. El ejecutor de esa orden fue José María Calviño, el padre de Nadia Calviño, actual ministra de Economía. El periodista «represaliado» denunció entonces el ataque a la libertad de expresión que había supuesto esa decisión, pero no recuperó su programa.

Hay dinámicas de las televisiones públicas que es difícil que cambien. Ni antes... ni en la aparentemente renovada RTVE. La de siempre. La televisión en la que los Gobiernos influyen reiteradamente para tener sus informativos a su favor. Eso provoca turbulencias frecuentes en su consejo de administración. En septiembre de 2022, su presidente, José Manuel Pérez Tornero, dimitía de su puesto tras ser acorralado por cuatro vocales designados por PSOE y Unidas Podemos para el órgano de gobierno de la corporación. El catedrático fue elegido con 247 votos a favor en el Congreso de los Diputados, en marzo de 2021, tras un largo proceso de selección que incluyó la celebración de un concurso de méritos y la construcción de un complejo pacto político. Ni ese amplio consenso consiguió mantenerle en el cargo. Cuando cesó en sus funciones, los socialistas y la formación morada caían en las encuestas demoscópicas.

El caso de TV3

Al abordar el tema de las televisiones públicas no se puede obviar una referencia a la Corporación Catalana de Medios Audiovisuales, a la que la Generalitat ha asignado desde su fundación, en la década de 1980, el mayor presupuesto de las televisiones autonómicas españolas. Hubo un momento, en octubre de 2017, en el que los grupos parlamentarios debatieron acerca de la conveniencia de incluir esta empresa pública dentro del grupo de instituciones que iban a pasar a ser controladas —temporalmente— por el Estado como consecuencia de la aplicación del artículo 155 de la Constitución española en Cataluña. Algunas de las principales formaciones políticas expresaron sus reticencias a la toma del mando de un medio de comunicación. Así que finalmente se excluyó a TV3 y Catalunya Ràdio de este paquete de medidas, que trataron de contener al Gobierno independentista y sus acciones subversivas.

Los registros del Consejo Audiovisual de Cataluña (CAC) permiten extraer conclusiones bastante precisas sobre la forma en la que TV3 prioriza los intereses de los partidos de la Generalitat frente a los de la sociedad catalana en su conjunto. El regulador de los medios públicos catalanes difunde de forma periódica informes de los que se pueden extraer conclusiones interesantes en este sentido. Por ejemplo, entre noviembre de 2015 y marzo de 2017, los noticiarios de este canal dedicaron 27 horas, 8 minutos y 28 segundos a hablar del *procés*.

Lo hicieron directamente o en informaciones relacionadas con el referéndum soberanista, la judicialización de la consulta del 9 de diciembre de 2014 o a través de las actuaciones de los políticos secesionistas. Desde la relativa a abrir los ayuntamientos el Día de la Hispanidad o el de la Constitución, hasta la que tiene que ver con la alcaldesa de Berga, Montse Venturós (CUP), cuando se negó a retirar la bandera estrellada del consistorio de esa localidad.

El objetivo de la Generalitat en este período era el de pastorear a la opinión pública hacia posiciones cercanas a la independencia. Eso llevó, por ejemplo, a que el abordaje del caso de corrupción de la familia Pujol fuera más escaso que el de otras tramas cuyo epicentro se encontraba fuera de Cataluña.

En concreto el caso Nóos, contó con 3 horas, 25 minutos y 25 segundos de tiempo. Le siguieron en importancia:

- Imelsa (1 h, 53 min, 56 s).
- Palau (1 h, 45 min, 50 s).
- Pujol (1 h, 21 min, 45 s).
- Gürtel (1 h, 09 min, 03 s).
- Pretoria (1 h, 32 min, 47 s).
- Bankia (29 min, 55 s).
- Mercurio (07 min, 54 s).

El líder político al que más reclamaron los micrófonos de TV3 fue Carles Puigdemont, con 2 horas, 51 minutos y 22 segundos. Es decir, más del doble que los portavoces de las principales fuerzas políticas de Cataluña. En concreto, Oriol Junqueras apareció 1 h, 15 min y 26 s, Miquel Iceta 1 h, 03 min, 44 s; Xavier García Albiol 57 min, 40 s; e Inés Arrimadas 49 min, 42 s.

En aquel entonces, el CAC no medía el tiempo de las intervenciones de los contertulios en los debates televisivos. En sus últimos informes ha paliado esta carencia, lo que ha permitido apreciar algún fenómeno interesante. No sorprende que los colaboradores que son partidarios de la independencia de Cataluña —o son críticos con los partidos que la rechazan, no conviene descuidar esta sutil forma de manipular— acaparen una gran parte del tiempo en estos programas, pero sí que llama la atención los privilegios de algunos de ellos.

El caso paradigmático es el de Pilar Rahola, quien es conocida por defender la secesión de Cataluña en su trabajo periodístico. La exconsejera del CAC Carme Figueras sintetizó en un párrafo de un voto particular incluido en un informe que analiza la pluralidad de la cadena, publicado a finales de 2021, lo que ocurre en TV3 con la «musa» del independentismo:

> Dispuso de enero a abril de 2021 de 8 horas y media de pantalla en TV3 para expresar su opinión personal, sin apenas réplica ni con-

traste. Esta periodista no es precisamente neutral, sino que, como es sabido, sus intervenciones son totalmente partidistas. Ella misma se ha erigido en muchas ocasiones como la mejor conocedora de las opiniones y estrategias del expresidente Puigdemont.

Rahola apareció en ese período treinta ocasiones en antena, de las que la mitad fueron en el programa «Tot es mou» (3 horas y 11 minutos) y el resto, en el magacín FAQS (5 horas y 19 minutos). La exvocal del organismo audiovisual ofrece su opinión sobre los debates de TV3 con esta frase: «Hay carencia de neutralidad y de equilibrio».

Durante el citado período —la situación es similar en el momento de escribir estas líneas— los contertulios que más tiempo estuvieron en pantalla en el magacín «Tot es mou», fueron:

- Elisa Beni (4 h, 5 min).
- Josep Cuní (3 h, 35 min).
- Máximo Pradera (3 h, 08 min).
- Antoni Bassas (3 h, 10 min).
- Cristina Fallarás (3 h, 13 min).
- Y la propia Rahola (3 h, 11 min).

En el programa matinal «Els matins», el tertuliano que dispuso de un mayor tiempo de palabra fue John Carlin, con 3 horas y 5 minutos, mientras que en el espacio «Planta Baixa» lo fue Antoni Bassas, con intervenciones que superaron las 2 horas de duración.

La orientación de esta televisión hacia las tesis de la Generalitat —o hacia las contrarias al constitucionalismo— es más que evidente y se plasma en los programas de debate y en los informativos. La realidad —según define el voto particular— es que los medios de comunicación públicos catalanes no dispensan el mismo trato a los proindependencia que al resto de la sociedad catalana, pese a que esta empresa pública se nutre del erario.

En el caso de TVC (TV3 y Canal 324), entre enero y abril de 2021 —apunta el citado voto particular— se habló con 175 defensores de las posturas secesionistas frente a las 58 conversaciones que se mantuvieron con constitucionalistas (una ratio de 3 a 1). En el de Catalunya Ràdio, 77 frente a 22 (ratio de 3,5 a 1).

«En este cómputo de personas favorables o contrarias a la independencia de Cataluña no están incluidas las entrevistas formuladas a miembros de partidos como Cat en Comú, como tampoco a los representantes de gobiernos de las administraciones locales catalanas, del Ayuntamiento de Barcelona u otros que pueden haber sido en algunos casos de opiniones favorables a la independencia de Cataluña», matizó la exconsejera del CAC en el documento.

Pluralidad, confianza y libertad

Sucede que, en estos años de aceleración máxima del ritmo de la actualidad y existencia digital, los formatos tradicionales del periodismo se encuentran en decadencia: el periódico por las ediciones en internet; la televisión por las plataformas de contenidos en *streaming* y la radio, por la cada vez mayor pujanza del podcast. Eso ha provocado varios fenómenos singulares en el negocio de los medios de comunicación, desde las variaciones de las facturaciones de las compañías a la propia confianza que los consumidores depositan en los medios.

Así lo acreditan los datos publicados por el Instituto Reuters, uno de los estudios de referencia sobre el consumo de noticias en todo el mundo elaborado a partir de encuestas a más de 93.000 usuarios de 46 países de todo el mundo.

En el caso de España, el estudio confirma el cambio de tendencia en las fuentes de información más utilizadas en los últimos años. Frente al liderazgo del consumo de información online (79 por ciento de la población) y el creciente tirón de las redes sociales (56 por ciento), los datos también acreditan el declive de la televisión (59 por ciento) y el desplome de las publicaciones impresas (26 por ciento). Una fotografía muy similar a la que arrojan los sucesivos informes de la Asociación para la Investigación de Medios de Comunicación (AIMC): internet es el medio con mayor penetración (86,3 por ciento) seguido de la televisión (79,1 por ciento), que confirma su progresivo descenso.

Gráfico 3.3. Fuentes de información

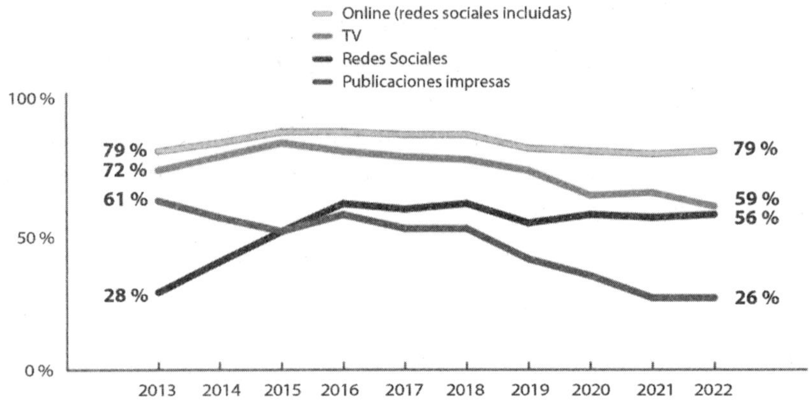

Fuente: *Digital News Report 2022* realizado por el Instituto Reuters.

Mención aparte para los podcast, donde España se posiciona como el cuarto país con mayor consumo (41 por ciento). Por plataformas, la mayoría de los usuarios los escucha a través de YouTube (30 por ciento), seguido de Spotify (26 por ciento), iVoox (19 por ciento) y Podium (4 por ciento). Resulta llamativo cómo la plataforma más utilizada para escuchar los podcast, un formato sonoro, es la única que cuenta con imagen, lo que de alguna manera parece replicar el viejo formato de las tertulias televisivas en internet.

El informe de Reuters también alerta de uno de los grandes problemas de los medios en España y que no se ciñe a las tertulias: la confianza en los medios ha caído progresivamente desde 2017 y ahora, por primera vez, la gente que desconfía de los medios (39 por ciento) supera a la que sí confía en ellos (32 por ciento). Este escepticismo afecta a todo tipo de medios y marcas, ya que ninguna alcanza ni siquiera un 50 por ciento de apoyo. Según apunta el informe, estos números se explican por el impacto de la pandemia y la polarización política y entre medios de comunicación. Y otro dato preocupante: España es el segundo país de todo el estudio, sólo por detrás de Polonia, donde los usuarios perciben una mayor polarización de sus medios de comunicación: un 49 por ciento, sólo superado por el 56 por ciento de Polonia.

A esa polarización se suma la percepción de los lectores de la captura de los medios por parte de los poderes políticos, otra fotografía en la que España de nuevo sale mal parada: apenas el 13 por ciento de los encuestados considera que los medios están libres de fuertes presiones políticas, sólo por detrás estaría Italia (13 por ciento) y Grecia (7 por ciento). Los resultados son similares respecto a los poderes económicos, apunta el informe de Reuters.

Resulta interesante complementar estos resultados junto con los de otra publicación de referencia del sector, el *Informe anual de la profesión periodística* de 2021, que edita la Asociación de la Prensa de Madrid (APM), en el que se pone de relieve que el segundo mayor problema que citan los periodistas en España es la falta de independencia política y económica de los medios, una realidad que está «íntimamente relacionada con la situación de las empresas», tal y como señaló Luis Palacio, director del informe, durante su presentación.

Por un lado, han descendido los ingresos de los (endeudados) grupos de prensa. También lo ha hecho el tamaño de las redacciones y las retribuciones de sus periodistas. Los centros de trabajo tienen menos periodistas y los que tienen son más jóvenes. También peor pagados. La entrada en el negocio de los medios digitales es mucho más sencilla que antes de que terminara la era analógica. Los podcast no requieren de una licencia administrativa, mientras que los diarios digitales no implican la adquisición de una rotativa y de una sede gigantesca que tenga la capacidad de aglutinar a los hombres y a las máquinas. ¿Qué ha provocado esto? Un incremento sin precedentes de la competencia en el sector.

En estas condiciones, todos los medios quieren tener más visibilidad para diferenciarse del resto de los digitales, dado que cuanta más popularidad acaparen, más lectores atraerán y mayores serán sus ingresos. Por otra parte, sus periodistas rara vez ven mal el pluriemplearse y colaborar en una o varias tertulias para complementar su sueldo con el que les otorgue una televisión. Sobresueldo que, en muchas ocasiones, les resulta necesario para engordar las precarias retribuciones que reciben en sus medios. El citado informe de la APM lo deja claro: las bajas retribuciones son el principal problema para los periodistas en España.

Esto ha acentuado ese fenómeno que tan habitual ha sido en la historia del periodismo, que es el del «perro no come carne de perro». Es decir, los medios no critican lo que hacen los otros, aunque sea detestable. ¿Qué periodista va a denunciar la imprudente línea editorial de una cadena de televisión si en sus tertulias sienta sus posaderas el director de su periódico, uno de sus compañeros o él mismo? La falta de fiscalización, en la vida, puede conducir a desviaciones éticas bastante peligrosas.

Las productoras de estos programas también son conscientes de este fenómeno, así que suelen reclamar un buen trato —o algunos favores editoriales— a los medios de comunicación a los que ayudan a obtener más visibilidad, a través de la contratación como colaboradores de sus periodistas. Eso provoca que en las mesas no estén muchas veces los mejores analistas, sino los que conviene que comparezcan en cada momento.

Imaginemos que una cadena de televisión programa a diario una tertulia sensacionalista en la que día tras día comparecen portavoces de los partidos más radicales del panorama político nacional. Supongamos que lo hace en un momento en el que dicha compañía audiovisual pugna con una Administración por una concesión pública. O en la que quiere un favor de un Gobierno populista que, por ejemplo, persiga la independencia de un territorio de España.

No conviene engañarse: el amarillismo gusta a la audiencia, así que es probable que la cuota de pantalla de ese programa de debate sea mayor que la de una alternativa seria, reflexionada, serena y centrada.

Ahora supongamos que esa tertulia se emite cinco días a la semana y que por ella pasan los directores de varios diarios digitales y los periodistas políticos que han demostrado una mayor adscripción a un Gobierno o a una opción radical. Y apuntemos algo importante: todos los meses, cada colaborador recibe 1.200 o 1.500 euros de sobresueldo por participar en ese programa y verter argumentos nocivos a la opinión pública.

Planteemos ahora la siguiente pregunta: ¿quién denuncia lo que ocurre en ese programa y el efecto que tiene sobre los espectadores? Y una cuestión más: en caso de que un medio de comunicación que no está representado lo haga: ¿será posible convencerlo de que cambie su línea editorial con una silla en la tertulia que le garantice visibilidad y una «propina» mensual para alguno de sus trabajadores?

Y un último matiz: ¿utilizan los partidos y las empresas de distintos sectores este fenómeno para recomendar a los periodistas de su conveniencia a los productores de estos programas?

Los ejemplos que se han producido en los últimos años son múltiples. De ahí que lo que sucede en las tertulias y en su trastienda pueda definirse como uno de los puntos oscuros del periodismo español contemporáneo.

Quien es nuestra audiencia?

↳ preguntar a la gente donde se informa y porque, que esta buscando con ello, porque ese medio y no otro.

↳ Que le gustaria, cual seria el ideal en la informacion

↳ Cuales son sus secciones y cual añadiria

4

La ética, el arte de lo posible (y necesario)

Ignacio Bel Mallén

El escribir o hablar abiertamente a favor de la ética, en este caso informativa, es un tema que casi siempre lleva aparejado, en los momentos actuales, un claro desprecio por parte de muchos de los que leen o escuchan los argumentos a su favor, que se unen al coro de los escépticos en relación con este tema, dado que no se considera políticamente correcto el defender la importancia de la moral, de los valores transcendentales, base de la ética en general, en un momento en que el pragmatismo político manda seguir las directrices de los defensores de lo políticamente correcto, tanto en el lenguaje como en la política y sobre todo en el campo de los valores morales. Vaya por delante mi más absoluta indiferencia hacia la opinión de estos pensadores. Empleando una palabra de mi tierra valenciana, *meninfot*, o sea, traducido bajo el prisma de lo «políticamente correcto» no me importan nada dichas valoraciones, porque la importancia de la ética informativa está por encima de consideraciones personales subjetivas.

Algunas precisiones iniciales

El absurdo desprecio a la ética en el campo informativo, que se manifiesta fundamentalmente en no tener en cuenta los principios deontológicos a la hora de elaborar una información o desarrollar una actividad empresarial informativa, es sin duda uno de los males, no sé si el peor, que tiene la información en España en los últimos años. Esta actitud se ha visto acentuada a lo largo de la pandemia, que supuso un retroceso fuerte en el terreno de las libertades y entre ellas la informativa, lo cual ha dejado una situación de incertidumbre que no se acaba de terminar.

Ello resulta realmente contraproducente para la actividad informativa y es la causa, en gran parte, de la desconfianza que la sociedad ha ido desarrollando en los últimos años hacia los medios de comunicación, alcanzando, como se señala en varios de los capítulos de este libro, los niveles más bajos de valoración en los últimos cuarenta, cincuenta años. La sociedad ha pasado de considerar a los medios como una de las instituciones más valoradas a situarlos, en estos momentos, en los últimos lugares en los distintos rankings de reputación, tanto en los que se realizan en España como en los de carácter internacional, pero que se refieren también a nuestro país.

Todos los estudios realizados a lo largo de estos dos últimos años demuestran ese descenso de confianza, fundamentalmente en la prensa escrita y sobre todo en la televisión, salvándose de esa consideración en mayor medida la radio, que sigue siendo, pese a todas las crisis, el medio por excelencia que siguen los españoles y a través del cual se informan de una manera mayoritaria. Y esa valoración no sólo es por parte de la sociedad, sino que los propios periodistas participan de esa estimación, como se puede comprobar en el análisis del capítulo quince de este libro, en el cual se cuantifica, por parte de los profesionales de la información, esa confianza con un aprobado raspado, 5,4 cuando hace seis años era del 5,7.

Esa desconfianza, en la cual tiene mucho que ver la falta de ética, afecta a la profesión periodística tanto en su faceta individual, o sea, en lo relacionado con el trabajo profesional de los periodistas, como en lo referente a las empresas informativas, sometidas desde el año 2008 a una fuerte crisis de carácter económico y profesional. Por supuesto que siempre hay excepciones, en cuanto al recto uso de la ética informativa, en uno y otro ámbito, por medio de periodistas y empresas que luchan por mantener en su actividad informativa un alto nivel ético. Ese esfuerzo se diluye, en la base, y cada vez más se hace más patente esa sensación de dejadez en el terreno ético por parte del resto de la profesión, traduciéndose en una fuerte disminución de lectores, oyentes y televidentes.

Por lo tanto, si nos planteamos una regeneración de la actividad informativa, propósito que alienta el contenido de las páginas de este libro, tendremos que preguntarnos el porqué de este desprecio hacia la ética, sus causas, sus consecuencias y sobre todo las posibles medidas que hay que tomar en el aprendizaje y desarrollo de los principios deontológicos, para revertir esa situación en el campo informativo, porque como señala Sonnenfeld: «El problema de fondo radica más bien en la suposición, tan ingenua como fatídica, de pensar que el lograr comportamientos éticos necesarios para el buen funcionamiento de una empresa [actividad informativa, podríamos decir nosotros] sería viable, sin el aprendizaje y enraizamiento ético de las personas, es decir, sin la interiorización de las virtudes morales de los sujetos que actúan».[3]

Por lo tanto, para no caer en esa ingenuidad de la que nos habla el autor citado, no sólo es necesario conocer, en nuestro caso, los principios deontológicos informativos donde se traducen particularmente los principios generales de la ética que afectan a la información, tanto en el plano individual como en el empresarial, sino que es preciso aprenderlos, interiorizarlos y enraizarlos en la actividad informativa. Lo contrario conducirá a la información a esas bajas cuotas de aceptación que tiene en estos momentos en la sociedad. Esta dinámica de cambio debería empezar, en primer lugar, por reconocer el importante papel que la ética tiene en campo informativo.

Desgraciadamente esto no es así en los momentos actuales. Ya me he referido ampliamente en otro lugar a la falta de reconocimiento que la ética tiene en esta etapa de la historia que nos

3. Sonnenfeld, Alfred, *El nuevo liderazgo ético: La responsabilidad de ser libres*, Editorial Fragua, Madrid, 2014.

toca vivir.[4] Sería especialmente preocupante si esta actitud negativa se refiriese sólo a la actividad informativa, pero desgraciadamente no es así. Ese olvido, que en muchas ocasiones podríamos calificar de desprecio, se da en el conjunto de las actividades que configuran la vida en general de la sociedad, cada vez más inmersa en un subjetivismo y relativismo que coloca la opinión individual por encima de cualquier racionamiento que tenga la verdad y la objetividad como puntos de referencia.

Éstos son momentos en los que el yo eclipsa la razón y el individualismo exacerbado ignora los principios básicos y los derechos ajenos para imponer sus criterios e intereses por encima de todo, incluso faltando gravemente a la justicia, sobre todo en el sector económico y político. Y en ese ambiente, por lógica, la ética no encuentra resquicio alguno para tratar de hacer razonar al individuo en pro de la verdad y del bien común, dejando por ello de ser tenida en cuenta.

Hace treinta y un años el profesor Carlos Soria, el mejor especialista en ética informativa en España, publicaba un pequeño libro, en cuanto número de páginas, pero grande por su contenido, titulado *La hora de la ética informativa*.[5] Sus seis capítulos estaban dedicados a tratar diversos e importantes temas en relación con la información, y el séptimo y último era el que daba título al libro. Quizá si hubiera podido usurparle al autor, maestro y amigo sus derechos de autor, habría debido ser el título de este primer capítulo del libro que aborda, de la mano de destacados docentes y profesionales, la necesaria regeneración de la profesión periodística en España.

Realmente esa afirmación, «es la hora de la ética informativa», se debería convertir en un grito a lanzar a los cuatro vientos, ya que es una realidad absolutamente necesaria en las circunstancias actuales en que vive la vida periodística en nuestro país. Es la hora, debería ser la hora de la ética informativa, que sirva

4. Bel Mallén, José Ignacio, *La ética informativa: un reto en la era de la posverdad*, Editorial Tirant Humanidades, Valencia, 2021.

5. Soria, Carlos, *La hora de la ética informativa*, Editorial Mitre, Barcelona, 1991.

para ayudar a solucionar las actuales deficiencias informativas que asolan nuestra profesión, sobre todo en dos de los tres sujetos de los que hablaba el profesor Desantes:[6] los periodistas y los empresarios y máxime con el florecimiento, gracias al desarrollo de las tecnologías de la información, de los nuevos impulsos informativos tanto de carácter individual como empresarial.

En la contraportada del mencionado libro, se escribían unas palabras que no me resisto a transcribir, porque aun siendo un poco extensas, son realmente esclarecedoras de lo que, en estos momentos, treinta y un años después, se sigue exigiendo a periodistas y empresarios de la información. El texto dice así:

> No es difícil [saber] por qué la ética suscita en algunos ambientes periodísticos una cierta sospecha. Tal vez planea en nuestra memoria histórica el recuerdo de unos años en libertad con la palabra ética permanentemente en los labios. Otras veces es la experiencia profesional la que advierte —no sin razón— que la ética se invoca, en ocasiones, desde el poder para intentar recortar el vuelo de libertad de los periodistas.
>
> Pero tampoco es extraño que los ciudadanos empujen constantemente a los informadores a vivir mejor su ética profesional. Y pidan para los periodistas toda la libertad que necesita la función de informar, pero exijan al mismo tiempo que eleven las cuotas de calidad y responsabilidad de su trabajo informativo.
>
> Y todo esto —libertad, calidad, responsabilidad— es prácticamente la ética.
>
> Sólo hay una forma de vivir la ética y es vivirla libremente.

6. El profesor José María Desantes Guanter, primer catedrático de Derecho de la Información en España, es sin duda uno de los principales investigadores en el campo jurídico-informativo, en el que ha realizado una ingente labor, cuya importancia continúa hoy muchos años después de su fallecimiento. Entre su abundante producción, de más de treinta libros, conviene reseñar en el tema que nos ocupa *La verdad informativa*, que obtuvo el premio Adolfo Muñoz Alonso, otorgado por la Diputación de Valladolid, obra que prescindiendo, por lógica temporal, de las menciones a la legislación entonces vigente, sigue siendo una obra fundamental para entender el papel de la verdad en la información.

Desgraciadamente son palabras que siguen teniendo en el día de hoy plena actualidad, dado que por una parte permanece, diría que con mayor fuerza, una clara sospecha hacia la ética, cuando por el contrario debería ser soporte básico que ayudase a la realidad informativa en momentos tan convulsos como los que vivimos, para conseguir esa «calidad y responsabilidad» de la que habla el texto citado.

Por su parte, hay que reconocer que la libertad, y máxime en estos momentos en que los ataques a su ejercicio, sobre todo en el campo de la información, se multiplican, incluso desde las esferas del poder, sigue siendo un condicionamiento para entender en su verdadero significado el sentido y la importancia de la ética informativa. Sin embargo, no debemos cobijarnos en esa situación difícil y delicada que suponen los ataques a la libertad informativa para rehuir el compromiso ético que toda persona relacionada con la información debe tener. Más bien debe ser un aliciente para continuar en la batalla por conseguir unos niveles éticos informativos del mayor grado posible. Son momentos delicados y difíciles para la información, pero en donde se debe reafirmar con más fuerza el compromiso ético en el campo informativo, porque el cumplimiento del deber en ese campo es fundamental para que la información cumpla su verdadera misión, que no es otra que ofrecer a la sociedad una información lo más completa, verdadera y objetiva posible.

Para ello habrá que luchar por alcanzar y sostener los niveles adecuados de libertad y máxime cuando desde los poderes políticos, y ahora también desde los aledaños de dicho poder, hay un empecinamiento suicida contra la libertad de expresión, lo cual es absolutamente grave, como han puesto de manifiesto destacados periodistas y presidentes de asociaciones profesionales relacionadas con los medios de comunicación y nos debe obligar a tomar medidas, porque si no, tanto periodistas como empresarios, e incluso la propia sociedad, se arrepentirán de haber adoptado una actitud permisiva frente a dichos ataques, como han señalado destacados profesionales de la información, docentes en el campo informativo y empresarios de la comunicación.

Uno de los reproches que se hacen a la ética, en ocasiones

con razón, es su excesiva generalidad a la hora de establecer las bases racionales de su implantación. Es además uno de los argumentos que se esgrimen con mayor fuerza para criticar su viabilidad, su vigencia y su utilidad, en clara confrontación con el derecho, que bueno o malo, tiene las notas características de la concreción, la exactitud y su reconocimiento práctico. Por ello a la hora de argumentar la importancia de la ética y su necesaria referencia en la actividad informativa, debemos ser lo más exactos y precisos posible. Desde ese enfoque vamos a exponer cinco ideas concretas, relacionadas con el porqué, el para qué y el cómo de la deontología informativa, que es la aplicación práctica de la ética en el campo informativo y que demuestran su viabilidad e importancia.

La ética no es una moda y por lo tanto su valor es permanente

Uno de los argumentos más recurrentes y viejos, tanto en medios profesionales como incluso docentes, es que la deontología informativa es cosa del pasado y que su utilidad en el momento presente es innecesaria, porque su contenido está pasado de moda. Realmente es un argumento que sólo se puede esgrimir con la finalidad de suprimir la referencia deontológica en los contenidos informativos por ignorancia o en ocasiones por mala fe e incluso por la propia incompetencia para desarrollar adecuadamente el trabajo informativo. Es como decir, en el ámbito general ciudadano, que la buena educación, la palabra dada, el compromiso adquirido, el respeto a lo ajeno y una larga serie de cuestiones básicas están pasadas de moda y que por lo tanto es innecesario su uso y su exigencia. Una cosa es que desgraciadamente en muchas ocasiones incumplamos esos principios y otra, muy distinta, que aboguemos por su supresión.

Trasladado a la actividad informativa es como afirmar, cuestión que por desgracia se hace en muchas ocasiones y más últimamente, que la verdad, la objetividad, el respeto a los derechos de los ciudadanos y un largo etcétera están pasados de moda. La inmersión en este camino, que en muchas ocasiones se realiza por un tratamiento banal de la realidad informativa y en otras por una clara intención negativa, es lo que está provocando el grave ataque que está sufriendo la información, y no sólo en España, que se concreta en el fuerte desarrollo de la desinformación, a través de las *fake news* y la posverdad en el ámbito informativo, que están causando un daño, en ocasiones irreparable, a la información, porque en cuanto se olvida la verdad y los restantes principios deontológicos como base de la información, sobrevienen todos los desórdenes informativos posibles. No es cuestión de rasgarse las vestiduras y escandalizarse, hipócritamente, de la grave situación informativa, es momento de acentuar los niveles éticos cada uno en su parcela de trabajo informativo y en su vida personal, porque no se puede obviar el sentido unitario de la ética y olvidarse de su ejercicio porque ha pasado de moda.

La relación con la verdad, o sea, la adecuación informativa de la realidad a lo que es, no a lo que quisiéramos nosotros que fuera, es como un dique que protege de todos los males que acechan a la información. Sin verdad no hay información posible, pese a que en los momentos actuales los ataques a este principio básico de la información tengan lugar desde muchos sectores, incluso periodísticos. Cuando el yo, la opinión o el interés personal se sitúan por encima de los principios deontológicos, muy especialmente el de la verdad, realmente podemos afirmar que estamos ante una situación grave en el terreno deontológico, porque existe el peligro evidente de distorsionar lo básico en la información, la necesidad de que el público esté realmente informado de lo que ocurre, no de lo que piensa o quisiera un determinado periodista que ocurriera. Y eso es lo que desgraciadamente pasa hoy en día en muchas áreas informativas. Si a ello le unimos la falta de objetividad y la mezcla de la información con la opinión, cuestiones que trataremos en los siguientes puntos, la realidad negativa se manifiesta en su verdadera gravedad.

La consecución de beneficios económicos por encima de todo, aun a costa de la información, el servilismo profesional hacia grupos políticos o económicos como consecuencia del sectarismo, la falta absoluta de transparencia, el desprecio a los ciudadanos, el olvido de la información como servicio público, la puesta a disposición de las grandes corporaciones de los espacios informativos, el sometimiento profesional a las presiones de la comunicación corporativa y un largo número de desprecios a la deontología son las realidades que periodistas y empresarios, en muchas ocasiones, desarrollan en su labor periodística, olvidándose de un principio básico: la información es del público, no del informador, que lo único que recibe es un mandato tácito para ejercerla en su nombre.

Para excusarse e incluso justificarse, falsamente, desde luego, se argumenta que la deontología está pasada de moda, convirtiéndose en esclavos de sus propias falsedades y haciendo todo lo posible para que esa idea abone la cultura del momento, olvidándose de las consecuencias negativas posteriores a ese comportamiento antiético, porque como afirma Spaemann: «No hay ética alguna que prescinda absolutamente de la consecuencia de los actos».[7] Desgraciadamente esas consecuencias terminan, en el mejor de los casos, en esa pérdida de valoración de la información de la que hablábamos antes.

Para la información, la deontología sigue siendo, mal que les pese a esos encantadores de serpientes, una referencia obligada para sopesar la calidad del trabajo informativo, individual y colectivo, como lo demuestra el buen hacer de muchos periodistas y empresarios que, pese a todas las dificultades, se esfuerzan para seguir ofreciendo a la sociedad una información de calidad y ética. Entre estas dos realidades, ser ético o no serlo, no cabe, como afirmaba Polo, hace ya muchos años, la neutralidad: «No hay nada en el ser humano que se pueda considerar neutral desde el punto de vista ético o independiente de él»[8] o, más recientemente, Bauman al afirmar: «Las frases "no sabía", "no quise hacerlo" no son una excusa que la responsabilidad moral aceptaría».[9]

7. Spaemann, Robert, *Ética: cuestiones fundamentales*, EUNSA, Pamplona, 1995.

8. Polo, Leonardo, *Ética: Hacia una versión moderna de los temas clásicos*, Universidad Panamericana, Madrid, 1966.

9. Bauman, Zygmunt, *Ética posmoderna*, Siglo XXI, México, 2005.

El buen periodismo basado en la verdad, en la objetividad, nunca estará pasado de moda y por lo tanto considerar que el sustrato deontológico que anima y prima esta realidad está desfasado y fuera de lugar en estos tiempos es una necedad que sólo puede conducir, como lo está haciendo en parte, a la degradación de la información. Desgraciadamente, las tecnologías de la información, de tanta importancia en el campo informativo, no han venido, como hubiera sido deseable, a subsanar estas deficiencias, sino a fomentar, hoy por hoy, la banalidad informativa, en donde la deontología no encuentra el desarrollo adecuado. La libertad informativa, entendida bajo la idea de esta nueva era tecnológica, de que cualquier ciudadano se puede convertir en sujeto informativo no ha ido, por el momento, acompañada de la responsabilidad ética en ese ejercicio por parte ciudadana en muchos casos.

El bien, como el mal desgraciadamente, no pasa de moda y aquello que se sustenta en esas dos realidades, la verdad y la mentira, es objeto de permanente evaluación, de consideración por parte de la sociedad. Si trasladamos a la información esta dura realidad de la permanencia del bien y del mal nos encontraremos, sin lugar a dudas, con que el comportamiento adecuado en el campo deontológico, o su ausencia, es una realidad palpable que siempre ha existido, en mayor o menor grado, y afecta positiva o negativamente a su viabilidad. Por lo tanto, su ejercicio no está en relación con el tiempo, sino con el querer del periodista de ejercer o no los principios deontológicos en su labor o no querer desarrollarlos. Es una decisión de la conciencia, no un factor relacionado con el momento de su desarrollo.

Cuando los periodistas, véase el capítulo quince de este libro, cuantifican la falta de ética como uno de los problemas a tener en cuenta en la profesión, y máxime cuando la apreciación se refiere a los años 2020 y 2021, o sea, al momento presente, está claro que ese sentimiento de la necesidad ética es un reclamo actual, y por lo tanto la consideración de la deontología como una necesidad en el ámbito informativo no es cosa del pasado, ni se la puede considerar una exigencia pasada de moda, sino que es una necesidad del presente, lo que confirma que la ética es permanente, no tiene edad, no hay un antes y un después, sino que sirve a los intereses, en este caso informativos, en cualquier momento de la historia.

La libertad, fundamento para la existencia de la ética

La libertad tiene una importancia vital en el terreno de la comunicación, a tal punto que se puede afirmar sin temor a caer en exageraciones que sin libertad no hay información. Ciertamente, como han señalado muchos autores, la libertad es la cara de una moneda cuyo reverso es la responsabilidad. Esto se ve muy claramente en el terreno jurídico, donde los actos humanos, efectuados libremente, acarrean unas consecuencias, reflejo de la responsabilidad de dichos actos, regulada por las normas jurídicas cuyo incumplimiento puede conducir a la imposición de sanciones concretas.

En el campo de la ética, y por lo tanto en la deontología informativa, la realidad en este punto es muy distinta, fundamentalmente por tres razones. La primera de ellas es que la exigencia ética es de voluntario cumplimiento, no hay, como en el campo del derecho, una coacción que conlleva desarrollar obligatoriamente los principios enumerados en los códigos deontológicos. En segundo lugar, porque la ética no se basa en normas, sino en principios; y tal como señala Fuente Cobo: «Cabe proclamar que la ética no es un conjunto de normas, la ética es esencialmente autónoma, se asienta sobre las convenciones personales. Si la ética no se asume y se interioriza por convicción, no es nada».[10]

Y, en tercer lugar, porque en el campo ético no hay sanciones punibles que permitan cualquier clase de castigo a quien incumpla dichos principios. El cifrar la importancia de la ética en relación con las posibles sanciones es un error absoluto, porque los principios se cumplen si voluntariamente la persona los quiere

10. Fuente Cobo, Carmen, *Ética periodística esencial*, Editorial Centro Universitario Villanueva, Colección Comunicación, Madrid, 2014.

cumplir, pero no se le puede exigir que lo haga. A nadie se le puede exigir ser bueno o caritativo. Por eso, como afirma Bonete, en cita recogida por Fuente Cobo, «una tarea principal de cualquier deontología profesional consiste en explicitar a través de los códigos deontológicos un "*ethos* profesional", una manera moral de ser profesional, más que el inculcar deberes y normas».[11] Y para ello la libertad es absolutamente necesaria porque nadie interioriza ese *ethos* profesional por coacción, sino por el uso legítimo de su libertad al aceptarlo.

Pese al razonamiento de estos tres puntos, hay muchas personas, docentes, investigadores, pensadores y profesionales de la información, que siguen empeñados en mezclar estas dos realidades —derecho y ética—. La razón de ese empecinamiento es fácil de comprender si se analiza desde la perspectiva de las dificultades que origina el desarrollo de una u otra vía. El derecho no exige más esfuerzo que el cumplimiento de la norma, por el contrario, la ética exige un esfuerzo de la conciencia del profesional para buscar y desarrollar en todo momento del proceso informativo la aplicación adecuada del principio ético que se debe dar en cada información. Por ello la tendencia es como señala Blázquez, «confundir la ética de la información con las normas legales emanadas de los organismos legislativos». El peligro de esta confusión, señala, es que «así la ética queda absorbida por el derecho, la razón por la voluntad y la racionalidad de la conducta por la arbitrariedad de los consensos democráticos».[12]

El derecho y la ética responden a dos exigencias distintas, que se entrecruzan en muchas ocasiones, pero no se deben confundir. El derecho de la información, derecho objetivo, como conjunto de normas, visualiza las obligaciones que en el terreno informativo tiene todo profesional, las cuales le permiten cumplir el deber que tiene respecto a los destinatarios de la información. Por el contrario, el derecho a la información, derecho subjetivo, es la posibilidad de informarse que tienen los ciudadanos,

11. Ibídem.

12. Blázquez, Niceto, *La nueva ética en los medios de comunicación*, BAC, Madrid, 2002.

que la pueden o no ejercer según su deseo. La razón de existencia de la información, del trabajo informativo de los periodistas, no tiene otro fundamento que ese derecho de los ciudadanos a saber, a estar informados, ejerciendo su derecho a la información.

Por eso, desde esa perspectiva, el derecho de la información está al servicio del derecho a la información, lo que lleva al último autor citado a afirmar con rotundidad dos consecuencias. La primera consiste en que «la última palabra sobre lo que es derecho y obligación en materia de información corresponde a la ética y no al derecho positivo» y, en segundo lugar, que «no es correcto, pues, hablar de ética en los medios de comunicación social o de ética de la empresa informativa, limitándose a recordar la normativa legal vigente».[13] La no existencia de castigos o sanciones en el campo deontológico no quiere decir que se pueda despreciar esta clase de responsabilidad, aunque en muchos ambientes se pueda correr el riesgo de caer en esta situación. Efectivamente esa permisibilidad mal entendida puede llegar, como señala Soria, a «difuminar la importancia de la responsabilidad ética o menospreciarla precisamente porque carece de las exigencias y de los efectos de la responsabilidad jurídica».[14]

Desgraciadamente, en muchos ámbitos profesionales se piensa, y por lo tanto se vive, la falsa idea de que al no haber posibilidades de sanciones concretas, la exigencia de la ética no existe o al menos se difumina, siguiendo la terminología del último autor citado, en la vida diaria profesional, como se está demostrando, por ejemplo de una manera bien clara, en esa nueva realidad del mundo online, donde la exigencia ética de las informaciones no importa en absoluto, pasa a un segundo plano, porque lo realmente importante es la búsqueda desenfrenada de visitas, que permita alcanzar unas ratios de audiencia positiva encaminada a conseguir a su vez los máximos niveles de publicidad, con la ex-

13. Ibídem.

14. Soria, Carlos, «La responsabilidad ética en el campo de la información», Bel Mallén, José Ignacio y Loreto Corredoira (coords.), *Derecho de la información*, Ariel, Barcelona, 2003.

cusa, no válida desde una perspectiva ética, de que ello es lo que permite la viabilidad empresarial.

Para que todas estas premisas se cumplan de manera adecuada es necesario un régimen de libertad, porque como señala Soria, «hay que pensar la información y la ética en un clima de libertad. Hablar de información y de responsabilidad ética tiene que ser siempre hablar de libertad».[15] Por ello muchos de los problemas del momento actual en nuestro país, en relación con la información, no vienen porque los periodistas no quieran seguir los criterios deontológicos en sus informaciones, sino porque faltan los niveles adecuados de libertad informativa, sobre todo en el mundo de las empresas informativas, más preocupadas por sus resultados económicos que por el producto de su actividad.

Los ataques a la libertad de información no son sólo un ataque a los informadores, sino un atentado al derecho de los ciudadanos a recibir una información ética, verdadera. Pongamos sólo un ejemplo. Cuando la presidencia del Gobierno prohíbe hacer preguntas en una rueda de prensa o selecciona ideológicamente a los periodistas que puedan asistir o se niega a contestar las preguntas que se le hacen, etcétera, ¿a quién se está atacando, despreciando? Por supuesto de una manera inmediata a los periodistas (que lamentablemente no se levantan de las sillas y se van o se niegan a participar en esas parodias, como sí ocurre en otros países de fuerte raigambre de la libertad en el terreno informativo), pero la consecuencia más grave es que el ciudadano deja de conocer total o parcialmente la verdad de los acontecimientos.

Sin embargo, a los que así actúan se les llena la boca de afirmaciones en favor de la ética, sin querer reconocer, al menos externamente, que esos atentados contra la libertad suponen graves agravios hacia la información y por extensión hacia la ética del comportamiento debido.

15. Ibídem.

Mecanismos de vigilancia, control y evaluación de la ética en el campo informativo

Otra de las acusaciones que se hacen a la ética, derivada de su consideración como un sistema excesivamente generalista, es la afirmación bastante extendida de que es imposible establecer sistemas que permitan un control, una vigilancia del cumplimiento de las obligaciones deontológicas que tienen periodistas y empresarios, afirmación de la que se deriva que la ética no tiene unas posibilidades de exigencia que permitan su implantación respecto al trabajo periodístico o a la labor de las empresas.

Falso como las apreciaciones respecto al valor actual de la ética o a su viabilidad profesional. En el citado libro de Soria, que, repito, se publicó hace treinta y un años, ya se respondía a esa acusación de la mejor manera que se puede hacer y es enumerando toda una batería de acciones que permitían esa vigilancia, ese seguimiento en pro del comportamiento adecuado a la ética, tanto a nivel personal como empresarial, pero fundamentalmente en relación con la empresa informativa, porque como señalaba este autor, «de la ética de que debe hablarse es de la ética de la empresa informativa, no simplemente de la ética de los periodistas. La ética no es sólo para los periodistas, sino también para los empresarios».[16]

Pues bien, desde ese enfoque, sin olvidar por supuesto a los informadores, las páginas del libro aportaban ¡trece! posibles acciones en la búsqueda de establecer mecanismos reales y concretos para la vigilancia de una real contribución de la ética en el campo informativo: creación de códigos deontológicos; sondeos sobre el nivel ético de medios; publicación de índices de aceptación del público respecto a medios e informaciones; constitución de consejos de prensa (hoy en día ampliable al resto de los medios); sección amplia y real de carta de los lectores; creación de tribunas libres; constitución de oficinas de exactitud y equidad; *ombudsman* en el campo ético; auditorías internas, etcétera. Blázquez recoge todas estas iniciativas y las amplía con otras que

16. Ibídem.

tienen la misma finalidad: permitir el control ético de los medios de comunicación social.[17]

Por lo tanto, sirvan estos ejemplos para afirmar, con rotundidad, que el problema en el terreno de la vigencia de la deontología informativa consiste en el querer, no en el poder, que los mecanismos están creados o pueden serlo, y que por lo tanto lo importante es seguirlos, desarrollarlos en todo momento de una manera eficaz, teniendo en cuenta las situaciones cambiantes en que vive la información. Esto es de trascendental importancia en estos momentos de cambio que vivimos, en los que la fuerza de la información por el acceso globalizado a las tecnologías de la información ha dejado de estar sólo en manos de medios y periodistas para ser un arma, positiva o negativa según se use, en poder de todos los ciudadanos.

A estos posibles mecanismos que contribuyan a implantar el seguimiento en la vigilancia ética de los medios de comunicación social se une, en el plano individual de los periodistas, otra importante acción que en los últimos años ha ido adquiriendo carta de naturaleza, aunque sin una gran implantación. Me refiero al autocontrol/autorregulación de la actividad informativa, o sea, a la decisión personal de cada periodista de desarrollar su labor profesional a la luz de los principios deontológicos, que le llevará en muchas ocasiones a tamizar su información, no a censurarla.

Desgraciadamente algunas personas quieren ver en esta posibilidad una nueva forma de censura informativa. Nada más lejos de la realidad, porque la decisión de publicar o no un determinado contenido procederá en estos casos de la conciencia del periodista, porque, siguiendo el enfoque de Soria: «en cualquier caso, el punto de partida para entender la responsabilidad ética de los informadores es ubicar esa responsabilidad en su lugar propio, en la conciencia personal. Ése es su escenario». Y continúa afirmando que es esa conciencia «lo que le permite medir, aquí y ahora, en el caso concreto y en las circunstanciales reales, lo hay que hacer o dejar de hacer».[18]

17. Blázquez, Niceto, *op. cit.*
18. Soria, Carlos, *op. cit.*

Evidentemente, para lograr que el autocontrol/autorregulación sea efectivo hay necesidad de formar a la conciencia, cuestión hoy en día nada fácil, dadas las circunstancias ambientales que circulan en la sociedad y que sitúan al yo, a la conciencia personal, por encima de otras consideraciones igual o más importantes. De ahí nace la necesidad de formación, no sólo en el aspecto técnico de los periodistas, sino en el enfoque ético, de apreciación de los valores esenciales que conforman su actividad y que están recogidos en los múltiples códigos deontológicos que a nivel local, nacional, internacional y empresarial han ido naciendo en los últimos doscientos años, como señala Blázquez.

Un peligro que acecha a esta realidad del autocontrol/autorregulación es la llamada autocensura que el propio periodista se impone, fruto o bien de una mala formación de su conciencia o como consecuencia del miedo o interés espurio que asume en su trabajo. El miedo viene dado por las consecuencias que sus informaciones puedan tener en su ámbito empresarial o en las corporaciones objeto de su información, fundamentalmente el despido. Y el interés espurio por cuanto busca, en algún sentido, beneficiarse del contenido de sus informaciones, cara a su destinatario. No hace falta insistir en que ello, amén de ser una deformación de la conciencia profesional, es un grave atentado a la ética informativa por cuanto antepone su interés a la verdad informativa.

No es el momento de analizar en estas páginas por qué se llega a esa situación, ya que las causas pueden ser múltiples y será necesario analizar *a priori* la capacidad de resistencia personal del informador para calificar esa actitud. Sí se puede afirmar que es de mayor gravedad si ésta es voluntaria y ajena a posibles consecuencias peligrosas para el informador. Lo que sí es necesario decir es que el periodista tiene la obligación moral de combatir con todas sus fuerzas las causas que le llevan a esa autocensura, porque, como dice el dicho, no hay mejor esclavo que el que desea serlo. En esa graduación del rechazo personal a la autocensura estará el nivel de su responsabilidad profesional y ética.

Para finalizar este punto, tampoco conviene olvidar un problema que ha surgido en los últimos años, fruto de esa eclosión tecnológica y que diversos periodistas han puesto de manifiesto en sus artículos, como es el tema de la desintermediación, o sea, la desaparición del papel de los medios como elementos intermedios entre la producción de la noticia y su difusión, que les impide actuar en ese proceso como un elemento de comprobación, elaboración y verificación de las noticias. La realidad online de los momentos actuales ha hecho desaparecer esta función en gran medida. Las consecuencias, en palabras de Zarzalejos, han llevado a una situación de «pérdida de deontología profesional, de disentimiento en el relato de la verdad, de aceptación del bulo y del rumor en el circuito informativo. La tecnología con el arrasamiento de la intermediación ha desmoralizado al relato periodístico y ha difuminado los atributos que le aseguraban un rol social de control y relato de la verdad».[19]

Pese a todas estas dificultades señaladas, la posibilidad de establecer sistemas de vigilancia ética en las organizaciones y por extensión en el trabajo individual de los periodistas es una realidad posible y necesaria, porque en esa realidad la información se está jugando en muchas ocasiones el ser o no ser la voz autorizada, cara a la sociedad, del mantenimiento de su función social de formadora de la opinión pública.

La verdad, prueba del algodón de la información ética

El quicio donde se apoya toda la información y con ella la deontología informativa es la verdad. Ella es la principal característica de la información porque sin verdad, como señalan prácticamente todos los autores en el campo informativo, no hay información. La verdad, definiciones al margen, que no es el lugar para entrar en ellas, es la traslación de la realidad circundante a la información facilitada a sus destinatarios. En tanto en cuanto

19. Zarzalejos, José Antonio, «Periodismo y *fact-checking*» en «La era de la posverdad», *Revista Uno*, 27 (2017).

esa traslación, ese poner en forma lo real, sea lo más exacta posible, estaremos ante una información verdadera, ante una acción profesional ética y adecuada.

Como han señalado muchos autores, entre ellos Desantes en el citado libro *La verdad informativa*, no se trata de alcanzar la verdad ontológica, o sea, la verdad absoluta, porque ello, salvo contadas ocasiones, es imposible para el periodista desconocedor por razones de tiempo y forma de todos los elementos que constituyen un hecho, una circunstancia destinada a ser informada. Lo que se considera necesario, en este campo, es alcanzar la verdad lógica, o sea, la mayor graduación de verdad posible fruto de la mayor diligencia que el periodista pueda poner en búsqueda de esa verdad, a la que también califica Desantes como verdad informativa.

Por lo tanto, la evaluación de esa labor informativa en relación con la verdad estará en el nivel de diligencia que el periodista haya puesto en su labor, amén de su capacidad de traslación de los hechos a las palabras, sonidos o imágenes. La diligencia, tema muy tratado por el Tribunal Constitucional en relación con las sentencias relacionadas con la verdad, supone en opinión de Carreras una trilogía de requisitos: que «haya sido diligente en su averiguación, haya hecho lo posible para dar la información de la forma más correcta y haya tenido una actitud positiva hacia la verdad», que va más allá del querer y se sitúa más en el campo del querer y del saber. Para llegar a ello juegan en este punto dos cuestiones fundamentales como son la voluntad y la inteligencia, que ya fue puesta de manifiesto como cuestión esencial por Aristóteles en su razonamiento sobre las virtudes intelectuales.[20] La voluntad lleva al querer, por encima de todo, dificultades incluidas, el llegar a la verdad de los acontecimientos, de los hechos que normalmente están «ensombrecidos» por intereses u otras cuestiones ajenas al informador.

La inteligencia radica en el saber profesional, en lo que denominamos profesionalidad, y en este punto, al igual que comentábamos respecto a la conciencia, entra la formación personal en el

20. Aristóteles, *Ética*, Editorial Alba, Madrid, 2001.

campo informativo. De ello se deduce la importancia que este último punto tiene en el quehacer informativo, que a lo largo de muchos años ha sido o ignorado o incluso despreciado, pensando que la mera repetición de actos, característica de lo que es un oficio, permitía adquirir esa formación necesaria para la labor informativa. Hoy en día en el mundo online en el que vivimos queda claro, y máxime con la realidad de las redacciones multimedia, que esa formación es necesaria para toda persona que se dedique a la información.

La conjunción adecuada de la voluntad más la inteligencia es el fundamento de la búsqueda de la verdad informativa. No es lícito quedarse por tanto en el concepto de lo verosímil, una de las tendencias hoy en día más en boga al enfrentarse al tema de la verdad, negando la posibilidad de llegar a ella y, por lo tanto, pensando sólo en la exigencia de verosimilitud, o sea, en el sentido que lo plantea Pombo: «Lo que interesa destacar en esta inicial contraposición nominal entre verosimilitud y verdad es que en la noción de verdad se da una adecuación entre el entendimiento y la cosa, cuanto más estricta mejor, mientras que en la noción de verosimilitud se da un tipo de adecuación ligera o flotante: un parecido con la verdad que no llega a ser adecuación plenaria».[21] En la información por su importancia social, no nos podemos quedar en el concepto de verosímil, o sea, en aquello que es creíble por tener apariencia de verdad, sino que hay que tratar de conseguir la exigencia de lo verdadero, de lo real.

Si examinamos la totalidad de los códigos deontológicos existentes en todos los países del mundo, incluida España, tanto a niveles locales, regionales o nacionales, veremos que todos ellos contienen como uno de los primeros y principales principios el de la verdad, porque sin la verdad no se puede vivir, porque responde a los deseos éticos que tienen las personas en mayor o menor grado como señala Cortina al afirmar que «a la ética le ocurre lo mismo que a la estatura, el peso o el color, que no se puede vivir sin ellos. Todos los seres humanos son más o menos altos o

21. Pombo García de los Ríos, Álvaro, «Verosimilitud y verdad», discurso pronunciado el 20 de junio de 2004.

bajos, todos son morenos rubios o pelirrojos, todos pesan más o menos, pero ninguno carece de estatura, volumen o color. Igual sucede con la ética, que una persona puede ser más moral o menos según determinados códigos, pero todas tienen alguna estatura moral».[22]

Es falso que la mentira, o sea, la falta de verdad, responda a una característica del ser humano. Muy al contrario la persona está hecha para la verdad, para el bien, como señala Álvarez Teijeiro cuando plantea que «decir la verdad, o cuanto honestamente sabemos de ella, es el imperativo ético por antonomasia para la dimensión comunicativa de todas las acciones humanas», exigencia que sitúa especialmente en el campo informativo, al asegurar que: «decir la verdad exige prudencia [...] pero decir la verdad, adaptándose a las circunstancias precisas de cada contexto comunicativo, seguirá siendo un mandato irrenunciable [...] y muy especialmente de las acciones específicas de los profesionales de la comunicación [...]».[23]

A la verdad como exigencia ética la acompaña otro principio deontológico, la objetividad, absolutamente en decadencia en estos momentos, como señala Sinova (autor de un capítulo en este libro donde se aborda esta cuestión), el cual dice que afirmar la imposibilidad de ser objetivo es como si asegurásemos que es imposible ser bueno. Hay muchas razones para explicar hoy en día la mala imagen que tiene la objetividad como principio deontológico informativo. Principalmente porque como hemos señalado, vivimos en una época en la que el subjetivismo y el relativismo han acampado en el pensamiento y la vida diaria humana con fuerza y con ánimos de no irse, quizá por la incoherencia del ser humano que prefiere lo sencillo, lo fácil, que es lo que representan estas dos corrientes, al esfuerzo del objetivismo y como consecuencia de la verdad, que efectivamente exige una mayor

22. Cortina, Adela, *Para qué sirve realmente la ética*, Editorial Paidós, Barcelona, 2013.

23. Álvarez Teijeiro, Carlos, «La manipulación informativa», Agejas Esteban, José Ángel y José Francisco Serrano Oceja (coords.), *Ética de la comunicación y de la información*, Ariel, Barcelona, 2002.

dedicación. Esto no es nuevo, ya decía Revel que «la primera de todas las fuerzas que dirigen al mundo es la mentira»,[24] por lo que no nos debemos extrañar de esos ataques a la objetividad, a veces desaforados.

Frente a esos agoreros negacionistas, hay que afirmar con rotundidad que la objetividad es posible, mejor dicho, es necesaria por cuanto forma parte inseparable de la verdad. Nadie niega, sería un despropósito cierto, la realidad del pensamiento subjetivo de cada persona, que la lleva a tener ideas propias de cada acontecimiento. Ello no es incompatible con la objetividad, y máxime en el campo informativo y en la labor de los periodistas. Lo que se exige en ese binomio subjetivo y objetivo propio de cada ser humano es que, en la medida de lo posible, uno no invada la existencia del otro, sobre todo cuando se está en un proceso informativo, en cuyo desarrollo la verdad es esencial. Una de las causas ciertas por las que se da esa mezcla o esa invasión de lo subjetivo sobre lo objetivo es porque hoy en día la información vive otro peligro que posibilita ese mal, como es la mezcla, indebida, de información y opinión.

Efectivamente, siendo dos realidades distintas, la tendencia, y máxime en los medios audiovisuales, es mezclar lo que es con lo que uno piensa, la realidad con lo que a mí me gustaría que fuera, los datos con la explicación subjetiva de ellos, independientemente del necesario deslinde entre ambos campos. La objetividad, o sea, «una relación veraz, integral e inteligente de los sucesos cotidianos que les dé significado», es posible, necesaria e imprescindible para desarrollar la información en su verdadero contexto. Ciertamente es más sencillo y fácil huir de su ejercicio, por dejadez, por cobardía o simplemente por falta de profesionalidad. Pero ello no significa que no sea posible, significa que el profesional de la información que cae en esa actitud es sencillamente un mal periodista.

24. Revel, Jean-François, *El conocimiento inútil*, Planeta, Barcelona, 1989.

La ética permite cumplir y desarrollar el principio de justicia informativa

El fin de la ética es contribuir en la labor profesional de los periodistas a que se cumpla el principio de justicia informativa, porque es un derecho de los ciudadanos en relación con la información. El célebre jurisconsulto romano Ulpiano ya estableció en el siglo III una definición de justicia, que sigue siendo válida diecinueve siglos más tarde. Afirmaba que la justicia «es la constante y perpetua voluntad de dar a cada uno lo que es su propio derecho». En el campo informativo lo que les es propio a los ciudadanos, lo que es su derecho, es recibir la información veraz, justa, objetiva, para poder formarse su propia opinión personal sobre los acontecimientos, configurando junto con la opinión de otras muchas personas eso que llamamos la opinión pública. Y eso, siguiendo el hilo de la definición, debe ser realizado de manera constante y perpetua, basándose en la voluntad, o sea, en el querer del periodista de cumplir esta obligación.

Para cumplir adecuadamente ese principio, el periodista se debe apoyar en dos realidades. Por una parte, en el cumplimiento de los principios deontológicos aplicados a la información de cada momento, y por otra debe contar en su trabajo con los mayores niveles de libertad posibles, tanto en relación con los factores externos como en lo referido a su propia empresa. En primer lugar, es exigible al gobierno que lejos de cercenar la libertad informativa, como parece ser últimamente su principal objetivo, desarrolle una legislación que defienda esa libertad, acompañada de una acción política que respalde el trabajo profesional de los periodistas. En el segundo es preciso que las empresas se sitúen a la vanguardia de la defensa de la libertad y de la ética, para que sus redactores se vean arropados por los que detentan el poder decisivo de publicación.

En el primer aspecto los periodistas y empresarios no tienen una fuerte capacidad de acción, teniéndose que limitar a la denuncia del poder político en los casos que sus acciones sean contrarias a la libertad informativa, crítica que en muchas ocasiones no se realiza por intereses empresariales, llámense concesiones de radio y televisión o simplemente ayudas a través de la publicidad institucional, o por apatía profesional, aceptando situaciones que son claramente contrarias al desarrollo profesional de los periodistas. Lo malo de este hecho es que en este campo ocurre lo mismo que cuando se desliza una bola de nieve por la montaña. Cada vez las acciones contra la libertad son más fuertes, más sofisticadas, más constantes, hasta que se llega a situaciones de asfixia.

Esto se refleja en que la independencia de medios y profesionales es cada vez menor, como se ha puesto de manifiesto en líneas anteriores, y por lo tanto la capacidad de vivir y ejercer esa justicia informativa se reduce considerablemente, arrinconándose los principios deontológicos, que terminan por ser ignorados cuando no despreciados, y siendo utilizados tan sólo cuando la conveniencia práctica lo exige. Estamos viviendo una época informativa en España en la que no es raro, por el contrario, es cada vez más usual, que lo que ayer era blanco hoy es negro, que el amigo de ayer se vuelve el enemigo de hoy, como si la ética y los principios que la configuran fuesen un pañuelo que se tira a la papelera según las conveniencias personales. Y curiosamente esas personas son las que en mayor medida se llenan la boca de razonamientos, apelaciones y referencias a la ética, alcanzando niveles de hipocresía impropios de una democracia.

Las empresas tienen hoy en día en el campo ético una responsabilidad que sobrepasa la exigible a los profesionales que trabajan en las organizaciones empresariales, las cuales deben ser las primeras que avancen en el desarrollo de una ética informativa, las que establezcan un ambiente de trabajo en donde se pueda vivir esa realidad y defiendan el trabajo deontológico de sus redactores, en definitiva, que sean parte activa y esencial en esa vinculación entre los principios deontológicos y el trabajo informativo. La información no es una mercancía, es un bien inmaterial que hay que cuidar, haciéndolo compatible con los lógicos logros de beneficio económico, pero no poniéndola exclusivamente al servicio de la cuenta de resultados.

Para alcanzar ese objetivo de respeto y aliento de la ética, las organizaciones empresariales informativas tienen muchos y variados medios. A los que indicamos en líneas anteriores cabría añadir el establecimiento de unos principios editoriales propios, que respeten y apoyen la deontología profesional de sus redactores; los libros de estilo de empresa, en donde se reflejen esos principios deontológicos; los códigos deontológicos internos en sintonía con los códigos de las organizaciones empresariales; el desarrollo de un estatus profesional de sus redactores basados en principios profesionales y éticos, etcétera.

Como se ha señalado, también en el campo empresarial la vivencia de la ética es un querer que emana de la responsabilidad que sus dirigentes establezcan en sus relaciones informativas externas e internas. Lógicamente, el horizonte tiene que ser la independencia respecto a los poderes reales y fácticos que siempre procurarán enturbiar esa nota característica, tema que se trata con profundidad en otro capítulo de este libro.

Conclusión breve pero necesaria

La ética continúa viva hoy en día como en todas las épocas de la historia, pero con unas mayores posibilidades de ser conocida y vivida. Es un querer que se une al poder, punto en el que deben estar comprometidos periodistas, empresas, sectores políticos y económicos, etcétera. Conviene tener en cuenta que los daños producidos en este campo son en muchos casos irreparables y por lo tanto ese querer es necesario.

La ética es un bien que, como afirmaba Aristóteles, debe ser el objetivo de todas nuestras aspiraciones, en nuestro caso las de carácter informativo, porque la información es obviamente un bien necesitado para el hombre en una sociedad libre y democrática, que debe ser tratado con suma responsabilidad en un clima verdadero de libertad.

No es fácil vivir esta realidad ética. Nunca lo ha sido ni en el terreno informativo ni en los múltiples campos que configuran la vida de la sociedad. Pero que no sea fácil no quiere decir que sea imposible, por muchas dificultades que sobrevengan. La realidad ética desarrollada por muchos medios de comunicación y profesionales de la información avala, a lo largo de la historia, esta afirmación.

5

De *El País* (.com) a WhatsApp: cómo evitar que la prensa tradicional sea devorada por las redes sociales

Fernando Cano

Introducción[25]

Es probable que en los últimos treinta años no exista un momento más decisivo para la prensa y para el periodismo que el nacimiento del iPhone en enero de 2007. El dispositivo de Apple logró que, por primera vez, se pudiese consultar internet en un dispositivo móvil con iguales o mejores prestaciones que lo que hasta el momento se hacía en los ordenadores de sobremesa, algo que se traduciría en que cualquier información pudiese leerse —y compartirse— a través de un smartphone. Los editores de los diarios no lo supieron entonces, probablemente cegados porque ese mismo año 2007 los periódicos impresos registraron los mayores ingresos de su historia: 2.998 millones de euros (AEDE, 2008). Pero ese pequeño teléfono de apenas 133 gramos de peso y una pantalla de 3,5 pulgadas —no mayor que la palma de una mano— revolucionó completamente la forma de consumir información, poniendo en serio riesgo el negocio y la viabilidad de los periódicos.

Es verdad que una década antes ya había nacido Google y que, poco a poco, comenzaba a hacerse con el control de internet. Pero el nacimiento del primer smartphone fue el verdadero re-

25. Los datos presentados en este capítulo son de finales de julio del 2022.

vulsivo para llevar el ciberespacio en el bolsillo. Hasta ese momento, los editores todavía podían presumir de la facilidad para leer un periódico impreso, que se podía consultar tomando desayuno, en la cafetería, en el metro o en un parque, algo con lo que no podía competir una voluminosa pantalla de un ordenador de más de cinco kilos. Pero con un smartphone en el bolsillo todo cambiaba radicalmente: los contenidos ilimitados que el ciberespacio podía ofrecer, incluyendo todos los diarios del mundo de manera gratuita, ya estaban a nuestra disposición donde quisiéramos y a la hora que quisiéramos. Nunca el ser humano había tenido en su mano tanta información en un solo dispositivo con tantas opciones para elegir y con tanta facilidad para encontrarlas.

Una revolución que los grandes editores de medios no vieron venir. De nada sirvió la experiencia empresarial del centenario diario *ABC*, el prestigio indiscutido de *El País*, líder del mercado casi desde su nacimiento en el año 1976, o las grandes exclusivas de *El Mundo*, que sacudieron la política de los años noventa. Quizá por arrogancia, porque no supieron sobreponerse a las sucesivas crisis económicas o simplemente porque nunca supieron realmente cómo debía conducirse la revolución digital, los *legacy media* permitieron que en un tiempo récord Google y Facebook les arrebataran la hegemonía de los ingresos por publicidad y que Twitter y WhatsApp se ganaran la confianza de sus lectores.

Quince años después, los consumidores de información que consultaban *El País* y luego *elpais.com* han pasado prácticamente a ver sólo las noticias que les llegan a través de WhatsApp, contenidos compartidos por sus contactos del teléfono: familiares, compañeros de trabajo, amigos o de canales de información de dudosa credibilidad y veracidad. Un fenómeno que muchos defienden apelando a la democratización de internet y la generación de contenidos. Sin embargo, y lamentablemente, el mundo idílico sin intermediación informativa y con periódicos debilitados y lectores generando informaciones no ha dado buenos resultados, derivando en el mayor período de desinformación y noticias falsas de la historia. Las *fake news* se diseminan como un virus por los smartphones de los lectores que replican hasta el infinito, entre sus contactos y grupos de confianza, informaciones que no contrastan y que, gran parte de las veces, son deliberadamente falsas para desestabilizar grupos políticos, sociales, empresariales e incluso gobiernos.

Nunca ha sido más necesaria la histórica labor de la prensa de contrastar fuentes e intentar la mejor aproximación a la realidad para explicarla a la sociedad y a los lectores. Es clave que en cada rincón del mundo haya un periodista contando lo que sucede y evitando la propagación de noticias falsas de Estados, empresas y políticos. Pero para ello se necesitan empresas periodísticas saneadas, sostenibles, alejadas del poder y que sepan sacar rendimiento a la revolución digital, de esa internet y ese smartphone que los han llevado a sus mayores niveles de consumo de su historia, pero a la vez, a sus menores niveles de influencia y de reconocimiento de marca. Recuperar el valor de la marca, la calidad de sus informaciones y la dignificación del oficio del periodista se antoja imprescindible.

Tiempos de vino y rosas

Nunca los editores de diarios españoles ganaron tanto dinero como en el año 2007 y tampoco nunca una industria redujo sus ingresos de manera tan abrupta en un período de tiempo tan corto. Las cifras de la Asociación de Medios de la Información (AMI) —heredera de la histórica Asociación de Editores de Diarios Españoles (AEDE)— reflejan que los ingresos totales del sector durante aquel año fueron de 2.880 millones de euros, de los cuales 1.894,4 millones fueron ingresos por publicidad según InfoAdex (2008), el medidor reconocido como el más fiable para tomar el pulso de la inversión publicitaria. Esto deja la venta de ejemplares de papel en otros 1.000 millones de euros. Estamos hablando solamente de ediciones impresas, ya que los ingresos de los diarios nativos y de las ediciones digitales de las grandes cabeceras eran casi inexistentes en ese año.

Los datos de estos mismos informes reflejan que en 2021 los editores de diarios en España ingresaron unos 1.040 millones, de los que 568 millones corresponden a publicidad y otros 389 millones a venta de ejemplares (AMI, 2021). Por su parte, InfoAdex indica que los diarios impresos se llevaron 335,9 millones de euros de la tarta publicitaria durante 2021 (InfoAdex, 2022) y estima extraoficialmente que el mercado de los diarios digitales ingresa adicionalmente unos 300 millones por publicidad, incluyendo además los diarios nativos (los que no tienen edición impresa como *El Confidencial, eldiario.es o El Español*).

Desde cualquier parámetro, el desplome del negocio de la prensa ha sido abismal. Si sólo se comparan los datos de los editores tradicionales adscritos a la AMI, vemos que la caída de la facturación total en catorce años ha sido del 63,8 por ciento, con un desplome de los ingresos publicitarios del 71,1 por ciento y de la venta de ejemplares impresos del 66,4 por ciento. Si se intentan maquillar los datos incluyendo los ingresos publicitarios digitales, el desplome en este mismo período es del 39,5 por ciento. Probablemente no haya ninguna industria en la historia del capitalismo moderno que haya visto caer sus ingresos de manera tan vertiginosa y en tan poco tiempo. O, por lo menos, ninguna industria que todavía siga en pie.

Si hacemos la comparativa con el resto de los soportes publicitarios e industrias similares, vemos que, sin lugar a dudas, la prensa ha sido la más afectada y la que más tiempo ha tardado en recuperarse de las sucesivas crisis económicas: de 2008 a 2011 y la de la pandemia de la COVID-19 que, desde comienzos de 2022, se ha agravado con la invasión de Rusia a Ucrania. En estos mismos catorce años que estamos sometiendo a análisis, vemos que —siempre según InfoAdex— la inversión publicitaria del soporte prensa ha caído un 80,2 por ciento, la televisión ha bajado un 48,7 por ciento, la radio se ha desplomado un 38,7 por ciento, mientras que internet y digital se han disparado un espectacular 414 por ciento (InfoAdex, 2008 y 2022).

Estas cifras explican casi por sí solas el fracaso de la transición digital de los diarios impresos. Desde el punto de vista meramente económico, dejaron que se les escapara un negocio que parecía seguro y que estaba en su mayor apogeo durante el año 2007. Desde entonces, han intentado migrar lentamente hasta un modelo digital que, comercialmente, está a años luz de lo que llegaron a tener. Los editores de prensa consiguieron dominar el mundo (de los medios de comunicación) en un período en el que la difusión de los diarios alcanzó cotas nunca vistas: resulta difícil de creer con el prisma de la revolución digital, pero un periódico como *El País* llegó a tener una difusión de medio millón de ejemplares a comienzos del milenio, una cifra que se duplicaba en su edición del domingo (OJD, 2003). Estamos hablando de una venta en quioscos de 400.000 ejemplares, personas que efectivamente pagaban un euro de lunes a viernes y otros dos euros los fines de semana para adquirir un ejemplar del diario de PRISA.

Eran años en los que una página de publicidad en esta cabecera —o en *El Mundo* y *ABC*— se pagaba a precio de oro, con precios que oscilaban entre los 50.000 y los 100.000 euros o incluso 200.000 euros los fines de semana. Hoy, estas ediciones impresas apenas subsisten y —siguiendo con el ejemplo del diario de PRISA— *El País* apenas supera los 90.000 ejemplares de difusión, casi cuatro veces menos, y a duras penas supera los 50.000 ejemplares de venta al número de media diaria (Deloitte, 2021).

Mención aparte merece el desplome de los grandes editores de prensa. En el año 2007, la prensa española estaba controlada básicamente por tres grandes empresas editoriales: el Grupo PRISA, editor de *El País*, el deportivo *As* y el económico *Cinco Días*; el grupo Vocento, dueño del centenario *ABC*, además de la mayor red de cabeceras regionales de toda España, y Unidad Editorial, que nacía precisamente ese año tras la compra del grupo Recoletos (*Marca y Expansión*) por parte de Unedisa (diario *El Mundo*) en una cifra que vista con los ojos actuales fue absolutamente desorbitada: 1.100 millones de euros incluyendo deuda. Ese mismo año, PRISA obtuvo los mayores ingresos de su historia, con unas dimensiones que —ellos no lo sabían en ese momento— nunca volverían a repetirse. Los ingresos de explotación de la compañía llegaron a los 3.696 millones, una mejora del 31,4 por ciento respecto del año anterior, con una facturación por publicidad de 1.122,27 millones, un alza del 46,7 por ciento (PRISA, 2008). En 2021 la situación de la compañía era radicalmente distinta, con una facturación de 741,2 millones, una reducción del 80 por ciento en los ingresos y una facturación por publicidad de 294,4 millones, un 73,7 por ciento de retroceso (PRISA, 2022).

Sin embargo, sería injusto realizar una comparativa equivalente si consideramos que, durante estos catorce años, precisamente para salvar la crisis, PRISA ha realizado fuertes desinversiones, como la venta de su negocio de televisión (Sogecable) a Telefónica, por 724 millones, la de Santillana en España por 465 millones y la fuerte reducción de sus inversiones en radio en Latinoamérica. Si sólo consideramos el negocio de prensa (actualmente denominado PRISA Noticias) vemos que ha caído desde los 391,1 millones (272,5 millones de publicidad y otros 210 millones de venta de ejemplares) en 2007 hasta los actuales 181,1 millones (el grupo ya no desglosa por tipo de ingreso, aunque ahora se incluyen las suscripciones digitales de *El País*), lo que supone un desplome del 53,6 por ciento sólo en el negocio de edición de periódicos, tanto impresos como ahora digitales (PRISA, 2007 y 2022).

Si hacemos este mismo ejercicio con el grupo Vocento, vemos que la situación es bastante similar. En 2006 salieron a bolsa esperando rentabilizar el *boom* de la prensa que parecía no tener fin, mientras que en 2007 vivieron su mejor año de facturación con 918 millones de euros, de los cuales 421,4 millones fueron ingresos por publicidad y otros 267,8 millones por venta de ejemplares (Vocento, 2008). Catorce años después, las cosas son muy distintas, con unos ingresos totales de 352,3 millones (un desplome del 61,6 por ciento), con 147,8 millones de ingresos de publicidad (un 64,9 por ciento menos) y otros 113,7 millones de venta de ejemplares (un 57,5 por ciento de caída, Vocento, 2022). En el caso de Unidad Editorial la situación es diferente ya que la consolidación del nuevo grupo se produjo en 2008 y ya en plena crisis del sector. Un año en el que facturó 647,9 millones, frente a los 846 millones de 2021. Sin embargo, durante los peores momentos de crisis económica ha tenido que arrastrar una deuda de más de 1.100 millones por la compra de Recoletos, que no ha logrado digerir.

Unas cifras que obligaron a los medios de comunicación y a los diarios a desprenderse de manera casi inmediata de su activo más valioso: sus plantillas. Sólo dos años después de lograr sus mayores ingresos históricos y a tres de su fastuosa salida a Bolsa, Vocento redujo a la mitad su plantilla en un duro expediente de regulación de empleo (ERE) que afectó a 238 trabajadores. Unidad Editorial le siguió hasta realizar tres ERE entre 2008 —un año después de comprar Recoletos— y 2016, reduciendo su plantilla desde los 2.200 empleados hasta cerca de 1.100. En 2012, PRISA despidió a 129 empleados y en el primer trimestre de 2022 realizó un plan de bajas voluntarias para reducir brutalmente sus costes laborales.

Otras cabeceras que nacieron al calor de este momento dulce de la prensa tuvieron que cerrar: en 2011 bajó el telón el diario gratuito *ADN*, lanzado por Planeta, el editor de Atresmedia; en 2012 cerró la edición en papel de *Público*, en manos del dueño de Mediapro, Jaume Roures. Este año también cerró el gratuito *Qué!* y en 2013 lo hizo *La Gaceta de los Negocios*. El *Informe anual de la profesión periodística* de la APM indica que en 2007 el sector empleaba a 14.235 personas y que en 2015 esta cifra se redujo a 6.700 (APM, 2015). En términos económicos, los diarios agrupados en la AMI pasaron de ganar 11 millones de euros en 2008 a perder 19 millones en 2015 (AMI, 2021).

Como bien explica Ferris Flores en el artículo «La triple crisis de los medios de comunicación», esta brutal caída de los ingresos se explica fundamentalmente por una conjunción de tres momentos históricos particularmente negativos para los medios y nefastos para los editores de prensa. En primer lugar, la crisis que ha azotado con fuerza a partir del 5 de septiembre de 2008, cuando cae el banco de inversión Lehman Brothers, arrastrando con él a toda la economía mundial y con el cierre de los grifos del crédito.

El segundo componente fue la crisis financiera, ya que muchas compañías de medios españolas se enfrentaron al desplome de sus ingresos y la crisis con sus balances repletos de deuda. Aupados por unos ingresos históricos y con el convencimiento de que lo mejor estaba por venir, realizaron inversiones en imprentas y edificios, en mejorar sus plantillas y en una incipiente transformación tecnológica. Esto los llevó a endeudarse y, ya sin los ingresos históricos, tuvieron que destinar la totalidad de sus beneficios operativos (EBITDA) a pagar intereses.

Como ya hemos citado, Unidad Editorial adquirió una deuda de 1.100 millones y PRISA una de 5.000 millones, lo que obligó a estos dos grupos a realizar los duros recortes que ya se han abordado de manera resumida durante este capítulo. A esta ya compleja situación deberíamos sumar la irrupción de la crisis del coronavirus que en marzo de 2020 terminó por asestar el golpe de gracia a una industria que nunca se pudo recuperar del anterior descalabro.

En paralelo a estas crisis económicas se generó una tercera de mayor calado y de la que prácticamente nadie ha logrado recuperarse en el sector. La llegada de las nuevas tecnologías, con internet al frente; los nuevos dispositivos, los gigantes digitales y las redes sociales han modificado completamente el patrón de consumo de medios en el mundo, como indica Ferris Flores, afirmando que «los diarios solían ser el referente en el consumo de información y permitían que muchos lectores se enteraran de hechos y acontecimientos importantes un día después de que éstos ocurrieran, siempre y cuando estos usuarios no estuvieran presentes delante de una radio o de una televisión en el momento en que se difundían esos mismos hechos. Actualmente, la mayoría de los consumidores de información se enteran hoy de lo que pasa gracias a internet, que les permite ver y saber lo que quieren, en el momento en que deseen y en el formato que prefieran: sea texto, audio o vídeo».

Esto ha generado una enorme desafección con los medios tradicionales, precisamente por la arremetida de esta revolución digital a la que los medios tradicionales y la prensa no han sabido adaptarse ni desde el punto de vista del usuario ni comercialmente. En el nuevo ecosistema digital, los periódicos apenas facturan unos 300 millones de euros de publicidad anual, una cifra que sube levemente entre unos 5 y 10 millones si se incluyen las suscripciones digitales, lo que supone apenas una décima parte de todo lo que los diarios ingresaron durante 2007. Los diarios han logrado la vieja aspiración de igualar —e incluso superar— sus ingresos tradicionales por las nuevas vías digitales, el problema es que en el camino han perdido todos sus ingresos de circulación y los de publicidad digital se han devaluado de tal manera que, con cincuenta veces más de audiencia, los grandes diarios están ingresando una tercera parte de publicidad.

Google toma el control

El smartphone permitió llevar las noticias en el bolsillo, el detonante del fin de la prensa tradicional, pero su revolución no hubiese sido posible sin las nuevas plataformas tecnológicas, las nuevas formas de consumir contenidos ni las redes sociales. El iPhone nació en 2007, pero el buscador de Google lo había hecho casi una década antes, en septiembre de 1998; Facebook había sido creado cuatro años antes, en febrero de 2004 y YouTube sólo tres, en febrero de 2005. En marzo de 2006 nacería Twitter; en 2009 se crearía WhatsApp; en octubre de 2010 lo haría Instagram y ocho años después (en agosto de 2018) vería la luz el último fenómeno de las redes sociales, TikTok. Con la llegada de cada una de estas plataformas, los diarios han ido perdiendo aún más peso en la selva de internet.

De cierta manera, el iPhone de Apple sólo fue la herramienta para que estas plataformas dispararan exponencialmente su consumo y sustituyeran a los diarios tradicionales y a sus incipientes versiones digitales. Según el Estudio General de Medios (EGM) publicado en abril de 2022, en 2007 la penetración de los periódicos en papel entre los españoles era del 41 por ciento, y ahora es de apenas el 13,8 por ciento (AIMC, 2022). Un decrecimiento que ha ido a la par del despegue del consumo de internet. En 2007 su penetración era del 23,2 por ciento mientras que en la actualidad es del 85,3 por ciento. En 1997 internet apenas existía, con un 0,9 por ciento de penetración, mientras que la prensa llegaba al 37,7 por ciento (AIMC, 2022).

La noticia positiva para los medios de comunicación es que nunca en la historia de la prensa se había consumido tanta información ni se habían leído tantos diarios. Los datos del Instituto Nacional de Estadística (INE) indican que actualmente hay casi 44 millones de usuarios de internet, de los cuales al menos el 75 por ciento navega en busca de información. Esto supone que, según Comscore —el medidor recomendado por los anunciantes entre 2010 y 2021—, al menos hay seis cabeceras en España que fluctúan entre los 15 y los 19,9 millones de usuarios únicos mensuales. En abril de 2022, *El Mundo* llegó a los 19,9 millones; *La Vanguardia* a los 18,7 millones; *El Español* a los 17,9; *El Confidencial* a los 17,4 millones; *El País* a los 15,9 millones y *20 Minutos* a los 15,7 millones (Comscore, 2022). Si se toma como referencia a GFK, el medidor recomendado que se ha estrenado en 2022, las cifras caen a la mitad, pero siguen siendo igual de relevantes: en abril este medidor otorgó 13,2 millones de usuarios únicos a *20 Minutos*, 12,5 a *El País*, 12,1 millones a *El Mundo*, 10,1 millones a *La Vanguardia* y 10 millones a *ABC* (GFK, 2022).

La mala noticia para los periódicos es que en el mundo digital compiten con una oferta infinita de contenidos, por lo que la lucha por captar al lector o usuario único es mucho más dura. El ranking de abril de 2022 de «Propiedades Multiplataforma (Desktop y Móvil)» de Comscore indica que los tres primeros lugares pertenecen a Google Sites (36,3 millones de usuarios únicos), Facebook (33,9 millones) y Microsoft Sites (30,7 millones). El primer medio de comunicación es la suma de todos los diarios de Unidad Editorial (*El Mundo, Marca y Expansión*) con 27,3 millones y le sigue Atresmedia con 25,6 millones (Comscore, 2022). La particularidad del editor de Antena 3 y La Sexta es que no sólo compiten con noticias escritas, sino también con piezas audiovisuales, programas de entretenimiento y hasta películas. Un nuevo ecosistema en el que en este mismo ranking encontramos además del Grupo PRISA, Prensa Ibérica o Grupo Godó, a Amazon Sites (comercio electrónico, plataforma de vídeos, películas, podcast o canciones), al Gobierno de España, a Samsung Sites o a Twitter.

Pese a todo, los medios de comunicación siguen siendo, quince años después, la principal fuente de información. El buscador de Google se nutre diariamente de millones de informaciones de los periódicos digitales y Facebook ha pasado de ser una plataforma de contacto entre personas a un jardín donde todo el mundo, incluidos los medios, comparten las informaciones más variopintas. Los contenidos son de los medios, pero la monetización y la confianza de los anunciantes son de las redes sociales y los buscadores. Como ya explicamos en este capítulo, los ingresos de publicidad digitales en España se quedan en más de un 80 por ciento sólo en Google y en Facebook, dejando unos 300 millones de euros a repartir entre las decenas de cabeceras que compiten por los lectores que buscan información (InfoAdex, 2022). Por tanto, resulta incomprensible que con este consumo de internet y siendo los periódicos la mayor fuente de información de la red, no hayan sido ellos los que estén aprovechando estos elevados niveles de consumo para monetizar sus negocios.

¿Qué ha pasado? El cambio de paradigma ha llevado a que los usuarios no tengan que abandonar su plataforma preferida para poder consumir información, lo que ha conducido a dos situaciones que explican la caída de ingresos de los diarios digitales y que están íntimamente relacionadas: los usuarios no visitan los periódicos y la mayoría del tráfico de éstos procede de buscadores o redes sociales. En el primer caso, estamos hablando del gran dolor de cabeza de los jefes de producto —nuevo cargo nacido al calor de internet en los diarios digitales y que busca optimizar las visitas de cada medio—, ya que cada vez menos personas entran directamente a visitar los diarios digitales. Esto no significa que no se lean, ya que los datos citados anteriormente reflejan que nunca se ha consumido más información en los periódicos.

El problema es que no se hace directamente en el medio. Si hacemos un símil ficticio con la prensa impresa, estamos ante un caso en el que los lectores se encontrarían recortes de artículos desperdigados por el suelo y los leerían en función de lo cerca que estuviesen de ellos. Un periódico impreso era una manera de leer información, articulada en torno a un proyecto editorial con el que se podría tener mayor o menor afinidad, pero al que se acudía por la confianza en sus informaciones y en la manera en la que jerarquiza los contenidos. Con internet todo esto se perdió y los diarios digitales han pasado de ser una fuente de información a un suministrador de contenidos de las plataformas digitales.

Esto nos lleva al segundo problema: la fuente del tráfico de los diarios digitales. En este punto no hay datos oficiales porque las cabeceras se niegan a compartir información de su negocio, pero los datos recabados en las propias redacciones por este autor indican que en 2015 el tráfico que Facebook llevaba a los diarios rozaba el 20 por ciento, mientras que el de Twitter puede llegar a superar el 10 por ciento. En el caso de Google News y sus diferentes herramientas, puede significar entre el 50 y el 60 por ciento de las visitas que llegan a un periódico diariamente. Según la herramienta de medición de tráfico Charbeat, a mediados de 2020 Google envió a los medios de todo el mundo más de 500 millones de páginas vistas, frente a los 230 millones de Facebook, convirtiéndolo en la primera plataforma de tráfico referido.

Desde su nacimiento, Google ha visto la rentabilidad del negocio editorial y ha sabido adaptar su oferta para absorber todos los contenidos informativos. Primero lo hizo con el buscador y complejos algoritmos que deciden qué información o contenido aparece en sus primeras páginas; luego lanzó Google News, a comienzos de 2002, para incorporar en un solo lugar todas las informaciones que le parecían relevantes; posteriormente, en 2017, creó Google Discover, una nueva herramienta donde se posicionan las informaciones en dispositivos móviles; y ahora, Google quiere impulsar Google Showcase, una plataforma mediante la cual el gigante digital paga a los medios para que cedan sus contenidos. Google News abandonó España en 2014 tras la Ley de Propiedad Intelectual que limitaba su funcionamiento, pero una vez derogada esta norma en 2021, los editores, que rechazaron a Google hace menos de una década, se han lanzado a firmar acuerdos con la compañía bajo la promesa de un «acuerdo marco» en el que también se incluiría un mejor posicionamiento en el buscador y en este nuevo Showcase.

En cualquier caso, en la actual relación de los editores con Google el común denominador es uno solo: la enfermiza dependencia del gigante digital. Las cabeceras consideran actualmente que la única manera de garantizarse el éxito es tener más usuarios únicos que la competencia y más páginas vistas que generen mayores ingresos publicitarios. Para ello, han convertido el posicionamiento web en los diferentes productos de Google en una obsesión. En muchos sitios la figura del SEO (*search engine optimizer*, optimizador del motor de búsqueda en español) es casi más importante que la del CEO (*chief executive officer*, consejero delegado en español), ya que de su trabajo depende un mejor posicionamiento y probablemente más visitas, ingresos y prestigio.

Una situación que se ve acrecentada o agravada por la permanente actualización de los algoritmos de Google, que casi cada trimestre obliga a los equipos tecnológicos de los diarios a replantearse completamente su estrategia de posicionamiento (e incluso editorial) y a vivir pendientes de cambios de difícil explicación. Lo que está claro es que durante estos quince años que analizamos en este capítulo, que han sido claves en la transformación de la industria de prensa, Google ha tomado el control de los diarios, un control que cada vez va a más.

Los editores españoles fueron los únicos en intentar plantarle cara en 2014 logrando que España fuese el único país donde Google News no funcionaba; sin embargo, los mismos que criticaban esta plataforma como una suerte de *metaperiódico* que haría que sus lectores prescindieran de sus propias cabeceras fueron los que engordaron el buscador de Google y gastaron ingentes cantidades de dinero en posicionar mejor sus artículos; y los mismos que, desde finales de 2021, han firmado acuerdos con el buscador para volver a integrarse en todas sus plataformas, tras la vuelta de Google News en junio de 2022 y el próximo desembarco de News Showcase.

Fueron los mismos que no sólo adaptaron sus contenidos a los requerimientos técnicos de Google, sino que además exigieron a sus periodistas que adaptaran sus informaciones al robot del buscador, a cambiar sus titulares para que fuesen más «amigables» con la estrategia SEO, aunque esto significase romper algunas reglas básicas del periodismo como la reiteración de palabras o la construcción de las informaciones. Una batalla enfermiza que en la actualidad ha desembocado en la publicación de infinitos contenidos que se alejan de la función informativa del periodismo y que lo acercan a noticias «de servicio», en las que proliferan los directos de acontecimientos informativos, noticias sobre dietas, sobre ventas de teléfonos móviles o los diez trucos para maquillarse mejor.

Google está ganando la batalla, atrayendo a los lectores que abandonaron la prensa tradicional y poniendo al servicio de su motor de búsqueda los contenidos de los medios. El problema es que los periódicos, lejos de intentar recuperar sus lectores perdidos, han pretendido pescar en río revuelto, procurando sacar algo de las migajas que ha ido dejando Google por el camino. Un modelo que se ha ido reproduciendo con otras plataformas y, sobre todo, con cada una de las nuevas redes sociales que han ido surgiendo. El contenido siempre es de los diarios, pero la monetización es de las grandes plataformas.

Sin contar con el desprestigio profesional que esto ha significado, el perjuicio económico de esta estrategia ha sido evidente: una devaluación de la publicidad digital fruto de una carrera sin fin por tener cada vez más usuarios únicos, visitas y páginas vistas. Anteriormente señalamos que el valor de una página de papel en los diarios era de 50.000 a 100.000 euros para una difusión de 300.000 ejemplares; hoy, el coste de un anuncio en la portada digital de *El Mundo* puede costar 86 euros el CPM, es decir, lo que cuesta cada 1.000 impresiones del citado diario. Con estos niveles de conversión comercial y con las suscripciones digitales todavía en mínimos, es difícil mantener redacciones con periodistas que puedan generar información de calidad.

Las redes sociales, primera fuente de información

Google tomó el control y abonó el terreno, pero las redes sociales dieron el golpe de gracia. Según el informe *Digital 2022* elaborado por Hootsuite y We Are Social, casi 44 millones de españoles son usuarios de internet y acceden a la red especialmente a través de sus dispositivos móviles, confirmando el «efecto iPhone» al que ya nos hemos referido. De estos usuarios, actualmente hay 40,7 millones en redes sociales, 3,3 millones más que el año anterior, lo que equivale al 87,1 por ciento de la población española. Además, los usuarios españoles dedican una media de 1 hora y 53 minutos al día a estas plataformas, siendo las más utilizadas WhatsApp y Facebook, con un 91 por ciento y un 73,3 por ciento respectivamente, seguido de Instagram con un 71,7 por ciento.

La paradoja es que la información sigue siendo una de las principales razones para navegar en internet. De hecho, este mismo informe refleja que los principales usos de la red son buscar información (75 por ciento), mantenerse informado sobre noticias y eventos (64,6 por ciento) y buscar tutoriales (63,4 por ciento) (We Are Social, 2022). Por otro lado, el *Estudio de redes sociales 2022*, publicado en mayo de 2022 y realizado por IAB Spain —la patronal de la publicidad digital—, rebaja la cifra de los usuarios de internet que la utilizan para informarse o entender la actualidad hasta el 54 por ciento, un dato que crece hasta el 60 por ciento en el caso de los internautas de entre 18 y 24 años (IAB, 2022).

Independientemente de la cifra que se tome como referencia, todos los usuarios de internet consultan redes sociales diariamente para, entre otras cosas, leer noticias. Pero cada vez visitan menos diarios. En el ranking de las webs más visitadas de este mismo informe, vemos que las cabeceras informativas sólo aparecen a partir del séptimo lugar, con las ediciones digitales de *Marca*, *El Mundo*, *El País* y *As*, un grupo que tiene dos periódicos deportivos y dos generalistas. Los superan Google, YouTube, Facebook, Wikipedia y Amazon. Tenemos el mismo patrón: demanda por obtener información, pero por otros canales que no son los medios de comunicación. En el caso de las redes sociales el rastro del periódico que publicó originalmente una información se pierde por completo. Google canibaliza a los medios, pero mantiene su consumo dentro de su buscador o sus herramientas que centralizan todas estas noticias en un solo lugar, ya sea en el móvil o en un agregador dentro de los ordenadores portátiles.

Sin embargo, las redes sociales abren la mano para un maremágnum informativo en el que sólo predomina la ley del titular más agresivo y más llamativo, aunque muchas veces no responda al contenido de las informaciones a las que se refiere. Por recoger un ejemplo mencionado anteriormente, *Marca* y *As*, dos de las webs más leídas de internet, han tenido que adaptar sus contenidos hacia informaciones generalistas como la guerra de Ucrania, la pandemia de coronavirus, sucesos o información económica. Sólo se busca crear textos que generen más tráfico, aunque no tengan nada que ver con el deporte y con el único requisito de que sea impactante y que genere ruido en redes sociales.

Este ruido también es un arma de doble filo porque los lectores, acostumbrados a la inmediatez de las redes sociales y a los titulares y pequeños textos introductorios de Google, registran un consumo de noticias cada vez más superficial. Muchas veces sólo basta con leer el titular, informarse con un tuit o con una descripción en Facebook o LinkedIn y obviar la visita al medio de referencia. El mejor ejemplo de esta peligrosa tendencia es Twitter, que indirectamente genera miles de empleos en medios de comunicación digitales con expertos en *social media* que programan las publicaciones de los periódicos en esta red social con la esperanza de que mejore su tráfico. Cada vez es más común que una publicación de un diario en Twitter genere un gran revuelo e interacción con miles de retuits y «me gusta», sin que finalmente ninguna de estas acciones se convierta en una visita al medio que ha generado dicha noticia. Incluso muchas publicaciones referidas a noticias de periódicos ya no llevan un enlace, sino simplemente una fotografía del titular y los primeros párrafos como una manera buscada de no engordar las audiencias de determinados medios.

Éste es el primer indicador de que los lectores y consumidores de información salen de los periódicos para informarse y debatir. Pero además Twitter y las nuevas redes sociales entre las que encontramos a Instagram o TikTok ya no necesitan a los medios para difundir información o noticias. A diferencia de Google o Facebook, los protagonistas de la noticia y los prescriptores ya no son los periódicos y sus informadores, son los propios usuarios de las redes los que generan sus propios contenidos y sus propias informaciones convirtiéndose en un medio en sí mismo. Twitter cuenta con cientos o quizá miles de *influencers* que dictan la opinión de cada momento. Políticos, empresarios, deportistas, científicos y cualquier personaje público ya no necesitan a los medios ni la intermediación de los informadores para dirigirse a su público objetivo.

Basta con publicar un mensaje en la red social de moda para generar por sí solo una noticia. Desde una condolencia, pasando por un anuncio de ruptura, una refriega política o hasta la comunicación de una importante decisión gubernamental, todo pasa por las redes sociales. Antes, los medios competían por tener la declaración más exclusiva de los protagonistas o la noticia de mayor impacto, mientras que ahora compiten por ver quién envía más rápido a sus lectores la alerta con el último tuit de alguien relevante. Desde el presidente de Gobierno, Pedro Sánchez, pasando por la oposición o la presidenta de la Comisión Europea, Ursula von der Leyen, todos usan las redes para anunciar el último acuerdo al que han llegado.

Pero éste no es el principal problema. Hay uno más grave para la prensa que tiene que ver con que cualquier potencial usuario de redes sociales puede generar una noticia de impacto, sea verdad o no su contenido. Es la estocada definitiva a la intermediación de la prensa y el periodismo. Desde el dueño de Tesla, Elon Musk, tumbando desde Estados Unidos la cotización bursátil de las criptomonedas después de sus publicaciones en redes sociales, pasando por cualquier persona anónima denunciando la vulneración de los derechos humanos en África y hasta la publicación del último escándalo en un blog anónimo en Bangladés. Toda información es válida en redes sociales y genera una peligrosa desintermediación que es el caldo de cultivo para lo que recientemente se ha denominado *fake news*.

La era del WhatsApp y las *fake news*

Si Google, Facebook, Twitter e Instagram revolucionaron el mundo de las relaciones digitales e interpersonales entre 1998 y

2009 a un nivel de interacciones directas, WhatsApp lo hizo en una nueva dimensión, la de la inmediatez de los mensajes. La gran diferencia es que, si en Twitter, Facebook o Instagram generalmente la relación es con gente desconocida o con personas que aparecen regularmente para compartir contenidos de manera más o menos anónima, WhatsApp es una red totalmente cerrada a la que sólo tienen acceso mis contactos telefónicos, es decir, las personas que habitualmente son de la máxima confianza, desde amigos, familiares hasta compañeros de trabajo.

Con su nacimiento en 2009 y su explosión en 2014 —después de que la comprara Facebook por 20.000 millones de dólares—, su consumo se ha disparado por encima de los 2.000 millones de usuarios, lo que supone que una de cada cuatro personas en el mundo tiene instalada la aplicación en su teléfono móvil. En número sólo lo supera Facebook, con 2.500 millones de usuarios, pero con la diferencia de que la red social fundada por Mark Zuckerberg tiene una alta tasa de cuentas inactivas.

Por otro lado, WhatsApp tiene una mayor penetración entre los jóvenes y es mucho más transversal, ya que sus usuarios atraviesan casi todas las franjas de edad. El *Estudio de Redes Sociales 2022* de IAB es claro e indica que WhatsApp es la red social más utilizada en España, con 30,5 millones de usuarios, desplazando a un segundo lugar a Facebook, la red social más popular entre mayores de cuarenta años. Su gran hándicap sigue siendo su tasa de abandono y de cuentas inactivas, que este último informe eleva al 17 por ciento (IAB, 2022). WhatsApp permite enviar de manera instantánea mensajes, documentos, fotos, vídeos y memes (fotografías o imágenes humorísticas), mientras que Facebook se ha estancado como red social para establecer contactos con amistades y familiares, aunque con una interacción que cada vez es menor entre sus usuarios.

Con todo este enorme volumen de usuarios, la propagación de sus contenidos también se realiza de manera acelerada, un potencial que nuevamente han sabido ver las grandes plataformas digitales antes que los medios de comunicación. Desde su nacimiento, WhatsApp ha mantenido su función de compartir contenidos con la red de confianza generalmente con mensajes cotidianos y personales, pero todo se ha ido mezclando con contenidos, informaciones o noticias que —verdaderas o falsas— se difunden intencionadamente a través de este servicio de mensajería, que cuenta con un ejército de cuentas de teléfonos corporativos y de instituciones o bots (algoritmos informáticos programados para actuar como cuentas o usuarios reales) que se escapan de la esfera de lo público y de las inocentes cuentas personales.

Es un hecho que en el comienzo de la segunda década del milenio y, en especial, tras el fin de la pandemia del coronavirus, WhatsApp se ha situado como una de las principales fuentes de información, discutiendo a los medios tradicionales su hegemonía, aunque con el añadido de que ahora lo hace no sólo con contenido de los diarios, sino con informaciones de desconocida y, muchas veces, dudosa procedencia.

Cuando se lanzó WhatsApp, la posibilidad de compartir un solo mensaje a la vez estaba limitada a 20 contactos o grupos (que a su vez tienen un máximo de 256 participantes). Pero a partir de 2018, la red social comenzó a limitar estas interacciones y ahora lo ha dejado en sólo cinco personas a la vez. El objetivo es precisamente limitar la propagación veloz de cientos de contenidos y noticias antes de que generen una situación peligrosa para la sociedad, como una falsa alarma de catástrofe natural o generar situaciones de desestabilización institucional.

La *Guía para combatir la desinformación en la era de la posverdad*, editada por la Federación Internacional de Periodistas (FIP), indica que «siempre han existido las noticias engañosas, pero a partir de la emergencia de internet y de nuevas tecnologías de comunicación e información, las *fake news* han proliferado a lo largo y ancho del planeta». El informe sitúa en internet y, especialmente, en las redes sociales la primera responsabilidad en su propagación.

> Este término es utilizado para conceptualizar la divulgación de noticias falsas que provocan un peligroso círculo de desinformación. Las redes sociales permiten que los usuarios sean productores y consumidores de contenidos a la vez, y han facilitado la difusión de

> contenido engañoso, falso o fabricado. Así se genera un circuito vicioso, y una noticia falsa se replica miles de veces en cuestión de segundos. Todo esto sucede en un contexto de posverdad, término definido por el diccionario de Oxford como la palabra del año en 2016 y se refiere a las circunstancias en que los hechos objetivos son menos importantes a la hora de modelar la opinión pública que las apelaciones a la emoción o a las creencias personales. (FIP, 2018)

Según Guadalupe Nogués, las noticias falsas aprovechan sesgos cognitivos de los seres humanos para que, paradójicamente, nos resulten más atractivas que las noticias verdaderas. Esta superior efectividad se respalda, principalmente, en dos aspectos, que en realidad son las dos caras de una misma moneda. Por un lado, tendemos a filtrar la información que nos llega quedándonos con aquella que refuerza nuestras creencias previas, y descartamos aquella que nos desafía. Esto se conoce como sesgo confirmatorio (Nogués, 2019). Un proceso en el que la prensa también tiene su parte de responsabilidad, entregándose completamente en los brazos de la cultura de la inmediatez. Ya hemos hablado en este capítulo de la manera en la que los editores han abrazado a las grandes plataformas, entre las que se incluye WhatsApp, generando estrechos vínculos e incentivos para que sus noticias sean parte de este bucle interminable de contenidos que se generan en redes sociales.

Pero conviene advertir también sobre la manera en la que el periodismo ha comenzado peligrosamente a transgredir sus normas más básicas para seguir la saga de estas plataformas. Publicación de informaciones sin contrastar para ser más rápidos que la competencia; la búsqueda incansable de contenidos que sean «más virales», es decir, que tengan una rápida propagación en redes sociales; escribir para que Google los premie con un mejor posicionamiento y elevar a categoría de noticia cualquier bulo que circula en WhatsApp o en Twitter son prácticas cada vez más recurrentes tanto en los medios más pequeños como en los reputados *El Mundo*, *El País* o *ABC*.

Haciendo una analogía con el titular de este capítulo, está

claro que las redes sociales como Google, Facebook, Twitter o WhatsApp avanzan peligrosamente hacia convertirse en sustitutos de la prensa tradicional: entienden mejor al usuario, le proporcionan herramientas de consumo de prensa cada vez más fáciles de usar y están en nuestras manos, en nuestros smartphones de marcas que están en el imaginario colectivo de todo el mundo, dejando en el olvido a los viejos periódicos y sus reconvertidas ediciones digitales. Sin embargo, los diarios todavía pueden evitar ser devorados por las plataformas digitales, *El País* (.com) todavía puede evitar ser engullido por WhatsApp.

Periodismo como antídoto para sobrevivir a las crisis

La solución de base es —aunque suene paradójico decirlo— volver a las raíces del periodismo y a las mejores prácticas informativas. Las redes sociales y las grandes plataformas tecnológicas como Alphabet (Google) y Meta (Facebook) llevan años intentando devorar a los periódicos, pero con el objetivo de adueñarse de la información y sustituir las cabeceras tradicionales como punto de encuentro informativo en internet. En las últimas décadas han invertido millones de euros para crear laboratorios de periodismo, contratar periodistas y montar plataformas para agregar contenidos de los diarios, pero no han logrado sustituir a los diarios como herramienta primera para acceder al buen periodismo. De hecho, después de los últimos quince años de deterioro, de crisis, de recortes de plantilla y de una transformación digital que se ha quedado a medias, los lectores han dejado de creer en los diarios, pero siguen confiando en el periodismo más elemental. De hecho, muchos lectores culpan a los diarios de la propagación de las *fake news*, pero a su vez creen que los periodistas son la mejor garantía para combatirlas.

Según el *I Estudio sobre la desinformación en España*, difundido por la Unión de Televisiones Comerciales en Abierto (UTECA) y la Universidad de Navarra y elaborado por Barlovento, 8 de cada 10 españoles coinciden en que los periodistas son la mejor garantía frente a la propagación de las noticias falsas. De hecho, un 79,6 por ciento de los encuestados asegura que, antes de compartir un mensaje, contrasta su veracidad en televisión, prensa y radio frente a un 20,4 por ciento que admite no hacerlo (UTECA, 2022). Pero no estamos hablando de cualquier periodismo, hablamos de recuperar las esencias de la profesión, volver a contrastar las informaciones hasta el máximo posible, utilizar tres y cuatro fuentes para sacar adelante las noticias, extremar la manera de generar contenido diferenciador y alejarse de las presiones de anunciantes, políticos e instituciones. Publicar siempre lo que sea de interés para los lectores, sin dejar nunca de lado la función social del periodismo: denuncia, contextualización e información de servicio público.

Una receta que tiene clara Joe Kahn, nuevo director de *The New York Times*, y que explicó en una entrevista concedida en junio de 2022 al diario español *ABC*. «Creo que el primer objetivo de cualquier director de *The New York Times* debe ser mantenerse centrado en nuestro periodismo más importante. Nos distinguimos por una gran ambición, en temas de largo recorrido, y también por la competitividad en la oferta informativa diaria. Estamos permanentemente centrados en impulsar la relación con nuestra audiencia mediante un enfoque constante en el periodismo de calidad, diferencial, que creemos que la atraerá de forma repetida. Ése es siempre el primer reto. Después vienen otros.»

Parece meridianamente claro que el lector —y no el usuario— siempre debe ser lo primero y para ello los medios de comunicación deben encontrar la necesaria y extraviada estabilidad económica perdida hace quince años buscando los ingresos fuera de la dictadura de Google y de perversos sistemas de medición de audiencia que sólo privilegian el volumen —y el *clickbait*, una de las principales fuentes del desprestigio de los periódicos— por encima de la calidad del contenido. Una independencia que también debe estar alejada de las presiones de los ingresos por publicidad y de las subvenciones públicas y que puede encontrarse en los sistemas de suscripción.

Hablamos de formas de pago mediante las que el lector recompense directamente a los medios, ya sea mediante suscripciones, membresías o colaboraciones monetarias voluntarias. Esta dependencia exclusiva de los lectores que pagan por los contenidos se ha explorado con éxito en cabeceras internacionales, predominantemente anglosajonas. Precisamente el mayor éxito se ha conseguido en *The New York Times*, que cerró el primer trimestre de 2022 con 9,1 millones de suscriptores, de los que 8,5 millones son digitales. La histórica cabecera ha logrado además que sus ingresos de suscripción superasen largamente los de publicidad: 329,1 millones de dólares (crecimiento del 15 por ciento) frente a los 97,1 millones (caída del 8,5 por ciento).

El problema es que en España los ingresos por suscripciones siguen siendo residuales. Según el *Digital News Report 2022* del Reuters Institute for the Study of Journalism, el total de las suscripciones en España no supera las 750.000 y el mejor dato lo tiene *El País*, con 180.000 suscriptores, de los cuales 143.000 son digitales. Le sigue *El Mundo*, con 90.000; *La Vanguardia*, con 67.000; y *elDiario.es*, con 62.000 (Reuters Institute, 2022). En las últimas cuentas de PRISA, correspondientes al primer trimestre de 2022, se explica que el 32 por ciento de los abonados a *elpais.com* tiene contratada una suscripción anual, mientras que el 27 por ciento procede de fuera de España. Unos suscriptores que les reportaron 2 millones de sus 30 millones de ingresos de todas sus cabeceras: *El País*, *Cinco Días* y *As*. ¿Qué ha pasado?

Los diarios españoles emprendieron desde 2020 un camino del que se arrepintieron a medio andar. Las grandes cabeceras apostaron en un principio por muros cerrados para atraer suscriptores, pero al ver que el ritmo de conversión de lectores era más bajo de lo esperado optaron por flexibilizar estas plataformas y cerrar solamente algunos artículos. El resultado es que en 2022 los diarios españoles siguen dependiendo fuertemente del tráfico, de Google y de las campañas publicitarias que buscan gran cantidad de audiencia, sin importar su calidad, y de que los ingresos por publicidad son cada vez menores proporcionalmente. De esta manera, los ingresos por suscripciones siguen sin ser relevantes en su *mix* de ingresos.

Es aquí donde entra el componente tecnológico. Si los diarios españoles generan información de calidad y si deciden dejar de depender de la tiranía de las audiencias de Google y de las redes sociales, será necesario tener una herramienta que permita que los lectores puedan gestionar su acceso a los diarios de pago. Si asumimos que toda la prensa debería ser de pago y que ningún artículo debe ser gratuito para garantizar la supervivencia del periodismo, la calidad de sus informaciones, la tranquilidad de sus periodistas y la generación de más y mejor empleo en el sector, es necesario tener plataformas que unifiquen el acceso a estas suscripciones de una manera fácil y cómoda para los lectores, de manera que no tengan que pasar por las grandes plataformas digitales para tener acceso a los diarios.

Esto requiere que los editores se pongan de acuerdo para unir sus contenidos en un solo lugar, con una pasarela de pago única y una tarifa plana que les permita acceder a los contenidos de todos los diarios. Actualmente cada diario español cobra una suscripción anual que va desde los 60 a los 100 euros, pero son pocos los que logran fidelizar lectores para un pago anual y son menos los que tienen más de dos o tres suscripciones, por lo que se hace vital tener un solo lugar de acceso con una cuota fija para todas las cabeceras que pueda rondar los 150 a 200 euros al año y que supondría un pago mensual no superior a los 18 euros de media, un precio asequible para acceder a toda la prensa de calidad. Esta plataforma podría además permitir comprar contenidos seleccionados, el pago por artículo o coger paquetes sólo con determinados medios.

Si se aprovecha esta tecnología, incluso se podría trabajar en una plataforma unificada de gestión de contenidos publicitarios en internet, aprovechando el volumen y las economías de escala para vender los anuncios y los patrocinios, a un precio más conveniente para los editores y los periódicos. Todo ello, además, ayudaría a que los diarios refuercen sus marcas como garantía de calidad y como elemento diferenciador de buen hacer informativo frente a las *fake news*. Una propuesta que no es fácil de adoptar, pero que requiere de la decidida apuesta de los diarios por la calidad.

Este capítulo ha comenzado con un relato pormenorizado de la crisis de la prensa, de los editores de periódicos y de sus productos periodísticos. Sin embargo, también se ha aportado sobrada documentación que demuestra que el periodismo mantiene intacta su credibilidad ante los lectores. Y que, si se lo proponen los dueños de los diarios, pueden poner en valor esta necesidad informativa para mejorar la rentabilidad de sus empresas periodísticas. Se ha intentado dibujar algunas soluciones que podrían abonar el camino sobre el que comenzar a trabajar para rescatar a los diarios de la influencia de las grandes plataformas y de las redes sociales, para evitar que *El País* (.com) sea devorado por WhatsApp. Modestamente, este autor cree que es posible.

Bibliografía

AA. VV., *Libro blanco de la prensa diaria 2008*, Barcelona, Tentadero Ediciones, AEDE, 2008.

«Actas auditadas de la Oficina de la Justificación de la Difusión (OJD)», OJD, 2003.

Belzunce, Fernando, «El nuevo director de *The New York Times*: "La polarización política supone un gran desafío para el periodismo"», *ABC*, 12 de junio de 2022.

«Cuentas anuales consolidadas de 2021», Vocento, 2022.

«Cuentas anuales e informe de gestión del ejercicio 2007», PRISA, 2008.

«Cuentas anuales individuales auditadas ejercicio 2021», PRISA, 2021.

«Digital 2022», We Are Social y Hootsuite, 2022. Disponible en: <https://wearesocial.com/es/blog/2022/01/digital-2022/>.

Digital News Report 2022, Reuters Institute, 2022. Disponible en: <https://reutersinstitute.politics.ox.ac.uk/sites/default/files/2022-06/Digital_News-Report_2022.pdf>.

Estudio de redes sociales 2022, IAB Spain, 2022. Disponible en: <https://iabspain.es/estudio/estudio-de-redes-sociales-2022/>.

Estudio InfoAdex de la inversión publicitaria en España 2022, InfoAdex, 2022.

I Estudio sobre la desinformación en España, UTECA, 2022. Disponible en: <https://uteca.tv/i-estudio-sobre-la-desinformacion-en-espana-un-proyecto-de-uteca-y-la-universidad-de-navarra/>.

Ferris Flores, José Antonio, «La triple crisis de los medios de comunicación», *Boletín de Estudios Económicos*, LXVII, 207, Universidad de Navarra, 2012.

Guía para combatir la desinformación en la era de la posverdad, FIP, 2018. Disponible en: <https://www.ifj.org/fileadmin/user_upload/Fake_News_-_FIP_AmLat.pdf>.

Iglesias, Concha, «Claves de la información», AMI, 2021.

«Informe anual de actividades 2007», Vocento, 2008.

Nogués, Guadalupe. *Pensar con otros: una guía de supervivencia en tiempos de posverdad*, El Gato y La Caja, Buenos Aires, 2019.

«Observatorio de prensa diaria de AEDE Deloitte», Deloitte, 2021.

Palacio, Luis, *Informe anual de la profesión periodística 2015*, Asociación de la Prensa de Madrid, 2015.

«Panel de GFK Dam de abril de 2022», GFK, 2022.

«Ranking MMX Multi-platform; Audiencia febrero 2022, España», Comscore, 2022.

«Ranking MMX Multi-platform; Audiencia junio 2019, España», Comscore, 2019.

«Resumen general de resultados Estudio General de Medios (EGM)», AIMC, 2022. Disponible en: <https://reporting.aimc.es/index.html#/main/cockpit>.

Sánchez Revilla, Miguel Ángel, *Estudio InfoAdex de la inversión publicitaria en España 2007*, InfoAdex, 2008.

«Top 20 Propiedades Multiplataforma abril 2022, España», Comscore, 2022. Disponible en: <https://www.comscore.com/esl/Insights/Rankings?utm_campaign=>.

6

El excesivo peso de los medios públicos audiovisuales y su secuestro por el Poder Ejecutivo

Jorge del Corral y Díez del Corral

España es el país de la OCDE con más organismos públicos de radio y televisión: uno nacional (RTVE), dos correspondientes a Ceuta y Melilla, varios locales pertenecientes a ayuntamientos y trece autonómicos (Andalucía, Aragón, Asturias, Baleares, Canarias, Castilla-La Mancha, Cataluña, Comunidad Valenciana, Extremadura, Galicia, Madrid, Murcia y País Vasco). En Navarra, que carece de radio y televisión públicas, su actual Gobierno de coalición PSOE-GeroaBai-Unidas Podemos ha facilitado que se emita y vea hercianamente la televisión pública vasca con el sibilino propósito de contribuir a su unión territorial con el País Vasco, contemplada en la Disposición Transitoria Cuarta de la Constitución. Algo parecido ocurre en la Comunidad Valenciana y en Baleares, donde, a pesar de tener sus propias televisiones públicas autonómicas, los partidos independentistas y gobernantes en ambas comunidades acordaron con los secesionistas catalanes difundir por frecuencia herciana y otros soportes la pública autonómica catalana para expandir la ficción de los Países Catalanes, contribuir a su unión con Cataluña y, posteriormente, separarse de España. La de Castilla y León es privada, pero con subvención pública anual y determinadas obligaciones de servicio público.

Siete de estos entes cuentan con dos o más canales de televisión, y seis, con uno. Ninguno es independiente del Poder Ejecutivo porque están sometidos al Gobierno de turno y su línea editorial es de defensa del PP, de Ciudadanos, del PSOE, de Unidas Podemos, del PNV, de EH-Bildu, del PDeCat, de ERC, de Junts, del PAR, de la CHA, de Compromís, de Mes o del partido o partidos políticos que conformen el Gabinete. Algunas, como la vasca EITB, la catalana TV3 y últimamente la balear TVIB y la valenciana CVMC, son instrumento de adoctrinamiento y propaganda del independentismo y contrarias a la Constitución. En la actualidad, Cantabria, La Rioja, Navarra y Castilla y León, esta última con la particularidad señalada, no cuentan con radio ni televisión públicas.

Sus respectivos comités de Empresa y de Redacción están escorados a la izquierda o al secesionismo (Cataluña), haciendo mucho ruido y elevando quejas cuando el Gobierno es de derechas y constitucionalista, o manteniéndose en silencio y sumisos cuando es de izquierdas o secesionista. Su proceder resulta de lo más chocante, hasta el punto de que esos órganos tuvieron la desfachatez de denunciar en 2017 a RTVE ante el Parlamento Europeo por supuesta falta de objetividad, arrancando de su Comisión de Peticiones una carta al Gobierno español, presidido entonces por Mariano Rajoy Brey (PP), de fecha 16 de mayo de 2018, en la que la presidenta de ese comité, Cecilia Wikstrom, mostraba su «preocupación» sobre la situación de RTVE. Un despropósito que acrecienta la leyenda negra contra España y que, para más sonrojo, no tuvo correlato con la falta de objetividad de las televisiones públicas autonómicas o con la línea secesionista y contraria a la Constitución y al Estatuto de la vergonzante TV3. Ningún valiente llevó a Bruselas esta anomalía, pero sí lo hicieron contra RTVE cuando el gobierno era de derechas.

Antes de analizar el papel que desempeñan en España la radio y la televisión públicas, conviene que el autor de este capítulo siente un principio: que la televisión y la radio públicas son necesarias, pero siempre que vertebren la patria común, la unan y no la desunan, y porque las privadas (singularmente las televisiones) están cada día más sometidas a los fondos de capital, que exigen altas rentabilidades; a las severas ratios de audiencia, y a meros y a veces espurios dictados comerciales, desatendiendo a las minorías y a los intereses nacionales y sociales generales.

Partiendo de este principio y para que las radios y televisiones públicas españolas sean de verdad públicas (de todos los ciudadanos), independientes del Poder Ejecutivo (uno de los objetivos de la separación de poderes radica en preocuparse por no permitir que el espacio público esté exclusivamente en manos de quien tiene el poder político) y ninguna secesionista, lo primero que habría que hacer es crear una única Corporación Estatal de Radio y Televisión, con un consejo de administración despolitizado, mandato superior a una legislatura e integrado, exclusivamente, por representantes de las Reales Academias (de la Lengua, de la Historia, de Bellas Artes de San Fernando, de Ciencias Exactas, Físicas y Naturales, de Ciencias Morales y Políticas, de Medicina, de Jurisprudencia y Legislación, de Farmacia, de Ingeniería, de Ciencias Económicas y Financieras y de Gastronomía), de la Unión de Televisiones Comerciales en Abierto (UTECA), de la Academia de las Ciencias y las Artes de Televisión (ACATV), de la Asociación Española de Radiodifusión Comercial (AERC), de la Asociación de Medios de Información (AMI), de la Asociación Española de Editores de Publicaciones Periódicas (AEEPP), de la Federación de Asociaciones de Periodistas de España (FAPE), de las Asociaciones de Consumidores y Usuarios, de los sindicatos, de la Comisión Nacional de los Mercados y la Competencia (CNMC) y del Banco de España, y presidido por una persona designada por el Rey.

Creado ese consejo, habría que dotar a la corporación de los recursos económicos necesarios para que no dependa del titular de Hacienda. Y para ello es fundamental, en un mundo globalizado y competitivo, dinero suficiente y presupuesto predecible, que únicamente se consigue como lo hacen la mayoría de las televisiones públicas de la Unión Europea: con un impuesto directo y finalista llamado canon, que resulta fiable, estable, relativamente libre de limitaciones políticas y que libera a las emisoras públicas de las presiones del mercado. En el caso español, este tributo sería de tres tramos (televisión y radio públicas de cobertura nacional, televisión y radio públicas de cobertura autonómica y televisión y radio públicas de cobertura local) y se aplicaría a los propietarios de viviendas, oficinas y locales comerciales.

Allí donde no haya radio y televisión públicas autonómicas o locales, el titular de ese bien inmueble pagaría únicamente el 33 por ciento correspondiente al tramo nacional. El canon se cobraría con el IBI para no generar gastos burocráticos y su totalidad se ingresaría en la CNMC, quien sería la competente para distribuirlo y ajustarlo periódicamente. Es la manera de que esa corporación tenga suficiencia financiera y esté sujeta en sus contenidos y línea editorial a la autoridad del consejo y a sus fines sociales, y no, como ahora, a la dependencia caprichosa de los presupuestos públicos y a los dictados del Gobierno de turno.

El objetivo sería construir en España un sistema público de medios de comunicación vertebrador y no, como ahora, disgregador, de reino de taifas y hasta secesionista. De ahí que, aunque resulte utópico, prefiera un único consejo de administración para una única corporación estatal, con canales hercianos de radio y televisión nacionales y autonómicos (unos y otros con su respectivo director general al frente, elegido por el consejo entre personas independientes y de prestigio, y mandato superior a una legislatura) y desconexiones provinciales y locales, además del cable, el satélite, las redes sociales, los medios online y las páginas web. En una palabra, similar a la BBC (British Broadcasting Corporation), que desde 1927 opera bajo un Estatuto Real que garantiza su independencia frente a controles de tipo político o comercial, y al modelo alemán, en el que, previamente, se ha eliminado en los *länder* cualquier signo político-identitario.

Por obvias razones, ningún partido político español, y menos los independentistas que utilizan *su* televisión y *su* radio como instrumento de adoctrinamiento y secesión, quiere cambiar el modelo. Sólo protestan, y por lo bajo, cuando están en la oposición.

Modelo actual de radio y televisión pública en España

La Corporación de Radio y Televisión Española, S. A. (CRTVE) gestiona seis canales hercianos nacionales de televisión y cinco nacionales de radio, con desconexiones territoriales en unos y otros, una web multimedia, el Instituto RTVE y la Orquesta Sinfónica de RTVE. Su consejo de administración lo forman diez miembros elegidos por el Congreso de los Diputados (6) y por el Senado (4): actualmente cuatro nombrados por el PSOE, entre ellos el presidente, que tiene voto de calidad, tres por el PP, dos por Unidas Podemos y uno por el PNV.

Se financia con subvención del Ministerio de Hacienda, el 3 por ciento de los ingresos publicitarios de las televisiones privadas nacionales, el 1,5 por ciento de los ingresos de las televisiones de pago, el 0,9 por ciento de los ingresos (hasta el 31/12/2022) que produce la comercialización de canales de televisión a las compañías telefónicas que lo hagan y, a partir de 2023, el 1,5 por ciento de los ingresos anuales en España de las plataformas de series (Netflix, Amazon, HBO...) que ofrezcan sus servicios en nuestro país, con independencia de dónde radiquen. Televisión Española no puede emitir publicidad, pero sí patrocinios. El presupuesto para 2022 rondó los 1.030 millones (443 de aportación del Estado, 410 del dominio público del espacio radioeléctrico y 180 de los operadores privados) y la plantilla es de 6.600 trabajadores.[26]

Cuando el Congreso aprobó en julio de 2009 la ley propuesta por el Gobierno de José Luis Rodríguez Zapatero para suprimir la publicidad en TVE, siguiendo el veterano ejemplo de Radio Nacional de España y con el argumento cierto de que la televisión pública no debe tener fines comerciales, sino sociales, y de que la publicidad debe ser para el fortalecimiento de los medios privados, se fijó un sistema de financiación acorde a los objetivos

26. El 26 de septiembre de 2022 el presidente de RTVE, José Manuel Pérez Tornero, anunció su dimisión irrevocable tras una reunión en el Palacio de la Moncloa con miembros de Presidencia del Gobierno. Un día después, el 27 de septiembre, el consejo de administración de RTVE, con los votos favorables de los vocales nombrados por el PSOE y por Unidas Podemos, eligió presidenta interina a Elena Sánchez Caballero. El 4 de octubre el Consejo de Ministros aprobó —unilateralmente y pese a un informe de los letrados del Congreso de los Diputados que advirtieron en 2011 que es ilegal una maniobra como la llevada a cabo por el Gobierno de Pedro Sánchez Pérez-Castejón— y modificó el artículo 33 del Estatuto Social de RTVE y otorgó plenos poderes ejecutivos a Elena Sánchez.

de utilidad general que RTVE tiene que satisfacer y por los que vela la Comisión Nacional de los Mercados y la Competencia (CNMC). Esos objetivos se actualizan cada nueve años mediante un Mandato Marco y cada tres con un Contrato Programa.

Entre otras finalidades, figuran la cohesión social, una programación de calidad que haga compatible la rentabilidad social y la máxima cobertura; satisfacer las necesidades de información, cultura, educación y entretenimiento; difundir la identidad y diversidad social; impulsar la sociedad de la información; promover el pluralismo, la participación y los valores constitucionales, garantizando el derecho de acceso, y dedicar atención especial a colectivos sociales con necesidades y demandas específicas. En otras palabras, cubrir los importantes huecos que deja la televisión privada comercial y la de pago; estar a la vanguardia tecnológica, apoyar, promover y difundir en el mundo la Marca España y la gran obra de la civilización hispánica, que debería ser política de Estado, a través de nuestra cultura, ciencia, industria, deporte, gastronomía e historia, y vertebrar la nación.

Es lo que hace la BBC, lo que en alguna ocasión ha hecho RTVE, produciendo y emitiendo series admirables como *Isabel*, y lo que debería hacer con los demás protagonistas de la historia de España, como Hernán Cortés, Francisco Pizarro, Juan Sebastián Elcano, Blas de Lezo, Núñez de Balboa, Francisco de Orellana, Francisco de Vitoria, el duque de Alba, fray Juan de Garrovillas, Nicolás de Ovando, Juan Ginés de Sepúlveda, la Escuela de Salamanca y tantos y tantos otros que engrandecieron la patria y construyeron el mayor imperio jamás igualado, expandiendo hasta sus confines un idioma, una religión y una cultura heredados de Roma.

Entes o corporaciones de radio y televisión pública autonómicas

Andalucía

La Agencia Pública Empresarial de Televisión de Andalucía cuenta con cinco canales autonómicos de televisión herciana y seis de radio de igual cobertura, con desconexiones provinciales de TV y radio en varios de sus canales. Su consejo de administración está compuesto por representantes de todos los partidos políticos con representación en el Parlamento autonómico y su presidente lo nombra el Gobierno. En la actualidad hay cinco del PP, tres del PSOE-A y uno de Vox. Tiene una plantilla de 1.390 trabajadores y se financia con aportación directa del Gobierno autonómico y emisión de publicidad.

Cataluña
La Corporació Catalana de Mitjans Audiovisuals (CCMA), dependiente de la Consejería de Presidencia del Gobierno de Cataluña, es el ente público que gestiona los medios de comunicación de la Generalitat de Cataluña. Cuenta con cinco canales autonómicos de televisión herciana y tres emisoras de radio de igual cobertura, con desconexiones provinciales de televisión y radio en varios de sus canales. El Consejo de Gobierno, máximo órgano, está formado por seis miembros elegidos por el Parlamento de Cataluña, de entre quienes el propio Parlamento elige al presidente. Además, cuenta con un Consejo Asesor de Contenidos y Programación, integrado por doce miembros elegidos también por el Parlamento catalán. Tiene una plantilla de 2.300 trabajadores y se financia con subvención del Gobierno autonómico y acceso al mercado publicitario.

Comunidad de Madrid
La Radio y Televisión Madrid, S. A. (RTVM) es el organismo público que explota tres canales autonómicos de televisión herciana y uno regional de radio. En la actualidad hay un administrador único provisional nombrado por la Presidencia de la Comunidad de Madrid. El consejo de administración lo forman nueve miembros independientes, cuatro elegidos por la Asamblea de Madrid, tres por la Asociación de Trabajadores por cuenta propia de la Comunidad de Madrid (ATA) y dos por la Asociación de Profesionales de Radio y Televisión. Además, hay un consejo asesor de dieciséis miembros que representan a la Federación de Municipios, la Universidad Politécnica, el Consejo Es-

colar, la Dirección General de Juventud y Deporte, la Federación de Asociaciones de Consumidores y Usuarios de los Medios, la Asociación de Usuarios de la Comunicación, la Confederación Empresarial de Madrid-CEOE, la Asociación Española de Anunciantes, el Comité de Empresa de Telemadrid, la Unión de Cineastas, la Asociación de Profesionales de Radio y Televisión, la Consejería de Medio Ambiente, la Fundación del Español Urgente, el Comité Español de Unicef y la Consejería de Políticas Sociales. Su plantilla es de 565 trabajadores y se financia con subvención pública y emisión de publicidad.

Comunidad Valenciana
La Corporació Valenciana de Mitjans de Comunicació es el organismo que gestiona los medios públicos de comunicación de la Comunidad Valenciana. Cuenta con un canal de televisión herciana y cobertura autonómica y dos regionales de radio. El presidente del consejo rector y el director general se eligen por concurso público y su nombramiento debe ser aprobado por las Cortes Valencianas. Los miembros del consejo rector (nueve personas independientes) los elige el Consejo Audiovisual (2), el Consejo de la Ciudadanía (1), los trabajadores del ente (1) y los partidos representados en las Cortes Valencianas: PSPV-PSOE (1), Compromís (1), Podemos (1), Ciudadanos (1) y PPCV (1). El Consejo de la Ciudadanía lo forman, a su vez, trece personas mayores de edad y censadas en la comunidad, de las cuales nueve las eligen diversas asociaciones y entidades valencianas, y las otras cuatro son seleccionadas en un proceso público y abierto. El Consejo Audiovisual lo forman siete miembros, cinco elegidos por las Cortes Valencianas y dos por el Gobierno, que también designa al presidente de entre los siete nombrados. Cuenta con unos doscientos trabajadores en plantilla y se financia con subvención pública y emisión de publicidad.

Galicia
La Corporación Radio e Televisión de Galicia, S. A., es el organismo público que explota cuatro canales autonómicos de televisión herciana y tres cadenas regionales de radio. Al director general, cuyo

mandato dura lo que dure la legislatura, lo nombra la Junta (Gobierno) de Galicia y cuenta con un consejo de administración que lo integran seis miembros elegidos por el Parlamento de Galicia entre personas de acreditado prestigio profesional, con un mandato de cinco años. Actualmente cuatro los ha nombrado el PPdeG, uno el Bloque Nacionalista Galego y uno el PSdeG-PSOE. El director general tiene un consejo asesor compuesto por un número indefinido de vocales elegidos entre los trabajadores, gestores, representantes de la Administración autonómica, diputaciones provinciales, universidades gallegas, Consejo de la Cultura Gallega y Parlamento Gallego. Tiene una plantilla de ochocientos trabajadores y se financia con subvención pública y emisión de publicidad.

País Vasco

Euskal Irrati Telebista (EITB) es la entidad que gestiona la radio y la televisión pública del País Vasco. Cuenta actualmente con cinco cadenas de radio de cobertura regional y cuatro canales autonómicos de televisión herciana, con desconexiones provinciales. El consejo de administración lo forman diecinueve personas. Actualmente ocho las ha nombrado el PNV, tres EH Bildu, dos el PSE-EE, una Podemos, una el PP, una Eusko Ikaskuntza, una la Unión de Consumidores de Euskadi, una la Real Academia de la Lengua Vasca y la última el sindicato LAB. Al director general lo nombra el Parlamento Vasco. Tiene una plantilla de 1.182 trabajadores y se financia con subvención pública y emisión de publicidad.

Canarias

El Ente Público Radiotelevisión Canaria cuenta con dos canales autonómicos de televisión herciana y uno regional de radio. Desde 2019 tiene un administrador único al que nombra el Gobierno de Canarias. Su plantilla es de 350 trabajadores y se financia con subvención pública y emisión de publicidad.

Castilla-La Mancha

El Ente Público Radiotelevisión Castilla-La Mancha, llamado Castilla-La Mancha Media (CMM), tiene actualmente un canal autonómico de televisión herciana. Al director general, máximo responsable, lo nombra el Gobierno de la Junta de Comunidades de Castilla-La Mancha, oído el consejo de administración, que está integrado por trece miembros elegidos, para cada legislatura, por el Pleno de las Cortes de Castilla-La Mancha, a propuesta del Gobierno (Consejo de Gobierno). Cuenta con una plantilla de 478 trabajadores y se financia con subvención pública y emisión de publicidad.

Región de Murcia
Radiotelevisión de la Región de Murcia (RTRM), empresa pública que tiene encomendada la gestión directa del servicio público de comunicación audiovisual, gestiona dos canales regionales de radio y uno autonómico de televisión herciana. Al director general, máximo responsable, lo nombra la Asamblea Regional y al consejo de administración, integrado por nueve miembros, con una presidencia trimestral y rotatoria por orden alfabético, la Asamblea Regional de Murcia para cada legislatura. Tiene una plantilla de 67 trabajadores y se financia con subvención pública y emisión de publicidad.

Aragón
Corporación Aragonesa de Radio y Televisión (CARTV) es la empresa pública de Aragón que gestiona dos canales regionales de radio, con desconexiones provinciales a través de 43 emisoras locales (33 propias y 10 municipales), y un canal autonómico de televisión herciana. El director general, máximo ejecutivo, lo nombra el Gobierno de Aragón y el consejo de administración lo forman dieciséis miembros elegidos para cada legislatura por el Parlamento de Aragón, entre personas de acreditado prestigio profesional.

También cuenta con un consejo asesor compuesto, igualmente, por dieciséis miembros, ratificados por las Cortes de Aragón, a propuesta de los trabajadores de la corporación (2), de las empresas privadas que prestan servicios de producción audiovisual para la corporación (2), de las Asociaciones de la Prensa (2), de otras asociaciones profesionales del sector (2), de la Universidad de Zaragoza (1), de otras instituciones de formación superior (1), de asociaciones de consumidores y usuarios (2), de entidades de las personas con discapacidad auditiva y visual (1), y de los Institutos de la Mujer, de la Juventud y de Empleo (3), respectivamente. Actualmente tiene una plantilla de 136 trabajadores y se financia con subvención pública y emisión de publicidad.

Principado de Asturias
Radiotelevisión del Principado de Asturias, S. A. U. (RTPA), es la empresa pública de Asturias que gestiona un canal autonómico de televisión herciana y otro regional de radio. El director general, máximo ejecutivo, lo elige el Gobierno del Principado y el consejo de administración está integrado por ocho miembros nombrados por la Junta General del Principado de Asturias (Parlamento): actualmente, tres por el PSA-PSOE, dos por el PP-AS, uno por Podemos, uno por Izquierda Unida y uno por Foro Asturias. La plantilla es de setenta trabajadores y se financia con subvención pública y emisión de publicidad.

Baleares
El Ens Públic Radiotelevisió de les Illes Balears (EPRTVIB) es la entidad pública balear que gestiona un canal autonómico de televisión herciana y otro regional de radio (con desconexiones locales). Al director general, máximo ejecutivo, lo nombra el Gobierno balear y se apoya en un consejo de dirección elegido por el Parlamento insular e integrado por nueve personas. Actualmente, tres por el PSIB, tres por el PPIB, una por Més por Menorca, una por El Pi-Proposta per les Illes Balears y una por Gent per Formentera. Tiene una plantilla de 109 trabajadores y se financia con subvención pública y emisión de publicidad.

Extremadura
Corporación Extremeña de Medios Audiovisuales (CEXMA) es la entidad pública empresarial que gestiona un canal autonómico de televisión herciana y otro regional de radio. Al director general lo nombra el Gobierno de Extremadura y a los miembros del consejo de administración (9) el Parlamento. Actualmente,

cinco están elegidos por el PSOE-Ex (incluida la presidenta); dos por el PP-Ex, uno por Ciudadanos y uno por Unidos por Extremadura. También cuenta con un consejo asesor de diecisiete miembros elegidos por los sindicatos (2), las corporaciones locales (3), las organizaciones empresariales (2), la Administración de la Comunidad Autónoma (4), el Consejo Escolar (1), el Consejo de la Juventud (1), el Consejo Social de la Universidad de Extremadura (1), la Organización de Consumidores y Usuarios (1), el Consejo de Comunidades Extremeñas (1) y las Asociaciones de la Prensa (1). Su plantilla es de 247 trabajadores y se financia con subvención directa y emisión de publicidad.

Como hemos dicho, en Castilla y León la empresa Radio Televisión de Castilla y León, S. A., es privada, pero con subvención pública —en 2021 fue de 20 millones de euros— y determinadas obligaciones de servicio público.[27]

Todas, menos las de Extremadura, Ceuta y Melilla, por voluntad propia, pertenecen a la FORTA, organización sin ánimo de lucro que asocia a las entidades de derecho público creadas por las leyes de los respectivos Parlamentos autonómicos para la gestión directa de los servicios públicos de radiodifusión y televisión en las diferentes comunidades autónomas. La presidencia se ejerce de forma rotatoria por las entidades asociadas a través de sus representantes en la junta general (directores generales) y por períodos de seis meses, de acuerdo con el orden establecido por ésta.

Estas entidades, con diversas formas y estructuras jurídicas e informativas: difusión herciana, por cable, satélite, redes sociales, medios online y páginas web, tienen, como vemos, un funcionamiento similar al que ha venido teniendo RTVE desde su constitución en 1956 porque, no en vano, los Gobiernos autonómicos que decidieron contar con medios de comunicación públi-

27. Los datos de cada uno de los entes o corporaciones de radio y televisión públicas autonómicas que figuran en este apartado han sido facilitados por la Federación de Organismos de Radio y Televisión Autonómicos (FORTA) y están actualizados a 1 de febrero de 2022.

cos propios se fijaron en los que tenía el Estado en aquel entonces. Además, compiten deslealmente con las televisiones privadas nacionales y autonómicas al financiarse con publicidad y subvención directa e indirecta (propaganda gubernamental). Razón por la que, excepto en Cataluña y Galicia, en las demás comunidades autónomas en las que hay televisión pública no han sobrevivido las privadas autonómicas.

El presupuesto anual de todas ellas, incluida RTVE, asciende a unos 1.800 millones de euros, con cerca de 14.500 trabajadores en plantilla, más un número indeterminado de temporales. En este punto es conocido el asombro del papa Juan Pablo II cuando constató, en conferencia de prensa previa a uno de sus cinco viajes a España, el elevado número de corresponsales españoles acreditados ante el Vaticano, en el que, además de los tradicionales representantes de los diarios españoles de circulación nacional, de los principales regionales, de las Agencias EFE y Europa Press y de los de Radio Nacional y Televisión Española, había de la mayoría de las televisiones autonómicas y de la agencia pública catalana de noticias (ACN), hasta el punto de exclamar: «¡Madre mía!, pero ¿qué pasa en España para que haya aquí tanto periodista español?».

Un poco de historia

Cuando se creó TVE en 1956, adscrita a la Dirección General de Radiodifusión (1945) y dependiente del Ministerio de Información y Turismo, se cuenta que el entonces ministro de Hacienda, Francisco Gómez de Llano, propuso en Consejo de Ministros presidido por Francisco Franco Bahamonde que para su financiación había que establecer un canon finalista sobre los propietarios de un aparato de radio o de televisión, como se hacía en los demás países europeos que ya tenían ese nuevo invento. Otro miembro del Gabinete, probablemente el titular de Información y Turismo, Gabriel Arias-Salgado y de Cubas, dijo que no parecía oportuno ese impuesto porque limitaría el número de espectadores y lo que interesaba con TVE era adoctrinar a la población en las virtudes del régimen. Franco calló, prevaleció el criterio de Gómez de Llano y se estableció el canon. Pero su cobro resultó tan complejo y caro para la ineficaz y casi inexistente Hacienda Pública de entonces, que se optó por suprimirlo a los pocos meses.

Así fue como TVE, junto con la televisión portuguesa, creada en 1957 durante la dictadura de Antonio de Oliveira Salazar, fueron las dos únicas de Europa de esa época que no se financiaron con un impuesto especial, sino con publicidad y recursos públicos. Durante muchos años y por operar en régimen de monopolio de Estado, ganó mucho dinero, hasta que, tras la aprobación de la vigente Constitución y por sentencia del Tribunal Constitucional, irrumpieron las televisiones privadas y necesitó de los presupuestos del Estado, pero nunca dejó de ser, como lo era Radio Nacional de España, un medio de entretenimiento y comunicación afecto al régimen franquista, primero, y al gobierno democrático (Poder Ejecutivo), después.

La radio y televisión portuguesa fijó en 2003 el canon para su financiación, y España sigue sin hacerlo. Será porque a pesar de la Constitución de 1978 ningún Gobierno ha renunciado a adoctrinarnos, que es para lo que, más tarde, nacieron todas las televisiones públicas autonómicas. En la Transición, Adolfo Suárez González desmanteló y privatizó la Prensa del Movimiento, la de papel, pero no renunció ni a la radio ni a la televisión públicas nacionales, manteniendo el control de RTVE. Y los gobiernos autonómicos que iban surgiendo a la par que las comunidades autónomas se constituían vieron en ese modelo su arma regional para mandar, adoctrinar y colocar a sus paniaguados y conmilitones. Fue y es la apoteosis cesarista.

Con los sindicatos mandando en su parcela y más allá (para hacer prácticas en RTVE y en otros organismos públicos de radio y televisión el candidato tiene que ser hijo o familiar de un empleado), las asociaciones de periodistas haciendo dejación de sus obligaciones de exigir independencia, neutralidad y principios deontológicos, y el gobierno de turno manipulándola en defensa de sus intereses, España es, como se ha dicho al principio, el país con más televisiones públicas del mundo, pero ninguna lo es en sentido estricto: en cada una manda el partido gobernante y su conjunto es un baldón para la calidad democrática de España, aunque en todas ellas sobresalgan admirables periodistas que luchan cada día por su independencia y oficio. Y así vemos como RTVE es el instrumento manipulador del Gobierno de España; TV3, el cañón Gran Berta del separatismo catalán; EiTB, la dormidera del mundo idílico y separatista del PNV y últimamente de EH-Bildu; TVG, una loa a la actividad del presidente de la Xunta y sus consejeros del PP, y lo mismo para las demás.

Y este sentido posesivo se constata en todos los gobiernos, hasta el punto de que la presidenta de la Comunidad de Madrid, Isabel Díaz Ayuso, promovió en el Parlamento autonómico y votó en 2021 una ley para que al responsable de Radio Televisión Madrid lo elija una mayoría absoluta de la cámara regional, y no de 3/5 como hasta entonces, y su mandato dure una legislatura y no seis años como era, porque —declaró impertérrita—: «Soy la única presidenta que tiene una televisión pública [así, en posesivo] que la critica», olvidando que la BBC es noticia cuando reprende a la oposición y no cuando juzga al Gobierno, obligación de todo medio de comunicación libre: ser un contrapoder del poder legítimamente constituido. Y mientras la cámara regional de Madrid se pone de acuerdo sobre el candidato, la presidenta ha nombrado para Radio Televisión Madrid un administrador único provisional, como en su día hizo Pedro Sánchez Pérez-Castejón con RTVE.

A los políticos se les llena la boca de propugnar y pregonar una verdadera televisión pública, y la prensa, las asociaciones de periodistas y los sindicatos les hacen seguidismo empalagoso y soez porque el punto de partida es falso: en España la televisión y la radio públicas son del Poder Ejecutivo. Además, ningún gobierno —sea el nacional o los autonómicos y locales— carece de límites constitucionales o estatutarios para crear medios públicos de comunicación. De tal forma que muchos de los regionales se asemejan e incluso superan, por estructura y ambición, a los estatales de numerosos Estados miembros de la UE. Cataluña tiene más canales públicos de televisión que Francia, Austria,

Polonia o Países Bajos, entre otros. Y el País Vasco y Galicia los mismos que Francia y Austria, y más que Polonia y Países Bajos.

Caída de audiencia en TVE y subida en las autonómicas públicas

La caída de audiencia en RTVE en los últimos años tiene muchas causas, pero la principal es la actual radicalización en la sociedad española, acrecentada con la descarada manipulación del Gobierno de coalición PSOE-Unidas Podemos. Los espectadores-votantes de ambas formaciones políticas, descontados los independentistas catalanes, vascos, baleares y valencianos, que ven la suya pública autonómica por fervor y obligación militante (TV3, EITB, IB3 y À Punt, respectivamente), suman menos que los espectadores-votantes de PP, Ciudadanos y Vox, que han abandonado TVE para nutrirse, básicamente, de Antena 3, Telecinco y Trece TV. Además, la programación de La 1 se resiente por falta de espacios de recambio que puedan competir con los de Telecinco, Antena 3, Cuatro, La Sexta y los de las públicas autonómicas, por escasez de recursos o, simplemente, por mala suerte. De hecho, La 1, en el momento de escribir estas líneas, no domina ningún *target*, ninguna franja horaria ni ningún día de la semana.

Ahora bien, la pregunta que deberíamos hacernos es si TVE debe ser líder de audiencia o, por el contrario, dejar esta tarea a las televisiones privadas comerciales y dedicarse a ser la más influyente entre las clases dirigentes y los líderes de opinión, y a cumplir con todos los objetivos que le impone la ley 7/2006, el Mandato Marco y el Contrato Programa que cada tres años tienen que aprobarle las Cortes Generales.

Si TVE fuera soberana, no dependiese del Gobierno de turno y su parrilla cumpliese los fines que le impone la ley, se la valoraría más porque contaría, además, con algo que ya tiene a su favor: la ausencia de publicidad, que la hace libre del anunciante y atractiva para el espectador porque no sufre los soporíferos cortes de los comerciales.

Según los solventes datos de Barlovento Comunicación, durante el enclaustramiento de 2020 por la pandemia de la COVID-19 los españoles pasamos de consumir cuatro horas diarias de televisión, a casi seis y media, ¡con puntas de diez!, sumadas a los 160 minutos dedicados a otras pantallas conectadas a internet. Y en ese tiempo de clausura la televisión pública catalana TV3, con la plantilla de directivos, técnicos y presentadores que tiene en nómina para envilecer su causa, siguió adoctrinando en el independentismo, insultando a la mayoría de los catalanes y mofándose del resto de los españoles.

En la vasca ETB Xavier Lapitz González hizo escarnio de los muertos en Madrid por la COVID-19 y comparó la solemne ceremonia de clausura de la morgue instalada en la pista del Palacio de Hielo con un partido de la selección española de hockey, y en RTVE, su administradora única y provisional, Rosa María Mateo Isasi, nombrada en julio de 2018 por Pedro Sánchez para tres meses y que estuvo hasta marzo de 2021, no compareció en la Comisión Mixta de Control Parlamentario de RTVE del Congreso y del Senado porque sus jefes Sánchez y Pablo Iglesias alegaron que Mateo, de 78 años, era «población de riesgo» para el coronavirus, cuando la verdadera razón fue que no querían que la oposición pudiera pedir explicaciones por el abuso descarado del presidente en sus comparecencias televisivas sabatinas, soporíferas e interminables, en horas de máxima audiencia, mientras RTVE ignoró intencionadamente la actividad de SS. MM. los Reyes y sus 250 actos con todo tipo de personas e instituciones.

Desde hace años, las audiencias no son ya suma de todas las ideologías, sino que se trasvasan, suman y restan según quién gobierne. En consecuencia, los espectadores concienciados de las televisiones públicas son los que se identifican con el Gobierno, más el añadido, en el caso de las autonómicas, de la proximidad y amor al terruño. Televisión Española ha perdido audiencia porque el sentimiento nacional se sacrifica en detrimento de esa polarización de la sociedad, de tal forma que los espectadores-votantes no desencantados del PSOE y el conglomerado Unidas Podemos, descontados los independentistas catalanes, vascos, baleares y valencianos, que mantienen a Sánchez en la Moncloa y ven TV3, EITB, IB3 y À Punt, respectivamente, conectan con TVE pero suman menos que los espectadores-votantes de PP, Ciudadanos y Vox, que ejercen oposición a Sánchez, desconectan de TVE y se nutren de las privadas nacionales.

Y otro aspecto a destacar es que, como consecuencia de esa pérdida progresiva de sentimiento nacional español (al que la línea editorial de TVE contribuye poderosamente), de polarización de la sociedad, de influencia de los medios públicos autonómicos de comunicación sobre la población a la que se dirigen, con el factor añadido y ya dicho de la proximidad y el terruño, suben las audiencias de las televisiones públicas autonómicas, varias líderes absolutas en su territorio, y suben las audiencias de los informativos públicos autonómicos, en muchos casos muy por encima de la media de la cadena (pp. 163-166).

Con alguna excepción, la palabra *España* ha desaparecido de las televisiones públicas o se utiliza como referencia a otro país

Excepto en el bloque de deportes, cuando por obligación tienen que dar cuenta del partido de alguna selección española, que, por desgracia, no es todos los días, aunque sí con más frecuencia cada vez, la palabra *España* ha desaparecido de los informativos de las televisiones públicas. Por lo general, ningún presentador saluda o se despide con un «Buenos días, España», «Buenas tardes, España», «Buenas noches, España», que es lo que hacen norteamericanos, ingleses o franceses desde tiempo inmemorial. El único que lo hace es el periodista Vicente Vallés, líder de audiencia con su informativo de las 21.00 horas en Antena 3 TV, quien se despide todos los días de sus espectadores con la frase: «España, a... de... de 20...».

Por regla general, la palabra *Cataluña* se repite en cada sección más que el ajo. Y a cierta distancia el nombre de otras comunidades autónomas se corea con asiduidad, sea para hablar de sucesos, de inundaciones, de inauguraciones, de actividad de los respectivos presidentes autonómicos, de economía, de cultura, de turismo; de las vacaciones escolares, del sorteo de la Lotería Nacional, de las consecuencias de las borrascas o las sequías: «Aquí, en Galicia...», «Aquí, en Cantabria...», «Aquí, en el País Vasco...», «Aquí en Cataluña», «Pues en Andalucía...», «En Aragón...», «En Valencia...», «En Baleares...», «En Canarias...».

Y cuando llega el bloque del Tiempo la realidad es más desoladora. Nadie empieza como lo hacían los históricos Medina, Maldonado, Montes de Oca...: «Hoy, en España, hace un día soleado», «Hoy llueve en toda España», «Mañana disfrutaremos en toda España de un tiempo veraniego», para más tarde ir región por región explicando lo que venía. Nada. Ahora nos muestran fotografías y vídeos «que nos manda Gelu desde Molledo (Cantabria)», «Arantxa desde Hondarribia (Guipúzcoa)», «Macarena desde Sevilla», «Jordi desde Barcelona», «Nela desde Bocairent (Valencia)», «Hontanares desde Riaza (Segovia)»... Luego arrancan con mapas tediosos sobre la velocidad del viento, la altura de las nubes, la separación de las isobaras, la magnitud de las olas... Y después pasan a informarnos de que «por la península entra un anticiclón que...», «A la península llegará en los próximos días una DANA (depresión atmosférica en niveles altos) que no afectará a Canarias», «La península aparece despejada en el satélite Meteosat», «En el Mediterráneo habrá algo de calima», «En las Béticas y en el interior de Andalucía soplarán vientos huracanados», «En la vertiente meridional ha caído nieve en cota 1.700»... Se explayan a continuación comunidad autónoma por comunidad autónoma, más Ceuta y Melilla.

En los informativos de las televisiones públicas autonómicas, por el contrario, el nombre de su respectiva comunidad no se les cae de la boca y se cita tantas veces como sea necesario para referirse al conjunto de su territorio. Y si la que vemos es la del País Vasco (la que desde hace años veta el discurso de Nochebuena del Rey), Cataluña (que lo relega al canal 3/24), Valencia o Baleares, entonces la cita a Euskadi, Catalunya, València (cuando no País Valencià) o Illes Balears es exponencial y cansina. La selección que juega es la «estatal» y el mapa físico y político que nos enseñan es el de un pequeñito Estado rodeado o bordeado por otro que se llama España. En este caso sí aparece la palabra *España*. Y si escuchamos los informativos y los programas de actualidad de las radios, incluidas las tertulias, más de lo mismo, pero con una importante excepción: Canarias, para su fortuna, se cita cada hora: «Son las cinco de la tarde, una hora menos en Canarias», «Son las ocho de la mañana, las siete en Canarias».

Conclusión

Sí a que en España existan radios y televisiones públicas, pero no al modelo actual, partidista, gubernamental y secesionista, sino a otro como el expuesto o similar. Y para ello tendría que legislar la Unión Europea con un modelo único para sus Estados miembros. Mientras no ocurra esto, en España, aunque suene utópico, se tendría que modificar la Constitución según el documento *Ideas para una reforma de la Constitución* que elaboraron en 2017 diez catedráticos de Derecho Constitucional y Administrativo, coordinados por Santiago Muñoz Machado, jurista de prestigio y presidente actual de la Real Academia Española, por encargo de la Comisión de Evaluación y Modernización del Estado Autonómico (Congreso), que presidió el socialista José Enrique Serrano Martínez, «para que nuestra Carta Magna perdure en el tiempo y solucione problemas organizativos y de convivencia constatados en sus cuarenta años de vigencia». No sé lo que durará la Constitución, pero el cometido de esa comisión, sí: un suspiro porque, una vez disuelta esa legislatura, no hemos vuelto a saber de ella.

Precisando que «no es un documento incómodo para ningún grupo político porque los autores (Santiago Muñoz Machado —UCM—, Eliseo Aja Fernández —UB—, Ana Carmona Contreras —US—, Francesc de Carreras Serra —UAB—, Enric Fossas Espadaler —UAB—, Víctor Ferreres Comella —UPF—, Javier García Roca —UCM—, Alberto López Basaguren —UPV—, José Antonio Montilla Martos —UG— y Joaquín Tornos Mas —UB—) no hemos sido intransigentes con nosotros mismos»,

Muñoz Machado señaló el 20 de noviembre de 2017, durante la presentación del documento en la Real Academia de Ciencias Morales y Políticas, las tres premisas más importantes del texto:

> 1.ª No somos partidarios de un referéndum que permita a Cataluña la secesión porque el reconocimiento del derecho de autodeterminación supondría la destrucción de la Constitución y sí, por el contrario, de incluir, como en la Ley Fundamental de Bonn y en la Constitución italiana, un artículo que diga que no se puede romper el Estado.
>
> 2.ª No postulamos cambiar el Estado de las autonomías por un Estado federal.
>
> 3.ª Las ideas que se proponen no son para dar satisfacción a Cataluña, sino para todas las comunidades: «Una casa común con una habitación confortable para Cataluña». Para esta última, algunos miembros del grupo sugieren «la incorporación de una disposición adicional en la que se aborden las cuestiones identitarias, competenciales y de relación con el Estado», y los diez subrayan que «no se trata de negociar las reivindicaciones de los partidos independentistas, tal y como éstos las plantean, sino de atender a la percepción de la sociedad en la que se manifiestan. El problema no es lo que quieren los secesionistas, pues lo que quieren es la independencia, la cuestión es —subrayan— discernir qué ha permitido a su opción ser apoyada por una parte importante de la sociedad catalana».

El aspecto más rompedor estriba en que propone, en línea con el más puro federalismo, que los Estatutos de Autonomía dejen su carácter de leyes orgánicas del Estado, al tiempo que norma básica de la comunidad autónoma, y pasen a ser «como equivalente a las constituciones de los territorios en los sistemas federales, subordinados, obviamente, a la Constitución». Cada Estatuto «debería quedar despojado de su carácter de ley orgánica, pero también de su función en la distribución de competencias, que correspondería a la Constitución». Y los juristas firmantes van más allá y dicen que cada Estatuto «habría de ocuparse, por tanto, de las cuestiones internas de la comunidad que no afectan a las restantes. Eso incluye no sólo la organización territorial e institucional, sino también una parte dogmática con los derechos reconocidos en el ejercicio de sus competencias y los rasgos que identifican a la comunidad. Desde el punto de vista procedimental, sólo debería requerir la aprobación del Parlamento de la comunidad autónoma, no de las Cortes Generales».

Modelos de radios y televisiones públicas de la UE

La Unión Europea (UE) no ha entrado aún a legislar sobre la radio y la televisión pública, de tal forma que cada Estado miembro es libre para tener o no medios públicos de comunicación. Luxemburgo carece de ellos y los otros 25 que sí los tienen, sin contar a España, pueden elegir el modelo de gobernanza y financiación que les plazca. Veamos:

Alemania

Existen dos canales nacionales públicos de radio y televisión: la ARD y la ZDF. La ARD (Arbeitsgemeinschaft der öffentlich-rechtlichen Rundfunkanstalten der Bundesrepublik Deutschland) o Consorcio de Instituciones Públicas de Radiodifusión de la República Federal de Alemania, es el grupo de radiodifusoras públicas de Alemania. El consorcio está formado por nueve radiodifusoras públicas: BR (Baviera), HR (Hesse), MDR (Alemania central: Sajonia, Sajonia-Anhalt y Turingia), NDR (noroeste y Hamburgo), Radio Bremen (Bremen), RBB (Berlín y Brandeburgo), SR (Sarre), SWR (suroeste) y WDR (Renania del Norte-Westfalia). Tiene 10 canales hercianos de televisión —uno nacional, Das Erste (La Primera), y nueve regionales— y 55 emisoras de radio regionales.

Se financia exclusivamente con un canon mensual que recauda y gestiona un organismo autónomo y no puede emitir publicidad. Su consejo de administración está formado por representantes de partidos políticos, sindicatos, sociedad civil y *länder*. Por su parte, la ZDF (Zweites Deutsches Fernsehen; Segunda Televisión Alemana), que comparte los canales con la ARD y es independiente de ésta, se financia con el mismo canon mensual de la ARD y en su consejo de administración están representados los dieciséis estados federados, el Gobierno federal y distintas asociaciones civiles y religiosas.

Bélgica

No hay una organización estatal desde la reforma federalista de 1970. Coexisten la RTBF (Radio Televisión Belga de la Comunidad Francesa), con cuatro canales hercianos de televisión, seis emisoras de radio y una web; la BRF (Belgischer Rundfunk), para la comunidad de habla germana, que sólo emite televisión por cable y tres canales de radio, y la VRT (Vlaamse Radio en Televisieomroeporganisatie, Organización de Radio y Televisión Flamenca), para la comunidad flamenca, que gestiona tres canales hercianos de televisión, cinco emisoras de radio y una web.

Para el nombramiento de sus consejos de administración se procede de la siguiente manera: en la RTBF, el Gobierno de la comunidad de habla francesa de Bélgica nombra a dos comisarios y al resto los elige el Parlamento de la Región Valona, proporcionalmente a la representación de los grupos políticos en él.

Para su financiación, el Ejecutivo puede hacer aportaciones directas de hasta el 75 por ciento del presupuesto, y el resto tiene que cubrirse con publicidad, patrocinios y venta de productos. En la BRF, el consejo lo nombra el Gobierno regional y su financiación es mixta: aportación pública, publicidad, patrocinios y venta de productos. Y en la VRT, la totalidad de los miembros del consejo de administración los nombra el Gobierno de la región y su financiación se hace mediante aportaciones directas del Ejecutivo, patrocinios (no publicidad), publicidad (limitada y únicamente para la radio y la web) y venta de productos.

Croacia

La Hrvatska radiotelevizija (HRT), compañía de radiodifusión pública de Croacia, gestiona cinco canales hercianos de televisión, once de radio (ocho de ellos locales) y una web. Tiene tres divisiones: radio, televisión y una productora musical; su consejo lo nombra el Gobierno y se financia con canon mensual y emisión de publicidad comercial.

Dinamarca

DR (Danmarks Radio) es la corporación de radiodifusión pública de Dinamarca. Gestiona siete emisoras de radio, tres canales de televisión herciana y una web. Su consejo ejecutivo lo forman once miembros, elegidos por un período de cuatro años. Tres de ellos, incluido el presidente, son nombrados por el Ministerio de Cultura, seis por el Parlamento y dos por los empleados de la corporación. El grupo se financia con un canon bianual que pagan las entidades comerciales y todo ciudadano mayor de dieciocho años. No puede emitir publicidad.

Francia

La radio y la televisión públicas francesas las gestiona la empresa France Télevisions, propiedad del Estado. Actualmente emite cuatro canales hercianos de televisión generalista, con desconexiones informativas regionales en el caso de France 3 y el canal de información continua France Info, además de una red de radio y televisión para la Francia de ultramar. El servicio público audiovisual francés se completa con Radio France, France Médias Monde y el Institut National de l'Audiovisuel.

El consejo de administración, cuyo mandato está limitado a cinco años, lo componen un presidente, al que designa el Consejo Superior Audiovisual (CSA), dos representantes parlamentarios elegidos por las comisiones de Asuntos Culturales de la Asamblea Nacional y del Senado; cinco representantes del Estado que nombra el presidente de la República; cinco personalidades independientes proclamados por el CSA —de ellas una debe representar a las asociaciones de consumidores a nivel nacional—, y dos portavoces de los trabajadores de la empresa.

Su financiación se obtiene a través de la emisión de publicidad, venta de programas y un canon anual (60 por ciento del presupuesto) a todos los hogares que tengan, al menos, un televisor o dispositivo con el que se pueda ver televisión. Se cobra a la vez que el impuesto sobre la vivienda (el equivalente al IBI).

Irlanda
La Raidió Teilifís Éireann (RTÉ), Radio Televisión de Irlanda, es la corporación de radiodifusión pública de la República de Irlanda. Gestiona cuatro cadenas de radio en frecuencia modulada, radios digitales, cinco canales de televisión herciana y una web. Su consejo de administración lo forman doce miembros, incluido el presidente, y lo nombra el Gobierno. La dirección corre a cargo de un comité ejecutivo con un director general. Se financia con emisión de publicidad limitada por ley y mediante un canon anual a toda persona física o jurídica que disponga de un aparato capaz de recibir señal de televisión, independientemente del uso que le den, que se recauda a través del servicio postal.

Letonia
Latvijas Radio (LR) es la empresa pública de radiodifusión de Letonia que gestiona cinco emisoras de radio en FM e internet. Y Latvijas Televizija (LTV) es la empresa nacional de televisión pública que gestiona dos canales hercianos de televisión, en uno de los cuales se realizan desconexiones regionales. Ambas son empresas separadas pero que colaboran en el marco de la Plataforma de Medios Públicos Letones. Su labor las regula el Consejo Nacional de Medios de Comunicación Electrónicos, cuyos miembros los nombra el Gobierno. Se financian con aportación directa del Ejecutivo (60 por ciento del presupuesto), emisión de publicidad y patrocinios.

Luxemburgo
El Gran Ducado de Luxemburgo carece de medios públicos de comunicación y es la sede del Grupo Radio-Televisión-Luxemburgo (RTL), el mayor conglomerado privado de televisión, radio y productora de Europa, con el grupo alemán Bertelsmann como accionista mayoritario.

Países Bajos
Nederlandse Publieke Omroep (NPO) es la empresa de radiodifusión pública de los Países Bajos, que gestiona tres canales hercianos de televisión, seis emisoras de radio, servicios digitales y

una web. Además, participa en la televisión internacional neerlandesa BVN. La componen once organizaciones: dos de servicio público (NOS y NTR) y nueve asociaciones. La radiodifusión surgió en la década de 1920 por iniciativa de los grupos religiosos y sociales más representativos del país. A partir de 1930 el Gobierno empezó a asignarles horarios de emisión en las frecuencias disponibles (competencia de los Estados), y en los años 1950 creó un organismo para el reparto de franjas y la producción de informativos, convertida en 1969 en la Fundación de Radiodifusión Neerlandesa (Nederlandse Omroep Stichting [NOS]).

La radiodifusión estatal se encarga de asignar los horarios de emisión, fomentar la colaboración entre radiodifusoras públicas, distribuir el presupuesto, facilitarles herramientas para la venta de programas y llevar a cabo investigaciones independientes sobre las tendencias del consumo de medios. Hay dos instituciones que se ocupan de aportar contenido imparcial: NOS (informativos, deportes y eventos en directo) y NTR (educación y minorías). El gestor de NPO es el Ministerio de Educación, encargado también de realizar las aportaciones anuales al presupuesto, sustituyendo con este sistema al anterior de canon que rigió hasta el año 2000. El presupuesto se nutre también de la emisión de publicidad, aunque las asociaciones de servicio público NOS y NTR no pueden acceder a esos ingresos.

Suecia

Sveriges Television (SVT), Televisión de Suecia, es la empresa de televisión pública de Suecia y desde 1979 está separada de la sociedad de radio pública Sveriges Radio AB (SR AB), Radio Sueca. La SVT, que gestiona cinco canales hercianos de televisión, no es una compañía estatal, sino que está dirigida por una fundación independiente, Sveriges Television AB, cuyo consejo de administración es elegido por el Parlamento. Sveriges Television y SR AB, esta última con cuatro emisoras nacionales y una red de veinticinco radios locales, se financian a través de un mismo canon anual que establece el Parlamento sueco a cada grupo familiar que cuente con, al menos, un receptor de televisión o radio. El impuesto se paga a través de una cuenta en el Banco de Suecia.

Bulgaria

Bâlgarsko Natsionalno Radio (BNR), Radio Nacional de Bulgaria y Balgarska Nationalna Televizija (BNT) son las empresas públicas de Bulgaria dedicadas a la radio pública, la primera, y a la televisión pública, la segunda. La BNR gestiona dos emisoras nacionales, siete regionales, la red internacional Radio Bulgaria y una web. Y la BNT gestiona dos canales hercianos de televisión y uno internacional. Los responsables de ambas sociedades son nombrados por el Gobierno y se financian con subvención y emisión de publicidad.

Eslovaquia

Rozhlas a Televízia Slovenska (RTVS), Radio y Televisión de Eslovaquia, es la organización de radiodifusión pública de Eslovaquia. Gestiona dos canales hercianos de televisión y cinco de radio, uno de ellos integrado por emisoras regionales. A sus responsables los nombra el Gobierno y se financia con subvención pública, emisión de publicidad y un impuesto mensual finalista sobre la factura de la luz, con diferente importe entre particulares y empresas.

Estonia

Eesti Rahvusringhääling (ERR), Radiodifusión Pública de Estonia, gestiona cinco cadenas de radio y tres canales hercianos de televisión. Su responsable es nombrado por el Gobierno y se financia con subvención pública y un impuesto a los medios privados de radio y televisión. No puede emitir publicidad.

Grecia

Ellinikí Radiofonía Tileórasi (ERT), Empresa Pública de Radiodifusión Griega, gestiona cinco canales hercianos de televisión y ocho emisoras de radio. Su responsable es elegido por el Gobierno y se financia con un canon mensual incluido en el recibo de la luz.

Malta

Public Broadcasting Services Limited (PBS Malta), es la Compañía de Radiodifusión Pública de la República de Malta que gestiona tres cadenas de radio y dos canales hercianos de televisión. A su responsable lo nombra el Gobierno y se financia con canon y emisión de publicidad.

Polonia
Polskie Radio (PR) es la empresa pública de radio de Polonia y Telewizja Polska (TVP) la de televisión. La primera gestiona cuatro emisoras nacionales de radio y diecisiete regionales y la segunda dos canales hercianos nacionales de televisión y dieciséis regionales. El Gobierno controla la elección de los responsables de ambas empresas, que se financian con emisión de publicidad y un canon anual, recaudado y gestionado por la empresa estatal de correos Poczta Polska, que obliga a todos los ciudadanos que tengan, al menos, un televisor. Debido a la alta morosidad (sólo un tercio de la población lo paga), la mayor parte del presupuesto se cubre con subvención directa del Gobierno.

República Checa
Český rozhlas (CR), Radio Checa, y Česká televize (CT), Televisión Checa, son las empresas públicas encargadas de gestionar la radio y la televisión públicas checas. La primera gestiona nueve cadenas de radio, una red de trece emisoras regionales y el servicio internacional Radio Praga. Y la segunda siete canales hercianos de televisión (tres generalistas y cuatro temáticos). El máximo órgano directivo de la CR es el Consejo de la Radio Checa y el de la CT el Consejo de la Televisión Checa. Cada uno está formado por quince miembros, elegidos por la Cámara de Diputados del Parlamento Checo para un mandato de seis años, y un tercio debe renovarse cada dos años, con posibilidad de reelección.

Los consejeros de ambas sociedades eligen a su respectivo director general, que ejerce por un mandato de seis años. Las distintas organizaciones sociales pueden proponer al Parlamento sus candidatos ideales. Existe una ley de incompatibilidades políticas y económicas para garantizar una mayor independencia del cargo. Se financian con canon, emisión de publicidad y patrocinios, pero la radio no puede emitir publicidad.

Austria
Österreichischer Rundfunk (ORF), Radiodifusión Austriaca, es la compañía de radiodifusión pública de Austria. Gestiona doce emisoras de radio (tres nacionales y nueve regionales) y cuatro canales hercianos de televisión, el segundo de ellos con desconexiones regionales. Su principal órgano de gestión es la Junta Directiva, formada por treinta y cinco miembros que se eligen de la siguiente forma: seis por el Parlamento, uno por cada uno de los nueve Estados federados, nueve por el Gobierno federal, seis por el Consejo Público de la ORF (Publikumsrat des ORF, defensor del espectador, elegido a su vez y periódicamente por los espectadores entre personas con méritos) y cinco por los sindicatos. Su mandato es de cuatro años.

La Junta Directiva elige al director general, cargo más representativo de la empresa y encargado a su vez de elegir al resto de los directores (cuatro nacionales y nueve regionales). Se financia con emisión de publicidad, limitada por ley, y un canon por hogar que recauda el GIS, sociedad subsidiaria de la ORF y vinculada al Ministerio de Finanzas.

Chipre
Radiofonikó Ídryma Kýprou, RIK (Corporación Chipriota de Radiodifusión), es la empresa de radiodifusión pública de Chipre que gestiona cuatro emisoras de radio y cuatro canales hercianos de televisión, uno de ellos internacional. La mayoría de los espacios se emiten en griego, aunque algunos lo hacen en turco e inglés. A su responsable lo nombra el Gobierno y desde el año 2000 se financia con subvención pública directa, en lugar del canon sobre el recibo de la luz que percibía antes.

Eslovenia
Radiotelevizija Slovenija (RTVSLO), es la compañía de radiodifusión pública de Eslovenia, que gestiona tres canales hercianos de televisión, tres cadenas nacionales de radio y una internacional. Está controlada por el Consejo de Programación, formado por veintinueve miembros nombrados entre la Asamblea Nacional y distintos estamentos de la sociedad civil para un mandato

de cuatro años. Este consejo elige al director general, que después debe ser ratificado por el Parlamento. Por debajo del Consejo de Programación está el Consejo Supervisor, formado por once miembros elegidos entre el Gobierno, la Asamblea Nacional y los trabajadores de la RTVSLO. Se financia con emisión limitada de publicidad y canon.

Finlandia
Yleisradio (YLE), es la compañía de radiodifusión pública de Finlandia. Gestiona tres canales hercianos de televisión, ocho emisoras nacionales de radio, dieciocho regionales y una web multimedia. El consejo de administración lo designa el Parlamento y desde 2013 se financia a través de un impuesto progresivo calculado en función de los ingresos de cada hogar y el número de personas que residen en él (sustituye al anterior canon) y con aportación de las radios y las televisiones privadas, ya que YLE es el propietario legal de las redes de difusión. Como contrapartida no puede emitir publicidad comercial.

Hungría
Médiaszolgáltatás-támogató és Vagyonkezelő Alap (MTVA), Apoyo al Servicio de Prensa y Fondo de Gestión de Activos, es la empresa estatal que agrupa a todos los medios de comunicación públicos de Hungría. Gestiona una agencia de noticias, seis canales hercianos nacionales de televisión, uno de ellos internacional, y cinco nacionales de radio, además de otros dos por internet y una web multimedia. A sus responsables los nombra el Gobierno y se financia con subvención pública.

Italia
La RAI (Radiotelevisione Italiana), compañía de radiodifusión pública de Italia, propiedad del Estado, gestiona a través el Ministerio de Economía y Finanzas Públicas trece canales hercianos de televisión con diversos contenidos (el RAI 3 con desconexiones regionales) y once emisoras de radio (varias con desconexiones regionales). Su consejo de administración lo forman nueve miembros: siete elegidos por la Comisión Parlamentaria de Vigilancia

de la RAI y dos por el Ministerio de Economía y Finanzas. Se financia con canon, publicidad y venta de productos.

Lituania
La Lietuvos nacionalinis radijas ir televizija (LRT), Radio y Televisión Nacional Lituana, empresa de radiodifusión pública de Lituania, gestiona tres emisoras de radio, tres canales de televisión herciana y una web. El consejo de LRT, cuya formación depende del Ministerio de Educación, Ciencia y Cultura, está compuesto por doce miembros representativos de la sociedad del país. La Presidencia de la República elige a cuatro miembros para un mandato de seis años; el Parlamento elige otros cuatro para un mandato de cuatro años. El resto, con un mandato de dos años, son elegidos por cada uno de los siguientes órganos: Consejo de Investigación, Consejo Educacional, Asociación de Artistas y Conferencia Episcopal. Se financia con aportaciones directas del Estado (75 por ciento del presupuesto), emisión de publicidad y patrocinios.

Portugal
La RTP (Rádio e Televisão de Portugal), empresa de radiodifusión pública de Portugal propiedad del Estado, gestiona cuatro canales hercianos de televisión, tres emisoras de radio, varias cadenas regionales, una web y un servicio internacional para el extranjero y para los Estados lusófonos de África (RTP África). El consejo de administración está formado por seis miembros: dos, uno de ellos el presidente, los nombra el Gobierno; otros dos el Consejo de Opinión (que a su vez está integrado por representantes de las asociaciones sociales) y los dos restantes el Consejo General Independiente (órgano que, a su vez, está integrado por representantes de las universidades públicas y privadas, periodistas de medios privados de comunicación y representantes de otras instituciones culturales).

La financiación de la RTP se hace a través de un canon que se cobra con el recibo de la luz, de una aportación directa del Estado y de publicidad. Esta última sólo está permitida en el canal de televisión RTP1. Ni los canales de radio ni el resto de los de televisión pueden emitir anuncios.

Rumanía

La Societatea Română de Televiziune (Sociedad Rumana de Televisión) es la empresa pública de televisión de Rumanía y la Societatea Română de Radiodifuziune (Sociedad Rumana de Radiodifusión) la de radio. La primera gestiona tres canales nacionales hercianos, seis regionales, una señal para Moldavia y un canal internacional. Y la segunda, cinco emisoras de cobertura nacional, dos de cobertura internacional, una red de emisoras regionales y la cadena Radio Chișinău en Moldavia, así como la agencia de noticias Rador.

Ambas sociedades funcionan bajo el control del Parlamento, que elige a los respectivos presidentes del consejo de administración por un período de cuatro años; a los otros trece miembros los nombran por mayoría simple los diputados y senadores. Su financiación es a través de un único canon, una aportación directa del Estado y el acceso limitado a la publicidad para no perjudicar a las privadas.[28]

Todas estas instituciones públicas pertenecen a la UER, organización internacional de radio y televisión de servicio público, a la que están adscritas 115 entidades de 56 países, que entre sus funciones tiene la de gestionar intercambio de programas, estimular y coordinar coproducciones, negociar derechos de difusión de retransmisiones, participar en el desarrollo de nuevas tecnologías y prestar servicios complementarios. Además, gestiona dos redes globales de comunicación: Euroradio (radio) y Eurovisión (televisión).

En la Unión Europea (UE) y en todo el mundo pierde peso la televisión herciana frente a modelos híbridos y convergentes abanderados por operadores de cable, de satélite y de distribución por internet (IPTV). Además, la UE está reduciendo paulatinamente el espectro herciano asignado a la televisión, en beneficio de tecnologías con mayor valor añadido y estratégico (3G, 4G, 5G...). Ambas razones empujan a muchas televisiones públicas y privadas de la UE a emitir también o únicamente a través de otros soportes.

28. Los datos de los distintos modelos de radios y televisiones públicas que hay en la UE y que figuran en este apartado están recogidos de la Unión Europea de Radiodifusión (UER), excepto el de Luxemburgo, y actualizados a 31 de noviembre de 2021.

Audiencias de las televisiones públicas españolas

Tabla 6.1. Rendimiento en cuota de pantalla de las televisiones autonómicas públicas y de TVE

Ranking de cadenas (ordenado por cuota en 2021)			
CADENA	**2020**	**2021**	**DIF 2021 VS 2020**
AUT	8,2	8,4	0,2
AUT PRIV	0,4	0,3	-0,1
TV3	14,6	14	-0,6
ARAGÓN TV	9,3	10,5	1,2
ETB2	10	10,2	0,2
TVG	9,9	10,1	0,2
C. SUR	7,5	8,1	0,6
TVCAN	5,9	7,7	1,8
TPA	6,8	7,3	0,5
CMM	5,6	6,3	0,7
CEXMA	6,2	5,7	-0,5
TELEMADRID	5,4	5,2	-0,2
IB3	4,7	4,7	0
LA 7TV	4	4,5	0,5
À PUNT	3	3,4	0,4
ETB1	1,7	2,2	0,5
3/24	1,7	1,4	-0,3
La 7	1,3	1,4	0,1
LAOTRA	0,9	0,8	-0,1
La 8	0,8	0,8	0
TVG2	0,7	0,7	0
ETB4	0,6	0,7	0,1
ESPORT3	0,3	0,5	0,2
SUPER3/33	0,6	0,5	-0,1
TV MEDITERRÁNEO	0,4	0,4	0
AND-TV	0,4	0,3	-0,1
GALICIA TV	0,1	0,3	0,2
ETB3	0,3	0,2	-0,1

Grupo RTVE			
CADENA	**2020**	**2021**	**DIF 2021 VS 2020**
RTVE	15,4	14,5	-0,9
La 1	9,4	8,8	-0,6
La 2	2,8	2,9	0,1
24H	1,1	1	-0,1
CLAN	1,6	1,2	-0,4
TELEDEPORTE	0,5	0,6	0,1

Fuente: Barlovento Comunicación.

La 1	Cuota
2020	9,4
2021	8,8

	2020		2021	
Informativos	**Cuota**	**AM (000)**	**Cuota**	**AM (000)**
TOTAL	12	1.728	10,8	1.408
SOB L-V	11,8	1.589	10,8	1.285
NOC L-V	11,9	1.813	10,6	1.516
SOB S-D	13	1.764	11,8	1.385
NOC S-D	11,7	1.819	10,6	1.466

C. SUR	Cuota
2020	7,5
2021	8,1

	2020		2021	
Informativos	**Cuota**	**AM (000)**	**Cuota**	**AM (000)**
TOTAL	10,2	251	10,4	222
SOB L-V	10,3	242	11,2	224
NOC L-V	9,8	250	9,8	220
SOB S-D	12,2	288	11,4	219
NOC S-D	9,1	234	9,9	228

TV3	Cuota
2020	14,6
2021	14

	2020		2021	
Informativos	**Cuota**	**AM (000)**	**Cuota**	**AM (000)**
TOTAL	24,8	540	24	466
SOB L-V	26,7	505	27	437
NOC L-V	25	624	23,1	529
SOB S-D	23,7	463	23,5	400
NOC S-D	21,5	530	20,7	463

ETB2	Cuota
2020	10
2021	10,2

	2020		2021	
Informativos	**Cuota**	**AM (000)**	**Cuota**	**AM (000)**
TOTAL	22	146	22,1	131
SOB L-V	23	140	24,4	128
NOC L-V	21,6	153	20,6	139
SOB S-D	23	143	23,3	120
NOC S-D	20,1	143	19,8	129

TVG	Cuota
2020	9,9
2021	10,1

	2020		2021	
Informativos	**Cuota**	**AM (000)**	**Cuota**	**AM (000)**
TOTAL	16,5	135	15,8	118
SOB L-V	21,4	163	21,1	145
NOC L-V	12,9	110	11,6	91
SOB S-D	19,4	155	19,2	134
NOC S-D	11,6	102	11,9	100

TELEMADRID	Cuota
2020	5,4
2021	5,2

	2020		2021	
Informativos	**Cuota**	**AM (000)**	**Cuota**	**AM (000)**
TOTAL	8,7	129	8,8	113
SOB L-V	10,4	140	11,6	128
NOC L-V	7,5	123	6,3	97
SOB S-D	9,1	123	9,7	108
NOC S-D	6,8	117	7,2	112

À PUNT	Cuota
2020	3
2021	3,4

	2020		2021	
Informativos	Cuota	AM (000)	Cuota	AM (000)
TOTAL	5,3	78	6,3	88
SOB L-V	7,6	97	8,9	106
NOC L-V	3,7	61	4,2	70
SOB S-D	7,9	101	9,1	99
NOC S-D	3,5	55	4,6	70

CMM	Cuota
2020	5,6
2021	6,3

	2020		2021	
Informativos	Cuota	AM (000)	Cuota	AM (000)
TOTAL	10,4	57	10,5	49
SOB L-V	13	69	13,9	60
NOC L-V	8,6	48	8,1	41
SOB S-D	10,8	57	10,5	47
NOC S-D	7,4	45	8,9	49

TVCAN	Cuota
2020	5,9
2021	7,7

	2020		2021	
Informativos	Cuota	AM (000)	Cuota	AM (000)
TOTAL	12,7	74	16,6	88
SOB L-V	15,7	81	20,1	94
NOC L-V	10,9	69	13,4	80
SOB S-D	13,2	71	20	94
NOC S-D	9,8	67	13,6	84

ARAGÓN TV	Cuota
2020	9,3
2021	10,5

	2020		2021	
Informativos	Cuota	AM (000)	Cuota	AM (000)
TOTAL	21,9	77	23,1	74
SOB L-V	28,7	89	32,4	90
NOC L-V	16,5	65	15,9	58
SOB S-D	25,4	84	28,7	80
NOC S-D	16,6	66	18	62

TPA	Cuota
2020	6,8
2021	7,3

	2020		2021	
Informativos	Cuota	AM (000)	Cuota	AM (000)
TOTAL	14,6	40	15	37
SOB L-V	16,5	39	17,7	36
NOC L-V	13,3	43	12,7	38
SOB S-D	17,6	39	18,7	36
NOC S-D	11,8	38	13,1	39

IB3	Cuota
2020	4,7
2021	4,7

	2020		2021	
Informativos	Cuota	AM (000)	Cuota	AM (000)
TOTAL	11,6	32	10,5	27
SOB L-V	15,7	36	14,2	30
NOC L-V	7,8	26	7,4	23
SOB S-D	13,7	32	11	23
NOC S-D	8,9	30	9,2	29

LA 7 TV	Cuota
2020	4
2021	4,5

	2020		2021	
Informativos	Cuota	AM (000)	Cuota	AM (000)
TOTAL	8,4	30	9,2	29
SOB L-V	10,7	37	11,5	36
NOC L-V	6,9	26	7,2	23
SOB S-D	6,5	22	8,7	23
NOC S-D	5,8	24	5,4	19

La 7	Cuota
2020	1,3
2021	1,4

*titularidad privada

	2020		2021	
Informativos	Cuota	AM (000)	Cuota	AM (000)
TOTAL	2,3	16	2,1	12
SOB L-V	2,9	19	2,1	12
NOC L-V	1,6	11	1,6	10
SOB S-D	3,1	22	3,5	19
NOC S-D	2,3	16	2,2	13

ETB1	Cuota
2020	1,7
2021	2,2

	2020		2021	
Informativos	Cuota	AM (000)	Cuota	AM (000)
TOTAL	2,4	12	3,3	14
SOB L-V	3	13	3,5	13
NOC L-V	1,6	9	2,9	15
SOB S-D	2,8	12	3,7	13
NOC S-D	2,8	16	3,5	18

Conclusión

Como hemos visto, en la Unión Europea (UE) hay tantos modelos de radio y televisión públicas como Estados que la integran. No en balde cada uno viene de donde viene. En España y desde la entrada en vigor de la Constitución de 1978 y la progresiva aprobación de los distintos Estatutos de Autonomía de las comunidades autónomas, la televisión y la radio públicas están al servicio del Poder Ejecutivo (que también es mayoritario en el Poder Legislativo) y son financiadas por el contribuyente sin que éste tenga instrumentos para lograr su imparcialidad como servicio público y contrapoder de cualquier poder legítimo. Además, y por obvias razones, las que emiten en comunidades autónomas regidas por independentistas se dedican a adoctrinar al ciudadano en esta vitriólica ideología, sin que ningún otro poder lo evite.

En este apartado de los medios públicos de comunicación, la dictadura franquista se caracterizó por tener a su servicio y como adiestramiento en su credo medios impresos (Prensa del Movimiento) que competían con los privados, sometidos a la censura oficial; una radio pública herciana que también pugnaba con las privadas, igualmente controladas por la censura, y el monopolio de la televisión, con dos canales nacionales y desconexiones territoriales, sin que estuviese permitida la televisión privada. Muerto Franco, fenecida la dictadura y alumbrada la Constitución de 1978, se cerró la llamada Prensa del Movimiento por razones tan obvias como que «en una democracia no cabe una prensa oficial». Sin embargo, nadie propuso, ni a ningún político se le ocurrió, por desidia o interés oculto, cerrar la radio y televisión públicas o alejarlas del Poder Ejecutivo.

Y de esos polvos estos lodos. Radio Nacional de España (RNE) y Televisión Española (TVE) siguieron funcionando, aunque esta vez controladas por el Poder Legislativo. Pero como en éste siempre tiene mayoría el Poder Ejecutivo, hecha la ley hecha la trampa: quien controla RNE y TVE es el gobierno de turno. Y como en España sigue vigente el «culo veo culo quiero», cada comunidad autónoma que quiso creó su propio ente público de radio y televisión a imagen y semejanza del nacional. Resultado: lo que tenemos actualmente.

Para una España con comunidades autónomas, nacionalidades y regiones, quizá lo que garantiza mejor la independencia de los medios públicos de comunicación y la vertebración de España es un modelo como el que se propone en este capítulo.

El objetivo, como ha quedado dicho, sería construir en España un sistema público de radio y televisión independiente del Poder Ejecutivo y vertebrador, y no, como ahora, secuestrado por cada respectivo Gobierno, disgregador, de reino de taifas y hasta secesionista.

7

Desinformación y otros desórdenes informativos, con especial atención a la polarización social, el discurso del odio y del negacionismo. La venganza de la posverdad

Loreto Corredoira

> La verdad adelgaza y no quiebra, y anda siempre sobre la mentira, como el aceite sobre el agua.
>
> MIGUEL DE CERVANTES, *Don Quijote de la Mancha*

En el presente capítulo trataremos los siguientes puntos:

Primero, hablaremos del imprescindible valor de la verdad en la información en la democracia, sin miedo a ser refutados por quienes desprecian las libertades informativas por temor a la crítica, a la información y a la verdad; si bien la mentira es posible y hasta libre en comunicación y en democracia, en información no.

Segundo, analizaremos el contexto global de la comunicación, repasando juntos movimientos y cambios político-sociales experimentados en los últimos veinte años y su efecto en redes sociales y en el ciberactivismo. Veremos las consecuencias de la aplicación de novísimas tecnologías al periodismo y al oficio de producción de información, el uso masivo de datos (*big data*), el aprendizaje automático o la inteligencia artificial aplicada en la mecanización de procesos (al personalizar un diario digital en una tableta o teléfono personal, el uso de alertas o la publicidad automática).

Y en tercer lugar, entraremos en una taxonomía o clasificación de la desinformación. Dado que sus causas y los fines que busca son diversos, nos ha parecido oportuno definir dos grandes grupos: los fenómenos o desórdenes informativos en medios y periodistas, por una parte, y los propios de la comunicación política y la propaganda, por otra.

Todo ello para poder ofrecer al final algunas soluciones esperanzadoras.

Verdad, posverdad y democracia

El contexto teórico y sociológico en el que se desarrolla la desinformación hoy es el conocido como era de la posverdad, término del año 2016 que definió en primer lugar el *Diccionario de Oxford* como «información o afirmación en la que los datos objetivos tienen menos importancia para el público que las opiniones y emociones que suscita», definición que no puede ser más completa, razón por la que he incluido la palabra en el título de este capítulo.

Los fenómenos que analizaremos, de los que dan cuenta también otros autores en este libro tan oportuno, no son sino los lodos de aquellas lluvias, de esos tiempos en los que se puso en duda, se negó, la objetividad informativa y la capacidad de conocer la verdad y transmitirla: el relativismo que ha infectado seriamente el sistema global de comunicación y la ausencia de ética para afrontar las corruptelas y falsificaciones, engaños o mentiras de la profesión. Quizá no se pudo hacer nada más —desde la década de 1990 se han sucedido crisis publicitarias, financieras, políticas y climáticas—, me consta que muchos medios o asociaciones profesionales al menos han levantado el dedo para señalar errores, pero no se pudo prever semejante barrizal.

Sin duda especialmente en esta era de la posverdad es clave trabajar con sólidas ideas, uniendo los medios informativos con el ejercicio de los derechos fundamentales más importantes en el sistema político como el que tenemos en la mayoría de los países, la democracia, que se encuentra especialmente golpeada por fenómenos de los que aquí hablaremos (noticias falsas, que incrementan su distorsión en momentos especialmente emocionales, la polarización, los vídeos ultrafalsos que pueden suplir a líderes políticos, las llamadas narrativas hostiles, etcétera).

¿Es la desinformación o la polarización un camino sin retorno? ¿Cómo podríamos recuperar la confianza en el papel de la prensa en la democracia? ¿Es posible volver a depositar en los periodistas el papel clave de «control del poder político»? ¿Seguimos siendo como periodistas y comunicadores el «cuarto poder»? Como al ratón, ¿nos han robado las redes sociales el queso?

Las preguntas y sus correspondientes respuestas las expondré en este capítulo desde mi especialidad del Derecho de la Información, en concreto para reflexionar sobre la democracia desde el punto de vista de la función de informar del periodista y del papel histórico que ha desempeñado en los medios la lucha por la libertad de expresión, siendo ésta la versión previa al derecho universal a la información que se consagra en Naciones Unidas en 1948 como derecho universal (artículo 19).

Una de las cuestiones claves de la comunicación periodística es identificar bien el contenido esencial (*core*) de las libertades que implica el derecho a la información, en concreto el *derecho a investigar, difundir y recibir información*. Pero ¿qué tipo de información es aquella por la que hemos estado luchando durante estos últimos tres siglos? Nos referimos al *qué* del derecho a la información, su objeto, que en una enumeración rápida serían los mensajes de hechos (noticias), las opiniones, las ideas y la publicidad, estudiadas a fondo por José María Desantes y actualizadas recientemente por Ignacio Bel.[29]

Precisamente el ejercicio de este derecho satisfará (o no) el derecho a recibir información veraz, que es la otra cara de la moneda del derecho, la que esperan de nosotros los lectores o escuchantes.

29. Bel Mallén, José Ignacio, «Communication Rights and Their Messages: News, Opinions, Ideas, and Advertising», Corredoira, Bel y Cetina, *The Handbook of Communication Rights, Law, and Ethics*, Wiley, Hoboken (Estados Unidos), 2021, pp. 89-100.

Contexto global de la comunicación, redes sociales y ciberactivismo

Antes de contestar esas preguntas, comenzamos con unas notas del escenario global de la comunicación que pienso que ayudan a entender algunos de los «fenómenos desinformativos» a los que asistimos hoy.

Sin lugar a dudas cabe destacar varios acontecimientos.

1. La explosión de las redes sociales al comienzo de este siglo XXI. Google (1998-2001), Facebook (2004) (rebautizada como Meta en 2021) o YouTube (2005) no sólo aparecen en los primeros años del nuevo siglo, sino que se consolidan como lugares de referencia en la comunicación interpersonal —a través del correo o de la mensajería instantánea—, de comunicación audiovisual o como en el caso de Meta, propietaria de Instagram y WhatsApp, como plataformas de conexión humana hasta ahora no vistas.

2. El nacimiento de fenómenos de participación muy importantes después de la crisis financiera global del año 2008, que golpeó nuestras economías, como el #Movimiento15M en España, el #OcuppyWallStreet de Estados Unidos o la Primavera Árabe en el norte de África. Un cambio en la reacción social y en la protesta que se «viralizó» en Occidente, y que expresó el malestar; Javier Gomá habla incluso del florecer de los #indignados, ante determinados acontecimientos, que «ocupan» las calles y las redes sociales en defensa de una dignidad ultrajada. Movimientos en los que no podemos olvidar que fue clave el uso de los teléfonos móviles en las distintas convocatorias.

Así se ven en la actualidad, con diversas causas y con más o menos dirección política o de partidos de las protestas, por ejemplo, en Chile el Movimiento 18 de Octubre («estallido social» chileno iniciado en 2018, que ha llevado a Boric a la presidencia), en los «chalecos amarillos» franceses o, en el movimiento #BlackLivesMatter de Estados Unidos.

Al hilo de esto, comenta Carlos Scolari: «Un fantasma recorre todo el mundo, el fantasma del ciberactivismo. Pero estos fantasmas no se esconden detrás de sábanas blancas: usan la máscara de Guy Fawkes (1570-1606) popularizada en el cómic *V de Vendetta* de Moore-Lloyd y levantan en sus puños un dispositivo móvil conectado en red. Las relaciones entre prácticas políticas y redes sociales abren un campo casi infinito de discusión. Si durante décadas los sociólogos se preguntaron sobre los efectos de la televisión en los niños, ahora los politólogos no pueden evitar preguntarse por los efectos de las redes sociales en las movilizaciones sociales. Las preguntas se desplazan como un fotógrafo del *National Geographic Magazine*: de Túnez a Brasil, de Seattle a El Cairo, de Teherán a Madrid...».[30]

También Geane Alzamora y Carolina Braga afirman: «Los movimientos registrados en diversas partes del mundo, como Islandia (2008), Túnez (Revolución de los Jazmines en 2010), España (los indignados en 2011) o Estados Unidos (#Occupy en 2011), destacan cómo la relación de la gente con los medios de comunicación alternativos interfirió en las realidades políticas y sociales. La forma en que los ciudadanos ordinarios ejercían en los medios de comunicación social en la primera década de este siglo se ha identificado con el ciberactivismo como han estudiado Tascón y Quintana.[31] El término, acuñado en 1984 y curiosamente usado incluso antes de la creación de internet como lo conocemos hoy en día, se ha convertido en sinónimo de acciones coordinadas de colectivos movilizados a través de la comunicación en red interactiva distribuida (Malini y Antoun, 2013)».

3. En paralelo, en los últimos quince años hemos asistido a diferentes «jaque mate» o desafíos a los Estados democráticos, que presentan expertos en tecnologías o activistas del ciberespacio.

Me refiero en primer lugar a la difusión masiva de documentos clasificados, primero por WikiLeaks (2010)[32] y en segundo

30. Scolari, Carlos, «Las redes y sus fantasmas», Carme Ferré Pavia (ed.), *El uso de las redes sociales: ciudadanía, política y comunicación: La investigación en España y Brasil*, Bellaterra, Universitat Autònoma de Barcelona, Barcelona, 2014.

31. Tascón, Mario y Yolanda Quintana, *Ciberactivismo: Las nuevas revoluciones de las multitudes conectadas*, Catarata, Madrid, 2012.

32. Publicadas en su web y en prensa mundial como: «WikiLeaks' Afghanistan war logs: how our datajournalism operation worked», *The Guardian*, Si-

lugar en 2013 el caso de la NSA, Agencia Nacional de Seguridad de Estados Unidos. Las filtraciones de WikiLeaks fueron superadas, por el alcance que tenía no sólo para los gobiernos, sino para cada uno de nosotros, cuando Edward Snowden, empleado de la NSA, difundió los planes de la agencia a varios diarios internacionales por considerarlos indignos de una democracia e incompatibles con los derechos personales. Dichos planes incluían vigilancia de los correos, no sólo de políticos y autoridades, sino también de empresas y ciudadanos.

En 2016, asistimos todavía más asombrados al escándalo de Cambridge Analytica perpetrado por esta compañía de Londres, algunos de cuyos empleados (a los que se denomina hoy «soplones» o *whisterblowers* y se los alaba por ello) denunciaron cómo Facebook ha perfilado a los usuarios en busca de determinados «votantes», sin consentimiento en el uso de datos personales, mediante el engaño de ciertas aplicaciones o por fallos en la seguridad.

La lista se puede alargar en lo que a Facebook se refiere por la reciente revelación de Frances Haugen, una exdirectiva de la empresa —desde este año ya Meta— ante el Senado de Estados Unidos, en septiembre 2021. El documental *Brexit: the Uncivil War* (2021) da buena cuenta de la cuestión y del papel clave de académicos y periodistas en la averiguación de la verdad.

Igualmente, en esta línea de uso malicioso de datos de usuarios de redes, o de perfiles fraudulentos de redes sociales (Meta, Telegram, Twitter, etcétera), hay ya pruebas y estudios científicos probados de la interferencia de Rusia en el referéndum del Brexit (*Britain-exit*) que marcó la salida del Reino Unido de la Unión Europea o en el referéndum ilegal de independencia del 1 de octubre de 2017[33] de un grupo de políticos catalanes en esa comunidad autónoma de España.[34]

---

mon Rogers, 27 de julio de 2010, o «In Disclosing Secret Documents, WikiLeaks Seeks "Transparency"», *The New York Times*, Eric Schmitt, 25 de julio de 2010.

33. Del Fresno, Miguel y Juan Luis Manfredi, «Política, *hackers* y redes partisanas: Desinformación, utilidad nacional y libre elección en el proceso independentista catalán», *El Profesional de la Información*, 27, 6 (2018).

34. Véanse más datos en: <https://es.wikipedia.org/wiki/Refer%C3 %A9ndum_de_independencia_de_Catalu %C3 %B1a_de_2017>.

4. La desinformación en la economía de la atención. La desinformación, las *fake news*, mejor llamadas noticias falsas, el negacionismo y el revisionismo histórico son sin duda fenómenos directamente relacionados con la cuestión de la objetividad y los distintos fenómenos que corroen o atacan ese aspecto clave del derecho a la información veraz que comentaremos en el apartado 3.

Ahora queremos referirnos al modo en que se difunden y reciben hoy los mensajes que ha cambiado el paradigma de la información y del conocimiento, al menos en cuanto a volumen, dado el ingente número de tuits, publicaciones en Facebook, o imágenes o vídeos en Instagram o TikTok, con lo que supone de libertad de expresión, pero también de falta de selección o de calidad en muchos de ellos.

En ese contexto de difusión universal de redes, hay más desinformación al menos por dos causas objetivas: una por la dificultad de verificación que a su vez se debe a la variedad de emisores de contenidos (tema que afrontaremos más adelante) y otra, por la falta de atención o el exceso de atención e interés.

Y sí, ciertamente, ahora sabemos más cosas, tenemos más acceso a la información online que nunca antes. Bibliotecas, archivos, museos que están en formato abierto permiten comprobar datos, descargarse informes, estadísticas, infografías, pero eso —tener más datos, más información— no es exactamente lo mismo que mejorar nuestro conocimiento.

Un buen ejemplo para ver cómo se difunden los mensajes hoy en redes sociales es mirar al fenómeno de la desinformación y de los bulos. En un estudio sobre las múltiples cascadas de Twitter publicado en *Science* en 2018[35] y reseñado por Javier Salas en *El País* se afirma que «de media, las informaciones falsas reciben un 70 por ciento más retuits que las veraces, es decir, que los usuarios las comparten mucho más entre sus seguidores, ayudando a multiplicar su difusión. Del análisis pormenorizado de 126.000 afirmaciones difundidas en Twitter entre 2006 y 2017

35. Vosoughi, Soroush, Deb Roy y Sinan Aral, «The spread of true and false news online», *Science*, 359, 6380 (2018), pp. 1146-1151.

los investigadores han descubierto que las mentiras, además, triunfan porque suelen provocar respuestas de temor, indignación y sorpresa».

Visto desde el punto de vista del tráfico y flujo de datos personales, eso mejora exponencialmente los ingresos de publicidad, el mayor impacto de un sitio o perfil en redes sociales; aunque luego veremos que eso puede ser también falso o automatizado. Muchas veces no son las personas precisamente las que nos comunican, o actualizan esa información o mensajes, sino los «algoritmos», esa palabra mágica del mundo matemático de la programación del software que nos envía recomendaciones, nos recuerda cumpleaños o viajes de hace cuatro o cinco años, con tal de hacernos «volver» al clic de la web o del móvil.

Es la llamada «economía de la atención» que han denunciado documentales como *El dilema de las redes sociales* (2020) o académicos como Shoshana Zhuboff, catedrática emérita de la Harvard Business School, autora de *La era del capitalismo de la vigilancia* (2020), imprescindible libro para andar en verdad.

5. Y, finalmente, debemos mencionar los cambios experimentados en la comunicación política, que digamos que también enredan muchos procesos antes más simples o directos. En un estudio conocido de Manuel Castells y Henry Jenkins leemos que «los partidos políticos han visto cómo, gracias a estas herramientas sociales, pueden dejar de depender de modo tan evidente de los medios de comunicación de masas, de sus filtros o de sus peajes, para poder difundir sus mensajes», lo que han querido aprovechar para encontrar y explotar nuevas formas de comunicación con el electorado, afirman Rocío Zamora y Juan Carlos Losada en su estudio sobre el WhatsApp en la campaña electoral española de 2019.[36] Esto explica que todos ellos utilicen en alguna medida herramientas 2.0, principalmente redes socia-

36. Zamora, Rocío y José Carlos Losada, «Nuevos escenarios para la conversación política: el uso de WhatsApp por parte de los partidos durante la campaña electoral de abril de 2019 en España», *Palabra Clave*, Universidad de La Sabana, 24, 1 (2021).

les y mensajería electrónica, modificando la estrategia de comunicación acostumbrada hasta ese momento.

Además, otro elemento a considerar es el llamado *astroturfing*, un modelo falsificado de movilización o *grassroots*, es decir, una campaña artificial de base o apoyo que se elabora mediante relaciones públicas que aportan apariencia de debate o cuestionan la autoridad (sobre vacunas, resultados electorales, etcétera) con apariencia de estar muy extendido, apoyando una postura u otra.

6. Contexto geopolítico y visión del problema del *big data*. Para completar el contexto de los efectos de la posverdad en la información en lo que llamamos desórdenes informativos, hemos de recordar que estamos «emigrando» desde un mundo de Estados fuertes, típicos de la Guerra Fría posterior a la Segunda Guerra Mundial, a otro mundo de Estados debilitados, con potentes empresas o conglomerados de tecnología que han incorporado la «vigilancia» y el control de datos, no sólo como método de influencia y de rentabilidad económica, sino también como arma poderosa que se utiliza en la movilización social contra Estados autoritarios o gobiernos no transparentes.

La economía de la vigilancia, de la atención, tiene una alta rentabilidad que se basa en una materia prima, el nuevo petróleo, los datos masivos que convenientemente tratados mediante la minería de datos, con el valor añadido de la inteligencia artificial y de, en muchos casos, su utilización torticera por agencias públicas, nos llevan de nuevo a la era y economía de la vigilancia que ya mencionamos.

Recomiendo la lectura del libro de Christopher Wylie,[37] un matemático arrepentido, que expone con todo detalle el método utilizado en la empresa Cambridge Analytica que él contribuyó a idear y que funcionó. Llega a decir que «Facebook ya no es sólo una empresa. Es un monopolio [...], una amenaza para la seguridad nacional», alertando de que «no saben qué hacer con tanta información». Interesante dato: Wylie había sido la fuente anó-

37. Wylie, Christopher, *Mindf*ck. Cambridge Analytica. La trama para desestabilizar el mundo*, Roca Editorial, Barcelona, 2020.

nima de la periodista Carole Cadwalladr del diario británico *The Guardian*,[38] profesional que más tiempo e investigación dedicó a esta cuestión y que se publicó con todo detalle en 2017 y que explica cómo se está jaqueando la democracia.

En este sentido creemos, como el filósofo coreano Byung-Chul Han,[39] que «la constante exposición hace el habitar imposible». Además de esa supuesta transparencia nihilista, la vigilancia se ha privatizado, estando en manos de las grandes plataformas tecnológicas y de telecomunicaciones, con la anuencia de todos nosotros, usuarios hiperconectados a las redes.

No descubrimos nada: la irrupción de las redes sociales en la primera década de este siglo XXI presenta más vulnerabilidades en derechos fundamentales como la intimidad, traspasa los límites de la propiedad, que se ha visto asaltada por dispositivos de grabación, captación de imágenes y sonido.

Casos recientes como las filtraciones de Facebook en la «trama rusa» de Estados Unidos muy bien documentado por David Alandete,[40] corresponsal del *ABC* en Washington,[41] no es totalmente desconocida para el lector. Las injerencias en el «conflicto catalán» han sido más que documentadas por Del Fresno y Manfredi en trabajos científicos bastante únicos,[42] y por supuesto han ocupado a las fuerzas y cuerpos de seguridad, también al Poder Judicial en casos como Volhof,[43] abierto en el Juzgado de Ins-

38. Cadwalladr, Carole, «The great British Brexit robbery: how our democracy was hijacked», *The Guardian*, 7 de mayo de 2017. Disponible en: <https://www.theguardian.com/technology/2017/may/07/the-great-british-brexit-robbery-hijacked-democracy>.

39. Han, Byung-Chul, *La sociedad de la transparencia*, Herder, Barcelona, 2013, pp. 30 y ss.

40. David Alandete es además, autor de *Fake news: la nueva arma de destrucción masiva*, Deusto, Barcelona, 2021. «Una Cataluña independiente reconocerá que Crimea es rusa.» Ésa fue la primera noticia falsa sobre Cataluña procedente de la gran maquinaria de injerencias del Kremlin.

41. Por ejemplo, en la guerra de Ucrania. Véase: <https://www.abc.es/tecnologia/redes/abci-rusia-o-como-usar-fake-news-para-convencer-pueblo-no-guerra-invasion-202203240115_noticia.html>.

42. Del Fresno y Manfredi, *op. cit.*, pp. 1225-1238.

43. «El juez imputa al supuesto espía ruso que ayudó al círculo de Puigde-

trucción n.º 1 de Barcelona y en proceso de investigación en el Tribunal Superior de Justicia de Cataluña (TSJC), del que todavía no se puede tener conclusiones claras.[44] También el Parlamento Europeo se ha sumado con una posición clara en el informe de febrero de 2022[45] sobre el asunto de la injerencia en relación con los procesos electorales, alertando del riesgo de maniobras de intervención en la comunicación pública.

Facebook entró también en la lógica de Cambridge Analytica para el perfilado y discriminación de los usuarios, aun cuando esto suponía el robo y obtención ilegítima de datos personales (el petróleo, les recuerdo). Steve Banon, estratega conocido por estos métodos, vio el gran potencial del microperfilado de los usuarios y lo aplicó al discurso público en Estados Unidos.

Respecto a la colaboración de grandes plataformas como Facebook/Meta en campañas, el escándalo ha sido inmenso, sobre todo porque veníamos alertados por Snowden de la colaboración de Google y las grandes telecos de Estados Unidos con la NSA. En el país libre y con garantías hasta ahora por excelencia, las acciones de la NSA, agencia pública de inteligencia, con amparo legal en sus investigaciones (que por naturaleza, claro, son secretas), ha supuesto traspasar una raya roja, pues la vigilancia masiva, a todo tipo de ciudadanos, y el traspaso de datos a empresas con fines privados, políticos o comerciales ha sido excesivo.

Lo que sabíamos hace unos años ha ido empeorando por la filtración de la exdirectiva Frances Haugen y por sus comparecencias públicas en noviembre de 2021 en el Parlamento

---

mont», El Mundo, 27 de abril de 2022. Disponible en: <https://www.elmundo.es/cataluna/2022/04/27/62696afae4d4d8ae4d8b4598.html>.

44. Son pocos los medios que siguen este asunto. En prensa cabe destacar *El Periódico* (<https://www.elperiodico.com/es/temas/operacion-volhov-43933>) o portales nacionalistas de dudosa credibilidad como *elnational.cat.*

45. Informe del 8 de febrero de 2022 sobre las injerencias extranjeras en todos los procesos democráticos de la Unión Europea, en particular la desinformación (2020/2268 INI). Comisión Especial sobre Injerencias Extranjeras en todos los Procesos Democráticos de la Unión Europea, en particular la Desinformación. Ponente: Sandra Kalniete.

Europeo,[46] lo que ya había hecho antes en el Senado de Estados Unidos y que ponen de manifiesto que hay conductas que no pueden exonerarse sólo por «fallos técnicos» o errores de alcance, y que deben ser exigibles ética y jurídicamente. «There's more we can do here to limit the information developers can access and put more safeguards in place to prevent abuse», escribía Zuckerberg en un post después del escándalo Facebook» (2018). La sinceridad de esas palabras del fundador de la empresa hoy llamada Meta es discutible después de haberse conocido sus métodos con más detalle.

Por tanto, hablamos de acciones de vigilancia, espionaje y desinformación de gran escala: algunas urdidas sólo por humanos y otras con la colaboración de las matemáticas, la inteligencia artificial y la velocidad de las redes y los ordenadores que utilizamos. Como ha afirmado la Comisión Europea, «la exposición de los ciudadanos a la desinformación a gran escala, incluida la información engañosa o directamente falsa, es un reto importante para Europa» (Fake News Initiative in the European Commission, 2017). Alertaba ya entonces la comisión no sólo de difusión a gran escala de información «engañosa», sino también de la «totalmente falsa».

También el *big data* ha afectado a periodistas y publicitarios. Como veníamos diciendo, la tradicional vigilancia estatal —espionaje político, diplomático e industrial de eras pasadas en el siglo XX— nos ha llevado del *big brother* de la Guerra Fría al *big data*. Las tecnológicas se han convertido en un gran hermano privado gracias a la vigilancia masiva que casos como NSA, Facebook-Cambridge Analytica, no han hecho más que demostrar. Fairfield y Shtein destacan cómo el *big data* se ha convertido en *big problems* en el campo del derecho y la ética de la tecnología, dicho en un juego de palabras bien inteligente.

Finalmente debemos mencionar el uso de datos masivos en

46. Publicado el vídeo completo de su intervención ante el Committee on the Internal Market and Consumer Protection: <https://multimedia.europarl.europa.eu/en/webstreaming/imco-itre-juri-libe-inge-aida-econ-joint-hearing_20211108-1645-COMMITTEE-IMCO>.

la mecanización de los procesos en el periodismo, el creciente uso de los algoritmos como modo de personalización de la información, las portadas generadas por algoritmos, las alertas a los usuarios, las ofertas publicitarias que son más certeras gracias a la información personal que ofrecen los smartphones que maneja casi el cien por cien de la población, incluso en países del tercer mundo, o la información que compartimos en redes o en las distintas aplicaciones o programas de ordenador que instalamos.

No tenemos oportunidad de detenernos mucho más en esta cuestión, pero también la publicidad automatizada (las *programmatic ads*) reemplaza decisiones humanas estratégicas en la gestión de anuncios, y es un tema que debemos considerar, no sólo en lo comercial, sino también en lo político y en lo periodístico. Como han sostenido Cetina y Martínez-Sierra «el algoritmo se ha convertido en editor».[47] Lo que ocurre además sin que el usuario medio se percate. Piensa que es tal o cual periódico el que incluye ese faldón de anuncios, o que son los editores los que incluyen ventanas emergentes de vídeos inadecuados, acertando incluso en algunos de nuestros profundos pensamientos. Es difícil —me dedico a ello— hacer entender que casi todo lo que pasa en nuestros teléfonos u ordenadores es por la configuración de la privacidad que hayamos hecho (casi seguro, que no hemos hecho), por los micrófonos que detectan conversaciones, por las cámaras o el localizador, que supuestamente nos mejoran, dicen, la experiencia de usuario, pero que son experiencias de esa mecanización.

Así que visto lo visto, siguiendo con las metáforas de recientes series de televisión: en el ámbito de la producción de medios digitales estamos «cambiando» de los *Mad men* a *Math men*, siendo hoy más importante (o valorada) la astucia y el cálculo matemático que la ideación de extraordinarias campañas de publicidad.

47. Cetina Presuel, Rodrigo, y José Manuel Martínez Sierra, «Algorithms and the News: Social Media Platforms as News Publishers and Distributors», *Revista de Comunicación*, 18 (2) (2019), pp. 261-285.

Taxonomía de la desinformación

Yendo ya al asunto central de este trabajo, déjenme comenzar con una cita de Lenin: «¿Por qué debería permitirse la libertad de expresión y la libertad de prensa? ¿Por qué un gobierno que está haciendo lo que cree correcto debe permitir el ser criticado? No permitiría la oposición con armas letales. Las ideas son cosas mucho más fatales que las armas. ¿Por qué debería permitirse a un hombre comprar una imprenta y difundir opiniones perniciosas calculadas para avergonzar al gobierno?».

Existen en la actualidad al menos, además de las objetivas o cuantitativas, dos tipos de desinformación o manipulación tanto en las noticias como en las ideas. Una, la desinformación propagandística y geopolítica, que amenaza la seguridad de los Estados y la democracia, a la que se refiere Lenin en esa cita histórica, y, la segunda, la desinformación en los medios de comunicación, que es la que nos ocupa[48] y preocupa más aquí y que afrontaremos a continuación.

En el ámbito periodístico, ya sea en medios tradicionales o en medios nativos digitales, detectamos diversos desórdenes informativos, término que Frau-Meigs,[49] miembro del Grupo de Expertos de Alto Nivel sobre las noticias falsas, rechaza, ya que como la propia Unión Europea ha dicho, es mejor hablar de la desinformación en línea. El informe del Grupo de Expertos de Alto Nivel[50] ha evitado deliberadamente la expresión *noticias*

48. Nos referimos al Observatorio Complutense de la Información, proyecto financiado por el Ministerio de Ciencia (MINCIN) con referencia PID2019-105334RB-I00, titulado Garantías frente a la desinformación en procesos electorales. Cuestiones de ciberseguridad y otros desórdenes informativos en redes, siendo investigadores principales Loreto Corredoira y Rafael Rubio.

49. Frau-Meigs, Divina, «Addressing the Risks of Harms Caused by Disinformation: European vs. US Approaches to Testing the Limits of Dignity and Freedom of Expression Online», en Corredoira, Bel y Cetina, *op. cit.*, pp. 135-146.

50. Informe del Grupo de Expertos de Alto Nivel en inglés: <https://ec.europa.eu/commission/presscorner/detail/en/IP_18_1746>. Resumen en español en: <https://ec.europa.eu/commission/presscorner/detail/es/IP_18_1746>.

falsas por considerarla inadecuada para reflejar los problemas complejos de la desinformación, cuyos contenidos pueden también combinar información ficticia con hechos reales.

Vamos a por la taxonomía de esos desórdenes informativos, en primer lugar los ocurridos en los medios de calidad donde la verdad sí importa.

Noticias falsas (erróneas o inventadas), que en la mayoría de los casos proceden de rumores que con el tiempo y la velocidad de difusión en línea se convierten en bulos. *Bulo* es una palabra de origen caló (*bul*, «porquería») definida como «noticia falsa propalada con algún fin» (RAE). Sin duda las noticias falsas son a veces lo más conocido (*fake news*) aunque en nuestra opinión no son sino una pequeña parte del problema.

Hay noticias falsas porque el hecho no es el correcto, sea por error humano o por manipulación, porque se introducen fotos, vídeos o audios no confirmados, problema que las prisas no hacen más que agravar.

También hay noticias creadas al efecto de desinformar con fines propagandísticos como veremos en el siguiente apartado.

1. Los vídeos falsos, entre los que destacan por su gravedad los ultrafalsos o *deep fake videos*. Imágenes en movimiento con sonido que se elaboran artificialmente —mediante un *mix* de técnicas de inteligencia artificial y efectos especiales—. Como ejemplo conocido, aunque ajeno a la información, podemos mencionar el anuncio de Cruzcampo que resucitó a Lola Flores. Nada grave en ese caso siendo ficción y habiéndolo autorizado sus hijas, pero el tema asusta cuando esa posibilidad está ya en otros ámbitos en sitios de vídeo como YouTube, TikTok, etcétera.

La Unión Europea, alertada por esa posible perversión de la comunicación audiovisual, obligará en el Reglamento de Inteligencia Artificial que está en camino (COM/2021/206 final) a que todos los sitios etiqueten esos vídeos como «no originales», cuestión que veremos cómo se implementa.

Incluso en este sentido podemos considerar aquí los memes, las imágenes manipuladas con fines humorísticos o de crítica, o los *deep fake videos*, cambios de rostros o voces que engañan, habituales en pornografía, por ejemplo, o en TikTok e Instagram.

2. La proliferación de fuentes disruptivas es a veces no sólo un problema, sino una bendición que hay que gestionar con acierto. Nos referimos en su aspecto positivo no sólo a las filtraciones, que en su mayoría son siempre bienvenidas —desde los ya veteranos *Papeles del Pentágono* hasta recientemente las revelaciones de Snowden que citamos en este trabajo, o los trabajos del Consorcio Internacional de Periodistas de Investigación (ICIJ, por sus siglas en inglés) con sede en Washington que une a decenas de medios del mundo, sobre los papeles del Panamá, los archivos de Rusia o Trump, entre otros—. En el caso de la investigación de Panamá, además con premio Pulitzer en 2017, con destacada participación de dos medios españoles, La Sexta y *El Confidencial.*

En su versión negativa hay que considerar la enorme influencia que tiene en las corrientes de desinformación la difusión de datos, supuestos informes, procedentes de fuentes anónimas a través de redes como Twitter, Facebook, WhatsApp o Telegram. Fuentes que carecen de la llamada «atribución» o autoría que por tanto engrosan el mundo de las «fuentes anónimas» que incordian y llenan de ruido los medios. La falta de transparencia de éstas, cuando la información es útil y verdadera, o la inexistencia de prácticas periodísticas profesionales dificulta y ocupa tiempo que es muy valioso en las redacciones en la información de actualidad.

Las «fuentes disruptivas» en el periodismo han modificado las rutinas de las redacciones. De hecho, el consorcio ICP antes citado,[51] se autodefine como: «We are both a small, resourceful newsroom with our own reporting team, as well as a global network of reporters and media organizations who work together to investigate the most important stories in the world».[52] Esto se

51. ICP About, véase: <https://www.icij.org/about/> «By gathering massive teams of journalists from... We consider ourselves global leaders in data journalism and journalism technology. Our digital innovations, our secure international network and our access, through whistleblowers, to gigantic data sets that exist nowhere else, allow us to dig out information that would otherwise be hidden from view.»

52. «En ICP somos, tanto una pequeña redacción de prensa dotada de recursos limitados y nuestro propio equipo de reporteros como una red global

debe a que hay un cambio en las relaciones de poder, con una mayor participación del público en el acceso a la información, y a que las máquinas (los robots) y su lenguaje o software (los algoritmos) están introduciendo otras variables en el flujo de comunicación clásico. Una de ellas precisamente es la autoría o atribución, y otra la veracidad o autenticidad.

3. A lo anterior —el aumento de bulos y a la proliferación de fuentes no confirmadas— se suma otro fenómeno nuevo en este escenario que es la necesidad de la verificación de los datos o hechos: el *fact checking*, un sistema de chequeo de datos, de imágenes, que publican por miles las verdades de diversas cadenas de errores, bulos o estafas.

En el ámbito de prensa, al hilo de estos problemas de verificación de bulos, han nacido en España dos portales o agencias, Maldita y Newtral, y esta última es además productora de noticias. También los propios medios (EFE, RTVE) han creado sus sistemas para comprobar o recibir denuncias o quejas del público en un intento de aclarar o informar bien.

El resultado no siempre es satisfactorio para todos, y en un mar de confusión ciertamente sí aclaran falsificaciones estrepitosas (como las fotos manipuladas por fotoperiodistas,[53] o las imágenes de un videojuego en un informativo de Antena 3 al inicio de la invasión de Ucrania), pero incluyo esto aquí en la enumeración porque ciertamente quien debe verificar es el propio periodista y el propio medio informativo, cuando la noticia o imagen distorsionada ha salido de sus redacciones. La verificación de los medios es en este sentido manifestación de un desorden informativo.

Si además a esto añadimos la proliferación de robots (máquinas duplicando mensajes, interactuando) que en su mayoría no

---

de reporteros y organizaciones de medios de comunicación que trabajan juntos para investigar las historias más importantes del mundo.»

53. Estudiadas por Eva Lavín y Javier Chivite en «Consecuencias de la manipulación fotográfica en las agencias de noticias: Associated Press, Reuters, France Press, European Pressphoto Agency y EFE. El caso del fotoperiodismo de guerra», *Estudios sobre el Mensaje Periodístico*, 21, 1 (2015).

responden a usuarios personales, o de trolls, personas que interfieren en redes de forma maliciosa, el panorama a veces es complejo.

4. El silencio informativo y los sesgos. No quiero olvidar el supuesto del silencio que ya trabajó en 1985 María Fraguas en el primer libro que pudimos manejar con este título, *Teoría de la desinformación*, como lo hicieran también Muñoz Alonso o Martínez Albertos. El silencio supone ignorar noticias, minimizar su importancia o modificar su sentido. Tal práctica, cuando se produce en un medio porque no quiere tratarlo o le incomoda, es una aplicación de los sesgos a nivel corporativo.

Los sesgos, o en su término inglés *bias*, nos afectan a todos como individuos provocando parcialidad, polarización o prejuicios, produciendo pues errores sistemáticos al seleccionar o favorecer ideas o hechos o personas. Son graves si llegan, como parece que así es, a infectar el trabajo final de periodistas y medios. Digo final porque tenerlos los tenemos todos, pero debe ser tarea informativa, rutina y virtud identificarlas y eliminarlas.

En el ámbito de las ideas, de la comunicación política y de la propaganda, también encontramos verdaderas joyas desinformativas.

1. Por su actualidad, comenzamos por el negacionismo, en sus diversas caras, el científico, que no ha aparecido durante la epidemia de la COVID-19 pero sí se ha popularizado generando verdaderos movimientos sociales y flujos de información confusa y errónea, y tiene muchos rostros.

Sin duda, el negacionismo es consecuencia de la posverdad que hoy se ve con claridad en el mundo entero. Hay negacionismo de muchas cosas, pero el que más me preocupa es el que niega la posibilidad que tenemos de conocer la verdad. Umberto Eco es uno de esos autores conocidos por su literatura y por sus ideas que niega esa capacidad de la prensa y los periodistas de ser objetivos, como ha denunciado Justino Sinova[54] en el libro comentado. Cada negacionismo tiene una raíz distinta. En cien-

54. Sinova, Justino, «News Objectivity and Truth, Communication Rights, Law and Ethics», en Corredoira, Bel y Cetina, *op. cit.*

cias, asistimos a un nuevo terraplanismo que afirma que la Tierra no es redonda, es plana, sin mencionar la COVID-19, con sus distintas versiones: el virus no existe, la vacuna no sirve, ha habido un complot, etcétera. En las ciencias sociales —que también son ciencia— asistimos a una revisión de hechos históricos por conveniencia y que reaparece con revisionismos preocupantes y con la negación de hechos incontestados, el medioambiental o el mismo negacionismo de la verdad.

La objetividad ha sido negada, en casos porque es difícil de alcanzar, en otros por temor a la verdad, cuando no por conflictos de intereses en lo político y en las empresas. Si negamos la objetividad, negamos no sólo la capacidad de conocer, sino el rigor profesional, la honestidad o *fair play* de los comunicadores y la disciplina de la verificación.

Este planteamiento —que se ve incluso en empresarios de prensa y televisión— implicaría, como ha señalado Ignacio Bel,[55] la muerte de la profesión periodística y de su misión, y como resultado la aniquilación de una de las garantías de la democracia que es la libertad de prensa, el derecho a la información.

El negacionismo, como la propia posverdad, indica la sed de verdad y certezas de la inteligencia y el corazón humano y los lodos que preveíamos que vendrían y que se incrementarían en las redes sociales y la comunicación por móviles.

2. El déficit de transparencia en la comunicación pública. No se trata de responsabilizar a unos u otros de estos fenómenos, pero sin duda en un análisis calmado de períodos como los vividos en el cierre o parón sociopolítico de la COVID-19 hubo una limitación en el acceso a las fuentes oficiales de información. Eso incluye la desaparición de las ruedas de prensa, el cuasi encarcelamiento domiciliario de periodistas durante la pandemia, el mal funcionamiento (cuando no cierre) del Portal de la Transparencia del Gobierno de España, fenómenos que han contribuido y mucho a incrementar el periodismo en precario y eso conduce al crecimiento de la desinformación.

55. Bel Mallén, Ignacio, «Communication Rights and Their Messages: News, Opinions, Ideas, and Advertising», en Corredoira, Bel y Cetina, *op. cit.*

Con un déficit de transparencia y de objetividad, con conflictos constantes sobre datos objetivos (número de muertos, índice de contagios, etcétera), el campo está más fértil para que crezcan esos fenómenos. Superada la COVID-19, no podemos olvidar que ha habido, y sigue pasando en muchos regímenes, oscurantismo o secreteo en el uso de fuentes de forma sistémica. Un sinsentido dado que hay organismos que facilitan datos diarios, en formato abierto para su análisis.

3. La confrontación o polarización, en tercer lugar, bebe de los dos fenómenos anteriores y a su vez debemos verla en varios niveles.

Por un lado, en primer lugar, aparece como sistema de lucha política, sociológica y económica en el catálogo de la desinformación, o bien como causa o bien como resultado que utiliza el discurso del odio, cuestión que preocupa y mucho en el discurso y ética periodística. Tratado por autores como María Antonia Paz, se definen como «la expresión pública de contenidos despectivos, humillantes y ofensivos hacia una persona por formar parte de un grupo vulnerable, caracterizado por la raza, color, religión, género, grupo étnico, entre otros aspectos».[56]

Hay polarización política en todo el globo, al menos en los países «occidentales» tanto desarrollados como pobres, a causa de la desinformación de medios (analizados en el apartado anterior), que afecta a familias y a otros grupos humanos. Fenómenos como el negacionismo y la falta de transparencia no hacen más que engordarlo.

En segundo lugar, esa confrontación es un sistema propagandístico viejo, que se identifica con el término *desinformación* [*dezinformatsia*], «utilizado por primera vez en la *Enciclopedia Soviética* en 1952 como propagación de informaciones falsas con el fin de crear confusión en la opinión pública, si bien es en 1980, durante el juicio seguido en París contra el comentarista y editor de un boletín confidencial, Pierre-Charles Pathé, cuando el testimonio de un agente de la Direction de Surveillance du Territoire (DST) da amplia repercusión a las técnicas del KGB».

56. Paz, María Antonia, Julio Montero-Díaz y Alicia Moreno-Delgado, «Hate Speech: A Systematized Review», *SAGE Open*, 10 (4) (2020), pp. 1-12.

La palabra, concluye Rivas Troitiño[57] acertadamente, es, pues, contemporánea, pero la práctica de la desinformación, entendida como difusión de noticias falsas para crear confusión al enemigo, es mucho más antigua.

En tercer lugar, porque en período electoral hay un mayor impacto emocional, lo que conduce a un efecto multiplicador de los «sesgos», prejuicios, inhibiciones. El uso de estos discursos en campañas electorales es también bien patente. De hecho, ha habido intervenciones de la Junta Electoral Central —como la suspensión de la cuenta de Twitter del candidato de Vox en las elecciones catalanas de 2021—, que nuestro Tribunal Supremo[58] ha confirmado como ajustada a derecho por discurso de odio racista. No obstante, debemos decir que la sentencia no entra a fondo sobre si es o no propio de la red social ejercer ese control, ya que el tribunal consideró que debía ser desarrollado por ley, lanzando así la pelota al Poder Ejecutivo y perdiendo la ocasión de sentar jurisprudencia clave en esta cuestión.

4. Y, finalmente, debemos tratar de las narrativas hostiles. Aun en el momento final de revisar este texto confieso que tengo dudas de si es algo que afecta a los medios y periodistas —porque es patente que se utiliza y mucho «la batalla del relato»— o en el ámbito de la comunicación ideológica.

Nos inclinamos por esta última por dos razones: una, porque organismos como la Unión Europea, la OTAN u otras entidades dedicadas a la ciberseguridad o a cuestiones de defensa utilizan la expresión «narrativas hostiles» como un fenómeno de desestabilización, estando o no en tiempos de guerra, razón por la que se ha incluido entre las amenazas híbridas.

Sin duda, debemos mencionar los hechos recientes de la «guerra de desinformación» en la devastadora guerra fratricida de Rusia contra Ucrania. Se libra una importante guerra de bu-

57. Rivas Troitiño, José Manuel, «Desinformación. Revisión de su significado. Del engaño a la falta de rigor», *Estudios sobre el Mensaje Periodístico 2*, (1995).

58. STS 735/2022 de la Sección Cuarta de la Sala de lo Contencioso-Administrativo del Supremo, del 28 de febrero de 2022.

los, de imágenes y vídeos falsos especialmente por parte de Rusia en la invasión de Ucrania, aunque no es la única.

Y ante este hecho lo que más interesa aquí, la respuesta que ha tenido la Unión Europea, ordenando el cierre de medios financiados por el Gobierno ruso como Russia Today (RT) y Sputnik, concretamente por la prohibición de emitir en *streaming* o en sitios de vídeo (sea YouTube, Facebook o Twitter) sus vídeos informativos. Una medida que no veíamos en décadas: prohibir, cerrar de forma administrativa portales o canales de información. También el canal de RT en Imagenio ha sido cerrado y sustituido por un canal en ucraniano. La argumentación de la UE se refiere a la «amenaza en la seguridad y en la democracia de esos medios de narrativa hostil». El argumento literal del consejo, que sigue en vigor al cierre de este libro, que la amenaza se consideró directa y grave contra el «orden público y la seguridad» (Regulación del Consejo Europeo de 1 de marzo de 2022).

Destaco en este sentido este fragmento del alto representante de la Unión para Asuntos Exteriores y Política de Seguridad, el español Josep Borrell, al Parlamento Europeo del 9 de marzo de 2022,[59] que indica el paradigma geopolítico de la cuestión que a mi entender supone un giro importante en la neutralidad y moderación de la UE en estos últimos años, sentando un peligroso precedente.

> Hay que combatir esta narrativa, primero, cortando las fuentes de desinformación, como hemos hecho. Y después hay que desarrollar la nuestra. Porque no basta con silenciar la suya, hay que desarrollar la nuestra. Y los invito a todos ustedes, parlamentarios, que desarrollan una gran labor de diplomacia parlamentaria, a hacerlo ahora, más que nunca, llevando la voz de Europa para explicar qué es lo que realmente pasa. Porque no todo el mundo tiene la misma clara conciencia que nosotros sobre lo que está pasando en Ucrania. Los mensajes falaces trucados de mentiras pueden perfectamente contaminar las mentes de aquellos que no tienen más información que la que reciben. Es nuestra obligación dar esa in-

59. Véase: <https://www.eeas.europa.eu/eeas/russiaukraine-speech-high-representativevice-president-josep-borrell-ep-debate_en>.

formación permanentemente, porque tenemos una batalla acerca de la interpretación histórica de estos acontecimientos.

Desde la posguerra del siglo XX, la Guerra Fría entre la URSS y Occidente, no veíamos acciones coordinadas de bloqueo de emisoras de radio o televisión con tanto alcance como éste. Entonces se prohibía la distribución de radios o televisiones libres, hoy se imponen medidas de bloqueo a las empresas que están en la jurisdicción europea.

Esta situación de control de narrativas hostiles o de cierre de medios, si se prolonga, es constitucionalmente dudosa en un continente que ha dado a luz a dos grandes declaraciones de derechos humanos. En otra investigación que estamos realizando en el Observatorio Complutense de la Desinformación junto a Rafael Rubio, Mariluz Congosto y Miguel Fresno, consideramos clave definir si son o no medios tanto RT como Sputnik, y si, en consecuencia, les alcanza la protección del derecho a la información veraz. El tema no es sencillo y nos ocupará probablemente mucho a los constitucionalistas y autores del derecho de la información, pero también hay que decir que no es totalmente nuevo. Cerrar, silenciar o bloquear vídeos se ha hecho muchas veces en nombre de la «propiedad intelectual», eliminando servidores o blogs, e incluso las propias plataformas como YouTube han eliminado contenidos cuando les ha parecido oportuno.

Desde el punto de vista de los medios sí conviene alertar que algunos periodistas en este año en concreto se centran en esa «lucha por el relato», concepto en sí complejo, y que entendemos no es función informativa, pero sí de propaganda o militancia política; como el ejemplo Ana Afinogenova, periodista huida de Rusia, ahora en *Público*[60] y en el programa «La Base», dirigido por Pablo Iglesias, que habiendo dejado la política ha vuelto a la comunicación.

60. Afinogenova, Inna, «Lucha por el relato: ira por un informe de Amnistía Internacional sobre Ucrania», *Público*, 19 de agosto de 2022. Disponible en: <https://www.publico.es/publico-tv/publico-al-dia/programa/1020296/lucha-por-el-relato-ira-por-un-informe-de-amnistia-internacional-sobre-ucrania--inna-afinogenova>.

En esta dinámica de desinformación, también por su parte Rusia ha impuesto una multa (de 83.000 euros) a Wikipedia por el «relato» sobre la invasión de Ucrania que el portal se niega a retirar. Como informa Newtral (20 de junio de 2022): «Entre los artículos que el Kremlin pide quitar en su versión rusa se encuentran "Crímenes de guerra durante la invasión rusa de Ucrania", "Masacre en Bucha", "Batalla de Kiev", "Ataque aéreo al hospital de Mariúpol" o "Ataque aéreo al teatro de Mariúpol"».

Propuestas positivas de superación

> Me preocupa que nos quedemos sin fuentes precisamente cuando más las necesitamos.
>
> EDWARD SNOWDEN, *Süddeusthe Zeitung*[61]

En el ámbito periodístico cabe apuntar tres soluciones que me temo que no podemos delegar en robots o en sistemas mecanizados.

Ante la desinformación: vuelta a la verdad y a las fuentes

Ante el crecimiento de las noticias falsas, y sobre todo ante la falta de «acreditación» o «atribución» de la verdad o falsedad de distintos incidentes que suceden en redes, comparto lo que afirmaba Snowden a los reporteros alemanes: «Ahora las fuentes son más importantes que nunca». Tanto las fuentes periodísticas tradicionales, si se puede seguir diciendo así, como las derivadas de las

61. Obermaier, Frederik, Bastian Obermayer y Georg Mascolo, «Whistleblowers. I'm worried that we will run out of sources when we need them the most», ICIJ, 30 de julio de 2018. Disponible en: <https://www.icij.org/blog/2018/07/im-worried-that-we-will-run-out-of-sources-when-we-need-them-the-most/>.

tecnologías, que permiten el anonimato de quien filtra y que no llegan precisamente a la mesa de las redacciones en cajas o sobres.

Es el modo de Cincinnatus, el seudónimo empleado por Snowden para comunicarse con la prensa, antes de salir de Estados Unidos, no por sobres o cajas, sino utilizando comunicaciones cifradas, anónimas y muy seguras, y que, como el soldado romano del que toma el nombre, después de actuar, desaparece, se retira a una vida privada discreta fuera de su país.

Cabría estudiar cuantitativamente si la desinformación ha crecido más por la virtualidad en sí de los medios o si ha sido sobre todo por el número de millones de personas que tienen posibilidad de publicar con alcance global. Sin duda, a la espera de un informe contundente, los indicios apuntan a que sí, a que la viralización de bulos, la difusión de contenido no original se debe a la gran escala de uso de internet.

De acuerdo con el último informe de 2022 de Statista y HootSuite,[62] hablamos de más de 5.340 millones de usuarios de internet del total de 7.980 millones de personas. Lidera Facebook, con 2.900 millones; YouTube con 2.562; WhatsApp con 2.000; Instagram con 1.400; TikTok con 1.000 millones y de lejos Twitter —esta última con sólo 345 millones, que ya los quisiera de verdad cualquier informativo de televisión internacional en *prime time* —, siendo la mayoría usuarios activos que hacen que se considere la más influyente de todas. Y hablamos de usuarios y no de bots, porque si además añadimos la cantidad de máquinas a la venta para ser alquiladas para intervenir, publicar y debatir en campañas en línea otra cosa sería. No en vano el dueño de Tesla retiró su oferta de compra al conocer el número de cuentas que no tenían a una persona detrás.

En todo caso, la verdad es una necesidad para la garantía de la libertad de prensa, hoy consagrada como derecho fundamental,[63] y es un reto necesario para los medios en el entorno físico y

62. Véase: <https://www.hootsuite.com/es/resources/digital-trends-q3-update>.

63. Sánchez Ferriz, Remedio y Loreto Corredoira y Alfonso, «La compleja configuración de un derecho-libertad poliédrico, el derecho a la información. Referencias históricas», *Revista de Derecho Político*, 1 (99) (2017), pp. 11-48.

más aún en el virtual. Y, para una información veraz, se requieren fuentes, fuentes de calidad.

Como ha destacado Arancha Moretón: «La función informativa consiste en trasladar al público información veraz de relevancia social, y el deber de custodiar la información y la restricción de su publicidad es un deber que recae en la propia Administración de Justicia». En este sentido hay, sin duda, conflictos, y puede hasta resultar imposible la protección merced al secreto profesional constitucional, pero eso es la democracia, con la que el secreto en sí no se compadece bien. En España, pese a no tener ley de secreto profesional, ningún periodista ha sido condenado por no revelar las fuentes, hasta ahora. Se comparta o no lo que Snowden hizo, las revelaciones de su papel como agente de la CIA, trabajando para la agencia nacional estadounidense (NSA), un caso escandaloso de vigilancia masiva, ha supuesto un antes y después en la cuestión de la información pública, de la atribución de las fuentes y su veracidad.

La cuestión de los informantes —expresión por cierto que prefiero frente a la anglosajona *whisteblowers*, literalmente *soplones* o *los que silban*— y, sobre todo, la de quién es el titular/emisor de la información en casos como ésos, es una de las grandes preocupaciones que tiene en la actualidad el periodismo, también los juristas, preocupados por las garantías de los derechos fundamentales. En esa línea, y para facilitar que fluya la información sobre casos de corrupción, la Unión Europea ha planteado de hecho una directiva para la protección de ese tipo de «informante»[64] que está en proceso de incorporación al derecho español,[65] todavía en fase de anteproyecto, cuyo texto preocupa, pues de momento, aún queda recorrido a la futura ley, no lleva consigo la modificación del Código Penal que castiga la re-

64. Directiva (UE) 2019/1937, del 23 de octubre de 2019, del Parlamento Europeo y del Consejo, relativa a la protección de las personas que informen sobre infracciones del Derecho de la Unión.

65. Anteproyecto aprobado el 4 de marzo de 2022. Véase: <https://www.mjusticia.gob.es/es/ministerio/gabinete-comunicacion/noticias-ministerio/ley-proteccion-informantes>.

velación de secretos, ni establece excepciones para periodistas y fuentes.

Frente al problema mencionado sobre la atribución, el origen o la autoría de bulos, ataques, o filtraciones, propongo afrontar el tratamiento jurídico de las noticias falsas distinguiendo bien su origen y su fin, y conociendo las recomendaciones internacionales para no poner en riesgo los derechos informativos. En este sentido, las legislaciones de Francia o Alemania, también Italia, que se han visto enmendadas por los tribunales constitucionales,[66] enseñan que una ley parlamentaria no es la mejor solución. El mundo jurídico tiene principios e incluso normas de corregulación que se apuntan como más idóneas.

Unificar internacionalmente aspectos como la protección de datos para evitar «paraísos» legales para la criminalidad telemática. Es muy fácil en internet operar desde islas Caimán o lanzar campañas de comunicación política desde Andorra u otros lugares para evitar la prohibición de leyes del mundo analógico, como la de publicar encuestas en España.

Rigor ante los bulos o fake *(*news*, vídeos, etcétera) intencionados*

Como hemos dicho, son muchos los contextos informativos o de propaganda en que se generan bulos, que no son sólo falsos rumores, sino también los estrictamente periodísticos que son los más preocupantes por la especial responsabilidad de la prensa. Este mismo año la Asociación de Automóviles alertaba de la desinformación sobre los coches diésel en el informativo de TVE 1. Sobre el origen de la COVID-19 los casos son muy numerosos y

66. Nos referimos a la polémica ley alemana The Gesetz zur Verbesserung der Rechtsdurchsetzung in sozialen Netzwerken («NetzDG») 01/09/2017; a la ley francesa Loi n.º 2020-766397 y su impugnación por el Conseil constitutionnel français Décision n.º 2020-801 DC; y en España a la Sentencia del Supremo español STS 25/2022, de 23 de febrero, que convalidó la suspensión de cuenta del Partido Vox elecciones catalanas de 2021.

hay abundante bibliografía sobre la cuestión. También ha sido relevante la falta de veracidad de las imágenes de guerra en Ucrania llegando a utilizarse imágenes de un videojuego en el programa de Antena 3 conducido por Susanna Griso.

Hay también bulos, digamos que populares, que recorren WhatsApp o Telegram, que alertan de ofertas increíbles por hacer un clic, de ofensas a tal o cual credo religioso, de entradas incontroladas de inmigrantes. Ruido que produce desconfianza, hartazgo y distorsiona los flujos de comunicación, cuando no tiene su origen en discurso del odio.

También la prensa, en términos generales, se ha visto dañada por la rapidez del periódico multiplataforma. El rigor ha perdido fuelle, si bien muchos medios ya se han rearmado contra esa plaga. Como han señalado Kovach y Ronsenstiel, «la primera obligación del periodista es la verdad. El periodismo es una disciplina de verificación». De ahí la importancia de volver a la objetividad. Siguiendo a Justino Sinova traigo aquí varias citas de periodistas célebres y de profesores de Ética y Derecho de la Información que nos permiten distinguir los medios profesionales de comunicación de los pseudomedios o redes, a veces panfletos, que jalean la desinformación.

Benjamin Bradlee, mítico director de *The Washington Post*, escribía en sus memorias: «A partir del Watergate, siempre he buscado la verdad después de oír la versión oficial de la verdad, de escuchar todas las versiones que me dieran los diferentes maestros de la manipulación de cada asunto en cuestión». Y añadía que «los mejores periódicos siguen comprometidos en la búsqueda concienzuda de la verdad».[67]

Ahora que está de moda o se presenta como necesidad el *fact-checking* o verificación de hechos o noticias, fenómeno que reaparece precisamente en un momento de crisis del periodismo, hemos de releer a autores como Kovach y Rosenstiel, periodistas veteranos y tratadistas expertos, quienes afirman no sólo que «la primera obligación del periodista es la verdad»,

67. Bradlee, Benjamin, *La vida de un periodista*, El País/Aguilar, Madrid, 1996, pp. 481-576.

sino que «la esencia del periodismo es la disciplina de verificación».[68]

Entre las soluciones: ética, alfabetización algorítmica y supervisión

Sobre las consecuencias que eso supone en el periodismo y en su credibilidad, como ya se ha dicho, los periodistas, la prensa, los medios informativos (no tanto la telerrealidad o el puro entretenimiento) debemos volver a los códigos de ética informativa[69] y a acuerdos de autorregulación serios con las grandes plataformas. En esto algo se ha avanzado en Europa al menos.

El filósofo Han dice también que lo que nos falta es «sentido», es decir, dirección, cuando denuncia que «más acumulación de información de por sí no es ninguna verdad, le falta dirección, sentido»; lo que en ética periodística y en el buen hacer profesional se conoce como criterio, y que requiere prudencia y selección de la información.

Como se ha dicho, el tema es complejo, requiere pericia técnica y matemática, pero el conocimiento debe avanzar más y a eso nos dedicamos modestamente los autores de este libro y los grupos de investigación que hay detrás.

Tampoco dudo que en la academia y en los planes de formación de las empresas periodísticas debe constar la «alfabetización algorítmica» como propone el *think tank* norteamericano Pew Research Center,[70] pero en esa formación sin duda es clave dotar a las redes y a los medios, también al WhatsApp, de sentido, entender quién habla, qué dice y por qué medio lo dice.

68. Kovach, Bill y Tom Rosenstiel, *Los elementos del periodismo*, Aguilar, 2012, Madrid, pp. 52-100.

69. Bel Mallén, Ignacio, *La ética informativa: un reto en la era de la posverdad, op. cit.*

70. «Report Code-Dependent: Pros and Cons of the Algorithm Age» del 8 de febrero de 2017. Disponible en inglés: <http://www.pewinternet.org/2017/02/08/theme-7-the-need-grows-for-algorithmic-literacy-transparency-and-oversight/>.

Igualmente, en el ámbito educativo, se requiere formación (alfabetización) ante los bulos, hacer planes de formación y alfabetización digital que partan de entender las redes, no de pelearse con ellas, distinguiendo mensajes y criterios de las herramientas; dotando a los ciudadanos de recursos para la comprobación de fuentes. Desde los medios quizá haya que tener en cuenta el papel de los algoritmos, y la cuestión de la personalización masiva de información, y hablar de eso en alguna ocasión, hacerlo tema de agenda, pues, es un punto clave.

Epílogo

Llegamos al final. Recogiendo alguna de las preguntas lanzadas al principio: ¿es la desinformación un camino sin retorno? En este libro consideramos que no, que la desinformación o la polarización son evitables y que puede y debe haber un retorno a la normalidad. Que es posible recuperar la confianza en el papel de la prensa en la democracia, en particular convenciéndonos del valor de la objetividad y la veracidad en los medios, protegiéndose para que en las redacciones se busque sin limitaciones de tiempo y de dinero. Que sea objeto de debate en las mesas de redacción, en la decisión de portada o pauta de un diario digital, y que las políticas de los medios sean exigentes respecto al buen hacer periodístico de la casa.

Sin duda, no es sólo posible volver a depositar en los periodistas el papel clave de «control del poder político», sino que es imprescindible. Sigue siendo cierto que, pese al control hegemónico de las plataformas tecnológicas, hoy se tiene más miedo en el ámbito de los poderes a una exclusiva y un buen reportaje de un medio, que a mil bulos encadenados. Como periodistas y comunicadores seguimos siendo el «cuarto poder».

Y si bien es cierto que, como al ratón, las redes sociales nos han robado un poco de la ración de queso (es decir, atención, influencia e inversión) hay que volver a salir a ganar.

8

¡Es el pluralismo, estúpido!

Carmen Fuente Cobo

El *Boletín Oficial del Estado* publicaba el 8 de julio de 2022 la Ley General de Comunicación Audiovisual,[71] la norma más importante de todo el sector, en la que se conjugan las directrices marcadas por Bruselas con los principios propios del ordenamiento español sin que pueda caber contradicción entre unos y otros. Desde la primera Directiva de Televisión sin Fronteras aprobada en 1989, el Estado español se ha caracterizado por una pereza sistemática a la hora de trasladar a la legislación nacional las exigencias de la regulación europea.

Todos los gobiernos, desde los inicios de la democracia, se han resistido a perder el control, aunque sólo sea parcial y limitadamente, de esa herramienta poderosa que les permite entrar en los hogares de sus votantes. La Directiva de Televisión sin Fronteras de 1989,[72] la primera gran norma general europea, tar-

71. Ley 13/2022, de 7 de julio, General de Comunicación Audiovisual, *Boletín Oficial del Estado*, 163, julio de 2022. Disponible en: <https://www.boe.es/eli/es/l/2022/07/07/13>.

72. Directiva 89/552/CEE del Consejo, del 3 de octubre de 1989, relativa a la coordinación de determinadas disposiciones legales, reglamentarias y administrativas de los Estados miembros sobre el ejercicio de actividades de radiodifusión televisiva. *Diario Oficial de las Comunidades Europeas*, L 298, 17 de octubre de 1989. Disponible en: <http://data.europa.eu/eli/dir/1989/552/oj>.

dó casi cinco años en ser incorporada al ordenamiento jurídico español.[73] Lo mismo ha ido sucediendo con las sucesivas modificaciones y directivas herederas de la primera, incluida la Directiva de Servicios de Comunicación Audiovisual de 2007,[74] incorporada al sistema español por medio de la Ley General de la Comunicación Audiovisual de 2010.[75] El último retraso ha tenido como protagonista la nueva Directiva de Servicios de Comunicación Audiovisual de noviembre de 2018.[76]

Una vez más, España no solamente agotó los plazos, que vencían en septiembre de 2020, sino también la paciencia de las autoridades comunitarias, que en mayo de 2022 anunciaban su intención de llevar ante el Tribunal de Justicia de la Unión Europea a España, Chequia, Irlanda, Rumanía y Eslovaquia, solicitando que se les impusieran sanciones financieras y recordando el perjuicio que la inseguridad jurídica creada en estos países suponía para empresas y ciudadanos.

A lo largo de estas dos décadas, además de la Ley General de

73. Ley 25/1994, del 12 de julio, por la que se incorpora al ordenamiento jurídico español la Directiva 89/552/CEE, sobre la coordinación de disposiciones legales, reglamentarias y administrativas de los Estados miembros relativas al ejercicio de actividades de radiodifusión televisiva, *Boletín Oficial del Estado*, 166, de 13 de julio de 1994. Disponible en: <https://www.boe.es/eli/es/l/1994/07/12/25>.

74. Directiva 2007/65/CE del Parlamento Europeo y del Consejo, del 11 de diciembre de 2007, por la que se modifica la Directiva 89/552/CEE del Consejo sobre la coordinación de determinadas disposiciones legales, reglamentarias y administrativas de los Estados miembros relativas al ejercicio de actividades de radiodifusión televisiva. *Diario Oficial de la Unión Europea*, L332, de 18 de diciembre de 2007. Disponible en: <http://data.europa.eu/eli/dir/2007/65/oj>.

75. Ley 7/2010, del 31 de marzo, General de la Comunicación Audiovisual, *Boletín Oficial del Estado*, 79, del 1 de abril de 2010. Disponible en: <https://www.boe.es/eli/es/l/2010/03/31/7/con>.

76. Directiva (UE) 2018/1808 del Parlamento Europeo y del Consejo, de 14 de noviembre de 2018, por la que se modifica la Directiva 2010/13/UE sobre la coordinación de determinadas disposiciones legales, reglamentarias y administrativas de los Estados miembros relativas a la prestación de servicios de comunicación audiovisual (Directiva de servicios de comunicación audiovisual), habida cuenta de la evolución de las realidades del mercado.

la Comunicación Audiovisual en sus ediciones de 2010 y de 2022, que reflejan la adaptación de las normas comunitarias y nacionales a la evolución acelerada del sector audiovisual, los sucesivos gobiernos del PSOE y del Partido Popular han centrado también su interés regulador en la radiotelevisión pública, para la que todavía no ha sido posible un consenso que asegure su estabilidad institucional y su viabilidad económica.

Por decirlo de manera muy resumida, todos los principios y valores inspiradores de las políticas seguidas por unos y otros gobiernos en materia de comunicación audiovisual se encuentran reflejadas en la Ley General de la Comunicación Audiovisual, que en su última modificación ha perdido el artículo *la* como símbolo de esa revolución acelerada y permanente de redes, servicios y contenidos que aconseja, aunque sólo sea por prudencia semántica, hablar de «comunicación audiovisual» como un concepto abierto, y no de «la comunicación audiovisual», expresión que parece acotar una realidad ahora mismo casi indefinible e inabarcable.

Como complemento de ésta, los principios rectores de la política audiovisual adoptada por cada gobierno se reflejan también en la regulación por la que se rige la radiotelevisión pública estatal así como la autonómica.

El pluralismo, prueba del algodón de la libertad de expresión

El primer principio rector que ha guiado la actuación de los Estados democráticos en materia de medios de comunicación es el de libertad de opinión e información y su reflejo en el de libertad de prensa que rige en todos los países de nuestro entorno y que, de manera condicionada por restricciones tecnológicas, se ha ido trasladando desde las últimas décadas del siglo pasado también al ámbito audiovisual. Esta traslación del principio de libertad de comunicación al ámbito audiovisual se ha acelerado desde el advenimiento de la televisión por satélite y por cable primero, y la televisión digital e internet después. Los avances tecnológicos, en efecto, han ido poniendo en cuestión la idea de escasez del espectro como fundamento de la apropiación exclusivista por parte del Estado de los canales de televisión emitidos a través de las ondas hercianas o, ya adentrados los años ochenta, de su papel como árbitro y repartidor de dichas frecuencias entre diferentes actores privados.

Con independencia de la menor o mayor abundancia de espacio para poner canales en el aire, se ha mantenido el principio de libertad de opinión e información como eje central de las políticas audiovisuales europeas, con el pluralismo como valor nuclear asociado a dichas libertades, defendido especialmente mediante el establecimiento de limitaciones a la concentración de empresas informativas y la imposición de criterios de representación social y cultural a las televisiones públicas. Estas limitaciones atienden no solamente a un objetivo cuantitativo —cuantos más medios y empresas, mejor—, sino también, y especialmente en las últimas décadas, a una consideración de carácter más cualitativo. No se trata sólo de que haya diversidad de voces, sino, además, de que ninguna de éstas pueda tener el control de los flujos informativos y de opinión, que deben ser tan plurales como la propia sociedad lo sea.

Las políticas puestas en marcha en diferentes países de nuestro entorno han establecido limitaciones tanto a la concentración de poder en un solo tipo de medios (prensa, radio y televisión) como a la concentración cruzada entre distintos tipos de medios (control simultáneo de periódicos, emisoras de radio y cadenas de televisión). En este sentido, el pluralismo es definido como «la variedad y número de personas que tienen el control de los medios en el contexto de su capacidad de influir en la opinión pública y de controlar la agenda».[77] Es, por tanto, un concepto que incluye diferentes aspectos, como diversidad de propiedad, variedad de las fuentes de información y amplitud en la gama de contenidos disponibles.

77. «Measurement framework for media plurality: Ofcom's advice to the Secretary of State for Culture, Media and Sport», Ofcom, junio de 2012, p. 8. Disponible en: <https://www.ofcom.org.uk/consultations-and-statements/category-1/media-plurality-framework>.

Desde esta perspectiva, el pluralismo en la propiedad es una condición del pluralismo mediático, aunque no la única, ya que dentro del concepto se incluyen, para la Comisión Europea, «todas las medidas que aseguran el acceso de los ciudadanos a una variedad de fuentes de información, opinión, voces, etcétera. De manera que puedan formar su opinión sin la indebida influencia de un generador de opinión dominante».[78]

De forma resumida, el pluralismo se analiza en dos dimensiones: lo que se denomina pluralismo externo, entendido como multiplicidad de empresas (voces) garantizada por normas anticoncentración; y el denominado pluralismo interno, esto es, la medida en que los contenidos informativos y de interés general de los medios reflejan de manera adecuada el pluralismo político, social y cultural. En el caso de los medios públicos, los objetivos de pluralismo interno se refuerzan por medio de instrumentos de observación y cuantificación de dicha diversidad. En España, un ejemplo de esta monitorización son los informes periódicos generados por los consejos audiovisuales de Cataluña y Andalucía. Como garantía de refuerzo del pluralismo se suele atender también a la existencia de instrumentos internos que garanticen la prevalencia de criterios profesionales y éticos en el tratamiento de cuestiones de interés general, en casos de conflicto con los criterios de interés comercial o partidario que puedan tener los propietarios de las empresas de medios y los partidos y grupos de presión externos. Los estatutos de redacción son, en este sentido, uno de los instrumentos más completos implantados en la mayoría de las radiotelevisiones públicas de nuestro país, aunque poco eficaces en la medida en que su cumplimiento depende más de la voluntad política de los gestores que haya en cada momento que de su propia exigibilidad como instrumento normativo.

78. «Media pluralism in the Member States of the European Union. Commission Staff Working Document SEC (2007)», Commission of the European Communities, 32, 16 de enero de 2007. Disponible en: <https://ec.europa.eu/information_society/media_taskforce/doc/pluralism/media_pluralism_swp_en.pdf>.

La medición del grado de pluralismo mediático ha dado lugar a complejos sistemas entre los que podemos destacar el desarrollado por el regulador británico Ofcom y el propuesto por la organización privada Media Pluralism Monitor, del Centre for Media Pluralism and Media Freedom, cofinanciado por la Unión Europea. Ambas coinciden en elementos de observación comunes, pero el modelo de Ofcom es más detallado en la identificación de indicadores de pluralismo relativos al mercado de medios y contenidos, mientras que el Media Pluralism Monitor incorpora también indicadores de pluralismo social, cultural y territorial.

Tabla 8.1. Áreas e indicadores del Media Pluralism Monitor

PROTECCIÓN FUNDAMENTAL	PLURALIDAD DEL MERCADO	INDEPENDENCIA POLÍTICA	INCLUSIÓN SOCIAL
Protección de la libertad de expresión	Transparencia de la propiedad de los medios	Independencia política de los medios	Acceso de las minorías a los medios
Protección del derecho a la información	Concentración de los medios informativos	Autonomía editorial	Acceso a los medios de las comunidades locales/ regionales y de los medios comunitarios
Profesión periodística, estándares y protección	Concentración de las plataformas en línea y aplicación de la competencia	Medios audiovisuales, plataformas en línea y elecciones	Acceso de las mujeres a los medios
Independencia y efectividad de la autoridad mediática	Viabilidad de los medios	Regulación estatal de los recursos y el apoyo al sector de los medios	Alfabetización mediática
Alcance de los miedos tradicionales y acceso a internet	Influencia comercial y de la propiedad de los medios sobre el contenido editorial	Independiza en la gobernanza y financiación de los medios públicos	Protección contra el discurso ilegal y el dañino

Fuente: Media Pluralism Monitor 2021, Country Report Spain, p. 5.

¿A quién le importa el pluralismo?

El refuerzo del pluralismo mediante el establecimiento de límites a la concentración empresarial ha encontrado poco eco normativo en el ámbito de la Unión Europea, aunque la preocupación por los procesos de fusión, adquisición y toma de control de unas empresas de medios por otras no ha dejado de aumentar en el seno de las instituciones comunitarias. Ya en 1975, cuando la televisión privada era todavía una realidad marcadamente minoritaria en nuestro continente, el Consejo de Europa mostraba su preocupación por los procesos de concentración entre empresas e instaba a la adopción de medidas que impidieran la desaparición de medios.[79]

El interés y la preocupación de los diferentes órganos de gobierno de la Unión Europea por los fenómenos de concentración y su afectación al pluralismo en diferentes países desembocaron en 1996 en una Propuesta de Directiva del Parlamento Europeo y el Consejo relativa a la protección del pluralismo en el control de los medios.[80] Entre otras medidas, se proponía limitar la concentración multimedia a un 10 por ciento de la audiencia total y la monomedia (radios y televisiones) al 30 por ciento de la audiencia. No llegó a aprobarse. Desde entonces se han sucedido resoluciones con carácter de recomendaciones, pero no se ha llegado a adoptar una regulación conjunta en esta materia, porque, como indica el propio Consejo de la Unión Europea, «la salvaguardia del pluralismo de los medios de comunicación es principalmente competencia de los Estados miembros de la UE»[81] en

79. Véase: <http://assembly.coe.int/nw/xml/XRef/Xref-XML2HTML-EN.asp?fileid=14781&lang=en>.

80. Proposal for a European Parliament and Council Directive on the protection of pluralism in the control of media, Comisión Europea, SEC (96) 1457. Citado por Llorens Maluquer Carles, «Concentración de empresas de comunicación y el pluralismo: la acción de la Unión Europea», Universidad Autónoma de Barcelona, Barcelona, 2001.

81. Conclusiones del Consejo sobre la salvaguardia de un sistema de medios de comunicación libre y pluralista (2020/C 422/08). *Boletín Oficial de la Unión Europea*, C422/8, de 7 de diciembre de 2020.

la medida en que, como advierte un autor, se trata de un ámbito de especial sensibilidad nacional: «La construcción de mecanismos normativos e institucionales para la garantía del pluralismo ha tenido que ser abordada a través de disposiciones estrictamente nacionales. Como era de esperar, la importancia política atribuida a los medios audiovisuales ha mantenido el problema en el ámbito estrictamente interno, sin que existan reglas de nivel superior».[82]

En 2008, el Parlamento Europeo aprobaba una resolución en la que se instaba a los Estados miembros a salvaguardar el pluralismo de los medios de comunicación a la vez que advertía sobre los efectos de la concentración, que «crea un entorno que favorece la monopolización del mercado de la publicidad, introduce barreras a la entrada de nuevos actores del mercado y conduce asimismo a la uniformidad de los contenidos de los medios de comunicación», y pedía a la Comisión «que se comprometa a promover un marco jurídico estable que garantice un elevado nivel de protección del pluralismo en todos los Estados miembros».[83]

Una década después, el tono de alarma aumentaba y desde el Parlamento Europeo se insistía a los Estados miembros en la necesidad de adoptar «medidas apropiadas, entre ellas garantizar una financiación pública adecuada, para salvaguardar y promover un paisaje mediático pluralista, independiente y libre al servicio de una sociedad democrática». A la vez, hacía hincapié en la necesidad de establecer mecanismos independientes de seguimiento de la libertad y el pluralismo de los medios de comunicación en los Estados miembros.[84]

Estas alarmas no son infundadas: la concentración de em-

82. Botella, Joan, «¿Pluralismo en los medios audiovisuales?», *Quaderns del Cac*, 26 (2006), pp. 30-31.

83. Resolución del Parlamento Europeo, del 25 de septiembre de 2008, sobre la concentración y el pluralismo de los medios de comunicación en la Unión Europea (2007/2253(INI)). *Diario Oficial de la Unión Europea* CE 8 85, de 14 de enero de 2010

84. Resolución del Parlamento Europeo, del 3 de mayo de 2018, sobre pluralismo y libertad de los medios de comunicación en la Unión Europea

presas y medios y la falta de transparencia, especialmente en el sector audiovisual, mantienen una tendencia creciente en el conjunto de la Unión Europea, como ponen de manifiesto los informes del Centre for Media Pluralism and Media Freedom, que analiza desde 2013 el pluralismo mediático y publica sus resultados con carácter anual desde 2020. El último informe, realizado con datos de 2021 y difundido en julio de 2022, señala una vez más que de las cuatro áreas en las que se analiza el pluralismo (marco legal; pluralismo de mercado; independencia política; e inclusión social), la que presenta mayores niveles de riesgo es la relativa a la existencia de un mercado plural en el que actúan diversos proveedores.

El Media Pluralism Monitor, que utiliza colores asociados a los niveles de riesgo, asigna el rojo de manera reiterada a este ámbito (nivel de riesgo del 66 por ciento) y, dentro de éste, a los indicadores asociados a concentración empresarial y transparencia en la propiedad de medios y empresas. En el informe de 2022, el nivel de riesgo asociado a la concentración de empresas informativas en el conjunto de países de la Unión Europea está en el 83 por ciento y se dispara hasta el 96 por ciento en el caso del sector audiovisual.[85]

Por todo lo indicado anteriormente, es fácil entender que la cuestión del pluralismo tenga un encaje muy relativo en las directivas que regulan el mercado audiovisual en la Unión Europea. Un repaso a las dos más recientes pone de manifiesto que incluso el tono con el que se proclaman principios de pluralismo en los considerandos iniciales de cada una de ellas ha ido perdiendo cierto vigor. En la Directiva de Servicios de Comunicación Audiovisual de 2010, se indica que es «esencial» que los

(2017/2209(INI)). *Boletín Oficial de la Unión Europea* C 41/64, de 6 de febrero de 2020

85. «Centre for Media Pluralism and Media Freedom, Monitoring media pluralism in the digital era: application of the Media Pluralism Monitor in the European Union, Albania, Montenegro, the Republic of North Macedonia, Serbia and Turkey in the year 2021, Centre for Media Pluralism and Media Freedom (CMPF)», Media Pluralism Monitor (MPM), 2022. Disponible en: <http://hdl.handle.net/1814/74712>.

Estados miembros velen para que no se cometan actos que puedan favorecer «la creación de posiciones dominantes que impondrían límites al pluralismo y la libertad de información televisiva, así como a la información en su conjunto».[86]

En la Directiva de 2018 actualmente vigente, la cuestión del pluralismo se aborda casi exclusivamente en términos de transparencia. Como mecanismo último de protección del ciudadano frente a la concentración de redes, servicios y contenidos, se establece la obligación de los proveedores de informar sobre sí mismos, de manera que los ciudadanos puedan saber qué intereses controlan las terminales a través de las cuales se informan, entretienen y configuran su universo de valores. Asume el legislador que este ciudadano consciente e informado podrá tomar decisiones en consecuencia, que le permitan enjuiciar críticamente los contenidos que consume.

Pero incluso en esta salvaguardia última de la libertad de expresión, las exigencias son mínimas y se deja en manos de los Estados la decisión sobre el nivel de transparencia exigible, a pesar de que según proclama el considerando 15: «La transparencia de la propiedad de los medios de comunicación está directamente vinculada a la libertad de expresión, piedra angular de los sistemas democráticos». Y a pesar también de que «la información relativa a la estructura de propiedad de los prestadores de servicios de comunicación, cuando dicha propiedad se traduce en el control o el ejercicio de una influencia significativa sobre el contenido de los servicios prestados, permite al usuario formarse un juicio fundado sobre ese contenido».

Con este planteamiento de fondo, las exigencias de transparencia establecidas en el artículo 5 para los prestadores de servicios audiovisuales se limitan al nombre, la dirección de establecimiento, una dirección de contacto y el nombre de la autoridad reguladora o del organismo de supervisión ante el que responde dicho prestador de servicio. Se deja a decisión de los Estados la posibilidad de exigir a los prestadores de servicios de comunicación audiovisual información sobre su estructura de propiedad,

86. Considerando 8.

incluidos los titulares reales. Ahora bien, las disposiciones que dicten los Estados en esta dirección de transparencia «deberán ser necesarias y proporcionadas y perseguir un objetivo de interés general».

Junto con el requerimiento de transparencia, la directiva insta también a los Estados miembros a requerir de sus autoridades u organismos reguladores que ejerzan sus competencias con imparcialidad y transparencia, «en particular el pluralismo de los medios de comunicación, la protección de los consumidores, la accesibilidad, la no discriminación, el correcto funcionamiento del mercado interior y la promoción de la competencia leal» (artículo 30.2). La directiva concede un peso fundamental a las autoridades competentes en materia audiovisual establecidas por los Estados miembros, que, para poder desempeñar adecuadamente las altas funciones encomendadas, deberán ser (artículo 30.1):

- Jurídicamente distintas de los órganos gubernamentales.
- Funcionalmente independientes de sus respectivos gobiernos o de cualquier otra entidad pública o privada.
- No podrán solicitar ni aceptar instrucciones de ningún otro organismo.
- Sus funciones deberán estar claramente definidas por la ley.
- Deberán disponer de recursos financieros, técnicos y humanos adecuados.
- Deberán tener potestades coercitivas para desempeñar sus funciones con eficacia.
- Sus responsables y miembros deberán ser nombrados y cesados por procedimientos independientes, transparentes y no discriminatorios.

Pluralismo a la española

La Ley de Televisión Privada de 1988, por la que se quebraba el régimen de monopolio exclusivo de la televisión en manos del Estado, tenía como uno de sus objetivos que la televisión privada sirviera para «ensanchar las posibilidades del pluralismo informativo en España».[87] Con este fin, el artículo 19 establecía un conjunto de limitaciones sobre la propiedad de las sociedades concesionarias: ninguna persona física o jurídica podía ser titular, directa o indirectamente, de acciones en más de una sociedad concesionaria; ninguna persona, física o jurídica, podía ser titular, directa o indirectamente, de más del 25 por ciento del capital de una sociedad concesionaria; y ninguna sociedad concesionaria podía tener más del 25 por ciento de su capital en manos de accionistas extranjeros. Además, la forma societaria de los titulares de concesiones sólo podía ser la de sociedad anónima con acciones nominativas.

La protección del pluralismo en un entorno de escasez de frecuencias se aseguraba, así pues, mediante la fragmentación de la propiedad de un reducido número de sociedades titulares de concesiones de televisión, a la vez que se trataba de proteger el carácter nacional de dichas sociedades mediante la limitación a la participación de capital extranjero en ellas. Con estas premisas, se otorgaron tres concesiones: dos para emisión en abierto (Antena 3 y Telecinco) y una para emisión mixta, en abierto y codificada, a la sociedad Sogecable (Canal +).

En 1999, el objetivo de protección frente a la concentración perseguido por la ley de 1988 quedó ratificado, a la vez que se aclaraba que la denegación de la autorización de tomas de participación en una sociedad concesionaria podría estar fundada en la «falta de transparencia de la estructura del grupo al que eventualmente pueda pertenecer la entidad adquirente o en la existencia de vinculaciones entre la persona o entidad que pretenda la adquisición y otra entidad concesionaria del servicio esencial de televisión que puedan entrañar perturbación al principio de no concentración de medios que inspira la presente Ley».[88]

87. Preámbulo.

88. Ley 55/1999, de 29 de diciembre, de medidas fiscales, administrativas y del orden social. *Boletín Oficial del Estado* 312, de 30 de diciembre de 1999. Disponible en: <https://www.boe.es/eli/es/l/1999/12/29/55>.

Este principio de protección del pluralismo frente a procesos de concentración empresarial mediante el establecimiento de restricciones sobre participaciones máximas y participaciones cruzadas comenzó a resquebrajarse con la llegada de la televisión digital terrestre. La Ley General de Comunicación Audiovisual de 2010, cuya aprobación coincidía con el fin del proceso de transición digital —lo que se llamó el «apagón analógico»—, plantea un cambio sustancial en el enfoque con que hasta entonces se había visto la cuestión del pluralismo mediático y la concentración de empresas de comunicación.

Lo más importante de la nueva ley es el cambio de criterio en la cualificación de los procesos de concentración, de manera que a partir de ahora no importa tanto la concentración de medios en manos de un único propietario cuanto la concentración de audiencias reunidas en torno a dichos medios. Así, se reconoce el derecho a poseer participaciones significativas en varios prestadores de servicios estatales de comunicación, pero se limita ese derecho si en el momento de la fusión o compra de acciones se acumula más del 27 por ciento de la audiencia durante los doce meses anteriores al proceso de adquisición; si los prestadores de servicios de comunicación audiovisual en los que se poseen participaciones significativas acumulan más de dos múltiplex —ocho canales—; o si la adquisición de una participación significativa o derechos de voto en el capital de otro prestador del mismo servicio implica impedir la existencia de al menos tres prestadores privados distintos de ámbito estatal.

El aspecto más controvertido del artículo 36 por el que se establecen estas limitaciones es que el techo del 27 por ciento de acumulación de audiencia sólo rige antes de los procesos de fusión, toma de participación o control de una empresa de medios por otra. Una vez que se han cerrado dichos procesos, el límite desaparece. No es de sorprender que se haya interpretado la Ley General de 2010 como una invitación a la concentración televisiva, que en la práctica dejaba abierto el camino para la consolidación de un duopolio privado en el mercado español. Enrique Bustamante (2010), que presidió el comité de expertos para la reforma de RTVE emprendida por el primer gobierno de José

Luis Rodríguez Zapatero, veía en la deriva tomada por la LGCA una verdadera «contrarreforma audiovisual».[89]

Esta orientación se ha consolidado en la Ley General de Comunicación Audiovisual de 2022, que no solamente ha mantenido intacta la redacción de los artículos relativos al pluralismo en el mercado audiovisual, sino que ha eliminado del régimen de sanciones contemplado en la propia ley el incumplimiento de los límites establecidos en materia de concentración, calificados en la anterior LGCA de 2010 como falta muy grave. Sí se mantienen las sanciones en el caso de no informar de las participaciones significativas.

Consejo Audiovisual: ni está, ni se le espera

Sin ánimo de caer en distorsiones exageradas, podemos decir que una característica del sistema regulatorio español en el ámbito audiovisual es que se sabe lo que dice la ley, pero es difícil saber si eso que dice la ley llegará a cumplirse alguna vez. Por ejemplo, entre las promesas fallidas de la Ley General de la Comunicación Audiovisual de 2010 estaba la de poner en marcha una autoridad independiente para el sector audiovisual, el Consejo Estatal de Medios Audiovisuales (CEMA), que, como se indicaba en el preámbulo de la citada ley general, ejercería sus competencias bajo el principio de independencia de los poderes políticos y económicos, tendría poder sancionador y entre sus funciones principales estaría la de garantizar la transparencia y el pluralismo en el sector, para lo que debería ocuparse de «verificar el cumplimiento de las limitaciones de adquisición de participaciones entre prestadores e informar de dichas operaciones cuando deban ser autorizadas por la Comisión Nacional de la Competencia. Y velar por el mantenimiento de un mercado abierto, competitivo y plural».

Pero tras el relevo de José Luis Rodríguez Zapatero por Ma-

89. Bustamante, Enrique, «La contrarreforma audiovisual socialista», *Le Monde Diplomatique*, 172 (2010), pp. 1-5.

riano Rajoy al frente del Gobierno, el Consejo Estatal de Medios Audiovisuales nunca llegó a ponerse en marcha. En su lugar, el gobierno del Partido Popular tomó la decisión de unificar distintas autoridades reguladoras en un único organismo, la Comisión Nacional de los Mercados y la Competencia,[90] un macrorregulador diseñado para actuar sobre sectores tan diversos como la energía, los servicios postales y ferroviarios, el gas, las comunicaciones electrónicas, las tarifas aeroportuarias, las telecomunicaciones y los servicios audiovisuales.

Esta concentración en un único regulador suscitó recelos en la medida en que su especialización para actuar con eficacia en cada sector podría disminuir. También se apuntaba a la cuestión de la independencia del nuevo organismo, cuyo consejo quedaba integrado por diez miembros nombrados por el Gobierno a propuesta del ministro de Economía y Competitividad —aunque se terminó reconociendo al Congreso una cierta capacidad de veto que deberá ser por mayoría absoluta de la comisión correspondiente—, y sobre cuya idoneidad y perfil no se establecían más exigencias que las habituales y vagas del «reconocido prestigio y competencia».

Pero, además, la CNMC mantenía en manos del Gobierno competencias importantes en materia de contenidos audiovisuales. Entre otras, las competencias de control y supervisión en el ámbito del pluralismo y la transparencia del mercado regresaban directamente al Ministerio de Industria, en un proceso que sólo cabía calificar de «regubernamentalización».[91]

El cambio de gobierno no ha modificado el planteamiento respecto de en qué manos se deposita la función de control del ámbito audiovisual. Incluso aunque la Directiva de Comunicación Audiovisual de 2018 insiste en la necesidad de poner en

90. Ley 3/2013, del 4 de junio, de creación de la Comisión Nacional de los Mercados y la Competencia. *Boletín Oficial del Estado* 134, de 5 de junio de 2006. Disponible en: <https://www.boe.es/eli/es/l/2013/06/04/3/con>.

91. Asociación de Usuarios de la Comunicación, La Comisión Nacional de los Mercados y la Competencia como nuevo regulador audiovisual, Madrid, junio de 2013.

marcha autoridades independientes encargadas de velar de manera directa por el pluralismo del mercado y de los medios y servicios audiovisuales, dicha insistencia ha sido obviada en la trasposición realizada por el Gobierno de Pedro Sánchez, que no solamente ha consolidado el sistema diseñado por el gobierno anterior, sino que además le ha dado carta de naturaleza definitiva. Así, la autoridad en el ámbito audiovisual es el Ministerio de Asuntos Económicos y Transformación Digital (artículo 153), al que corresponden las siguientes competencias de regulación y promoción:

a. Propuesta, elaboración y modificación de las normas en materia audiovisual que se consideren necesarias para el cumplimiento de las finalidades de esta ley.
b. Gestión de títulos habilitantes correspondientes a la prestación de servicios de comunicación audiovisual de ámbito estatal en los términos de los títulos II y IV.
c. Recepción de comunicación previa de inicio de actividad relativa a la prestación de servicios de comunicación audiovisual de ámbito estatal.
d. Llevanza del Registro Estatal de Prestadores del Servicio de Comunicación Audiovisual, de Prestadores del Servicio de Intercambio de Vídeos a través de Plataforma y de Prestadores del Servicio de Agregación de servicios de Comunicación Audiovisual.
e. Promoción de la autorregulación y corregulación a nivel nacional, europeo e internacional.
f. Promoción de programas especialmente recomendados para menores prevista en el capítulo I del título VI.
g. Propuestas de estrategia audiovisual en los términos del título VIII.
h. Elaboración de un informe anual sobre la situación del sector audiovisual.
i. El control y supervisión de las obligaciones previstas en la ley queda encomendado a la Comisión Nacional de los Mercados y la Competencia como autoridad audiovisual competente.

Un mercado hiperconcentrado

El resultado de las sucesivas políticas desregulatorias en materia de concentración de propiedad en el ámbito audiovisual se ha traducido en la existencia de un mercado caracterizado por la alta concentración en la propiedad de los medios.

Los datos de consumo de televisión ponen de manifiesto que la televisión digital en abierto sigue siendo, de lejos, el medio de transmisión predominante en la sociedad española. En 2020, la audiencia de televisión digital en abierto representaba todavía el 74 por ciento del total de consumo de televisión por cualquier medio, según el informe de la Comisión Nacional de los Mercados y la Competencia para ese año.

La consultora Barlovento sitúa este consumo en el 76,4 por ciento de la audiencia total (al añadir el consumo en diferido de los contenidos de los canales de televisión en abierto), dato que para esta empresa de análisis de audiencias niega cualquier teoría del desgaste del consumo televisivo y, en todo caso, permitiría hablar de la «mala salud de hierro» de la televisión digital en abierto.[92]

Si atendemos al consumo de contenidos, los canales controlados por Atresmedia y Mediaset reúnen el 54,7 por ciento de la audiencia total de televisión en nuestro país, en abierto y de pago, y el 86 por ciento de la audiencia de televisión privada en abierto. Correlativamente, entre los dos grupos concentran el 81,6 por ciento del mercado publicitario de televisión en España.

La Comisión Nacional de los Mercados y la Competencia ha manifestado preocupación en el pasado reciente, bajo la presidencia de José María Marín Quemada, por la concentración del mercado en manos de dos grupos. En noviembre de 2019 sancionó a Mediaset y Atresmedia con 77,1 millones de euros por prácticas anticompetitivas en la comercialización de la publicidad en televisión, advirtiendo que las políticas comerciales de ambas

92. Barlovento Comunicación, *Análisis de la industria televisiva-audiovisual 2021*, Madrid, 2021. Disponible en: <https://www.barloventocomunicacion.es/audiencias-anuales/2021-analisis-de-la-industria-televisiva-audiovisual/>.

Gráfico 8.1. Audiencia por medio de transmisión (porcentaje)

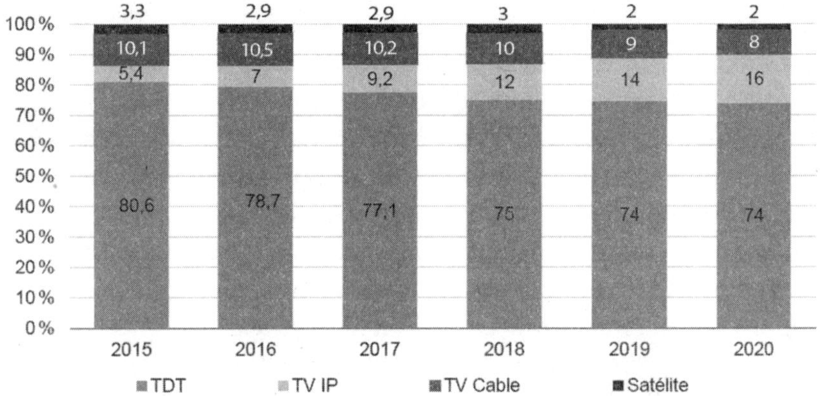

Fuente: CNMC (a partir de datos de Kantar Media). Telecomunicaciones y audiovisual. Informe económico sectorial 2020, p. 157.

Gráfico 8.2. Cuotas de mercado en ingresos publicitarios y porcentaje

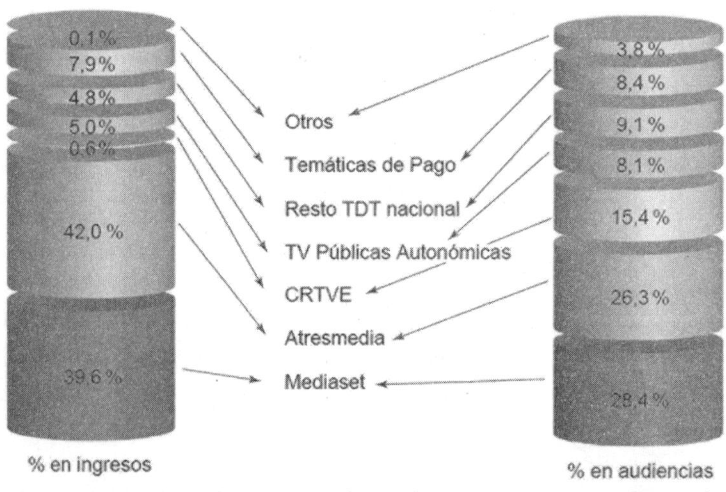

Fuente: CNMC (con datos de Kantar Media). Telecomunicaciones y audiovisual. Informe económico sectorial 2020, p. 158.

cadenas de televisión vulneran las normas de competencia y limitan la capacidad del resto de las televisiones para poder competir en la captación de ingresos publicitarios.[93] La sentencia se encuentra recurrida por Atresmedia y Mediaset y está pendiente de resolución de la Audiencia Nacional.

El presidente de la CNMC, que cesó en 2020, había expresado de manera muy clara su preocupación por la concentración del mercado publicitario: «A nosotros los duopolios nos ponen extremadamente nerviosos, por no hablar ya de los monopolios. Cuando lo que tenemos son tres actores, la situación nos inquieta y sólo cuando tenemos cuatro, estamos más tranquilos», señaló en un foro público en 2015.[94] Mediaset respondía en 2019 a la resolución de la CNMC recordando precisamente estas palabras de Marín Quemada y remitiéndose al espíritu de la Ley General de la Comunicación Audiovisual, que venía a autorizar las concentraciones entre operadores de televisión para resolver el problema de la viabilidad de Cuatro y La Sexta.[95]

A la espera de que se produzca la resolución sobre esta sentencia, que podría cambiar el panorama televisivo español, el último informe sectorial sobre telecomunicaciones y audiovisual publicado a finales de julio de 2022 por la Comisión Nacional de los Mercados y la Competencia no incluye ya información sobre los grupos de televisión en nuestro país ni sobre el reparto de la tarta publicitaria entre ellos. La televisión, para la actual CNMC, es descrita como un

93. Comisión Nacional de los Mercados y la Competencia. Resolución Expte. S/DC/0617/17/ATRESMEDIA/MEDIASET del 12 de noviembre de 2019. Disponible en: <https://www.cnmc.es/index.php/gl/node/367371>.

94. Semprún, África y Rubén Esteller, «La CNMC arremete contra el duopolio televisivo y quiere 4 grandes grupos», *El Economista*, 22 de abril de 2015. Disponible en: <https://ecoteuve.eleconomista.es/noticias/noticias/6649875/04/15/La-CNMC-arremete-contra-el-duopolio-televisivo-y-quiere-4-grandes-grupos.html>.

95. «Acerca de la resolución de la CNMC sobre el expediente en materia publicitaria. Comunicado emitido el 6 de mayo de 2019 ante la filtración del expediente sancionador de la CNMC», Mediaset España, 6 de mayo de 2019. Disponible en: <https://www.mediaset.es/comunicacion/corporativo/cnmc-resolucion-mediaset-publicidad_18_2749950010.html>.

servicio minorista como lo son la telefonía fija, la banda ancha fija o la telefonía móvil,[96] lo que no deja de resultar inquietante.

¿Tiene alguna relevancia el control sobre la televisión?

La necesidad de recuperar un discurso que atienda no solamente al pluralismo y la diversidad en la propiedad como medida de la libre competencia y la libertad de mercado, sino también, y fundamentalmente, como expresión de la libertad de información y de opinión, aparece de nuevo cuando se observan indicadores como los generados por el Centre for Media Pluralism and Media Freedom, que sitúa los riesgos derivados de los procesos de concentración mediática en nuestro país por encima de la media europea.[97]

Gráfico 8.3. España: pluralidad de mercado

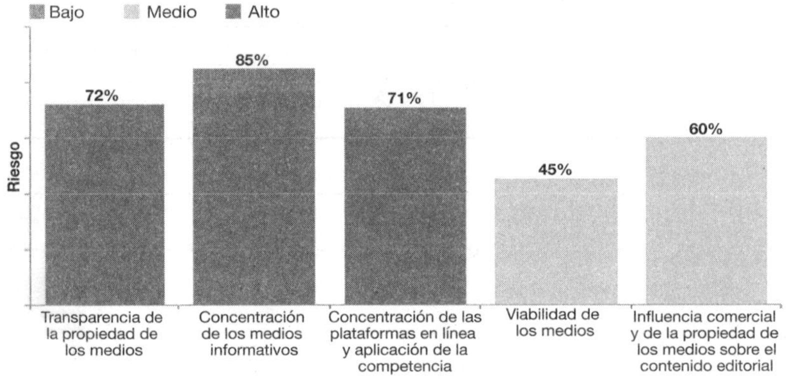

Fuente: Media Pluralism Monitor 2021, Country Report Spain, p. 12.

96. Comisión Nacional de los Mercados y la Competencia, Telecomunicaciones y Audiovisual, *Informe económico-sectorial 2021*, Estud/CNMC/002/2022, 26 de julio de 2022. Disponible en: <https://www.cnmc.es/expedientes/estadcnmc00222>.

97. Suau Martínez, Jaume, Carlos Ruiz Caballero *et. al.*, «Monitorizando el pluralismo mediático en la era digital. Aplicación del Media Pluralism Monitor en la Unión Europea, Albania, Montenegro, la República de Macedonia del Norte, Serbia y Turquía en el año 2021», European University Institute, 2022. Disponible en: <http://hdl.handle.net/1814/74706>.

El debate sobre el pluralismo expresado en los términos en los que se han manejado hasta aquí no tendría demasiado sentido si no fuera porque la televisión tradicional sigue siendo hoy en día el medio de información principal, especialmente en los procesos de creación de opinión pública más importantes que puede vivir un país, como son los períodos electorales. Según datos del Centro de Investigaciones Sociológicas, la televisión fue el medio preferido por los españoles para seguir la información política y electoral en las elecciones generales de 2019, seguida por las redes sociales e internet.[98]

Tabla 8.2. Seguimiento de la información política y electoral a través de los diferentes medios en las elecciones generales de 2019

	Todos o casi todos los días	Cuatro o cinco días por semana	Dos o tres días por semana	Un día a la semana	Menos de un día a la semana	Nunca o casi nunca	N.C.	(N)
Periódicos	19,9	4,7	7,0	3,6	1,6	61,8	1,3	(5.943)
Televisión	55,3	10,6	9,8	3,4	2,0	18,6	0,4	(5.943)
Radio	19,6	4,5	4,7	2,0	1,5	65,9	1,9	(5.943)
Redes sociales/Internet	28,5	4,9	5,7	2,3	1,5	55,1	1,9	(5.943)

Fuente: Centro de Investigaciones Sociológicas, mayo de 2019.

Respecto a las cadenas identificadas como referentes a la hora de seguir la información electoral, el 43,1 por ciento de los encuestados declaraban que sus cadenas de referencia fueron Antena 3 y La Sexta, fusionadas en octubre de 2012 en el Grupo Atresmedia; el 24,3 por ciento señalaba los canales de RTVE, y el 16,6 por ciento indicaba que había seguido la información electoral a través de los canales de Mediaset: Telecinco y Cuatro, fusionados a finales de 2010. Si proyectamos estos datos sobre la totalidad de los canales de televisión con programación informativa, el 85 por ciento de los españoles prefirieron la televisión de ámbito estatal para informarse en la campaña de 2019 frente a los canales autonómicos y locales; dentro de los canales de ámbi-

98. *Estudio n.º 3248, postelectoral elecciones generales 2019*, Centro de Investigaciones Sociológicas, mayo de 2019. Disponible en: <https://www.cis.es/cis/opencm/ES/1_encuestas/estudios/ver.jsp?estudio=14453>.

to estatal, el 71,4 por ciento prefirió la televisión privada a la pública; y, dentro de la televisión privada, el 71 por ciento de los encuestados identificaron a los canales del Grupo Atresmedia como referentes, el 24 por ciento a los de Mediaset, y el 1,8 por ciento a 13TV o Intereconomía. Aunque pueda haber divergencias entre estos datos y los de audiencias y consumo real, ponen de relieve la percepción de la ciudadanía respecto de la relevancia de las diferentes cadenas como proveedores de información de valor.

En términos de acumulación de audiencia, concentración de ingresos publicitarios y percepción de influencia real en los procesos de configuración de la opinión pública, podría concluirse que, aunque se cumple el mandato de la Ley General de Comunicación Audiovisual de coexistencia de al menos tres prestadores privados de ámbito estatal, la realidad es que el mercado de televisión privada en abierto, que sigue siendo el de consumo mayoritario en nuestro país, se parece mucho más a un duopolio que a otra cosa.

Dadas las dimensiones limitadas del mercado español, no parece que haya espacio para múltiples jugadores, máxime en el momento actual, cuando la competencia de las plataformas online está obligando a redefinir las reglas del juego a unos y otros. ¿Cómo preservar el necesario pluralismo de información y opinión en un entorno de estas características? En primer lugar, debe asegurarse que las condiciones de acceso y competencia en este mercado funcionan de manera efectiva y que el órgano que tiene encomendadas las funciones de control y supervisión las ejerce de manera diligente. Pero quizá deba ponerse el acento al menos con igual intensidad en las dimensiones del pluralismo interno de los grupos mediáticos.

Los procesos de concentración empresarial no conducen de manera fatalista e inevitable a procesos paralelos de concentración informativa. Existen diferentes mecanismos, entre los que podemos destacar al menos estos dos: el mantenimiento de redacciones diferenciadas en el seno de las unidades de negocio o áreas de producto de un grupo mediático, lo que aboca necesariamente a mayores costes que si las redacciones se integran en un único entorno de producción informativa; y el afianzamiento de los criterios profesionales en la generación, tratamiento y difusión de la información, lo que exige no sólo dotarse de códigos éticos y barreras de control, sino también ser capaces de generar culturas corporativas en las que primen valores de marca bien definidos, interiorizados por toda la organización y con sistemas de control operativos y eficaces. Es decir, no se trata tanto de una cuestión de mercados y competencia cuanto de identidad y valores.

9

De «Gran Hermano» a «Sálvame»: la necesaria reconquista de la calidad televisiva

Alberto Lardiés

> Telebasura es todo programa que baje de un 20 por ciento.
>
> PAOLO VASILE, consejero delegado de Mediaset

El 25 de abril de 2022 se conocían en España dos noticias radicalmente opuestas. Por un lado, trascendía que el científico Eduard Batlle, jefe del Laboratorio de Cáncer Colorrectal del Instituto de Investigación Biomédica de Barcelona, y sus compañeros de investigación habían descubierto el primer anticuerpo que ataca las células madre del cáncer y frena la propagación de tumores y la metástasis. Por otro lado, Belén Esteban se rompía la rodilla en directo durante una prueba en «Sálvame».

Dos días después, varios usuarios de Twitter llamaban la atención sobre la relevancia dispar de ambas cuestiones desde el punto de vista mediático. Porque la caída de la conocida durante años como «princesa del pueblo» llevaba 48 horas como *trending topic* mientras que en la red social apenas se hablaba del descubrimiento pese a su evidente repercusión. Al leer esos tuits, cualquiera asediado por la curiosidad podía comprobar el impacto de ambas noticias mediante unas búsquedas en Google, en la pestaña de noticias, sobre las dos cuestiones.

Si se introducía la búsqueda «Belén Esteban caída» aparecían aproximadamente 66.200 resultados obtenidos en 0,47 segundos. Si, en cambio, se buscaba «Eduard Batlle cáncer» salían aproximadamente 1.210 resultados logrados en 0,28 segundos. Si se ampliaban las búsquedas, la tónica era similar. Porque «Belén Esteban» a secas arrojaba aproximadamente 4.730.000 resultados (0,50 segundos) y «Eduard Batlle» producía aproximadamente 3.310 resultados (0,26 segundos).

Más difícil era comparar, siguiendo con el caso expuesto, cuántos minutos de televisión se dedicaron a ambas cuestiones en las diferentes cadenas generalistas. Pero cualquiera con gusto por ejercitar la memoria con la videoteca puede comprobar cómo en diferentes espacios televisivos, sobre todo en Telecinco, claro, así como en numerosas revistas y periódicos, se dio cuenta de la operación, la recuperación y la posterior reaparición de Esteban y cómo, por el contrario, de la investigación científica nunca más se supo televisiva y mediáticamente hablando.

Vienen a cuenta los datos de estas mediciones —rudimentarias e incompletas, sí, pero también reveladoras— porque permiten llegar al menos a tres conclusiones sencillas: en primer lugar, queda demostrado una vez más que el nivel de penetración en la sociedad de la televisión basura, televisión espectáculo o telebasura, llámese como se llame, es enorme; en segundo lugar, esa evidencia, unida al caso que comentamos, permite reabrir el viejo debate periodístico sobre quién es más responsable en este tipo de consumo televisivo, si las cadenas que lo ofrecen o bien los ciudadanos que lo devoran, y, por último y no por ello menos importante, los datos anteriores señalan también el amplio tratamiento que los demás medios de comunicación dan a las noticias generadas en programas de este tipo.

Volveremos sobre esas cuestiones al final de este capítulo que versa sobre la necesaria reconquista de la calidad televisiva. Pero antes, para entender hasta dónde hemos llegado y por qué ha ocurrido, se antoja obligatorio repasar, aunque sólo pueda ser de forma somera, unos trazos sobre la historia reciente de la televisión en España.

«Tómbola» y «Gran Hermano», el cóctel explosivo

Todo empezó con «Tómbola», un programa que se estrenó en 1997 en Canal 9, la televisión pública valenciana. Era éste el primer espacio en que la llamada «prensa del corazón» ocupaba un lugar de preeminencia en las parrillas televisivas. Y era también la primera vez que se usaba ese estilo tan imitado luego de juntar a un grupo de colaboradores, la mayoría de ellos periodistas, que realizaban una suerte de entrevista coral a un invitado famoso. Sí, existían antes programas de variedades donde se abordaban contenidos «rosas» y con dosis de sensacionalismo, pero no al nivel ni con la forma del programa valenciano. «La información del corazón dejaba de ser cortesana para ser caníbal. Y la entrevista amable daba paso a la entrevista agresiva, en la que el objetivo primordial era poner al entrevistado contra las cuerdas.»[99]

El éxito de audiencia y relevancia de «Tómbola» propició que en las cadenas de televisión nacionales, que habían iniciado sus emisiones sólo ocho años antes, en marzo de 1989, empezasen a aumentar los espacios de este estilo. «Crónicas Marcianas» (1997-2003), por las noches; «Aquí hay tomate» (2003-2008), por las tardes, y «Salsa Rosa» (2002-2006), los sábados por la noche; cada uno con sus matices propios pero todos ellos emitidos por Telecinco, tal vez sean los programas más emblemáticos de este tipo en esa época y, por ello, los precursores de una forma de hacer televisión que alcanzó su cima una década después y que ahora, en 2022, muestra síntomas de agotamiento.

Sin embargo, ninguno de esos programas «del corazón» o de «prensa rosa» hubieran sido lo mismo sin la aparición de otro espacio que cambió la forma de hacer y consumir televisión en España. En 2000 se emitió por primera vez «Gran Hermano», el primer *reality show*. Un producto que provenía de los Países Bajos y que llegaría a medio mundo. A partir de ahí empezaron a escucharse con asiduidad términos que hoy son de uso común como «telerrealidad», «la vida en directo» o «telebasura».

99. Terán, Borja, *Tele: Los 99 ingredientes de la televisión que deja huella*, Somos Libros, Madrid, 2019, p. 228.

Explicar, diferenciar y matizar cada uno de esos conceptos resultaría tal vez demasiado proceloso. Pero resulta innegable que, a grandes rasgos, la combinación de ambos tipos de formatos, en programas con una mesa de debate donde se entrevista a famosos sin compasión ni tapujos y esos *reality shows* donde concursan individuos encerrados y observados por las cámaras durante 24 horas, provocaron la creación del ecosistema televisivo donde «Sálvame» (2009-2022) y sus derivados han triunfado durante más de diez años.

La era de «Sálvame»

La retroalimentación entre los *realities* y los programas acerca de ellos ha sido constante y creciente en Telecinco. Prueba de ello es que «Sálvame» surgió como un espacio para comentar «Supervivientes». El esquema era y todavía es sencillo: el concurso de telerrealidad de turno, sea «Gran Hermano», su versión VIP, «Hotel Glam», «Supervivientes» o «Gran Hermano Dúo», por citar algunos ejemplos de distintas épocas, nutre de contenido a «Sálvame», «Sálvame Deluxe» o «Viva la vida». Además, el *reality* en emisión también tiene productos derivados, como los resúmenes que se emiten cada noche o «El debate», donde se analiza el contenido emitido.

En realidad, los *realities* invaden toda la programación de Telecinco. Porque otros espacios más serios de la cadena también abordan esos mismos contenidos, aunque sea tangencialmente, en algunas secciones dedicadas a este tipo de asuntos. El resultado, que está a la vista de cualquier espectador, es que en dicho canal se producen y emiten horas y horas y más horas de televisión donde los temas son siempre los mismos.

Mismos temas y mismos protagonistas, porque la mentada retroalimentación de contenidos bebe también de la utilización de personajes conocidos y habituales de la cadena. Al principio se hizo con famosos, como en aquel «Hotel Glam» de 2003 donde concursaron Yola Berrocal, Dinio, Aramis Fuster o Pocholo. Después, Mediaset dio otra vuelta de tuerca. Lo hizo al convertir a los propios periodistas o tertulianos en protagonistas de los *realities*. Así, pasaban de juzgar a otros a ser ellos los juzgados por sus propios compañeros. Con toda la retahíla de polémicas, choques, enemistades y amistades que eso genera. Esto es lo que algunos expertos en la materia definen como *metatelevisión*. La televisión que versa sobre la propia televisión.

Pueden ponerse muchos ejemplos de esta práctica metatelevisiva. Sin ir más lejos, cuando se escriben estas líneas un conocido tertuliano de «Sálvame» y otros programas como Kiko Matamoros y una invitada habitual de los mismos espacios como Anabel Pantoja están concursando en «Supervivientes 2022». Quizá el caso más paradigmático sea el de Belén Esteban, que tras convertirse en «la princesa del pueblo» y estrella de Telecinco por la naturalidad con la que hablaba de su relación en los noventa con el torero Jesulín de Ubrique acabó como concursante y ganadora de «Gran Hermano VIP» en 2015.

Esta explotación de los mismos personajes también sucede con algunos que provienen de otras cadenas. Así, a finales de 2012 y principios de 2013 el canal MTV emitió un *reality* llamado «Gandía Shore». Ocho personas reunidas en la citada localidad valenciana. Esos concursantes, la mayoría de cuerpo escultural, convivían sin más dedicación conocida que pasarlo bien sin freno. Una de las participantes era Ylenia Padilla, que tiempo después se incorporó al universo de Mediaset. Durante años pasó en numerosas ocasiones por «Sálvame» y sus derivados, además de que participó en «Gran Hermano VIP» y «Gran Hermano Dúo».

Una vez alcanzada la notoriedad en ese particular universo, el personaje en cuestión, sea alguien desconocido que llega a la fama por concursar en un *reality* o sea uno de sus tertulianos ya reconvertidos, empieza un eterno peregrinaje por los diferentes programas de la cadena. Entrevistas «exclusivas», polígrafos, confesiones de secretos, pruebas de todo tipo en «Sálvame» o concursar en otros *realities*. Todo es posible. Todo vale. Todo suma a la causa del disparate.

¿Qué es la telebasura?

Llegados a este punto sobre el panorama actual, no está de más volver atrás para ubicarse. Si la memoria es frágil para cualquier persona, la memoria colectiva es aún más olvidadiza, como demuestran todos los estudios sobre opinión pública. A veces, al hablar o escribir sobre estos temas, suele caerse en una frívola banalización que les resta relevancia, de manera que se olvida, por ejemplo, cómo en España se consumieron horas y horas de televisión, algunas de ellas en *prime time*, para desentrañar el tipo de relación sexual que presuntamente habían mantenido Yola Berrocal y Dinio en el autobús del citado «Hotel Glam».

O cómo, por rememorar un caso más reciente, en agosto de 2021, durante la emisión de «Sálvame», Rafa Mora y Anabel Pantoja, personajes habituales del programa, cruzaron frases de tan dudoso gusto como «me produces asco» o «antes te producía otras cositas, orgasmos».[100] O cómo, por ir a un ejemplo todavía más cercano, en enero de 2022 Telecinco emitía una «docuserie» en la que Julián Muñoz, el exalcalde de Marbella condenado por varios delitos de corrupción, exponía numerosas cuestiones sobre su vida en pareja con Isabel Pantoja.[101]

Ya puestos a recordar y a hacerlo con justicia, tampoco puede olvidarse que, si bien en los últimos años esta tónica televisiva se ha dado sobre todo en Telecinco, el panorama no siempre fue así, ya que después de la explosión de «Gran Hermano» y durante la primera década de este siglo también Antena 3 apostó decididamente por emitir *realities*. La principal cadena de Atresmedia emitió «El bus», «Confianza ciega», «La isla de los famosos», «La granja» o «El castillo de las mentes prodigiosas», programas con tintes delirantes donde también estaban todos

100. Lardiés, Alberto, «“Me produces asco”, “antes te producía orgasmos” y “tú no tienes documental”», *Vozpópuli*, 12 de agosto de 2021. Disponible en: <https://www.vozpopuli.com/television/rafa-mora-anabel-pantoja.html>.

101. Lardiés, Alberto, «Pon un corrupto en tu *prime time*», *Vozpópuli*, 17 de enero de 2022. Disponible en: <https://www.vozpopuli.com/television/corrupto-prime-time.html>.

esos ingredientes que no constituyen precisamente una oda al buen gusto.

Contenidos como los que acabamos de citar, propios de un capítulo de *Black Mirror* y alejados de cualquier idea que se tenga sobre lo que es la calidad televisiva, justifican el uso del término que tanto se utiliza en la calle pero que parece proscrito para muchos trabajadores del medio. Nos referimos, claro está, a la antes citada «telebasura». El concepto aparece definido con nitidez en el *Diccionario de la Real Academia Española*: «Conjunto de programas televisivos de contenidos zafios y vulgares».

Puede argüirse, tal vez con cierta razón, que es éste un concepto bastante subjetivo, porque puede que para todos los espectadores lo «zafio» o lo «vulgar» no sean lo mismo, amén de que es una palabra tan manoseada que se utiliza para definir casi cualquier cosa que a uno no le gusta. Algunos expertos en la tele concluyen que no es un género en sí mismo, sino que puede hablarse de telebasura en función de la forma en que se presentan los contenidos, aunque versen sobre cualquier cosa. Por ejemplo, para muchos espectadores las tertulias políticas, sobre todo las planteadas por bandos ideológicos, con tertulianos que aparecen situados a ambos lados del *ring*, son telebasura. Mucho podría debatirse al respecto.

Pero, más allá de los debates y los matices lingüísticos, la telebasura existe. Claro que sí. Negarlo es como mantener que la Tierra es plana. Para comprobarlo sólo hay que encender el televisor y observar lo que se emite, sobre todo en determinados programas de Telecinco.

Un paso más allá: buscar pareja en la tele

Esta forma de hacer televisión, llámese «telebasura» o como se quiera llamar, llegó al paroxismo con un paso más allá que consistía en emitir un tipo de concursos, algunos *realities* y otros no, donde al estilo habitual se le añadía el componente de la búsqueda de pareja o, más tarde, de someter a la pareja ya existente a una prueba de fidelidad. O, lo que es lo mismo, poner en la pantalla, a disposición de los espectadores, la intimidad afectiva y sexual. En lenguaje televisivo, son *dating shows* o programas de citas.

El primero de estos artefactos televisivos se llamaba «Granjero busca esposa». Luego vendrían programas como «¿Quién quiere casarse con mi hijo?» o «Un príncipe para Corina». En los últimos años hemos presenciado hasta tres temporadas de «La isla de las tentaciones». Sin embargo, el principal exponente de este tipo de espacios es, sin duda alguna, «Mujeres y hombres y viceversa», que también fue el más longevo del género, ya que duró desde 2008 hasta 2021.

Conviene detenerse, aunque sea de manera sucinta, en el caso de «Mujeres y hombres», porque buena parte de los personajes que todavía hoy pueblan los platós de Telecinco o bien empezaron en ese programa o bien ya eran conocidos y concursaron después como *tronistas* o pretendientes, que son las dos formas principales que existían para aparecer en este espacio, aunque había otras, como la de famosos que hacían de «consejeros del amor». Así, el programa de los tronos era una suerte de cantera para esa metatelevisión permanente en la cadena de Mediaset.

El caso de «Mujeres y hombres y viceversa»

El día de la despedida de «MYHYV», acrónimo habitual del *show*, su último presentador, Jesús Vázquez, aportó algunas cifras: «Se despide un programa con más de trece años en emisión, uno de los programas más longevos de la televisión en España. Más de 2.000 pretendientes, 164 tronistas, más de 3.000 horas de emisión y más de 44.000 personas que se apuntaron al *casting*».[102]

No cabe en este capítulo, y ni siquiera en este libro, un análisis pormenorizado de tantos y tantas tronistas y pretendientes.

102. M. P., «Así ha sido la emotiva gran final de "MYHYV"», *La Vanguardia*, 25 de marzo de 2021. Disponible en: <https://www.lavanguardia.com/television/20210325/6607167/asi-sido-emotiva-gran-final-myhyv.html>.

Los ejemplos de momentos «zafios» o «vulgares» en el programa serían igualmente incontables, quizá darían para una enciclopedia. No obstante, existe un profundo análisis de este programa que realizaron dos investigadoras, Leyre Ruiz y Elena Bandrés, profesoras de la Universidad de Zaragoza.

Su estudio, titulado *Vulneración de la Ley General de Comunicación Audiovisual: El caso de MYHYV* y que puede consultarse en internet, consistió en analizar 45 episodios de «Mujeres y hombres», lo que supone 52 horas de emisión, y cotejarlo con la legislación vigente. Los resultados que obtuvieron y publicaron son demoledores: «Los datos revelan que el programa incita a la discriminación de género, atenta contra la dignidad humana y muestra claros ejemplos de violencia machista».[103]

Entre sus conclusiones, además de apuntar lo ya dicho sobre la discriminación de género que contravendría lo estipulado en la Ley 7/2010 del 31 de marzo (General de la Comunicación Audiovisual), las autoras destacan «las expresiones violentas y machistas vertidas en este programa»; opinan que «la clasificación del programa "no recomendado para menores de doce años"» no es la adecuada, por lo que debería aumentarse, ya que los espectadores más jóvenes son los más vulnerables a los mensajes de los medios»; sostienen que «los valores que transmite el programa son los propios de una sociedad desigual que perpetúa la superioridad del hombre sobre la mujer»; exponen también que «consideramos necesaria la retirada del programa ante la vulneración de los principios fundamentales de la persona»; o apelan a «la responsabilidad social de los medios de comunicación que favorecen la emisión de este tipo de programas con el fin de que eliminen de sus parrillas estos espacios que conculcan los principios básicos de la convivencia entre hombres y mujeres y que entorpecen la consecución de la igualdad de género».[104]

Así las cosas, hablar de telebasura en España no es sólo una

103. Ruiz Acín, Leyre y Elena Bandrés Goldáraz, «Vulneración de la Ley General de Comunicación Audiovisual. El caso de MYHYV», *Revista Latina de Comunicación Social*, 72 (2017), pp. 1367-1393.

104. Ibídem.

cuestión subjetiva ni caprichosa. Tampoco responde a los juicios morales de cada cual o a cerrados estándares de calidad. Ni siquiera tiene que ver, aunque quizá debiera, con la deontología profesional del periodismo que tendrían que observar quienes deciden la programación en las televisiones. Se trata, al cabo, de algo tan básico como el respeto a la ley. Es esa misma ley que divide las horas del día en función de la protección que necesitan. Es el célebre horario infantil que tanto ha dado que hablar y que tan poco se respeta.

La dictadura de la audiencia

Los antedichos son ejemplos claros del panorama televisivo que se ha vivido durante la última década y media en España. Queda una cuestión relevante por desentrañar: ¿por qué lo que llamamos telebasura, televisión espectáculo o metatelevisión existe? Por encima de todo, porque es un negocio redondo. Estos programas tienen la ventaja de que resultan especialmente baratos para las productoras que los hacen y, sobre todo, para las televisiones que los emiten.

Sentar a tertulianos que conversan sobre un asunto, incluidos algunos de esos protagonistas ávidos de fama, es barato, o al menos más barato que producir, por ejemplo, un programa de investigación. A esos menores costes hay que añadir la máxima rentabilidad que se obtiene gracias a la publicidad que se emite durante los programas.

La publicidad, claro, está relacionada con la audiencia, en un orden de cosas que es una suerte de pescadilla que se muerde la cola. Todos los que trabajan en televisión viven bajo la espada de Damocles de un concepto que se llama «el dato». Cada mañana, cuando los trabajadores de cualquier programa llegan a la redacción, lo primero que comentan es «el dato». Se trata, claro está, del índice de audiencia, del dato de espectadores que vieron el programa. De eso, del dato, depende todo en la televisión actual. Un programa que cosecha malos números de audiencia durante unas cuantas semanas es fulminado sin compasión ni remedio. Simplemente desaparece de la parrilla porque «no ha funcionado».

Esa dictadura del *share*, de los datos de audiencia, provoca que los directivos de las cadenas busquen productos que «funcionen», es decir, que se vean, que a poder ser aumenten o al menos mantengan la media del canal. La ecuación es sencilla: si muchas personas ven un programa, también verán los anuncios que se intercalan durante su emisión, de modo que los anunciantes —léase las agencias de medios o los departamentos de las cadenas dedicados al asunto comercial— querrán insertar sus contenidos publicitarios a la hora del programa de marras. Así, como se ha dicho, es una suerte de pescadilla que se muerde la cola.

Porque lo innegable es que, según los audímetros que miden el *share* en España, los programas que aquí nos ocupan se ven. Y mucho. Quizá por ello el entonces consejero delegado de Mediaset, Paolo Vasile, acuñó una frase histórica para definir lo que ocurre: «Telebasura es todo programa que baje de un 20 por ciento».[105] Sin embargo, la Real Academia Española aporta una definición más clara del concepto, como ya hemos explicado.

¿Por qué determinados programas de Telecinco pueden incluir contenidos que tal vez vulneran lo establecido en la ley? ¿Cómo es posible que en el horario infantil antes citado se hayan emitido tantas y tantas barbaridades? La respuesta nos lleva de nuevo a lo caro y lo barato. Simple y llanamente, sale rentable incumplir las normas, aunque haya que pagar unas multas. Porque éstas resultan irrisorias en comparación con el dinero que se factura por publicidad durante la emisión de esos contenidos.

¿Por qué es mala la telebasura?

El debate sobre el impacto de la telebasura en los espectadores suele plantearse como una suerte de dicotomía entre cultura e ignorancia, es decir, entre el público preparado que jamás ve

105. Cubells, Mariola, *¿Y tú qué miras? La tele que no ves*, Barcelona, eldiario.es libros, Madrid, 2013, p. 21.

algo así y el público menos preparado que lo engulle con gula. No es el propósito de este libro adentrarse en estas veleidades, pero conviene apuntar que esa división resulta bastante clasista. Todos los españoles conocen a otros que ven «Sálvame Deluxe» y se trata de un público muy heterogéneo, además de que existen muchos espectadores que acceden a este tipo de contenidos con distancia, como una forma de desconexión, escape o desinhibición. O, dicho de otra manera, los inteligentes no sólo ven los documentales de La 2, si es que alguien realmente los ve.

En todo caso, como aquí se aboga por la necesaria recuperación de la calidad televisiva, conviene argumentar por qué determinada programación, que como veremos está o parece estar en declive, parece desechable. Por increíble que parezca, ya existen estudios que apuntan a que el consumo de telebasura es malo hasta para la salud. Así, la reciente tesis doctoral de Orlando Valdez-López por la Universidad de Huelva incluye un apartado donde se exponen detalladamente todos los aspectos negativos que la telebasura provocaría en los espectadores. Desde el impacto sobre la dignidad humana hasta numerosas implicaciones psicológicas en la forma de comportarse o de pensar de la audiencia pasando por la perpetuación de roles y estereotipos negativos sobre las mujeres, por los trastornos alimentarios o por cómo afecta al mantenimiento de la convivencia pacífica.[106]

Desde una perspectiva menos académica, es obvio que el estilo de la telebasura afecta a otros formatos televisivos porque existe el contagio en las formas. Lo explicaba nítidamente el famoso crítico Ferrán Monegal en una entrevista concedida años atrás: «La telebasura es un término muy amplio. Es un término que infecta y afecta no sólo a los programas típicos de *reality* y demás, sino también a los informativos y a los programas de opinión y de debate, falsos programas de opinión y de debate».[107]

106. Valdez-López, Orlando, *Telebasura, tabloidización y espectacularización: impacto en la audiencia sur-andina y competencias mediáticas para la ciudadanía boliviana*, Universidad de Huelva, Huelva, 2020.

107. Subirana, Jordi, «La telebasura afecta también a los informativos y a los programas de debate», *eldiario.es*, 22 de junio de 2013. Disponible en:

Además de para los espectadores, la telebasura es mala para el propio periodismo. Veamos por qué.

Siempre han existido y existirán en la televisión y en todos los medios de comunicación contenidos banales dominados por el morbo, el sensacionalismo o la obscenidad. El problema está en que ese tipo de programas acaben contaminando y orillando a otros de indudable calidad periodística. Porque, además, la desmesurada presencia de espacios de este género, que no es periodismo sino espectáculo, no se olvide, acaba haciendo un daño irreparable al propio periodismo. No por casualidad, a todo periodista que se precie le han hecho unas cuantas veces bromas o comentarios del estilo de «tú tendrías que estar en "Sálvame"».

La telebasura daña al periodismo principalmente porque en muchas ocasiones se presenta con apariencia de periodismo sin serlo. Estos programas de entretenimiento, que son híbridos por naturaleza, no respetan ni una sola de las reglas deontológicas básicas de la profesión, como el deber de contraste de la información con varias fuentes, el respeto al derecho de todas las personas a su intimidad e imagen, el deber de dar la oportunidad de aportar su versión a cualquier afectado por una información, el compromiso con la búsqueda de la verdad o la nítida separación entre información y opinión.

En los formatos que nos ocupan, salvo en algunas excepciones, el rigor periodístico brilla por su ausencia, se hace pasar por información objetiva lo que es mera rumorología, no se separan los hechos de las opiniones sobre ellos, se trivializa sobre asuntos tan sensibles como el maltrato o el acoso y así un largo etcétera. Lo peor es que todos aquellos espectadores que desconozcan dichos principios periodísticos puedan creer que lo que están viendo es periodismo. No, es un espectáculo que incluye una parte periodística, a veces minúscula.

Son *shows* legítimos, sí, pero no periodísticos, entre otras cosas porque es de sobra conocido que algunos de los concursantes de determinados *realities* o de ciertos programas de testimonios

---

<https://www.eldiario.es/catalunya/telebasura-afecta-informativos-programas-debate_1_5719884.html>.

son actores o aspirantes a serlo, de forma que sus comportamientos en los programas por los que pasan no son estrictamente naturales, puesto que saben que generando tal o cual polémica, aunque sea de forma artificial, tienen más posibilidades de éxito en este tipo de televisión. Participar buscando un trampolín para la fama es jugar con las cartas marcadas.

Es obvio que esta buscada confusión de los géneros puede afectar sobremanera a los espectadores más jóvenes. Un dato revelador al respecto es que, cuando las autoras mencionadas hicieron su análisis sobre «Mujeres y hombres y viceversa», en 2017, veían ese programa una media de 900.000 adolescentes y jóvenes al día.

La pandemia y la crisis de este modelo: ¿hacia el final de la telebasura?

Habrá quien considere un tanto exageradas todas estas conclusiones sobre los perjuicios que causa la telebasura. Pero, en todo caso, quizá tampoco haya demasiado tiempo por delante para medir esas consecuencias. Porque lo que parece es que poco a poco se va imponiendo un nuevo paradigma televisivo donde este tipo de programas pierde fuelle y, en cambio, cobran más relevancia mediática y social otros formatos como los *talent shows* o los concursos de toda la vida.

Después de más de una década en la que Telecinco parecía imbatible merced a estos espacios que orbitan en torno a «Sálvame», las tornas cambiaron en los primeros meses de 2022. Con una programación «blanca» por la que llevaba años apostando, centrada en los concursos de calidad y sin concesiones a la frivolidad, Antena 3 empezó a ganar la batalla a su eterna rival. Hasta el programa presentado por Jorge Javier Vázquez perdió el liderazgo de audiencia en la franja de tarde frente a la serie de origen turco *En tierra amarga*.

«Sálvame» y compañía pierden relevancia. Por ello, el modelo que ha dominado la televisión en España durante los últimos quince años ha entrado en crisis. No son pocos los expertos que aseguran que uno de los motivos de este cambio de tendencia está en la pandemia del coronavirus. Porque parece ser que los espectadores, tras padecer lo indecible durante meses de confinamientos, desescaladas y repetidas oleadas de la enfermedad, quieren ahora otros contenidos televisivos más positivos, alegres y constructivos. Por el motivo que sea, otro tipo de entretenimiento se abre paso en televisión. La prueba irrefutable de ese cambio es que cuando este libro se envía a la imprenta, acaba de conocerse que el citado Paolo Vasile, principal artífice de este modelo, pronto dejará de ser consejero delegado de Mediaset.

También es cierto que estos programas siempre han demostrado una sólida capacidad para reinventarse cuando parecían agotados. Pase lo que pase, haya o no un cambio de modelo, no puede perderse de vista que en España ya se produce y emite televisión de calidad. Ahí están concursos como «MasterChef», «Pasapalabra» o «La Voz», espacios de autor como «Lo de Évole» o «Informe Robinson» y programas de investigación como «En portada» o «Documentos TV». Todos ellos son formatos más que cuidados y que en muchos casos también cosechan éxitos de audiencia, aunque sean más modestos en otros casos. No sólo de telebasura viven los espectadores, aunque todavía haya demasiada cuando hacemos *zapping*. Hay esperanza.

Culpables somos todos

Para concluir, sólo queda hacer cierto examen de conciencia. Contábamos al inicio de este capítulo, merced al ejemplo de la diferente relevancia de un estudio sobre el cáncer y la lesión de Belén Esteban en «Sálvame», tres cuestiones sobre la mala calidad televisiva: el alto nivel de penetración de la telebasura, el debate periodístico acerca de la responsabilidad del público o de las televisiones en este fenómeno y el amplio tratamiento de otros medios de comunicación a estos contenidos. En realidad, los tres asuntos confluyen en uno solo: quién tiene la culpa. Y cualquiera que analice la cuestión con rigor y sin ventajismo, tendrá que concluir que culpables somos todos. Las televisiones por ofrecerlo, los espectadores por verlo y el resto de los medios por propagarlo. Lo que cambia, claro está, es el grado de responsabilidad de cada grupo.

En lo concerniente al resto de los medios, resulta un tanto hipócrita tachar determinados programas de telebasura, al tiempo que esos mismos medios se convierten en máquinas de producir noticias acerca de dichos contenidos en sus ediciones digitales para buscar un aumento de la audiencia. Es decir, hacemos con alegría justo aquello que criticamos con severidad. No resulta lógico ni coherente que, en un periódico de internet, por ejemplo, se publique una crítica feroz contra «Sálvame» mientras en el mismo *home* del diario aparezcan tres noticias sobre la rotura, recuperación y reaparición en muletas de Belén Esteban.

«Culpables somos todos», como se ha dicho, pero en diferente grado. Y, naturalmente, la principal responsabilidad está en los directivos de las cadenas de televisión que decidieron en su día apostar por unos contenidos que sí, eran rentables porque cosechaban grandes datos de audiencia, y que, justo es decirlo, estaban perfectamente hechos, pero que carecían de cualquier atisbo de calidad televisiva. Porque eran y son zafios y vulgares. Porque eran y son telebasura, aunque el término genere rechazo.

No obstante, ya ha quedado dicho que los programas de temática rosa o más frívola han existido siempre y también que por norma general han triunfado en cuanto a *share* se refiere, al igual que todavía hoy se venden revistas del corazón cuando ya han desaparecido los semanarios sobre política. La información sobre los amoríos de las celebridades sigue y seguirá vendiendo. Lo mismo ocurre con los *realities*, porque a todos nos gusta juzgar desde el sofá los comportamientos de otros. Por ello, los espacios de prensa del corazón o de la mal llamada telerrealidad tal vez sean hasta necesarios como forma de diversión, pero todo depende de cómo se moldeen.

Por ejemplo, se puede comentar la última relación amorosa de tal o cual personaje célebre emitiendo una pieza informativa, periodística, con alguna nota de color, que cuente lo que se sabe sobre esa relación y que se complemente con las opiniones mesuradas de expertos. Más discutible es que eso mismo se exponga a la audiencia mediante un vídeo bastante más agresivo y, además, cuando en el plató de turno haya personajes de cualquier ralea que viertan comentarios hirientes contra los protagonistas del asunto. Es la diferencia entre el respeto y el insulto.

Del mismo modo, existen *realities* más que interesantes, como por ejemplo «El Conquistador del Caribe», que se emite en EITB, la cadena pública vasca. Se trata de un programa de supervivencia donde los participantes son personas desconocidas que compiten realizando pruebas de gran exigencia física en las que tienen que demostrar sus habilidades. Tiene su parte de telerrealidad, por así decirlo, con sus nominaciones, sus broncas y sus engaños, claro, pero su base y su interés están en dicha competición y no en los componentes morbosos o escandalosos de las relaciones entre unos participantes que no aspiran a la fama televisiva. Nada que ver, por tanto, con asistir a los devaneos de personajes famosos o pseudofamosos en «Supervivientes». Porque, además, el programa vasco no sirve como excusa para producir horas y más horas de televisión que beban de sus componentes más polémicos. Es la diferencia, en suma, entre un enfoque meramente entretenido y un enfoque sensacionalista.

No abogamos aquí por censurar, perseguir o prohibir los formatos televisivos a los que nos hemos referido como telebasura y mucho menos por estigmatizar a sus espectadores. Ni unos ni otros son demonios a los que haya que exorcizar. Máxime si, como se ha dicho, todos los medios contribuyen a crear el ecosistema para que esos contenidos sigan triunfando. Pero sí abogamos, en cambio, por reclamar que quienes toman las decisiones sobre la televisión que se hace recuerden que cualquier negocio, incluido el televisivo, es más sano si se tienen en cuenta la deontología y la responsabilidad profesionales.

Ahora, cuando parece que el paradigma televisivo cambia en España y cuando es palmario que la propia forma de consumir televisión se transforma a marchas forzadas debido a la pujanza de las plataformas de pago y las redes sociales, es lícito aspirar a que los descubrimientos de Eduard Batlle tengan más peso que la tibia y el peroné de Belén Esteban. O, dicho de otro modo, es legítimo y hasta lógico desear que el entretenimiento sea más mesurado en las formas y ocupe menos espacio en la programación. Apostar, puesto que la razón de ser de este libro es cuidar y regenerar el periodismo, por una reconquista de la calidad televisiva que resulta posible y, sobre todo, necesaria tras tantos años de desmanes.

10

El ocaso de la información en televisión. Una propuesta de recuperación

Mercedes Medina Laverón y Tatiana Pereira-Villazón

Antes de empezar a analizar la pérdida del carácter de la televisión como medio informativo, nos parece pertinente hacer una reflexión sobre si la televisión puede considerarse un medio informativo, puesto que es un medio donde más de la mitad de sus contenidos se destinan prioritariamente a entretener.

Cuestionando el carácter informativo de la televisión. Una visión histórica

La primera cadena de televisión en Estados Unidos, la NBC, vio la luz en 1939 con un programa deportivo, patrocinado por Procter & Gamble.[108] Si se considera la retransmisión de un partido de béisbol como un hecho de entretenimiento, premisa no difícil de admitir, se podría afirmar que la televisión surgió para entretener a la audiencia y no para informar, como sucedió con los medios impresos a principios del siglo XX.

Tras estas primeras andadas, en Estados Unidos continuó el crecimiento acelerado del fenómeno televisivo, que se manifestó

108. Barnouw, Erik (coord.), *International Encyclopedia of Communications*, University Press, Reino Unido, 1989.

tanto en extensión geográfica como en programación y audiencia, con repercusión inmediata en la publicidad. En 1949, gracias al cable coaxial, la televisión llegó desde Nueva York a Chicago; en 1951, a Los Ángeles, y a lo largo de la década se fue difundiendo por todos los estados.[109,110] La parrilla de programas se vio enriquecida con nuevos espacios, aunque los programas de concurso y de entretenimiento patrocinados por los anunciantes siguieron ocupando un lugar preferente: «Television Playhouse», «Kraft Television Theater», «Ford Theater» de la NBC, «The $ 64,000 Question», «Twenty One» de la CBS y «You Bet Your Life».

Otros programas de éxito fueron las series dramáticas: por ejemplo, *Dragnet* (1951-1956 y 1967-1970), que inició el nuevo género de las series policiacas; *I Love Lucy* (1951-1960), pionera de las conocidas por el nombre de *situation comedies*; los wésterns, *Gunsmoke* (1955) y la famosa serie *Bonanza* (1959), y la serie de misterio *Perry Mason* (1958).[111] También comenzaron los programas informativos, pero no con la misma acogida que los anteriores. El primer acontecimiento político televisado fue la campaña presidencial de Nixon y Eisenhower en 1952. Ese mismo año, la NBC lanzó el programa «Today», en el que durante una hora se transmitían entrevistas, noticias, información meteorológica, actuaciones. Murrow en la CBS promovió algún programa de este género: «Person to Person» (1953-1959), programa de entrevistas, y el documental sobre problemas laborales «Harvest of Shame» (1960). Algunos presentadores se especializaron en temas de actualidad.

Al otro lado del charco, la misión de servicio público de la televisión europea marcó un tipo de programación diferente a la estadounidense. Su interés principal era servir al público y no ganar dinero. Por tanto, tuvo un carácter informativo desde su

109. Bertrand, Claude-Jean, *La televisión en Estados Unidos: ¿Qué nos puede enseñar?*, Rialp, Madrid, 1992.

110. Greenfield, Jeff, *Television: The First Fifty Years*, Harry N. Abrams, Inc., Nueva York, 1977.

111. Hudson, Robert V., *Mass media, A Chronological Encyclopedia of TV, Radio, Motion Pictures, Magazines, Newspapers, and Books in the U.S.*, Garland Publishing, Inc., Nueva York, 1987.

origen, pero su precariedad originaria tras la guerra impidió un desarrollo industrial hasta superadas las consecuencias de la Segunda Guerra Mundial en los años cincuenta.

A diferencia de Estados Unidos, en Europa los anunciantes no fueron una pieza clave en la programación. En Alemania los únicos programas que se emitieron en esos años fueron películas y música. En 1938, la programación adquirió un tono propagandístico, que no cesó hasta el fin de la guerra. Más tarde empezaron programas informativos, debates, entrevistas. La programación inglesa fue semejante a la alemana: películas, debates y programas dramáticos. El 6 de mayo de 1937 se emitieron las primeras imágenes de la ceremonia de la coronación del rey Jorge VI.

En el período posbélico, los satélites y las agencias de noticias especializadas en televisión contribuyeron a que la cobertura informativa adquiriera alcance internacional. En julio de 1962, la U.S. National Aeronautics and Space Administration lanzó el satélite Telstar I, que puso en conexión a Estados Unidos con Europa. Un año más tarde se creó el International Telecommunications Satellite Consortium (Intelsat) para desarrollar el sistema de satélite, firmado por 14 países, que en 1977 pasaron a ser 77.[112] Después de este primer satélite se pusieron en órbita otros hasta establecer una gran red de transmisiones transoceánicas que enriqueció las parrillas de programas de todos los países. Por otra parte, las ondas hercianas sobrevolaron una vez más las fronteras permitiendo captar en algunas naciones los programas emitidos desde países vecinos.

El segundo factor que propició el desarrollo informativo de la televisión fue la promoción de agencias de noticias audiovisuales. Según Barnouw,[113] después de la Segunda Guerra Mundial el flujo informativo internacional se impulsó especialmente desde tres focos: la Visnews creada en 1957, cuyo mayor accionista fue la agencia inglesa Reuters; la Worldwide TV News, fundada por la cadena estadounidense ABC, y la CBS Newsfilm.

112. Faus, Ángel, *La información televisiva y su tecnología*, EUNSA, Pamplona, 1980.

113. Barnouw, *op. cit.*

El flujo de programas entre Europa y América se vio enriquecido gracias a Eurovisión, proyecto del que se habló por primera vez en 1950 en la Asamblea General de la Unión Europea de Radiodifusión (UER). El 90 por ciento de los programas de Eurovisión fueron deportes y noticias. Por otro lado, en la conexión audiovisual Europa-América, España se convirtió en pieza clave, especialmente para Latinoamérica, que comenzó a recibir material español desde 1971, año que confirma el intercambio de programas en la Organización Iberoamericana de Televisión (OIT). Igual que a través de Eurovisión, los programas que más se intercambiaron fueron los deportivos y los informativos. Sin embargo, el flujo de programas no tuvo el mismo volumen en las dos direcciones, siendo más copioso de Europa a Latinoamérica que en sentido inverso. En julio de 1969, espectadores del mundo entero pudieron presenciar en directo la llegada de Neil Armstrong y Edwin Aldrin a la Luna.

Con este proceso de transmisión de contenidos televisivos más allá de las fronteras nacionales gracias a los satélites, se consiguió algo que hasta entonces no se había alcanzado: la simultaneidad de la información en los distintos países y la posibilidad de emitir y recibir directamente información sobre acontecimientos. Desde este momento, la historia empieza a ser televisada y conocida por millones de personas de todo el mundo al mismo tiempo, o con pequeñas diferencias de tiempo, en que se producen los acontecimientos.

Los conflictos bélicos perjudicaron el desarrollo de la televisión hasta un momento concreto de la historia: la guerra de Corea (1950). A partir de ese momento, las guerras y las posguerras han sido motivo para el desarrollo informativo de la televisión.

Asimismo, la regulación, tanto europea como nacional, considera la información como un servicio esencial que la televisión debe cubrir. La última reforma de la Ley General de Comunicación Audiovisual 13/2022, en el artículo 16 dice que «el servicio de comunicación audiovisual televisivo es un servicio de interés general que se presta en ejercicio de la responsabilidad editorial de conformidad con los principios de respeto a la dignidad humana, a los principios constitucionales, al honor, la intimidad y la propia imagen, y al amparo de los derechos constitucionales que fomentan la libertad de expresión, reconocen el derecho a comunicar y recibir información, a participar en la vida política, económica, cultural y social y a la libertad de empresa».

La Directiva Europea de Servicios de Comunicación Audiovisual (2010/13/UE) y sus posteriores reformas mantienen que la finalidad principal del servicio de comunicación audiovisual «consiste en ofrecer programas al público en general, bajo la responsabilidad editorial de un prestador de servicios de comunicación, con objeto de informar, entretener o educar, a través de redes de comunicaciones electrónicas». Por tanto, el marco regulatorio sigue encontrando en el medio televisivo un aliado esencial para informar a los ciudadanos. Señalar la responsabilidad editorial resulta clave para marcar la diferencia entre noticias elaboradas por un medio de comunicación profesional con una línea editorial definida y conocida por los profesionales y el público en general, y noticias cuya fuente es desconocida y opaca, con intereses ajenos a informar al público con la verdad y la honradez que la profesión periodística imprime.

Tanto el devenir histórico como la realidad regulatoria llevan a destacar el papel informativo de la televisión. Aunque no se debe obviar que la televisión como medio de comunicación tiende más al entretenimiento que a la información. Su uso doméstico, sencillo, barato, cómodo, la convirtieron durante años en el medio más popular y más consumido por los ciudadanos. Con la privatización se acentuó su carácter comercial y la intención de alcanzar grandes audiencias para atraer mayores inversiones publicitarias.

¿Qué entendemos por información en televisión?

Antes de adentrarnos en el detrimento de esta función informativa y aportar algunas soluciones, conviene hacer una aclaración de conceptos sobre qué entendemos por «información». En la literatura clásica sobre géneros televisivos, se distinguen los informativos, como son los telediarios (*news*), espacios diarios, emitidos a la misma hora durante más de treinta minutos, de información de actualidad, transmitida por uno o varios presentadores, que suele ir acompañada de imágenes relacionadas con lo sucedido, infográficos, entrevistas. Habitualmente se emiten tres veces al día: uno por la mañana, otro al mediodía y otro por la noche. Es un tipo de programa que se da en todos los países, con variaciones de duración, horario y frecuencia, y suele ser visto por un número elevado de personas.

El segundo informativo puro es «el tiempo», que forma una unidad independiente de las noticias, aunque suele ir inmediatamente después de éstas, y en tercer lugar, los programas de actualidad (*current affairs*), que son programas informativos con duración mayor que los telediarios y de periodicidad normalmente semanal. Su contenido está formado por resúmenes de los acontecimientos más destacados de la semana. El elemento gráfico desempeña en ellos un papel importante.

Asimismo, dentro de los informativos cabría incluir los programas culturales. Se diferencian de los primeros en que sus contenidos no están vinculados necesariamente a la realidad inmediata. Suelen ocuparse de temas de cultura, naturaleza, arte, costumbres, folklore, música, cuestiones sociales, educación, familia, salud, medioambiente o gastronomía. Procuran incrementar los conocimientos del público y facilitar algo más que mera información. Dentro de estos programas, encontramos el subgénero documental, que son reportajes y programas de interés sobre cualquier realidad cultural. En este grupo también se pueden incluir los programas que se emiten con ocasión de un suceso relevante, esperado o inesperado, los denominamos «informativos especiales».

La gama de este tipo de programas es amplia: cobertura de viajes de personajes en el panorama internacional, programas políticos en época electoral o seguimiento de un acontecimiento bélico o una catástrofe. Cabría incluir también los debates y entrevistas, en los que participan distintas personas con prestigio intelectual o relacionadas con algún suceso actual, para manifestar su parecer sobre un tema conocido de antemano. Habitualmente un moderador conduce el debate. En el caso de las entrevistas, las preguntas del periodista se suelen dirigir sólo a una persona y el contenido no suele centrarse exclusivamente en un tema como en los debates. En este caso, los periodistas suelen tener un prestigio fruto de su experiencia. En el panorama español cabría destacar a José Luis Balbín, Jesús Hermida o Manuel Campo Vidal, y más recientes como Jordi Évole, Risto Mejide o Ana Pastor, entre otros.

Cuando empezó la televisión privada, se popularizaron los programas que combinaban elementos informativo-culturales con formato de entretenimiento y se prodigaron los *infoshow*, *late* o *night shows* como «La Noria», «El Intermedio», «El Hormiguero» «La Resistencia». Estos programas de emisión nocturna convirtieron la información en espectáculo. Junto con actuaciones artísticas y musicales, intercalan entrevistas a personajes de relevancia pública. Algunos han suscitado polémicas por su carácter escandaloso, que en muchas ocasiones interfiere en el trabajo de la policía.

Cuando los debates versan sobre temas más vulgares, tienen un fin divulgativo, pretenden generar opinión sin que los participantes suelan ser expertos en la materia, sino que proceden del mundo del espectáculo o son ciudadanos normales, se denominan *talk shows*. Se incluirían también en este grupo las *revistas del corazón*, donde se informa de hechos relacionados con la vida y actividad de personajes famosos. En todos estos, el linde en la información, el espectáculo y la guionización no se identifica fácilmente.

La sociedad del entretenimiento

En la época actual, adentrada ya la década de los veinte del siglo XXI, la dieta de los ciudadanos ha dado un giro radical. La rápida digitalización de los contenidos y el crecimiento de internet propiciaron el escenario perfecto para que la distribución de contenidos creciera exponencialmente y favoreció la introducción de nuevos servicios de pago bajo demanda, casi desconocidos en el consumo audiovisual.[114,115]

114. Doyle, Gillian, «Resistance of channels: Television distribution in the multiplatform era», *Telematics and Informatics*, 33, 2 (2016), pp. 693-702. Disponible en: <https://doi.org/10.1016/J.TELE.2015.06.015>.

115. Campos-Freire, Francisco, «Adaptation of traditional media to the

Con la incursión de las plataformas de consumo de vídeo, que comenzaron a operar en Estados Unidos entre 2006 y 2008 y en España en 2015, cambiaron las expectativas y preferencias de los usuarios respecto a los contenidos audiovisuales.[116] Las plataformas en *streaming* ofrecieron sobre todo una amplia biblioteca de contenidos de ficción, pero poco a poco fueron incluyendo contenido informativo tipo documental o docuseries. Por ejemplo, Disney + ofrece los documentales de National Geographic; HBO creó la serie *Chernóbil*, donde se exponen los responsables de la catástrofe nuclear, y Netflix el documental *El dilema social*, sobre el negocio y dominio de las vidas de los usuarios de las redes sociales.

No es desdeñable la labor que han hecho estas plataformas en su exposición sobre la tragedia vivida en España con el terrorismo de ETA: HBO produjo la serie *Patria*; Movistar+ apostó por *La línea invisible*, donde se narra el origen de la banda terrorista, y *ETA: el final del silencio*, donde se cuenta su culminación; y en Amazon Prime tenemos *El desafío: ETA*. De acuerdo con Marcos (2021),[117] esta ficción se puede denominar «entretenimiento divulgativo», y no hay duda de que, aunque no tiene un fin informativo por la distancia con la realidad actual, su labor informativa en cuanto a dar a conocer una realidad acaecida en la España reciente es innegable.

Los servicios en *streaming* son los grandes actores del sector audiovisual y constituyen una pieza central de la dieta de consumo de contenidos de los usuarios. Un servicio como Netflix tiene una penetración en el mercado español del 60 por ciento frente a Amazon Prime, que tiene una penetración del 53,7 por ciento.[118] En lo que respecta al uso de las plataformas para ver televi-

---

metamedia innovation», *El Profesional de la Información*, 24, 4 (2015), pp. 441-450. Disponible en: <https://doi.org/10.3145/epi.2015.jul.11>.

116. Alcolea-Díaz, Gema, Carlos Marín-Lladó y Laura Cervi, «Expansion of the core business of traditional media companies in Spain through SVOD services», *Communication & Society*, 35 (1) (2022), pp. 163-175. Disponible en: <https://doi.org/10.15581/003.35.1.163-175>.

117. Marcos, María, *ETA catódica: Terrorismo en la ficción televisiva*, Laertes, Barcelona, 2021.

118. Barlovento Comunicación, *op. cit.*

sión a la carta, Netflix ocupa el primer lugar, siendo la plataforma escogida por el 50,2 por ciento de la población española, seguida de Amazon Prime con el 31,4 por ciento y, en tercer lugar, Movistar+ con el 21,7 por ciento.[119] Finalmente, en cuanto a la cuota de pantalla, Netflix encabeza la lista con el 33,8 por ciento, seguida de Amazon Prime con un 18,4 por ciento y Movistar+ con una cuota del 13,1 por ciento.

Estas plataformas han desplazado el consumo audiovisual de las televisiones tradicionales, especialmente entre las capas de población más joven. Efectivamente, el modo de consumo dejado al arbitrio del consumidor, en cualquier dispositivo, en cualquier momento del día y junto con cualquier actividad simultánea ha afectado a la atención del consumidor y la recepción de los contenidos de acuerdo con el peso real que tienen. Cuando estas historias que vemos son narradas en forma de ficción corremos el riesgo de verlas como el desenlace de un buen guion narrativo sin caer en la cuenta de que no estamos ante una ficción creada, sino ante la recreación de una realidad acaecida.

Ciertamente, la abundancia de imágenes y la libertad de acceso a cualquier contenido puede provocar en el espectador la confusión entre las imágenes que recibimos de la reciente guerra de Ucrania, o un videojuego de guerra o un *reality* de supervivencia. Lo que vemos puede haber ocurrido hoy, ayer, hace un año, hace cincuenta o cien años. Ante estos peligros, se requiere una formación más crítica y analítica de los ciudadanos. No en vano, gracias a la participación de numerosas entidades en el debate de la actual Ley General Audiovisual 13/2022, se ha incluido en el artículo 10 la necesidad de impulsar la alfabetización mediática, encaminada a «desarrollar competencias, conocimientos, destrezas y actitudes de comprensión y valoración crítica que permitan a los ciudadanos de todas las edades utilizar con eficacia y seguridad los medios, acceder y analizar críticamente la información, discernir entre hechos y opiniones, reconocer las noticias falsas y los procesos de desinformación y crear contenidos audiovisuales de un modo responsable y seguro».

119. Statista Global Consumer Survey.

Merece la pena que nos detengamos a saber dónde se informan los ciudadanos en la actualidad para entender el peso que tiene la televisión hoy en día como parte de la dieta informativa.

Dónde se informan los ciudadanos: ¿de quién se fían?

El smartphone se ha convertido en la pantalla por excelencia del consumo de información. El consumo de medios tradicionales ha disminuido considerablemente en los últimos años. En 2018, el 77 por ciento de los españoles se informaba a través de cinco o más medios; en 2022 esta cifra ha disminuido a 18 por ciento. A pesar de que más de la mitad de los españoles (58 por ciento) utilizan habitualmente cinco o más medios de comunicación para informarse, uno de cada tres no tiene interés por las noticias ni se fía de ellas (36 por ciento). Esta cifra es aún más preocupante si nos centramos en los jóvenes de entre 18 a 24 años, el 38 por ciento de los cuales percibe un agotamiento frente a la cantidad de noticias que emiten los medios.[120]

Esta falta de confianza, junto a la sobreabundancia de información y que el 61 por ciento de los españoles consideran que los medios no son independientes de los intereses políticos, explica qué fuentes utilizan los usuarios para informarse y cómo lo hacen. Si bien la televisión continúa siendo el medio preferido por los españoles para informarse (59 por ciento), su consumo ha disminuido 15 puntos porcentuales en los últimos seis años. El descenso del consumo de información a través de medios tradicionales no sólo ha ocurrido en España, los datos también son negativos en Reino Unido, donde la audiencia de fuentes de noticias tradicionales como la televisión ha disminuido 26 puntos porcentuales en la última década. El dato negativo también se da en Francia y Dinamarca con una pérdida de un 20 por ciento, y

120. *Digital News Report 2022*, Reuters Institute, 2022. Disponible en: <https://reutersinstitute.politics.ox.ac.uk/sites/default/files/2022-06/Digital_News-Report_2022.pdf>.

las sigue Alemania, que ha pasado del 82 por ciento en 2013 al 65 por ciento en 2022. En Italia la audiencia de noticias de televisión también ha disminuido ligeramente, pero se mantiene mejor que en otros países de Europa.

A pesar de los datos negativos en el consumo televisivo, si nos centramos en el consumo informativo en la televisión en abierto en España hay dos informativos que destacan en la dieta informativa de los espectadores: «Antena 3 Noticias» y los «Informativos de Telecinco». «Antena 3 Noticias» ocupó el primer lugar en las dos emisiones del día de lunes a viernes, en las emisiones de sobremesa y noche de fin de semana, obteniendo una cuota de audiencia media de 19,2 por ciento, frente a Telecinco, que quedó en segundo lugar en 2021 (14,4 por ciento). Este liderazgo de los informativos de Antena 3 se repite por segundo año consecutivo incrementando su cuota en tres puntos en 2021.[121]

En lo que respecta al consumo de otros medios en España, la prensa se sitúa en el quinto lugar y la radio queda en el sexto entre los medios más utilizados como fuentes de noticias. Estos datos también se confirman en países como Reino Unido, donde el consumo de noticias a través de periódicos ha disminuido un 42 por ciento en la última década, o en Francia, país en que el declive de la prensa continúa, según el *Digital News Report*.

Por otra parte, el consumo de noticias a través de las redes sociales continúa creciendo y se sitúa como una opción que va restando cuota de audiencia a los medios tradicionales españoles. Internet es la segunda fuente preferida para obtener información por el 23 por ciento de los usuarios. Estos patrones se repiten en Francia y Alemania, donde las fuentes de noticias en línea preceden a la televisión como fuente semanal de noticias. Noruega amplía aún más la brecha entre el consumo de noticias por televisión (60 por ciento) y las noticias vía internet (85 por ciento).

Durante el primer año de la pandemia de la COVID-19 se

121. *El balance del año 2021*, Madrid, GECA, 2021. Disponible en: <https://www.geca.es/geca/informes/20220103--El%20balance%20del%20a%C3%B1o-2021.pdf>.

produjo un repunte del consumo televisivo. En 2020 los españoles vieron una media de 4 horas y 35 minutos de televisión, 16 por ciento más que en 2019. Sin embargo, los buenos datos de audiencia durante ese período en el que la televisión destacó como el medio más utilizado a la hora de informarse sobre el virus, por delante de los medios digitales, no detuvieron el descenso que venía padeciendo en los años anteriores.[122]

Este descenso del consumo de información se da paralelamente a una crisis de confianza en las instituciones y una disminución del interés por las noticias. Desde 2008, tras la caída de Lehman Brothers, la crisis de confianza ha afectado no sólo a las organizaciones de medios, sino a la mayoría de las instituciones sociales: desde entidades económicas hasta gobiernos, partidos políticos, ONG e Iglesias. Vivimos en una era de desconfianza, en la que los titulares son reemplazados rápidamente, el consumo es cada vez más fragmentado y la fidelidad a las marcas ha dado paso a un consumo más caprichoso y oportunista.[123]

Según los datos publicados por el *Digital News Report* (2022), España se encuentra entre los diez países con menor credibilidad en las noticias, sólo por detrás de Estados Unidos, donde sólo el 26 por ciento se fía de las noticias que lee. La pérdida de confianza no sólo se refiere a las noticias, sino que también se proyecta a las marcas periodísticas. En concreto, Telecinco ha pasado de tener una fiabilidad en sus noticias del 43,6 por ciento en 2020 al 29,2 en 2022; La Sexta ha perdido 13 puntos porcentuales en la fiabilidad de las noticias y Antena 3 ha disminuido del 57 por ciento en 2020 al 46 en 2022. Pero como hemos visto antes, la pérdida de confianza también se da en otros países. En el Reino Unido, la confianza en la BBC ha caído 20 puntos porcentuales en los últimos cinco años, del 75 por ciento al 55.

122. Montaña Blasco, Mireia, Candela Ollé Castellà y Montse Lavilla Raso, «Impacto de la pandemia de la COVID-19 en el consumo de medios en España», *Revista Latina de Comunicación Social*, 78 (2020), pp. 155-167. Disponible en: <https://doi.org/10.4185/RLCS-2020-1472>.

123. Naím, Moisés, *The end of power: from boardrooms to battlefields and churches to states, why being in charge isn't what it used to be*, Basic Books, Nueva York (Estados Unidos), 2014.

Ante este panorama, la necesidad de un replanteamiento de la gestión y tratamiento de la información de las compañías de medios se convierte en una necesidad. Se hace urgente que los medios informativos rescaten su labor curatorial y sigan aportando información contrastada y veraz a los ciudadanos, donde la selección de noticias y enfoques, el contexto, la reflexión que va más allá del hecho noticioso y apunta hacia las causas y consecuencias de lo acontecido aporte valor a la noticia.

Uno de los problemas más acuciantes de la información en televisión es la pérdida de corresponsales internacionales. En la mayoría de las compañías de televisión, como medida frente a la crisis económica, han reducido las plantillas de periodistas y han eliminado a sus corresponsales en el extranjero, con lo que supone de pérdida de acceso directo al origen de las noticias. En algunos casos, los corresponsales no forman parte de la plantilla fija, sino que son autónomos que sobreviven en circunstancias muy precarias.

Recuperando el horizonte informativo de la televisión

El consumo de bienes informativos es un consumo basado en la experiencia. En este sentido, la reputación de la marca y su reconocimiento tienen un papel primordial.[124,125] En general, los productos de los medios son difíciles de evaluar por sus características intangibles, sobre todo, cuando se trata de evaluar la calidad de los programas.[126]

Según el estudio de calidad de la televisión en España emitido por SCOPEN en 2022, cuidar aspectos como la innovación de

124. McDowell, Walter S., *Broadcast television: A complete guide to the industry*, Peter Lang, Nueva York (Estados Unidos), 2006.

125. Arrese, Ángel, «Algunas consideraciones sobre la gestión de productos y contenidos de los medios», *Communication & Society*, 17 (2) (2004), pp. 9-44. Disponible en: <https://doi.org/10.15581/003.17.36331>.

126. Medina, Mercedes, *Calidad y contenidos audiovisuales*, EUNSA, Pamplona, 2006.

formatos, promover una televisión plural, transmitir valores positivos y ofrecer contenidos variados son factores que pueden incrementar la fidelidad de los usuarios, impulsar la aceptación de nuevos productos y atraer anunciantes. En ese sentido, apostar por una marca consolidada, seria y fiable puede contribuir a atraer la confianza de los ciudadanos.

El problema radica en la dificultad que tienen los grupos audiovisuales en mantener las mismas señas de identidad en la multiplicidad de submarcas que manejan, teniendo en cuenta que algunas de estas submarcas lo son de productos de entretenimiento cuyo atributo es diverso del producto informativo.[127] La marca corporativa, al mismo tiempo que ofrece orientación a las audiencias, contribuye a reducir la complejidad y la incertidumbre y aporta fiabilidad a la industria publicitaria.[128]

Estas marcas de medios ya establecidas o «marcas fuertes» pueden aumentar la lealtad de los clientes. Suelen generar un sello de confianza que permite a las audiencias saber qué pueden esperar de los programas y contenidos que emiten las empresas de medios. Concretamente, este sello de confianza, que también se puede interpretar como la reputación de la marca, puede ser transferible a los programas de actualidad y de información.

Desde el Parlamento Europeo se ha dado un fuerte impulso a políticas que fomenten la alfabetización mediática y las garantías para hacer una información fiable. Como respuesta al fenómeno global de las *fake news*, se formó un consorcio europeo con varias universidades europeas y la federación iCmedia para trabajar de forma conjunta en la creación del sello de Confianza

127. Malmelin, Nando y Johanna Moisander, «Brands and Branding in Media Management — Toward a Research Agenda», *JMM International Journal on Media Management*, 16 (1) (2014), pp. 9-25. Disponible en: <https://doi.org/10.1080/14241277.2014.898149>.

128. Siegert, Gabriele, Matthias A. Gerth y Patrick Rademacher, P., «Brand identity-driven decision making by journalists and media managers-the MBAC model as a theoretical framework», *JMM International Journal on Media Management*, 2011. Disponible en: <https://doi.org/10.1080/14241277.2010.545363>.

Audiovisual Informativa (SCAI).[129] El sello pretendía ser una acreditación externa que reconozca el buen trabajo periodístico y asegure que el producto informativo reúne los estándares de calidad exigibles.

Tras una extensa revisión bibliográfica de literatura académica y profesional se determinaron cuatro grandes categorías (con sus correspondientes indicadores), vinculadas a la calidad informativa: a) la empresa que emite los informativos; b) los profesionales que elaboran la información; c) los procedimientos para la elaboración de los informativos, y d) los procesos para la divulgación de los contenidos.

El estado de la cuestión de este trabajo, que ha durado tres años, se puede sintetizar como sigue. En primer lugar, se definieron cinco premisas fundamentales sobre las que existe un amplio consenso. En concreto, los informativos emitidos en televisión tienen un impacto en la sociedad debido a la influencia de los contenidos que transmiten; es responsabilidad de los medios contribuir al desarrollo de una audiencia informada que facilite la toma de decisiones libres e informadas; la producción de informativos de calidad redunda en mejores resultados para las compañías que los emite y en campañas más eficaces para los anunciantes, y finalmente, la producción de informativos de calidad contribuye a atraer y retener a mejores profesionales.

En cuanto a la empresa que emite los informativos, parece necesario que existan procedimientos y códigos que garanticen la transparencia financiera y la libertad de expresión e independencia de los periodistas como garantes de la calidad de los informativos. En concreto, se reclama transparencia en la propiedad y el modelo de gobierno e información pública accesible a todos sobre las principales fuentes de ingresos, en particular de los anunciantes. Asimismo, se exige la existencia de un código de conducta, de políticas de empresa y de directrices editoriales o estatuto del periodista —que expliquen la posición del medio sobre aspectos clave como la libertad de expresión, la veracidad, el respeto al honor y a la intimidad, independencia o tratamiento

129. Véase: <https://www.icmedianet.org/es/proyecto-scai/>.

de contenidos de riesgo—, así como el desarrollo e implementación de sistemas de control y cumplimiento.

Con respecto a los periodistas, se requiere que la plantilla esté formada por profesionales cualificados con recursos disponibles y con capacidades para generar contenidos informativos independientes y de calidad. En cuanto al procedimiento para elaborar contenidos informativos de calidad parece necesario que existan procedimientos de trabajo que garanticen una selección relevante de noticias, con un enfoque riguroso, preciso y comprensible, incluyendo la verificación y el contraste de las fuentes utilizadas. Asimismo, el sello reclama el desarrollo de mecanismos que acerquen la información a los usuarios de manera comprensible y visual y que se tenga en cuenta a los públicos vulnerables antes de la emisión de noticias que contengan contenidos de riesgo como son atentados terroristas, manifestaciones de racismo, violencia, o consumo de sexo, drogas o alcohol.

En cuanto a las condiciones laborales, se reclama transparencia y claridad en cuanto a los tipos de contrato y el modelo retributivo, respeto a la libertad de asociación y garantías de seguridad, en concreto para los corresponsales en zonas de conflicto o en países sin garantías de libertad de expresión, y políticas para preservar la estabilidad e independencia del trabajo de los profesionales. Estas medidas deben ir acompañadas de una formación adecuada orientada a asegurar la calidad informativa y la adaptación a los cambios del sector. El sello también se extiende a asegurar la diversidad y distribución geográfica de la plantilla, que asegure que se puedan cubrir las noticias en cualquier ubicación siguiendo los estándares que garantizan la calidad informativa.

En cuanto a la elaboración de noticias, se valora que exista un proceso en la selección de noticias que asegure la diversidad y el equilibrio entre los distintos puntos de vista, la diversidad y certificación de la calidad de las fuentes y la participación de expertos cuando el tema lo requiera. Finalmente, las noticias deben ser contadas de modo comprensible y claro, con el tono emocional y el lenguaje adecuados, de modo atractivo e incluyendo material gráfico que contribuya a la claridad y comprensibilidad.

Con respecto a las audiencias, se exige que existan procedimientos para escuchar a la audiencia, en particular, mecanismos para rectificar errores, y la obligación de señalar el contenido patrocinado para que la audiencia lo identifique claramente.

Tras consultar a más de doscientos expertos de la industria periodística —periodistas, asociación de audiencias, directivos de cadenas de televisión, anunciantes y reguladores— y del mundo académico en España, Italia y Alemania, se concluyó que los indicadores con más peso para generar confianza son las condiciones laborales de los profesionales informativos, la capacidad de ofrecer una selección relevante de noticias, con un enfoque riguroso, preciso y comprensible, incluyendo la verificación y contraste de fuentes y la comprensibilidad de las noticias.

La proliferación de bulos, la pérdida de transparencia y la confusión entre entretenimiento e información han generado un clima de desconfianza entre el público que lo hace considerar que las malas prácticas periodísticas están generalizadas en todo el sector. Sin embargo, el análisis de los informativos de los principales canales de televisión en España nos llevó a concluir que, en líneas generales, Telecinco, Antena 3 y TVE gozan de buenas prácticas en la elaboración de informativos. Los telediarios europeos en general, según nuestro modelo, tienen un alto grado de satisfacción y confiabilidad. El sello servirá como termómetro para incorporar propuestas de mejora teniendo en cuenta el contexto internacional. En España, Atresmedia ha elegido a iCmedia como socio clave para el desarrollo e implantación de la alfabetización mediática de las audiencias, clave para la mejora del proceso informativo.

La independencia en el quehacer profesional se considera una condición *sine qua non* para el desempeño de un periodismo sano y libre. De acuerdo con el informe de la Asociación de la Prensa (2020),[130] el porcentaje de periodistas contratados que declaran no haber recibido nunca presiones en el ejercicio de su trabajo disminuyó en 2020 con respecto al año anterior (del 24 por ciento al 22). En este sentido, nos gustaría traer a

130. *Informe anual de la profesión periodística 2020* de la APM.

colación el consejo que impartió el cardenal Ratzinger al decano de la Facultad de Comunicación de la Universidad de Navarra en 1998 cuando éste le preguntó cómo ayudar a los antiguos alumnos a seguir defendiendo la verdad y a ser honrados cuando abandonan las aulas universitarias y se incorporan al mundo laboral.

La respuesta del entonces cardenal no tiene desperdicio alguno. Animó a la facultad a «acompañar continuamente a estas personas, a no dejarlas solas, y a crear un contrapeso, un segundo ambiente, que les permita recordar el horizonte en el que fueron formados». Y, en segundo lugar, recomendaba a los profesionales de la comunicación que procuraran un descanso con cierta regularidad, en el que puedan respirar hondo, en el que pudieran recuperarse.[131]

Quizá sea el momento de recuperar la tarea informativa de la televisión para reforzar su naturaleza y su rol en la sociedad actual.[132] Desde el punto de vista informativo, la televisión en abierto sigue desempeñando un papel fundamental gracias a la fuerza de la imagen, la celeridad de su emisión y su poder de convocatoria, que sigue siendo mayor que las plataformas.

Por otra parte, la televisión es el medio más consumido por los *seniors*. Este grupo de población sigue siendo un grupo de influencia en la sociedad por la sabiduría y experiencia acumulada, el tiempo del que disponen y el poder de decisión y dinero para invertir. Quizá la televisión debe poner el acento en este grupo de población sin obsesionarse con los grupos más jóvenes, cuyo interés por la información es menor debido a que sus intereses todavía no coinciden con los de aquellos que sienten preocupación por el mundo que los rodea. Hay programas como debates políticos o documentales que sólo se pueden hacer en televisión.

131. Ratzinger, Joseph, *El cardenal Ratzinger en la Universidad de Navarra: discursos, coloquios y encuentros: Crónica de cinco días*, 30 de enero-3 de febrero de 1998, Universidad de Navarra, Pamplona, 1998, p. 77.

132. Medina, M., «La televisión privada nacional», Gutiérrez, E. (coord.), *Televisión abierta: Situación actual y tendencias de futuro de la TDT*, Colegio Oficial de Ingenieros de Telecomunicaciones, Madrid, 2017, pp. 39-59.

Por otra parte, en el último estudio realizado por UTECA y la Universidad de Navarra, se dice que, tras la guerra de Ucrania, el 81 por ciento de los encuestados señala la televisión, la prensa y la radio como la mayor garantía contra la extensión de la desinformación y el 59 por ciento elige la televisión en abierto; el 50 por ciento, la prensa digital y de papel, y el 48 por ciento, la radio como los canales por los que se recibe una información más veraz, de mayor confianza y más contrastada.[133]

133. *I Estudio sobre la desinformación en España*, UTECA, 2022. Disponible en: <https://uteca.tv/i-estudio-sobre-la-desinformacion-en-espana-un-proyecto-de-uteca-y-la-universidad-de-navarra/>.

11

Poder político y poder mediático

Lucía Méndez

Algunos ejemplos a modo de introducción

Stanley Baldwin, político conservador que fue primer ministro del Reino Unido en el período de entreguerras, pronunció un discurso en 1929 en el que habló en términos poco piadosos de la prensa y del periodismo: «Los periódicos que publican lord Rothermere y lord Beaverbrook no son periódicos en el sentido ordinario del término. Son motores de propaganda de las políticas, deseos, gustos personales y aversiones siempre cambiantes de dos hombres. Los propietarios de estos periódicos buscan el poder, y el poder sin responsabilidad: la prerrogativa de las rameras desde el principio de los tiempos».

Muchos años después, el periodista canadiense metido a político durante un tiempo, Michael Ignatieff, en su discurso de agradecimiento del Premio Francisco Cerecedo que concede la Asociación de Periodistas Europeos (APE), se sinceró sobre su profesión:

> El periodismo se llama a sí mismo el cuarto poder, pero no está para ser árbitro del juego democrático. Es un negocio. Persigue la cuota de mercado más que la verdad. Tiene dueños. Sirve a intereses. Recibe tantos puñetazos como asesta. Agrede a los que están caídos y adula a los que suben. Al periodismo le gusta pensar que

revela los secretos de los poderosos, pero también se encarga de proveer obedientemente lo que los poderosos quieren que reciban los crédulos. El periodismo hace dinero a base de convertir información en poder, y el poder que quiere incrementar es el suyo propio. La eterna provocación de la gente de los periódicos, la razón por la cual enfurecen al poder, es que siempre han tenido poder sin responsabilidad. La prerrogativa de la prostituta.

El ex primer ministro británico y el periodista canadiense coinciden en una de las muchas palabras, conceptos, insultos y descalificaciones con los que se ha identificado y definido a los periodistas a lo largo de la historia. La libertad de expresión ampara a todos y ha de ser respetada por todos. Son dos ejemplos extraídos al azar, pero podríamos encontrar cientos. Los miles de asesores de comunicación y jefes de prensa han sido y son testigos de las descalificaciones que sus jefes políticos vierten contra los medios, cada vez que éstos publican alguna información que no les gusta, o una foto en la que no se encuentran favorecidos.

A lo largo de la vida profesional, los periodistas se pueden encontrar con el caso de hombres o mujeres poderosos que son capaces de llamar al director del medio cuando no les sacan favorecidos en una foto. O de enviar una carta iracunda contra una viñeta, un chiste, o una ilustración que los dibuja en forma de caricatura.

Esa dialéctica que expresan los dos discursos es la que ha presidido las relaciones del periodismo y el poder político desde que los periódicos nacieron, al mismo tiempo que vio la luz la democracia representativa y con ella, la libertad de expresión y el concepto de opinión pública, como elementos imprescindibles de las naciones democráticas.

Una tensión permanente

En esta tensión permanente prensa-poder, cada uno ha tirado para su lado, y bien puede definirse el eterno vínculo que une al periodismo y al poder como una relación de amor-odio. La prensa y el poder se necesitan y se repelen. La prensa tiene su propio poder —el cuarto poder— y el poder quiere tener su propia prensa.

Los periodistas buscan información. Los políticos sólo quieren propaganda. Los periodistas quieren descubrir el lado oscuro. Los políticos únicamente quieren ser reflejados en los medios con su mejor cara. Los periodistas quieren hablar de tú a tú al poder. Los políticos no consideran que los periodistas estén a su altura, porque mientras que ellos se someten al escrutinio de las urnas, los periodistas sólo se someten al escrutinio limitado del mercado mediático.

Muchos de los grandes líderes políticos de las democracias occidentales han responsabilizado a los medios de su declive político e incluso los culpan de haber perdido las elecciones. En España, todos los presidentes del Gobierno se las han tenido tiesas con la prensa:

- Adolfo Suárez, que fue recibido por los medios como un desarrapado intelectual sin méritos para ocupar tan alta magistratura.
- Felipe González responsabilizó de su caída en desgracia a lo que llamó «sindicato del crimen», encabezado por el exdirector de *El Mundo*, Pedro J. Ramírez.
- José María Aznar mantuvo un enfrentamiento brutal con el Grupo PRISA que acabó en los tribunales.
- José Luis Rodríguez Zapatero fue combatido por *El País* durante todo su mandato. Y Mariano Rajoy rompió públicamente relaciones con el Grupo PRISA y se consideró maltratado por un grupo de periodistas precisamente conservadores.
- Pedro Sánchez se construyó como líder socialista sobre la hostilidad de los medios progresistas que pedían su abstención para que gobernara Rajoy y acumuló un capital político que le llevó a recuperar el liderazgo del PSOE y llegar a la Moncloa.

La hemeroteca de las últimas décadas está llena de directores y responsables de los medios que han acusado al Gobierno de turno de sus destituciones. Y de informaciones que atribuyen al poder político, con pelos y señales, el nombramiento de tal o cual director. Incluso la nómina de tertulianos de las televisiones públicas es atribuida asimismo a los partidos que controlan esas cadenas. Hay algunos periodistas que han cruzado la frontera pasando a ocupar cargos políticos. Hasta llegar a los últimos años en los que a veces resulta difícil distinguir a un periodista de un activista político en pro de determinadas siglas y en contra de otras.

En los tiempos ya agotados de la llamada «nueva política», los medios y sobre todo las televisiones fueron los creadores de figuras tan relevantes como Pablo Iglesias o Albert Rivera. Antes de llegar al Parlamento, se hicieron líderes sociales en las televisiones. La ocupación de espacios mediáticos por parte de los nuevos políticos no se correspondió en absoluto con la capacidad de ambos como líderes políticos en las instituciones, donde ambos fracasaron. Los medios construyen liderazgos fulminantes que se desploman tan rápido como ascienden

La pérdida de privilegios de los medios

En las facultades de Periodismo se nos enseña que una noticia es algo que alguien en alguna parte no quiere que escribas. Hubo un tiempo en el que la prensa —considerada como concepto genérico que incluía a radios y televisiones— era capaz de tumbar a presidentes y de acabar con gobiernos. Éste no es el caso ahora mismo. Los medios, como veremos más adelante, han perdido su privilegio de ejercer como intermediarios de la ciudadanía con los distintos poderes, que a su vez necesitaban a los periodistas para llegar a los ciudadanos. Ese círculo se ha roto.

En la presente época, hay pocas dudas de que Richard Nixon nunca hubiera dimitido como presidente de Estados Unidos por mentir. La mentira no pasa factura en este tiempo y el combate periodismo-poder se libra con reglas de juego que nada tienen que ver con las del caso Watergate, el gran mito de varias generaciones de periodistas que se formaron y crecieron a la sombra de la investigación del *The Washington Post* que echó a Nixon de la presidencia de Estados Unidos.

Esa forma de hacer periodismo ha pasado a la historia, pero produce películas de Óscar como *Spotlight*, sobre la investigación que sacó a la luz los abusos contra menores en los colegios católicos de Massachusetts. Los periodistas del *The Boston Globe* descubrieron y publicaron los abusos, a pesar de las presiones de los obispos y cardenales de la Iglesia católica. El director del diario respaldó el trabajo de sus periodistas y rechazó las presiones.

La tensión entre los medios y las instituciones ha sido y es algo natural, sano, positiva y útil y forma parte del ADN de la profesión. Las organizaciones de poder tienden a la opacidad, los periodistas persiguen la transparencia. La primera obligación de los medios es ofrecer información veraz y contrastada, la segunda es resistir a las presiones. En algún momento del siglo XXI, el periodismo entró en una crisis sistémica, de modelo de negocio y de reconversión digital salvaje, y ambas circunstancias han desembocado en una crisis de ética y de valores.

La difícil vigilancia del poder

El ejercicio del periodismo tradicionalmente considerado como «el vigilante» del poder y la barrera para dejar pasar la verdad y cerrar el paso a la mentira resulta cada día más difícil. Los periodistas pierden autoestima profesional, al mismo tiempo que el poder ocupa espacios antes vedados. El poder político tiene capacidad de presionar.

Según el *Informe anual de la profesión periodística* de la APM a partir de una encuesta entre casi 2.500 profesionales, el 76 por ciento de los periodistas declara haber recibido presiones. Lo que produce más alarma es que el porcentaje de periodistas que reconocen ceder a las presiones alcanza el 75 por ciento de los que tienen un contrato y al 80 por ciento de los profesionales autónomos. Eso se traduce en realidades que miles de periodistas pueden atestiguar cada día en las mermadas redacciones de los medios. Por ejemplo, con un superior que obliga al periodista a cambiar el título de una noticia porque el poder ha llamado por teléfono a la dirección para pedir que se cambie.

Informaciones elaboradas según los cánones tradicionales sobre veracidad de la profesión que acaban en un cajón durmiendo el sueño de los justos. Profesionales vetados o despedidos por molestar al poder político, económico o financiero. Profesionales que se rinden al activismo porque mantener una conciencia crítica —sin la cual el periodismo no se puede llamar periodismo— es mucho más difícil y más costoso en lo personal.

De 2008 a 2014 se perdieron alrededor de 11.875 puestos de trabajo en los medios de comunicación españoles. Dos tercios de las personas entrevistadas para los informes anuales de la APM identifican el desempleo y la precariedad laboral como la mayor de las amenazas para la profesión. Las redacciones han sido mermadas por sucesivos despidos colectivos. En este proceso de destrucción de empleo que parece no tener fin se han producido denuncias que afectan de lleno a la excesiva dependencia de los medios del poder. También del poder de los directivos de las empresas periodísticas que hacen las listas de despidos con el criterio de expulsar a los periodistas incómodos que exigen libertad personal en su ejercicio profesional.

El poder extiende su manto sobre el periodismo de muchas maneras y haciendo uso de sus recursos públicos. Por ejemplo, la adjudicación de la publicidad y las subvenciones institucionales, así como la regulación y la concesión de licencias y frecuencias de radio y televisión que el Gobierno español se reserva para sí en la legislación vigente. Hay datos suficientes para concluir que la inserción de anuncios institucionales y las campañas de prensa no se realizan siempre con criterios objetivos de difusión.

La periodista Eva Belmonte, en su libro *Españopoly: cómo hacerse con el poder en España (o, al menos, entenderlo)*, detalla la opacidad de estas adjudicaciones, cuyos detalles el Gobierno no hace públicos escudándose en una maraña de procedimientos administrativos:

> Éste es el procedimiento habitual: se licita la difusión de la campaña y en los pliegos se especifica el porcentaje a repartir entre radio,

prensa, televisión e internet. Nada más. Se contrata a una central de medios, que es la que se encarga de repartir los anuncios entre las diferentes cabeceras bajo la dirección del organismo que realiza la campaña. Esta distribución casi nunca se hace pública.

Los periodistas que indagan sobre el particular se topan con un muro cuando quieren investigar los criterios de la adjudicación de la publicidad institucional.

Un informe del Instituto Internacional de Prensa (IPI) concluye que «la escasa cantidad de información obtenida de determinados gobiernos regionales y ministerios sugiere, al menos en algunos casos, que esas asignaciones no se conceden teniendo en cuenta las cifras de circulación de cada uno de los medios de comunicación. La falta de datos sobre la cantidad de publicidad institucional que reciben los medios de comunicación a todos los niveles dificulta un mayor conocimiento sobre la equidad del proceso de asignación, así como una evaluación informada sobre la existencia de prácticas de censura indirecta».

Censura directa y autocensura

Censura directa, indirecta o autocensura. Conceptos que violentan las buenas prácticas del ejercicio profesional del periodismo y son una amenaza contra la libertad de expresión. En los últimos años se ha extendido la costumbre de que el poder político tenga capacidad para imponer sus propias reglas en la relación diaria con los informadores cuya obligación es mantener informada a la opinión pública de la gestión de Gobierno, oposición, Parlamento, partidos y el resto de las instituciones públicas. Los periodistas han ido perdiendo espacios que tenía para hacer su trabajo.

Nadie sabe cómo ni dónde empezó, por ejemplo, la costumbre de las comparecencias de responsables públicos en las que no se admiten preguntas. Ahora ya es una costumbre. Dentro de estas prácticas, la oferta de reportajes empaquetados, de declaraciones grabadas por los propios partidos, o de documentos que son publicados tal cual llegan sin llegar a contrastarlos es considerada una bendición para los medios que carecen de recursos y posibilidades para elaborar esos reportajes o esas noticias.

Las convocatorias de lo que se han venido a llamar «ruedas de prensa sin preguntas» —lo que es una contradicción en sus propios términos— han sido aceptadas por los medios y los periodistas como una especie de maldición de esta época. En el caso de las campañas electorales y de los medios públicos, la situación es aún más grave. La legalidad electoral vigente atribuye a la Junta Electoral Central la potestad de establecer el minutado de la información de cada partido en las campañas electorales. Es un residuo del pasado que nadie se ha molestado en eliminar porque el criterio que se usa a la hora de establecer qué tiempo corresponde a cada partido es la representación parlamentaria.

Además, los partidos se han reservado para sí la realización de la señal de los mítines en las campañas electorales. En pantalla sale lo que ellos quieren porque los informadores tienen vedado realizar su labor. Las ocasionales comparecencias de los responsables institucionales ante los medios sin aceptar preguntas han sido reiteradamente denunciadas por las asociaciones profesionales como prácticas contrarias a la transparencia informativa y trabas a la libertad de expresión. Pero se trata de predicar en el desierto. Son prácticas ya generalizadas que los periodistas han aceptado por la vía de los hechos.

Todos los periodistas del mundo sabemos que nuestras empresas son un negocio y que los negocios tienen sus servidumbres. Sabemos también que la independencia absoluta del poder es un principio filosófico que no se derrama gratis sobre las redacciones. La autonomía de los medios es una colina que se ha de conquistar todos los días, en cada una de las redacciones de los medios. Y la batalla más difícil no es la que se libra contra el enemigo que presiona, sino contra uno mismo. Contra la comodidad de no afrontar problemas con las fuentes ni con los jefes de la redacción. Albert Camus nos dejó dicho que la prensa refleja el estado de espíritu de quienes la hacen. El espíritu de quienes ejercen el periodismo en este momento histórico en España no es precisamente de euforia.

La gestión de los gobiernos sobre la información

Los gobiernos de todo el mundo se vuelven cada vez más sofisticados en lo relativo a la gestión de las noticias. Controlan de cerca la información que transmiten y a quién se la transmiten. «Hoy los medios de comunicación son los que de hecho crean la realidad política al priorizar las demandas y opiniones sociales y controlar la agenda», asegura el exdirigente socialista y profesor Vargas Machuca. De este modo los partidos, más que creadores de opinión, son consumidores de mensajes. Son los periódicos, y no los partidos, los que sacan a la luz los escándalos y los políticos interpretan un guion que no han escrito ellos.

El catedrático de Ética de la Universidad de Barcelona, Norbert Bilbeny, en su libro *Ética del periodismo: la defensa del interés público por medio de una información libre, veraz y justa* describe con detalle cuál es la interrelación que mantienen los medios con el poder:

> La prensa dedica sus noticias y comentarios mayormente a la política, a la que ha pedido permiso para nacer y vive de sus fuentes, se alimenta de su adulación, o de su crítica, y muere por su retirada de apoyo o por su censura. No hay poder que pueda con el periodismo, o que se le resista, porque durante semanas o meses los efectos de una noticia publicada pueden hacer cambiar un gobierno, un negocio o una vida. El político espera siempre la complicidad de la prensa o de lo contrario le cuesta aceptar que lo publicado haya sido publicado. No pocos de ellos toman el teléfono para preguntarle al periodista qué va a decir de él al día siguiente o para sugerirle incluso un titular. Todos los que persiguen el éxito buscan una portada, pero más que nadie los políticos.
>
> Al periodista le preocupa que el político se irrite o tome represalias. Pero le molesta que se entremeta entre él y el público, o entre él y la verdad. Lo más frecuente es que sea el jefe de prensa o el gabinete de comunicación quien realice la llamada. La prensa actúa en mayor o menor grado como vehículo de la política y en parte como motor de ella. Es la impulsora y portadora de los candidatos hacia los puestos de gobierno. En este sentido, los periodistas ya

> son más actores políticos, ellos mismos, que propiamente cronistas de la actualidad.
>
> No tienen ningún problema en ofrecer mucha más información sobre el Gobierno que sobre la oposición y el resto de los partidos, publican sistemáticamente información oficial u oficiosa, entrevistan sin cesar a gobernantes y cargos políticos, aceptan ruedas de prensa sin preguntas, admiten una tajante limitación del tiempo para informar de la campaña electoral, difunden consignas y mensajes institucionales y de partido.

La prensa nació como vigilante del poder político y denunciante de sus abusos. Y a lo largo de la historia, los periodistas han escrito en todos los países del mundo que gozan de libertad de expresión páginas brillantes en esta labor de denuncia de los abusos del poder.

En el periodismo tradicional, antes de la revolución digital, los informadores y los directivos de los medios mantenían un delicado equilibrio con el poder. Un equilibrio que tenía un extenso catálogo de reglas de juego, no escritas y por tanto muy respetadas. Eran acuerdos de convivencia, cada uno en su lugar, como instituciones cuya salud mutua era la propia salud de las democracias.

En el funeral de Walter Cronkite, uno de los periodistas de televisión más respetados de Estados Unidos del que se decía que nadie sería capaz de decir a quién votaba, el presidente Barack Obama aseguró que «no tenía miedo a enfrentarse a los poderosos, pero nunca se hubiera atrevido a comprometer su autoridad». «Se llevaba bien con los cargos electos, aun cuando ambos eran conscientes de los motivos del otro. Walter no era un idealista ingenuo. Entendió los retos, las presiones y las tentaciones a las que el periodismo se enfrenta. Él creía que un medio de comunicación tiene la obligación de conseguir beneficios, pero también tiene la obligación de invertir buena parte de esos beneficios en las noticias y los asuntos públicos», añadió el presidente estadounidense.

Ese equilibrio histórico prensa-poder ha saltado por los aires con la revolución digital, el impacto de las nuevas formas de comunicación y las redes sociales. Los periodistas han perdido su labor de mediación y su capacidad para jerarquizar las noticias y marcar la agenda política, como sucedía hace sólo una década. Las nuevas formas de comunicación permiten a los cargos políticos e institucionales relacionarse directa y personalmente con los ciudadanos a través de sus perfiles en las redes sociales. No necesitan intermediarios.

George Gerbner, un teórico de la Comunicación que analizó la forma en la que los medios influyen en las creencias políticas, lo dejó claro: «Ya sabes, quien cuenta las historias de una cultura gobierna el comportamiento humano». Ahora las historias ya no las cuenta la prensa en exclusiva. Si uno quiere informarse a través de un determinado bloguero, *influencer* o tertuliano, en vez de a través de los medios profesionales, puede hacerlo. En la era de la desintermediación, periodismo y poder han perdido su tradicional equilibrio.

El experto en el mundo digital Eli Pariser lo explica con profundidad en su obra *El filtro burbuja: cómo la red decide lo que leemos y lo que pensamos*, donde cita a una pionera de la red para resumir qué ha pasado con el poder y los medios: «La gran virtud de internet es que erosiona el poder, succiona el poder del centro y lo traslada a la periferia, merma la potestad de las instituciones sobre las personas al proporcionar a los individuos la facultad de controlar su propia vida».

Pariser resume de forma doméstica una tendencia de opinión de las últimas décadas, coincidiendo con la pérdida de prestigio del periodismo:

> Hace mucho tiempo, los editores de periódicos se despertaron una mañana, fueron a trabajar y decidieron qué debíamos pensar. Podían hacerlo y alimentaban a la ciudadanía con una saludable dieta de cobertura. Muchos de estos editores tenían buenas intenciones, pero al vivir en Washington o Nueva York se vieron engatusados por las trampas del poder. Medían el éxito según el número de cócteles a los que eran invitados, y la cobertura de las noticias siguió su ejemplo. Los editores y periodistas se incorporaron a la cultura que se supone que debían cubrir. Y, como consecuencia, los poderosos

se zafaron del anzuelo y los intereses de los medios de comunicación se volvieron en contra de los de los ciudadanos. Entonces apareció internet y «desintermedió» la producción y la elaboración de las noticias. El poder cambió de manos a las grandes corporaciones que manejan el mundo digital.

Los estudiosos de la nueva sociedad coinciden en que la capacidad de manipular a los ciudadanos es ahora infinitamente mayor que antes.

Los periodistas y el sistema político

En la última década, después de la Gran Recesión que empezó en 2008, ha hecho fortuna la idea de que los periodistas formamos parte del sistema político y esa connivencia sitúa al periodismo como el nuevo enemigo del pueblo, sólo preocupado de servir a los intereses de los que mandan. Así, algunos gobernantes ejercen su poder para desprestigiar y denigrar a los periodistas ante los ciudadanos. El caso más conocido es el del expresidente Trump, exponente máximo de lo que se llama posverdad, pero también lo hizo Berlusconi, propietario de un imperio mediático.

En España, el exvicepresidente del Gobierno, Pablo Iglesias, ha reorientado su vida profesional a la crítica diaria de todos aquellos periodistas —que son casi todos— que considera activistas políticos al servicio de la derecha, cuando no directamente del «fascismo». Lo hace a través de los medios en los que colabora. Algunos periodistas que trabajan o colaboran en medios progresistas que se ven descalificados por el exvicepresidente no se atreven a opinar según qué cosas porque hay un ejército de fieles al exlíder de Podemos en las redes que siguen sus enseñanzas cual si fueran las tablas de la ley.

Esta actuación ha supuesto para algunos medios digitales un quebranto, ya que los medios atacados por un exvicepresidente han perdido ingresos debido a que muchos suscriptores se han dado de baja. Del mismo modo, se están dando casos de columnistas y colaboradores de diarios que son despedidos o dimiten porque los usuarios que pagan no quieren leer en sus medios un contenido con el que no están de acuerdo. Hay medios que han prescindido de colaboradores porque a sus usuarios no les gustan. Las audiencias se han empoderado y los medios asumen las exigencias de ese poder.

La presión que los poderes públicos ejercen sobre los medios se ha quedado pequeña en comparación con la que ejercen los usuarios más fanatizados de los medios, que exigen al periodista que se ajuste a lo que ellos opinan, o de lo contrario lo descalifican en las redes. A nadie le gusta verse insultado un día sí y otro también. Con el poder político, el periodismo podía negociar. Con el nuevo poder es más difícil porque el cliente siempre tiene la razón. Los lectores pagaban por información, ahora pagan para ver reforzada su propia opinión sobre las cosas.

Y los medios convencionales tienen el reto de superar vivos este complicado trance con el estallido de todas las crisis a la espera de tiempos mejores. Merece la pena una reflexión profunda sobre la interacción de los medios con los nuevos liderazgos que se agrupan en torno a lo que se ha llamado «populismo», tanto de izquierdas como de derechas.

La cobertura de la precampaña de Trump fue la más rentable económicamente de los últimos años para todas las televisiones. Según algunas estimaciones, las grandes cadenas americanas de noticias le dieron a Trump casi 5.000 millones de espacio publicitario gratuito durante las elecciones de 2016. Lo hacían por su propio beneficio. Los diarios más importantes, *The New York Times* y *The Washington Post* aumentaron exponencialmente su número de suscriptores dando una cobertura total a las mentiras de Trump y desmontándolas. El resultado es que los periodistas hemos perdido la confianza de los ciudadanos. El poder lo sabe y actúa en consecuencia.

12

Los medios y los tribunales: ¿los periodistas creemos en la Constitución?

María Peral

En los últimos años asistimos a un crecimiento vertiginoso de las noticias sobre la actividad de los tribunales, especialmente los del orden penal, en los medios de comunicación españoles. Al margen de las causas del fenómeno —entre las que está la exacerbación de la tradicional querencia de los periodistas y sus empresas a rentabilizar la explotación de las emociones, los miedos y las inseguridades de los ciudadanos, pero también otros factores novedosos: la patológica judicialización de la vida política o el cambio de paradigma respecto a la consideración social de los jueces, que han dejado de ser percibidos como intocables—, lo que quiero destacar es que, a mi juicio, ese incremento de las noticias judiciales no se ha traducido en una mejora de la calidad de la información ni tampoco en el imprescindible respeto a los derechos fundamentales en juego. Respeto a los derechos fundamentales que, como trataré de describir, está en la base de la deontología profesional del periodista de tribunales.

La información judicial es singular porque no sólo concierne, como cualquier otra información, a las libertades que garantiza el artículo 20 de la Constitución española, sino que inevitablemente afecta a otros valores esenciales como la presunción de inocencia, la intimidad personal y familiar, el honor, el derecho a un juicio justo, la confianza en el Poder Judicial. Pese a que

España es uno de los países de Europa en los que los periodistas tenemos mayor libertad de acceso a la información que se genera en los tribunales[134] y pese al innegable esfuerzo de transparencia que las instituciones del Poder Judicial vienen haciendo,[135] los medios no han aprovechado esta situación para proporcionar a los ciudadanos informaciones más rigurosas.

Más bien al contrario. El afán de algunos medios —no todos, pero sí muchos de los más exitosos canales audiovisuales y, en ocasiones, también la llamada «prensa seria»— por exprimir hasta la extenuación los casos judiciales mediáticos nos ha llevado a prácticas periodísticas con un nivel de invasión que hace años era inimaginable.

Estado de la situación

Se ha generalizado un tratamiento periodístico de los procesos judiciales relevantes basado en la espectacularidad y el mor-

134. A partir del amparo que los periodistas de tribunales obtuvimos del Tribunal Constitucional en la sentencia 56/2004, de 19 de abril (ponente Javier Delgado Barrio), el régimen general que rige en España es el de permitir la entrada de cámaras de televisión en los juicios orales, lo que es insólito en otros países europeos. La sentencia del TC se puede encontrar aquí: <https://hj.tribunalconstitucional.es/es/Resolucion/Show/5061>. En España el secreto sumarial es, *de facto*, papel mojado, por lo que es habitual ver publicado el contenido de las declaraciones prestadas en fase de instrucción, los informes policiales y las intervenciones telefónicas, así como el resultado de todo tipo de diligencias antes de la celebración del juicio oral.

135. El Consejo General del Poder Judicial ha puesto en marcha gabinetes de prensa en los 17 tribunales superiores de justicia, además del que existe en el Tribunal Supremo y en el propio CGPJ. En ello invierte 300.000 euros anuales, además de un millón de euros en las nóminas de los 36 profesionales que actualmente atienden los gabinetes. También existen algunas oficinas de prensa en la Fiscalía. El Pleno del CGPJ ha aprobado un Protocolo de Comunicación con pautas sobre la relación de los tribunales con los medios (<https://www.poderjudicial.es/cgpj/es/Poder-Judicial/Tribunal-Supremo/Oficina-de-Comunicacion/Protocolo-de-Comunicacion-de-la-Justicia/>) y la Fiscalía emitió la Instrucción 3/2005, de 7 de abril, sobre las relaciones del Ministerio Fiscal con los medios de comunicación (<https://www.boe.es/buscar/abrir_fiscalia.php?id=FIS-I-2005-00003.pdf>).

bo, y en el que el respeto a la verdad se relega a un plano secundario.

Respecto a los afectados

Se va mucho más allá de la indagación en los hechos ocurridos y se estimula el interés insano del público en la vida entera de los supuestos autores de delitos impactantes, de las víctimas, incluso de familiares, amigos o vecinos.

Se convierte a estas personas en personajes de relevancia pública, aun en contra de su voluntad y sin importar si se trata de menores o adolescentes, a los que se puede marcar de por vida.

Personas anónimas se ven convertidas, de la noche a la mañana, en «estrellas» de los medios, adelantando lo que van a declarar en el juzgado, revelando cómo va la investigación o aventurando, según su particular interpretación, cuáles serán los próximos pasos del proceso judicial.

Los medios escrutan el pasado de los implicados para exhibir cualquier aspecto que les parezca llamativo, tenga o no que ver con el objeto de la causa, ayude o no a comprender lo que se dirime en sede judicial.

Personas meramente sospechosas son elevadas por los medios a la categoría de culpables aun antes de tener la condición judicial de investigadas. Las hipótesis incriminatorias de la Policía se acogen, acríticamente, como veredictos anticipados de culpabilidad. Difundidas esas sospechas por los medios de forma constante, se producen auténticos «linchamientos» públicos de personas en plena fase de instrucción sumarial, es decir, cuando ni siquiera ha terminado la investigación y no se puede determinar si hay indicios racionales y elementos probatorios suficientes para ir a juicio. En resumen, la presunción de inocencia se transforma en presunción de culpabilidad.

Respecto a las fuentes

Se hace un uso impropio de las fuentes de información. No se realiza un juicio crítico ni se llevan a cabo las verificaciones debidas de la información —interesada— que facilitan las partes del proceso o las fuerzas de seguridad del Estado.

No se pasan por un tamiz riguroso los datos que proporcionan los investigadores policiales, interesados en que sus pesquisas prosperen y, en muchas ocasiones, en «preinstalar» su tesis incriminatoria en la opinión pública.

Se acude a supuestos expertos o «peritos» que no están en la interioridad del proceso judicial y tienen, por tanto, una información incompleta, desactualizada o incorrecta. Pese a ello, el medio les da la categoría de voces autorizadas, incluso por encima de los propios peritos judiciales.

Se proporciona un altavoz permanente a los familiares de las víctimas, explotando su dolor y dando pábulo a versiones que elaboran desde la emotividad y no desde la racionalidad. Se trata de personas que, comprensiblemente, carecen de la objetividad necesaria para ser consideradas fuentes fiables.

Se da la condición de fuentes informativas a personas que no tienen una real conexión con los hechos pero que afirman conocer algo. Se da, así, cabida a rumores, especulaciones y exageraciones que sirven para «alimentar» sin fin reportajes y noticias, a falta de información veraz.

Por el contrario, se elude a las fuentes cuyas informaciones contradicen la tesis que defiende el medio o no respaldan el resultado que se pretende, o bien se les otorga una atención secundaria, simplemente para cubrir el expediente.

Frecuentemente se omite ofrecer a los afectados por informaciones negativas o incriminatorias la posibilidad de dar su versión, y las réplicas o rectificaciones se postergan a espacios insignificantes.

Respecto a los medios

El tratamiento periodístico de los procesos judiciales responde a la polarización propia de las películas del Oeste: éstos son los buenos, éstos los malos; éste miente, éste dice la verdad. Se produce, así, una caracterización mediática de los implicados, a los que se considera culpables o inocentes en función de los datos de los que el medio dispone o de la interpretación que hace respecto a lo que cree que está sucediendo en el proceso judicial.

Sin que los medios estén sometidos, lógicamente, a las reglas procesales (contradicción, validez de las pruebas, racionalidad de las proposiciones), ofrecen manifestaciones de «testigos» y presentan supuestos elementos probatorios obtenidos sin las necesarias garantías.

Hay informadores que practican una especie de «periodismo piscinero», una práctica consistente en arriesgar en las noticias para adelantarnos a la competencia, en ir más allá en las deducciones atando cabos de aquí y allá. Un día se dice que el acusado va a ser absuelto, otro día se asegura que va a ser condenado y más adelante que se le va a condenar, pero no por todos los delitos. Por supuesto, si el fallo no coincide con el pronóstico anunciado, la responsabilidad no es del periodista, sino de un tribunal que, frívolamente, habría cambiado de criterio.

Los medios «monetizan» los procesos judiciales con el tratamiento morboso que dan a los casos judiciales. No hay ahí un puro interés informativo, sino también un objetivo empresarial en ganar audiencia o ingresos publicitarios.

Consecuencias

El resultado de todo lo anterior es que se ha normalizado entre nosotros convertir en un espectáculo social los procesos judiciales en los que las personas se juegan su libertad, su familia, su patrimonio, su reputación..., su futuro, en definitiva.

«Es obvio que la demanda no es de "verdades" sino de "escándalos"», ha escrito Luis Rodríguez Ramos, una de las voces jurídicas más críticas respecto a la conducta de la prensa. «La verdad publicada a través de los medios de comunicación se está convirtiendo en la "verdad principal" o, con cierta hipérbole, en la única verdad al resultar la realidad suplantada por la noticia.»[136]

El descrito tratamiento de los casos judiciales por parte de algunos medios de comunicación contribuye a instalar en la opinión pública «veredictos» anticipados sobre la culpabilidad o la inocencia de las personas sometidas al proceso judicial antes de que lo determinen aquellos a quienes corresponde en exclusiva: los jueces (artículo 117.3 de la Constitución española).

Javier Hernández, actual magistrado del Tribunal Supremo, ha conceptuado estas prácticas periodísticas como «juicio paralelo»: «Se produce una desmedida e incontrolada inmersión en los hechos justiciables que integran el proceso en marcha, construyendo verdaderas acusaciones, interviniendo directamente sobre las fuentes de prueba sin ningún control, sin atender a las condiciones de usabilidad probatoria, incluso revelando fuentes ilícitas o prohibidas y proponiendo verdaderos veredictos de condena ajustados al propio desarrollo, a las propias expectativas creadas por el juicio paralelo».[137]

Y si la decisión de los tribunales resulta ser absolutoria, la acción de los medios, con ese aluvión de supuestos testigos y de «pruebas», llevará a los ciudadanos a pensar que existe otra verdad, *la verdad*, que nuestros jueces son incapaces de descubrir, con las consecuencias que ello tiene para la confianza social en la Justicia y para su credibilidad.

En ocasiones, las campañas mediáticas son de tal envergadura que se siguen acogiendo versiones machaconamente reiteradas durante la instrucción del proceso después de que en sede judicial se hayan demostrado falsas. Lo hemos visto en los casos

136. Rodríguez Ramos, Luis, «La verdad y las verdades en el proceso penal. ¿Hacia una justicia "dependiente" de los medios de comunicación?», *Diario La Ley*, n.º 5585.

137. Hernández García, Javier, «Juicios paralelos y proceso penal», *Revista de Derecho y Proceso Penal*, ISSN 1575-4022, n.º 3.

Alcàsser, Wanninkhof u 11-M, en los que la culpabilidad de personas absueltas o las teorías de supuestas conspiraciones se siguen manteniendo en determinados ámbitos.

No se está sosteniendo aquí que se restrinja —mucho menos que se elimine— la necesaria crítica a las decisiones de los jueces, que debe ser todo lo intensa que se quiera, pero siempre teniendo en cuenta las reglas del derecho. Lo que me parece perverso es descalificar las resoluciones judiciales por ignorar tesis o «pruebas» que aportan los medios y que sólo podrían aceptarse contrariando las exigencias legales.

De hecho, ha sido esencial la contribución de la prensa al esclarecimiento de asuntos de enorme trascendencia (en el caso GAL o las causas sobre corrupción política) en los que los elementos probatorios aportados por los periodistas han llegado a los jueces y éstos, lejos de despreciarlos, los han tenido en cuenta por ajustarse a los requisitos legales.

Valores constitucionales y ética periodística

No son insólitos los casos en los que personas «condenadas» en los medios han sido absueltas o no han llegado a ir a juicio (Demetrio Madrid, Marta Domínguez, el caso Arny, Dolores Vázquez...). Pero ni siquiera si finalmente los investigados son condenados por los tribunales, los periodistas estamos autorizados a «dictar sentencia» antes de que lo hagan los jueces, a destruir la presunción de inocencia antes de que se emita una sentencia.

Es muy fácil convertir en un circo un proceso judicial. Basta hilvanar crónicas truculentas con cuatro datos mal comprobados o con especulaciones sin verificación alguna. Para eso no hace falta ser periodista. Nuestro papel está ligado, siempre, a una transmisión honesta de la realidad del proceso.

En los casos judiciales se dirimen hechos concretos. Por ello, la implicación de una persona en un proceso no legitima a los periodistas a llevar a cabo una intromisión general en su vida.

En las causas penales las hipótesis deben ser probadas y sometidas a contradicción. Por ello, es inexcusable que los medios ofrezcamos a todas las partes la posibilidad de dar su versión. Esto debe hacerse, en particular, con aquéllos respecto a los que difundimos noticias de sesgo incriminatorio, porque cuando los procesos judiciales se convierten en asuntos mediáticos los implicados se ven obligados a defenderse en el tribunal y al mismo tiempo en los medios *nolens volens*.

Siempre he defendido la dimensión extraprocesal de la presunción de inocencia, un derecho fundamental que debe ser respetado no sólo en el seno del proceso, sino también fuera de él. Un investigado/inculpado/acusado tiene derecho a recibir de todos —también de los medios de comunicación— el trato y la consideración de que no es culpable hasta que recaiga la sentencia.

En el respeto a la presunción de inocencia está una de las claves para acabar con los juicios paralelos, porque ese respeto nos obliga a los periodistas a presentar ante la sociedad como absolutamente provisionales los datos incriminatorios que existan contra un acusado aún no sentenciado, nos obliga a la neutralidad, a ofrecer las versiones contradictorias de las partes y a dar la oportunidad de expresarse a la defensa.

El respeto a la presunción de inocencia nos debería llevar a advertir a nuestras audiencias que todo lo que les vamos a contar sobre un caso penal durante la fase de instrucción es provisional, que deben poner en cuarentena cualquier conclusión anticipada, porque en nuestro sistema sólo tienen carácter de auténticas pruebas las que se presentan y discuten en el juicio oral.

Por eso es imprescindible no conformarse —bajo el amparo de que son fuentes oficiales— con las versiones que proporcionan los investigadores policiales. Ser una fuente oficial no equivale siempre a ser una fuente fiable y que dice la verdad. En muchas ocasiones se producen filtraciones provenientes de ámbitos oficiales (del Gobierno, de las fuerzas de seguridad) que se hacen contrariando las órdenes de reserva que dan jueces y fiscales. Esas filtraciones pueden llegar a condicionar la instrucción judicial al introducir un poderoso elemento de presión: consiguen que los medios de comunicación, sin apenas voces discordantes, instalen en la opinión pública con el carácter de irrefutable («lo dice una fuente oficial») la tesis incriminatoria que se baraja.

Deshacer ese prejuicio es una tarea hercúlea. Los investigadores policiales lo saben y se aprovechan de la avidez informativa de los periodistas, contando con que no les van a cuestionar o que es muy difícil hacerlo. De ahí la importancia de que los periodistas hagamos un juicio crítico de todas las informaciones que recibamos y nos esforcemos en que los ciudadanos reciban con claridad el mensaje de que, sea cual sea la autoridad de la que procedan, los datos incriminatorios que aparecen durante la fase de instrucción no son definitivos ni tienen por qué conducir inexorablemente a una condena.

En las filtraciones interesadas que no son analizadas críticamente por los periodistas ni sometidas a verificación está el origen de graves errores que la prensa ha cometido. Errores que han tenido consecuencias dramáticas para los afectados y que rara vez reciben la contestación (judicial, social y corporativa) que, a mi juicio, merecerían.

Un caso paradigmático es el de D. P., un joven de 24 años que acabó en tratamiento psiquiátrico después de verse señalado en los medios de comunicación como autor de la muerte intencionada de una niña, hija de su pareja. Un diario de tirada nacional difundió en su portada la fotografía de este hombre, esposado y sujetado por un agente de la Guardia Civil, con el titular «La mirada del asesino de una niña de tres años» y el subtítulo «Tenerife llora la muerte de Aitana, que no superó las quemaduras y los golpes propinados por el novio de su madre».

D. P. fue puesto en libertad pocas horas después de pasar a disposición judicial, al comprobarse que el fallecimiento de la pequeña se había debido a las lesiones causadas por una caída desde un columpio.

El afectado demandó al periódico por intromisión ilegítima en su derecho al honor y a su imagen. Pleiteó durante tres años hasta que el Tribunal Supremo confirmó la sentencia por la que el medio fue condenado a indemnizarle con 60.000 euros, una cantidad irrisoria para el periódico y que en absoluto se correspondía con la gravedad de la conducta periodística.

A la vista del comportamiento de los medios en este y en otros asuntos similares, podemos constatar con consternación que la publicidad de las actuaciones judiciales a través de la prensa ha dejado de ser, en muchos casos, una garantía para los justiciables.

Esa publicidad, que el pensamiento ilustrado concibió como una protección para los encausados frente a la oscurantista «justicia de gabinete» del Antiguo Régimen, se ha vuelto en contra de los investigados en los procesos judiciales mediáticos. Hoy los encausados pagarían para que los periodistas no nos enteráramos de lo que ocurre en el proceso. No nos perciben como un escudo frente a la arbitrariedad judicial, sino como unos pseudojueces que se atribuyen el poder de condenarlos por anticipado y sin posibilidad de réplica.

Viendo la difusión indiscriminada de declaraciones sumariales, intervenciones telefónicas, informes policiales y periciales, actas de registros, investigaciones patrimoniales, no estoy muy segura de que Bentham mantuviera ahora, sin matizarla, su aseveración de que «la publicidad es el alma de la justicia».

La desmesura está llegando a tal punto que incluso los familiares de las víctimas exigen que se ponga fin a la indebida publicidad de diligencias sumariales. La madre del menor G. C., asesinado en 2018 por la pareja de su padre, promovió una recogida de firmas a través de una plataforma online[138] para reclamar que se establezca un marco legal que «ampare y auxilie a las víctimas de crímenes violentos que se convierten en mediáticos».

«Nunca podría haber imaginado todo el horror y daño añadido que estamos padeciendo: nunca dejaron [sic] de haber filtraciones y morbo, la imagen de G. se utilizó en exceso y a veces como reclamo para fines particulares», afirmaba.

«Han pasado tres años —añadía— en los que no hemos dejado de luchar sin descanso por el abuso indiscriminado e inapropiado de su imagen y su asesinato. Hemos vivido con miedo permanente a que no pudiésemos tener una sentencia definitiva por el impacto de lo que iba publicándose en medios y redes. Se han

138. Véase: <https://www.change.org/p/gobierno-de-espa%C3%B1a-por-una-ley-que-proteja-a-las-v%C3%ADctimas-de-delitos-violentos-medi%C3%A1ticos-lasonrisadegabriel>.

publicado miles de titulares, se han hecho cientos de programas de TV y vídeos, muchos carentes de sensibilidad hacia las víctimas, evocando continuamente su pérdida [...]. No puede ser que la foto de mi hijo "siga vendiendo". No podemos soportar este trato vejatorio, esta impunidad de quien publica contenido con el único objetivo de lucrarse.»

En ese mismo caso del asesinato de G. C., los medios se cebaron con un hombre, afectado por un trastorno mental, que fue detenido a los solos efectos de interrogarle. La prensa exacerbó las sospechas contra él porque se supo que tenía una orden de alejamiento de la madre del menor, con la que al parecer estaba obsesionado, y ello pese a que el Ministerio del Interior desmintió públicamente su relación en los hechos.

Lo ha resumido con precisión Ferrajoli: «Es indudable que, por encima de las intenciones persecutorias de los instructores, la sanción más temible en la mayor parte de los procesos no es la pena —casi siempre leve o inaplicada— sino la difamación pública del imputado, que ofende irreparablemente su honorabilidad y sus condiciones y perspectivas de vida y trabajo; y si hoy puede hablarse todavía del valor simbólico y ejemplar del derecho penal, se atribuye no tanto a la pena como al proceso y más exactamente a la acusación y a la amplificación que realizan, sin posibilidad de defensa, la prensa y la televisión. Ha reaparecido, pues, en nuestros días la antigua función infamante característica del derecho penal premoderno, cuando la pena era pública y el proceso secreto. Sólo que el rollo y la picota han sido hoy sustituidos por la exhibición pública del acusado en las primeras páginas de los periódicos o en el televisor; y no como consecuencia de la condena, sino de la acusación, cuando todavía es un presunto inocente».[139]

A la prensa y la televisión aludidas por el jurista italiano es preciso añadir en los tiempos actuales los medios digitales y las redes sociales, que han amplificado exponencialmente los daños no sólo por la rapidez con la que difunden los mensajes y su im-

139. Ferrajoli, Luigi, *Derecho y razón: teoría del garantismo penal*, Trotta, Madrid, 1995.

pacto global, sino también por la relajación (o ausencia) de reglas profesionales y deontológicas.

Valores constitucionales y deontología profesional

Es preciso subrayar que esas reglas deontológicas, en el ámbito de los procesos judiciales, coinciden plenamente con los valores y derechos que recogen nuestra Constitución y las normas de ámbito europeo.

Cuando el Código Deontológico de la FAPE[140] indica que «el periodista debe asumir el principio de que toda persona es inocente mientras no se demuestre lo contrario», o que «se evitará nombrar» a los familiares de los acusados y a las víctimas de un delito, o que hay que extremar el cuidado cuando se trate de menores de edad, no está sino subrayando el deber de respetar los derechos fundamentales vinculados al proceso justo del artículo 24 de la Constitución; los derechos al honor, a la intimidad personal y familiar y a la propia imagen del artículo 18 o los límites que impone el artículo 20 a las libertades de información y de expresión.

En el mismo sentido, el Código Europeo de Deontología del Periodismo establece que «las informaciones y opiniones deben respetar la presunción de inocencia principalmente en los temas que permanecen *sub iudice*, excluyendo establecer juicios paralelos».[141]

En mi opinión, los periodistas no podemos ejercer nuestro oficio ignorando los valores y derechos que la Constitución garantiza o como si el único precepto de la norma fundamental que nos concerniera fuera el artículo 20, olvidándonos de los demás.

Cuando un periodista o un medio se dedican a instalar en la opinión pública un veredicto anticipado sobre la culpabilidad de

140. Véase: <https://fape.es/home/codigo-deontologico/>.

141. Véase: <https://www.comisiondequejas.com/otras-normas-eticas/codigos/codigo-europeo-de-deontologia-del-periodismo/>.

un acusado o se entrometen, con la excusa del proceso judicial, en su vida particular o familiar, lo que ponen en evidencia no es sólo un incumplimiento de las normas deontológicas, sino también que no creen en absoluto en derechos fundamentales (la presunción de inocencia, el honor, la intimidad) que forman parte esencial de nuestro sistema de convivencia.

Los periodistas de tribunales estamos obligados no a respetar formalmente (acudiendo al socorrido «presunto autor» como un latiguillo vacío de significación real) los derechos constitucionales a los que indiscutiblemente afecta nuestra actividad, sino a interiorizarlos, asumirlos y transmitirlos como lo que son: valores que deben inspirar el respeto de todos los ciudadanos porque son buenos para todos y nos hacen mejores como sociedad.

Todo esto tiene mucho que ver con la negativa valoración social que los medios de comunicación recibimos cuando se revisa nuestra actuación, tal como se ha hecho recientemente en documentales como el referido al caso de Dolores Vázquez[142] o al juicio de Alcàsser. Unos meses después de este último, la Asociación de la Prensa de Madrid encargó un sondeo de opinión específicamente referido a la información judicial.

Los resultados no pudieron ser más indicativos: el 46,8 por ciento de los que contestaron opinó que las informaciones sobre asuntos judiciales «confunden». Únicamente un 16,5 por ciento afirmó que «ayudan».[143]

Esa valoración negativa se produjo sin distinción de edades o de sexo. La opinión fue aún más crítica entre los encuestados con estudios superiores: el 51,8 por ciento de ellos consideró que los medios sólo confundimos.

En porcentajes similares se estimó que los medios de comunicación «no informan imparcialmente», sino que «juzgan».

142. El abogado defensor Pedro Apatalegui ha descrito con una frase demoledora la influencia que, en su opinión, tuvieron los medios en la injusta condena inicial de su clienta, finalmente absuelta: «No sé quién gobernó el juicio de Dolores Vázquez. Creo que fueron algunos pésimos medios de comunicación».

143. El 32,1 por ciento dijo que «a veces sí, a veces no», y el 4,6 por ciento no sabía o no contestó.

También la mayoría (un 39,5 por ciento) consideró que los medios no somos respetuosos con la acción de los jueces y tratamos de influir en sus decisiones. Tan solo el 15 por ciento opinó que somos respetuosos y el 36,5 por ciento sostuvo que «a veces sí, a veces no».

Algunas propuestas

Creo que los periodistas debemos implicarnos en cambiar ese estado de opinión. Y no sólo porque esté en juego nuestra credibilidad, sino también porque el reforzamiento ético de nuestro oficio es imprescindible para que cumplamos con la función constitucional que nos legitima: garantizar el derecho de los ciudadanos a una información veraz. Concretamente cabe señalar:

1. La formación jurídica. Una primera exigencia básica es que los periodistas que se dedican a la información de tribunales tengan una suficiente formación en derecho. No se puede hablar con rigor si no se sabe de lo que se habla.

La información judicial es sumamente delicada por los derechos en juego y afecta a un poder del Estado que requiere de la confianza social. Los jueces no se sienten bien reflejados en nuestras informaciones porque en muchas ocasiones éstas carecen del rigor mínimo imprescindible.

De esa falta de formación jurídica se aprovechan operadores jurídicos sin escrúpulos que nos proporcionan informaciones falsas, sin que seamos capaces de detectarlas.

Las instituciones del mundo judicial intentan, mediante encuentros y seminarios con periodistas, paliar este déficit. Pero creo que ésta es una responsabilidad intransferible que deben asumir los periodistas y sus medios.

2. Un código deontológico específico. Creo que es necesario que exista un cuerpo de normas deontológicas singulares sobre la información judicial que permita a los periodistas disponer de una guía de buenas y malas praxis profesionales en esta compleja materia.

Esta tarea resulta inexcusable antes de que, por la vía de las nuevas leyes procesales penales que se anuncian o a través de leyes *ad hoc*, seamos sometidos a restricciones contrarias al derecho a la información.

Es claro que el tratamiento periodístico de los procesos judiciales es sumamente insatisfactorio tanto para los investigados o inculpados como para las víctimas. Si los periodistas no somos capaces de modificar ese estado de cosas por nuestra propia iniciativa, acabarán viniendo las imposiciones del legislador.

3. La actitud individual de los periodistas. Aquí está, en mi opinión, el principal motor del cambio: cada informador es responsable de vigilar en su propio trabajo la asunción de los valores constitucionales de los que se ha hablado en estas líneas; de cumplir noticia a noticia, párrafo a párrafo, las reglas del oficio: indagar la verdad, contrastar los datos, verificar las hipótesis, separar la información de la opinión y dar honesta acogida a las distintas posiciones, sin excluir aquellas que contradigan la línea editorial del medio.

4. Los derechos a la presunción de inocencia, al honor y a la intimidad deben ser tenidos en cuenta de manera insoslayable en la información de tribunales. Durante la instrucción penal, los datos incriminatorios deben ser presentados con el carácter de provisionalidad y el relativismo propio de esa fase procesal.

5. Las prisas por difundir la información que tanto están condicionando la calidad de los productos periodísticos son, en las noticias de tribunales, especialmente peligrosas porque, como se ha dicho, inciden en derechos fundamentales de enorme sensibilidad. Es necesario imponerse una práctica que anteponga la veracidad a la rapidez en publicar.

6. En la información de tribunales es importante no hacer «periodismo de adivinación». Las noticias prospectivas, tan frecuentes en nuestros medios, sobre si un acusado va a ser condenado o no y a cuánta pena son particularmente contrarias a la presunción de inocencia.

7. Hay que tener un especial cuidado con el tratamiento visual de los encausados. La imagen de personas esposadas o «haciendo el paseíllo» camino del juzgado escoltadas por la policía tienen en sí mismas, sin necesidad de texto alguno, un enorme

potencial incriminatorio y en muchas ocasiones son contrarias a la dignidad de la persona.

En el fondo, todo se resume en la pregunta que da título a estas reflexiones: ¿los periodistas creemos, de verdad, en la Constitución?

13

La guerra infinita por la independencia de los medios

Carlos Sánchez Sanz

Una sabia definición

Puede ser que la mejor definición sobre lo que es el oficio de periodista la hiciera Manuel Vázquez Montalbán en *Informe sobre la información*, un pequeño libro que vio la luz en 1963 y que, con las limitaciones propias de aquel tiempo (el mismo autor empezó a escribirlo en la cárcel de Lleida, donde estaba preso por razones políticas), se convirtió en un referente a la hora de analizar los intereses de las empresas y, en general, del poder, en lo que por entonces se llamaba *mass media*. No era fácil hablar en aquellos tiempos de quién o quiénes estaban detrás de la empresa informativa, y de ahí el interés que suscitó el libro, no sólo en el ámbito académico.

> Hay periodistas que saltan en paracaídas sobre Laos —sostenía Vázquez Montalbán en su opúsculo—, interrogan a medio millón de moribundos, están a punto de ser hechos prisioneros por el Gran Tamerlán, pero vuelven a tiempo de ganar el Pulitzer, el Nobel y una beca Juan March; mientras que otros se levantan cada mañana a las ocho menos cuarto, toman un café con leche largo y salen con el coche utilitario a tiempo de aparcarlo, si hay sitio en el parking reservado. Suben a la redacción, se sientan a la mesa cotidiana, de-

> senfundan las tijeras [eran otros tiempos], cortan, pegan, corrigen, cambian titulares, hablan de fútbol y de señoras, de sus hijos y de sus parcelas, envejecen con la mesa, mueren antes y según los comensales de papel, merecen una gacetilla fúnebre en la que se exalta su espíritu de sacrificio y de servicio.

A Vázquez Montalbán, sin embargo, se le olvidó una cosa en esta prolija y exquisita definición. El escritor barcelonés ignoró señalar que tanto el periodista intrépido y osado que se juega el pellejo allende los mares como el que considera el periodismo como un trabajo de oficinista tienen una cosa en común: unos y otros sufren la presión de quienes no quieren que se publique algún artículo. O, al menos, de quienes intentan influir en el contenido de la noticia con un determinado sesgo. Lógicamente, no hace falta decirlo, en favor de sus intereses.

Aunque de forma intuitiva se considera negativa esta realidad, llamémosla de marcaje estrecho al periodista o al diario para coartar su independencia por parte de lo que antes se llamaban poderes fácticos, lo cierto es que no es ni buena ni mala, aunque pueda parecer chocante. Lógicamente siempre dentro de los límites de lo razonable y no desde actividades ilícitas. De hecho, la prueba del nueve que demuestra que se ejerce el oficio desde la independencia es, precisamente, la existencia de presiones. Ay de quienes no las sufren.

Y esto es así porque la presión sobre los medios para impedir que obren con independencia de criterio es consustancial al oficio de periodista, y malo sería que un periódico, una radio o un programa informativo de televisión no vivieran con la tensión propia de su quehacer. Va en el sueldo, que se suele decir. Lo contrario, de hecho, podría significar, simplemente, que el medio en cuestión es irrelevante. O, lo que es todavía peor, que no publica ninguna exclusiva o que sus periodistas escriben para satisfacer a las fuentes, probablemente el mayor riesgo diario al que asiste un periodista. Otras muchas profesiones sufren presiones y nadie considera héroes a sus protagonistas: los jueces, los policías y hasta los políticos. Es su trabajo. Los periódicos que reciben menos presiones no son los mejores. Probablemente, sea lo contrario.

Un dato poco conocido lo dice todo. Según el último informe sobre la profesión periodística elaborado por la Asociación de la Prensa de Madrid,[144] el porcentaje de periodistas contratados que declaran no haber recibido nunca presiones en el ejercicio de su trabajo descendió en el año 2021 hasta el 18 por ciento (respecto al 22 por ciento en 2020 y el 24 por ciento en 2019). Buena noticia, aunque parezca lo contrario. Lógicamente, siempre que se enmarquen en el legítimo juego de intereses.

Esto quiere decir que cuando alguien es miembro de una redacción, digamos sana y profesional, lo primero que tiene que saber es que recibirá presiones para limitar su independencia, ya sea del poder político, del empresarial o, simplemente, de quien considera que un medio de comunicación es una correa de transmisión que debe publicar lo que se le diga, un mero intermediario de la información, despojando al periodismo de su propia naturaleza analítica, que no es otra que filtrar la información de forma honesta. Sin apriorismos y sin conclusiones precipitadas.

Desde luego que no para satisfacer a las fuentes, sino a la audiencia, ya sea la que recibe el mensaje por escrito o por medios audiovisuales. De lo contrario, estaría incumpliendo el código ético de cualquier redacción. En particular, el primer punto de la deontología profesional: no confundir la exclusiva periodística con la información veraz. El célebre «que la verdad no te arruine un buen titular». La independencia, no hay que olvidarlo, no es un fin en sí misma, se pueden colar muchas noticias falsas hechas desde la falta de rigor, sino un medio para conseguir una información veraz.

Así pues, bienvenidas las presiones lícitas, ya que forman y formarán parte indeleble del ecosistema informativo. Es el precio a pagar en las democracias liberales, en las que se puede defender, incluso, lo indefendible. Lo contrario sería adentrarse en el proceloso mundo de los sistemas autoritarios, en los que sólo hay una verdad, la que dicta la superioridad a sus subalternos.

144. *Informe anual de la profesión periodística 2021* de la Asociación de la Prensa de Madrid (APM), tabla 36, p. 38.

Verdad e independencia

En ese sentido, autores como Kovach y Rosenstiel, citados por el profesor Del Hierro,[145] han afirmado que el periodista «debe buscar la verdad y contar los resultados de esa búsqueda», pero dicho esto, matizan que «la verdad que busca el periodismo, la verdad periodística, es una forma práctica o funcional de la verdad. No la verdad en un sentido absoluto o filosófico». De ahí que doctrinalmente cada vez se hable más —así lo han reconocido múltiples sentencias del Tribunal Constitucional— del término *veraz* en lugar de *verdad*. Lo que diferencia a ambos conceptos es el «método» en el trabajo periodístico, es decir, la utilización de instrumentos de verificación para alcanzar una conclusión. Si se utilizan esas herramientas, se fortalece la independencia, ya que el producto informativo acaba por ser más robusto.

No es un asunto menor. Al contrario. La mejor herramienta para soportar las presiones es, precisamente, el conocimiento de todos los elementos que componen el cuerpo de una noticia. Si el periodista no cuenta con suficiente munición, es probable que la presión obtenga éxito y limite su independencia, ya que existe una asimetría que favorece al «infractor». O lo que es lo mismo, se habrá mellado la independencia del periodista a la hora de enjuiciar los hechos por ausencia de conocimiento.

La defensa de la naturaleza del periodismo es relevante porque es la esencia de esta profesión. Recuerdo que en una ocasión el presidente de una de las tres mayores compañías del IBEX, durante una reunión de trabajo con la dirección del diario, suspiraba porque el principal periódico económico del país en aquella época fuera una especie de apéndice de la gran patronal, una correa de transmisión, como en Italia, ya que, en su opinión, lo que tenía que hacer un periódico era defender los intereses de España. Dicho empresario, auténtico azote de periodistas a los que alguna vez ha chantajeado con retirar la publicidad (y lo ha llegado a hacer), obvió decir que para él los intereses de España

145. Del Hierro, José Luis, «Verdad y veracidad informativas: el ejemplo español», *Revista en Cultura de la Legalidad*, 7, febrero de 2015.

coincidían siempre con los de su compañía. Pero olvidó reconocer que eso sería lo mismo que estafar al lector, que tiene el derecho de conocer una información veraz. A nadie se le ocurriría, por ejemplo, pedir a los jueces que dicten normas prevaricadoras para salvar la reputación de España.

Es evidente que esa interpretación de lo que es el hecho periodístico no es aceptable desde ningún punto de vista. Sin necesidad de recordar la célebre frase «la verdad es la verdad, dígala Agamenón o su porquero», es obvio que en las democracias cada institución juega el papel que le confieren la sociedad y las leyes, y a eso se deben los periodistas. La independencia es, precisamente, eso: actuar libremente sin condicionamientos externos en busca de la verdad periodística sin atender a intereses propios o ajenos.

Imagínense a un empresario diciendo a un juez que debe dictar sentencias «patrióticas» por el bien del país, o que el Tribunal de Cuentas no pudiera censurar la malversación de fondos públicos simplemente porque el bien a proteger es la imagen exterior de España. Sería ridículo, pero eso, desgraciadamente, sucede, y no de forma infrecuente. «No publiques eso que puede hacer mucho daño», se ha podido oír en muchas redacciones. Ocurre, por ejemplo, con cierta asiduidad antes de una campaña electoral o con carácter previo a la convocatoria de una junta general de accionistas, períodos de máxima tensión porque una información no deseada, pero veraz y contrastada con varias fuentes informativas, puede llegar a ser letal.

La primera presión que se ejerce sobre el periodismo, en particular el especializado en cuestiones económicas y financieras, viene, precisamente, de quienes desconocen que una de las funciones de esta profesión, desde luego no la única, es ejercer la crítica y poner luz donde hay sombra. Por supuesto fundada y con argumentos. Y aquélla sólo se puede practicar desde la independencia en el sentido primigenio del término, sin dejarse manipular. O lo que es lo mismo, sin que prevalezcan los intereses de parte en aras de lograr una información veraz. No es de extrañar, por eso, que para los *quality papers*, un viejo concepto que habría que recuperar para diferenciarlos de los tabloides, aunque se publiquen en internet, la independencia de cualquier grupo político, económico o de presión esté en el frontispicio del código ético. Sin independencia (también económica) no hay libertad de prensa.

La debilidad de los medios, un problema cara a la independencia

A nadie se le escapa que no es suficiente este compromiso. La realidad es que la capacidad de presión es variada y llega por diferentes vías. La más evidente viene dada por la propia debilidad económica de los medios, sin duda vulnerables cuando no son financieramente solventes. En el último informe de Reporteros Sin Fronteras sobre la libertad de prensa en el mundo, España baja tres puestos, hasta el número 32, pero no porque se haya producido un retroceso en el derecho a la información o haya persecución contra los periodistas, sino, precisamente, porque las condiciones de trabajo de muchos periodistas los hacen vulnerables a presiones exteriores. Los hacen menos independientes. O, dicho de otro modo, hacen que sean más manipulables, lo cual también conspira contra la independencia.

Cuando un periodista ve peligrar su empleo, su salario, o sus condiciones de trabajo, hay más probabilidades de que su independencia quede maltrecha. Hay pocas cosas más frustrantes desde el punto de vista profesional y de la razón periodística que comprobar cómo muchos extraordinarios periodistas acaban trabajando para empresas del sector que han cubierto informativamente como directores de comunicación o actividades análogas. No se está hablando de corrupción, al contrario. Tras más de tres décadas de experiencia en diferentes medios de comunicación líderes en sus respectivos formatos, se puede decir que el periodismo económico en España es fundamentalmente honesto. Otra cosa es que no se hayan puesto medios suficientes para que el trabajo haya dado mejores frutos para fortalecer, precisamente, la independencia, lo que en última instancia hubiera dado mejores resultados informativos.

La captura del regulador, como lo llaman los economistas, no sólo se produce cuando un alto cargo se pasa con armas y bagajes a trabajar sin solución de continuidad a una empresa sobre la que anteriormente tenía competencias, sino que en el mundo de la prensa se puede presionar alejando a periodistas de su oficio, ofreciéndoles un puesto mejor remunerado o simplemente tentando con la posibilidad.

Es una forma sutil de influir, pero tan vieja como la propia prensa, que nació, precisamente, por motivos económicos. Los primeros periódicos no eran más que correos mercantiles cuya utilidad era acceder a una información que podía ser fácilmente manipulable, lo que explica que ya desde los comienzos del periodismo se viera este oficio como un claro objeto de deseo. Nada nuevo bajo el sol. No puede ser casualidad, de hecho, el interés de innumerables grupos financieros por controlar la información desde los orígenes de este oficio.

La información es poder, que se viene diciendo desde hace mucho tiempo, sobre todo cuando detrás está el poder económico. Y más en tiempos de sobreinformación en los que es más fácil desinformar que informar desde la responsabilidad y la ética periodística. Incluso la propia desinformación se ha convertido en un negocio lucrativo.

La independencia, por lo tanto, y como se sabe, es la clave de bóveda del periodismo, como lo es en el caso de los jueces. Nadie podría considerar justa una sentencia cuando conoce que el juez de turno tiene intereses directos en su resolución. Y es por eso por lo que junto a la independencia la otra cuestión central es la transparencia. No en vano las propias leyes obligan a que los juicios y las sentencias sean públicos, porque de otra manera se estaría impidiendo la fiscalización de los procesos judiciales por parte del pueblo.

Es decir, el lector, el oyente o el espectador tienen derecho a saber quién está detrás de la empresa periodística. Entre otras razones, porque un periódico, aunque su naturaleza jurídica sea mercantil, es, sobre todo, un proyecto intelectual, y, como tal, es fácilmente manipulable.

Medidas europeas para luchar por la independencia

La solvencia financiera de la empresa periodística no es un asunto cualquiera. Si antes se podía ejercer presión con los instrumentos, digamos, tradicionales: retirar la publicidad o influir para que el director de un medio cambie de sección a un redactor incómodo o, incluso, lo despida, hoy se hace de una forma mucho más sutil, pero no menos contundente.

En los últimos años han proliferado casos de pura intimidación que han llegado hasta la propia Unión Europea. Tanto el Parlamento como la Comisión Europea han puesto en marcha una iniciativa contra lo que han llamado «Strategic lawsuits against public participation» (SLAPP), siglas en inglés de Pleito Estratégico contra la Participación Pública, con la que se pretende proteger a los periodistas de las demandas presentadas por empresas de gran tamaño que exigen millones de euros a pequeñas empresas periodísticas para callar su voz y violentar su independencia.

Es decir, se les exige indemnizaciones millonarias por supuestas vulneraciones de sus derechos con el único objeto de poner en riesgo la supervivencia del medio en cuestión, lo que a la postre es una forma de intimidación económica y de censura o de autocensura. Lo que se pretende con estas acciones no es tanto reclamar una indemnización, toda vez que la capacidad económica del demandante es holgada y en todo caso es muy superior a la del demandado, sino que pretende que la parte falsamente acusada de cometer algún delito sucumba por los costes legales que conlleva su defensa o, simplemente, porque a menudo se trata de procedimientos muy largos en el tiempo que acaban por complicar la vida de la empresa.

La Comisión Europea, en concreto, ha detectado que las demandas estratégicas son una forma reciente, aunque cada vez más frecuente, de intromisión en el debate público en la Unión Europea limitando la independencia de los emisores de noticias. Como dice la Comisión, «representan una amenaza para el debate público pluralista, ya que pueden conducir a que sus víctimas [los periodistas que temen por su empleo o, incluso, por su credibilidad porque una empresa los pone en entredicho] se autocensuren». Es más, en opinión de la Comisión Europea, los SLAPP pueden tener un efecto disuasorio sobre otras posibles víctimas, que pueden decidir no hacer valer su derecho a investigar e informar sobre cuestiones de interés público. Su conclusión no deja lugar a dudas, «debido a su función de vigilancia pública, los periodistas y los defensores de los derechos humanos están especialmente expuestos a las demandas estratégicas contra la participación pública».

Con la nueva directiva, una vez que esté aprobada, se pondrá en marcha un sistema de desestimación temprana de todo litigio con nulas probabilidades de prosperar legalmente, ya que su función es la de la intimidación. Se faculta, en concreto, a los órganos jurisdiccionales para que puedan archivar sin más trámite el procedimiento cuando un asunto sea manifiestamente infundado. En tal situación, la carga de la prueba recaerá en el demandante, que habrá de demostrar que el asunto está justificado. Igualmente, las costas procesales recaerán sobre el demandante, incluidos los honorarios de los abogados del demandado, en caso de desestimación de un asunto por abusivo. Las víctimas de SLAPP, de la misma manera, tendrán derecho a reclamar y obtener una indemnización completa por los daños materiales y morales. Los órganos jurisdiccionales, incluso, podrán imponer sanciones disuasorias a quienes interpongan demandas no justificadas.

No es un planteamiento teórico, ni tampoco la UE se ha puesto la venda antes de la herida. En España ya hay varios ejemplos que pueden enseñar el camino a otras empresas. Iberdrola ha reclamado al diario *El Confidencial* 17,5 millones de euros por la existencia de una «campaña de desprestigio y acoso mediático» relativa a la investigación del periódico sobre las relaciones entre el comisario Villarejo y el presidente de la compañía, Ignacio Sánchez Galán. Igualmente, la compañía de aviación Plus Ultra pidió a *Vozpópuli* 4,6 millones por las informaciones que ha publicado el diario tras la concesión de una ayuda de Estado a la aerolínea. Publicaciones como *CTXT*, *Infolibre*, *El Español* o *eldiario.es* también han recibido demandas cuyo único objeto es poner en riesgo la supervivencia de la empresa periodística e influir sobre la independencia periodística. No, no es una práctica infrecuente, y de ahí que hayan estallado las alarmas en Bruselas y en muchas redacciones.

La situación ha llegado hasta el punto de que News Media Europe (NME), la patronal de medios de comunicación de Europa, ha mostrado su preocupación por el acoso que sufren algunos medios mediante procedimientos SLAPP practicados por empresas, políticos y grupos de presión para evitar que informen sobre ellos.

Estados Unidos fue pionero en este tipo de demandas y eso explica que ya en 2011 tanto el Distrito de Columbia (Washington), como otros estados del país cuenten con leyes anti-SLAPP que buscan proteger el derecho fundamental de la libertad de expresión e información sobre asuntos de interés público. Esta legislación permite un proceso rápido gracias al cual el demandado recupera con agilidad los costes legales de su defensa, que en Estados Unidos son extremadamente caros. La independencia y la libertad por encima de todo.

La independencia, un medio, nunca un fin

Dando por hecho que la presión sobre los medios es consustancial al trabajo periodístico, es probable que no se esté tomando en serio una cuestión que en mi opinión es fundamental, y que hoy se puede observar en muchas redacciones en las que la experiencia, incluso la memoria, ha desaparecido. La independencia del periodista, que es una variable múltiple y no sólo un condicionante directo por parte de quien ejerce la presión, es heredera también del conocimiento. O lo que es lo mismo, no se puede ser independiente cuando el redactor de una noticia no tiene criterio suficiente sobre lo que escribe. Esto puede parecer irrelevante, pero no lo es. Está, de hecho, en el centro del trabajo periodístico. La independencia, como se ha dicho, es un medio para lograr determinados objetivos (una información de calidad), pero nunca un fin en sí mismo.

Ya se ha comentado que la asimetría es una de las características del oficio periodístico, toda vez que el volumen de información que maneja el protagonista de la noticia es significativamente mayor que el que obra en poder del periodista de turno, que va saltando de un tema a otro sin solución de continuidad. De ahí la importancia de contar con redacciones experimentadas, periodistas de largo recorrido y medios suficientes para investigar durante un dilatado período. La ausencia de estas condiciones objetivas, de nuevo, va en detrimento de la calidad del producto periodístico y, por ende, es una forma de presión, aunque sea indirecta. La independencia, de nuevo, está en entredicho.

A menudo muchas noticias están mal planteadas —y ello siempre va en detrimento del objetivo de la independencia profesional, que no es otro que ofrecer un producto de buena calidad informativa— porque el periodista con poco oficio y mal amparado por su empresa se deja convencer fácilmente —por ausencia de argumentos contundentes— por otros emisores de información. En particular, *lobbies* o grupos de presión que trabajan para empresas que prefieren mantenerse en un segundo plano.

Esto hace que la independencia, entendida como el criterio del periodista para enfocar una determinada información, sufra cada vez más trabas. Y esto, nuevamente, hay que relacionarlo con la vulnerabilidad de los medios, incapaces en muchas ocasiones de desmontar una versión oficial, ya sea del poder político, del empresarial o de cualquier esfera de la sociedad civil que busque ocultar una determinada realidad.

Esta vulnerabilidad es especialmente relevante en el ámbito de la información económica y empresarial por su especial complejidad en cuanto exige una base técnica suficiente para poder ejercer la independencia (también en otras secciones del periódico). Pero sobre todo porque en el caso de la información económica o empresarial lo que está en juego no sólo es el poder, como sucede en las secciones de nacional o de internacional, que también reciben presiones, sino porque en aquel caso pueden existir enormes intereses económicos, lo que hace que la presión sea mayor.

Es un hecho que la mayoría de los gabinetes de prensa externos a las empresas, las consultoras de asuntos públicos que hacen un seguimiento de los medios y en general cualquier otra fórmula comercial nacida para influir sobre los contenidos informativos, encuentra en los medios su principal, y casi única, razón de ser. Por supuesto, por encima de su capacidad de influencia sobre asuntos políticos.

Esto es manifiesto, por ejemplo, cuando una empresa va a salir a cotizar en bolsa, presenta resultados o pretende realizar una operación corporativa importante. En este caso, se redobla la capacidad de presión, que además es muy desequilibrada. Imaginemos una empresa del IBEX que va a salir a bolsa y que necesita convencer a los mercados y a los posibles pequeños accionistas de que se trata de una empresa solvente y que no hay riesgo alguno para la cotización. En este caso, cualquier pequeña noticia puede desarmar la operación, y de ahí que la presión se multiplique. No ya sobre el redactor o los directivos del medio, sino sobre la empresa, conocedora de que cualquier OPV (oferta pública de valores) suele ir aparejada de fuertes inversiones en publicidad.

Lo relatado no es un ejemplo inventado ni sacado de otro país. Ocurrió en España durante la salida a cotización de Bankia, una operación sobre la que existían múltiples dudas. Visto con perspectiva, no puede dejar de sorprender todavía, pasados algunos años, que pocos medios de comunicación —o casi ninguno— pusieran en duda una operación que finalmente llevó a la ruina a muchos accionistas hasta que el Estado tuvo que hacerse cargo de las pérdidas.

Lo relevante en esta ocasión es que desde el poder político y económico se creó un clima favorable a la empresa que es muy difícil de desmontar con periodistas bisoños o mal pagados; con empresas periodísticas financieramente muy débiles o con una lucha que en realidad se parece mucho a la que tuvieron Goliat y David. Aunque en la cita bíblica ganó el pequeño David, en la vida real no suele suceder eso. La independencia, de nuevo, en entredicho.

La fragmentación, un peligro para la independencia

¿Qué está ocurriendo? ¿Cuál es el tamaño de la empresa periodística? Un reciente trabajo coordinado por los profesores Salaverría y Martínez Costa ha estimado que en España existen, y están más o menos activos, nada menos que 2.874 medios digitales.[146] De ellos, 1.361 eran medios nativos digitales, casi la mitad (47,3 por ciento).

La cantidad global es exorbitante, y por pura coherencia con esa cifra lo que ha nacido es un territorio informativo extremadamente fragmentado que hace que los medios sean muy vulnerables ante las presiones externas, lo que en definitiva pone en riesgo su independencia. Al fin y al cabo, como cínicamente recuerda un viejo axioma periodístico, es más difícil cerrar un periódico que abrirlo. Hoy con unos pocos miles de euros se puede sobrevivir, y eso lo saben quienes quieren influir en los contenidos informativos.

Desde luego que no siempre el tamaño es sinónimo de mayor independencia. Todo lo contrario. Algunos medios pequeños se han enfrentado al poder y su aparato mediático, siempre sumiso para mantener una posición de privilegio, y han ganado. Los periodistas aprendimos hace más de un siglo con los célebres *muckrakers*, algo así como quienes husmean en la basura, que es posible mantener la independencia desde medios pequeños y hacer buen periodismo contra la corrupción y contra los abusos del poder. Lincoln Steffens, uno de aquellos legendarios periodistas que se enfrentaron al poder en el primer tercio del siglo xx, lo escribió con precisión tras rastrear con sagacidad y tesón las cloacas del poder: «Cada vez que se hace algo en la política municipal estadounidense, sea para bien o para mal, puede atribuirse invariablemente a un hombre. No lo hace el pueblo ni es obra de "bandas" ni de las asociaciones interesadas ni de los partidos

146. Salaverría, Ramón y María del Pilar Martínez Costa, *Medios nativos digitales en España. Caracterización y tendencias*, Salamanca, Comunicación Social Ediciones y Publicaciones, 2021.

políticos. Éstos no son más que instrumentos con los que los *bosses* [caciques locales] (los estadounidenses no somos liderados, sino pastoreados como el ganado) gobiernan al pueblo y, por lo general, lo traicionan».

Contrariamente a lo que pueda parecer, dado el alto volumen de medios, no es que hayan florecido en los últimos años en un contexto económico de bonanza. Al contrario. Desde que comenzó el siglo, la economía española, al igual que otras de su entorno, ha encadenado varias crisis, lo que en definitiva influye en la solvencia de los nuevos medios, y por lo tanto en su independencia. De hecho, muchos de ellos son fruto de procesos de reconversión periodística en términos de empleo y salarios que ha llevado a muchos periodistas a crear su propio mercado de la información.

No hay que olvidar, sin embargo, que los ingresos publicitarios de los periódicos a escala mundial se han reducido a la mitad en los últimos cinco años, según el último informe de la Unesco sobre la profesión periodística.[147] Pero es que aproximadamente la mitad de todo el gasto mundial en publicidad digital se lo llevan dos empresas: Google y Meta. Lo que ha sucedido en paralelo es que los usuarios de las redes sociales casi se han duplicado entre 2016 y 2020, lo que a la postre no sólo significa un nuevo reparto de la tarta publicitaria, sino también un nuevo ecosistema informativo con creciente capacidad de influencia por parte de la prensa, que ha perdido el monopolio de la información. Un proceso parecido al de la banca, que ha perdido su influencia hegemónica sobre las transacciones financieras entre particulares.

La situación es tan dramática que la Unesco ha reclamado con urgencia nuevas políticas y nuevas medidas para garantizar que el periodismo pueda seguir funcionando como bien común. Y entre ellas se encuentran: una financiación pública para medios de comunicación de confianza, un mayor apoyo a los medios que verdaderamente realizan un servicio público y, por último, la

147. «El periodismo es un bien común: tendencias mundiales en libertad de expresión y desarrollo de los medios», Unesco, 2021-2022. Disponible en: <https://unesdoc.unesco.org/ark:/48223/pf0000379826_spa>.

intensificación de la ayuda de los donantes y de las inversiones filantrópicas en la producción de noticias.

Entre otros motivos, como sugiere la Unesco, porque la falta de recursos hace que muchos periodistas tengan la tentación de acudir a fuentes no originales y fiables para elaborar una determinada información en un contexto muy competitivo. En particular, acudiendo a internet, que, pese a su aparente neutralidad por la utilización de algoritmos, puede comprometer la integridad editorial. O lo que es lo mismo, colabora en la manipulación informativa.

La Unesco ha detectado casos en los que han discriminado a personas por su raza, su situación socioeconómica y hasta su ubicación geográfica. De hecho, la creciente importancia del *big data*, junto con la influencia de las noticias falsas y la automatización mediante robots que escupen insidias y todo tipo de atropellos, están transformando profundamente el contexto de la producción de conocimiento, además de suscitar la demanda de transparencia y responsabilidad en el uso de algoritmos.

Es, sin duda, una lucha desigual. Es el periodista, que defiende su independencia de criterio, frente a la máquina que escupe infinita información filtrada mecánicamente, lo cual introduce un sesgo cuantitativo en lugar del estrictamente cualitativo, que es el que está detrás de la naturaleza del periodismo. En este caso, no es un combate entre la independencia del periodista frente a su director o frente a los poderes organizados con capacidad de influencia, sino la emancipación contra la máquina, cuyo comportamiento es a veces, incluso, más sutil que los viejos sistemas de control del mensaje periodístico.

La fragmentación del negocio periodístico con la proliferación de micromedios informativos hay que vincularla, obviamente, a que una de las características del nuevo ecosistema mediático tiene que ver con que la barrera de entrada se ha abaratado de forma extraordinaria gracias al avance tecnológico, lo que ha favorecido la penetración de internet.

El resultado, como no podía ser de otra forma, es la proliferación de medios con escasa musculatura financiera no sólo para destinar recursos a investigaciones que siempre son costosas, sino que los hace muy vulnerables a las presiones externas. A veces se olvida que una de las características de la prensa de calidad, en particular la anglosajona, era su vinculación histórica a la figura del editor, normalmente con recursos económicos suficientes para marcar su propio territorio, lo que le dotaba de enorme independencia respecto de los grupos de presión. Era Rousseau quien reclamaba tener altos recursos para ejercer su libertad. Soy rico para ser libre, sostenía.

Adolph S. Ochs, el gran editor de *The New York Times*, lo describió de forma magistral hace un siglo.[148] Es una cita larga, pero merece la pena leerla porque es el mejor compendio de lo que es el oficio del periodista y su independencia: «La periodística es una profesión que no es influida por amistades ni teme a ningún enemigo; no medra favores ni acepta gratificaciones; es una profesión en la cual la pasión, los prejuicios y el fanatismo son fatales para sus más altas aspiraciones; una profesión que está dedicada al bien público y a exponer el fraude, la malversación o la incompetencia en la conducción de los asuntos públicos; una profesión cuya práctica no puede ser influida por un espíritu estrecho y partidista, sino que tiene que ser justa y equitativa frente a quienes sostienen opiniones contrarias; una profesión cuya consigna es: "Hágase la luz"».

Ese «hágase la luz», como se sabe, tiene una tradición bíblica, pero para nuestra cultura occidental moderna representa, sobre todo, el valor de la razón y del conocimiento. En definitiva, de la Ilustración, que vio en la libertad, una vez que el hombre adquirió la mayoría de edad, su razón de ser. Y parece evidente que sin medios para ser libres el trabajo periodístico se resiente. La independencia, de nuevo, amenazada.

Independencia y publicidad institucional

Lo paradójico es que al mismo tiempo que el universo de los medios de comunicación se ha fragmentado de una manera desco-

148. Ochs, Adolph S., *Los periodistas hablan*, Editorial Ágora, Buenos Aires (Argentina), 1958.

nocida gracias a los avances tecnológicos —las redes sociales son otra cosa— se ha producido una enorme concentración en la industria audiovisual, lo que sin duda es otro factor de riesgo desde el lado de la independencia.

El duopolio televisivo o la concentración de la audiencia radiofónica en pocas manos es un factor preocupante. Entre otras razones porque no se trata de mercados libres en los que cualquier operador puede entrar a operar como sucede en internet o en la prensa escrita, sino que viene precedida de una concesión administrativa. No está mal que así sea habida cuenta de que el espacio audiovisual es finito y hay que ordenarlo para que no haya interferencias y se imponga la ley de la selva, pero eso exige órganos de competencia verdaderamente independientes y sociedades de redactores con capacidad real de defender su autonomía frente al grupo empresarial.

Es por eso por lo que la independencia se resiente, entre otras cosas, por la inexistencia en muchos casos de lo que los economistas de la competencia denominan «murallas chinas», que no son otra cosa que el levantamiento de fronteras entre la redacción y la empresa. Es verdad que detrás de un periódico o de cualquier medio de comunicación hay una empresa periodística que tiene entre sus objetivos ser rentable para garantizar su propia supervivencia, como no puede ser de otra manera, pero no siempre coinciden sus intereses con los de la información honesta y de calidad.

Resulta lógico por eso, que a menudo se hable de que un periódico es, sobre todo, un proyecto intelectual. No por una cuestión de pedigrí ideológico o de un cierto esnobismo elitista, sino porque sus valores no pueden ser, necesariamente, de naturaleza mercantil, como sí sucede —legítimamente— en el caso de las empresas. Para garantizar que ambos intereses convivan pacíficamente es por lo que hay que levantar «murallas chinas» dentro de la compañía, lo que no es sinónimo de animadversión mutua. Al contrario, cada área del negocio periodístico, no sólo en el sentido mercantil del término, debe tener su propio campo de juego. Ambos se beneficiarán del buen funcionamiento.

Como se ha dicho, lo que ha sucedido en los últimos años, al calor de la explosión de internet y de los medios digitales, es que, al ser la barrera de entrada tan baja, con unos pocos miles de euros se puede levantar una web, en muchos proyectos existe un claro conflicto de intereses entre periodistas que son al mismo tiempo directores y editores en el sentido continental del término, no el del anglosajón, lo cual resta credibilidad al medio y, en última instancia, limita su independencia. No es fácil negociar contratos de publicidad por la mañana y por la tarde tener que decidir en qué posición se coloca una noticia que afecta a esa misma empresa con la que se ha estado ese día o, en el caso más extremo, si hay que publicarla o no.

Es más. El conflicto de intereses se plantea a menudo no sólo en el plano empresarial, sino también en el ideológico en una sociedad tan abiertamente polarizada como es la española, donde muchos medios han visto en las Administraciones públicas una fuente robusta de ingresos. La polarización política en los medios actúa como un condicionante de la independencia, ya que introduce sesgos ideológicos que desvirtúan el contenido informativo.

No es un botín pequeño el de la publicidad institucional, tan sólo la Administración General del Estado (falta por contabilizar el resto de las Administraciones públicas) tenía previsto aprobar en 2022 un total de 167 campañas de publicidad institucional, con un gasto total previsto de 158,3 millones de euros. Tres ministerios se llevan la palma: Economía y Transformación Digital (36,3 millones), Igualdad (19,6 millones) y Transición Ecológica (18,3 millones).

Por ello, una de las reclamaciones de cualquier redacción que quiera hacer su trabajo de forma honesta y confiable será garantizar que la propiedad no se inmiscuya en las decisiones editoriales. Por supuesto, desde el respeto. Lionel Barber, el que fuera gran director del *Financial Times*, recuerda en sus memorias que cuando el gigante japonés Nikkei, el Ferrari mundial de la información económica, compró el diario de mayor prestigio de la *city*, los periodistas le pidieron que exigiera independencia a los japoneses. Lo que estaba en juego era, ni más ni menos, que una credibilidad construida ladrillo a ladrillo, noticia a noticia, durante décadas.

Barber, sin embargo, pese a lo que pueda parecer, no les hizo caso y en su lugar optó por hacer política de mano izquierda. Optó, de alguna manera, por la presunción de inocencia. Lo que decidió fue que la empresa conocería de antemano lo que se iba a publicar de ella sobre temas peliagudos, por ejemplo, algunos casos de acoso sexual ocurridos en Japón, y así Barber se ganó la confianza de los editores, que por otra parte nunca tuvieron mayor interés en influir sobre la línea del periódico. Entre otras razones porque la credibilidad es probablemente el activo más importante de un periódico, y la nueva propiedad sabía que si el *Financial Times* la perdía por la mala influencia de su editor-propietario, la consecuencia no podía ser otra que un negocio en declive. La independencia, en este caso, era un factor clave de competitividad.

Iniciativas redaccionales e independencia

Al fin y al cabo, como muchos especialistas han destacado, el gran salto adelante del periodismo en el siglo XX se produjo cuando los editores, en el sentido anglosajón del término, es decir, los directores de los diarios, tuvieron el acierto de separar opinión e información, algo que, desgraciadamente, en la prensa española a menudo se olvida. El periódico está obligado a amparar las informaciones de sus redactores siempre que éstas sean veraces, pero las opiniones son libres y deben tener un espacio propio.

Algo parecido a lo que ocurrió en el *Financial Times* con la entrada de Nikkei sucedió hace unos años en *Le Monde*, cuando más de 460 periodistas reclamaron a los nuevos propietarios que debían garantizar su independencia otorgándoles un derecho de aprobación para los nuevos accionistas con capacidad de control. «Cualquier cambio sustancial que no sea aprobado por la plantilla pone en peligro la relación construida con nuestros accionistas y ensombrece el valor del periodismo en *Le Monde*, además de deteriorar la confianza de nuestros lectores», dijeron los trabajadores del rotativo parisino. Hay que recordar que tras la Segunda Guerra Mundial *Le Monde* lideró un proceso de democratización de las redacciones que pretendía, precisamente, salvaguardar la independencia de los periodistas frente a cualquier clase de poder.

Así fue como nacieron las sociedades de redactores, con capacidad de control efectivo sobre los contenidos informativos. Otras fórmulas, como las cooperativas de periodistas, también funcionaron hasta que en los ochenta y noventa, principalmente, fueron cayendo víctimas de problemas financieros irresolubles en mercados muy competitivos. En particular, por la proliferación de medios que buscaban más el entretenimiento que la información pura y dura. Hoy esas fórmulas, desde luego en España, han claudicado. El diario *El Mundo*, por ejemplo, llegó a sindicar el 30 por ciento de sus acciones en una sociedad de redactores que se liquidó cuando Rizzoli compró el cien por cien del periódico.

El problema es de tal envergadura que el Centre for Media Pluralism and Media Freedom,[149] un *think tank* dependiente del Centro Robert Schuman, que desde hace años viene haciendo estudios comparados para Europa, ha llegado a la conclusión de que la pluralidad del mercado en España «se ha deteriorado en todas las variables». En su opinión, existe una fuerte concentración de medios, especialmente en la televisión y en las plataformas online. Según sus conclusiones, a pesar de la creciente importancia de los medios digitales, éstos todavía no son una alternativa viable que compense las deficiencias de los medios tradicionales.

En el área de independencia política, la falta de salvaguardias para asegurar la independencia de los medios públicos es uno de los temas más relevantes, con importantes implicaciones para el pluralismo. Los medios privados no están protegidos de las interferencias políticas. En este sentido, y a modo de colofón, se observa, sostiene el estudio, que los medios de comunicación, en un sistema político polarizado, «han contribuido a la radicalización de la vida pública española».

149. Monitorización del pluralismo en los medios en la era digital 2020 del Centre For Media Pluralism And Media Freedom.

En todos los casos, tanto en Francia como en España, como en el Reino Unido, subyace la misma cuestión. En la sociedad de la información, que es el santo y seña del siglo XXI, el valor de la información es cada vez más relevante, y muchos inversores han visto en los periódicos y, en general, en los medios una fuente de negocio.

No sólo por su potencial sobre la agenda pública, sino también porque muchos son rentables. Ganan dinero, y eso los hace todavía más atractivos. Para evitar malas influencias, medios como *The Economist* y *The Guardian*, en el Reino Unido, cuentan con políticas y prácticas de buen gobierno que incluyen medidas para limitar los derechos políticos de sus accionistas o la constitución de mecanismos de propiedad (trust) que fortalezcan la independencia editorial. Todo en aras de garantizar la independencia.

El factor económico, en definitiva, vuelve a ser determinante, y de ahí las amenazas que se vierten día tras día sobre la libertad de prensa, que desde luego va mucho más allá de una cuestión de legalidad. No puede dejar de sorprender que la crisis financiera de 2008 irrumpiera sin que los grandes medios, con redacciones descomunales y periodistas hiperespecializados, pudieran advertir sobre lo que se les venía encima a las economías avanzadas, lo cual hace todavía más justificado salvaguardar el binomio independencia económica e independencia intelectual. Son, en realidad, dos caras de la misma moneda. Indispensable para garantizar el derecho a una información veraz.

A menudo se vincula la libertad de prensa sólo en términos de censura, pero esa concepción está hoy desfasada en las democracias liberales, como la española, donde los niveles de protección por parte de los tribunales y de las leyes son muy elevados y en cualquier caso siempre están supervisados por instituciones judiciales supranacionales cuando se producen vulneraciones.

El problema, por lo tanto, es otro. Tiene que ver también, y en línea con la teoría de las «murallas chinas», con que el redactor que llega a una determinada conclusión después de haber obrado con criterios de veracidad en su labor periodística se vea arropado dentro de su organización. En primer lugar, por supuesto, del director del medio, pero también pasa porque el editor, una figura imprescindible en el mundo de los medios de comunicación, sea capaz de aguantar las presiones inherentes a su alta responsabilidad. Lo que está en juego, como se ha dicho, es, ni más ni menos, que el derecho de los ciudadanos a recibir una información objetiva, imparcial y, por supuesto, veraz.

Y nada mejor que la transparencia para lograr ese objetivo. La falta de transparencia, de hecho, es el territorio en el que mejor se mueven los intereses oscuros. Un reciente informe de la Fundación Haz[150] refleja, sin embargo, lo mucho que queda por hacer respecto de lo que limita la independencia de los medios.

Según esta fundación, que se dedica a realizar diferentes rankings sobre transparencia, no sólo en el ámbito informativo, pese a los progresos de los últimos años, ninguna de las empresas analizadas obtuvo en 2019 la calificación de transparente a la hora de desarrollar y comunicar sus prácticas y políticas para proteger la credibilidad e independencia editorial. Su conclusión es que los medios «están todavía lejos de cumplir las prácticas de transparencia y buen gobierno mínimas». Y para demostrarlo se recalca que cuatro de las cinco sociedades cotizadas califican como translúcidas, mientras que todas las empresas no cotizadas se consideran opacas. En el primer caso, lógicamente, porque las normas bursátiles las obligan a desvelar su gobierno corporativo.

No es un asunto estrictamente español o algo que nos diferencie de nuestros socios. En Europa, informar a los reguladores mediáticos —si los hubiera— sobre quién es el verdadero propietario de un medio de comunicación no está considerado como un requisito necesario en la mayoría de los países.

Esta conclusión se desprende de un exhaustivo análisis llevado a cabo por Access Info Europe y el Programa de Open Society para un Periodismo Independiente en torno al estado de la legislación europea en esta materia y su puesta en práctica. La investigación se desarrolló en 20 países (19 de ellos europeos junto

150. *Primera plana 2019. Informe de transparencia y buen gobierno sobre independencia y credibilidad editorial de los grupos de comunicación*, Fundación Haz, Madrid, 2019.

con Marruecos) y reveló que el marco legislativo en la mayoría de estos países es insuficiente para garantizar la transparencia en torno a la propiedad de los medios de comunicación.

Únicamente en 9 de 20 países el público puede saber quién controla realmente los medios de comunicación a través de los reguladores de medios o registros mercantiles. Igualmente, no existe una forma unificada o estandarizada de abordar la recolección —o de requerir la publicación— de información sobre la propiedad de los medios, especialmente en el caso de la prensa escrita y digital.

La transparencia, sin embargo, es un bien necesario para garantizar la independencia de los medios, ya que es el lector quien puede juzgar a los propietarios, pero no suficiente si no existen órganos capaces de verificar el buen funcionamiento del sistema. En particular, en espacios geográficamente más pequeños en los que la capacidad de presión de los caciques locales es infinitamente mayor.

Si en la prensa nacional éste es un problema importante, en la regional o local este condicionante se multiplica. En muchos casos, porque alrededor del poder se han creado grupos multimedia que aúnan prensa escrita, radio, televisión e internet, que a cambio de publicidad institucional o de concesiones administrativas se ponen a disposición de quien paga. La paradoja se produce cuando los grupos multimedia tienen en su seno intereses contrapuestos, toda vez que sus accionistas pueden cambiar en función del territorio.

En los primeros años noventa ocurrió un hecho singular. Incluso prodigioso. Un periódico líder tenía ediciones en Madrid y Mallorca, pero el propietario mayoritario de la edición balear eran los empresarios de la tierra, mientras que en la edición de Madrid los dueños eran otros. Lo que ocurrió fue que los sindicatos convocaron una de tantas huelgas generales contra Felipe González que fue respaldada claramente en un editorial en la edición madrileña, mientras que, en la balear, donde los propietarios eran empresarios locales, se arremetió contra la convocatoria. Un claro ejemplo de falta de independencia y de incoherencia editorial. Una misma cabecera, dos visiones contrapuestas.

Ni siquiera es necesario mencionar más casos concretos. Es una evidencia que las relaciones entre los medios y el poder político, empresarial o, incluso, religioso, es más estrecho en la prensa regional o local que en la nacional. Primero, porque es más vulnerable financieramente, y segundo porque los sistemas de control internos —estatutos internos de independencia o control de los redactores— son inexistentes.

Lo que está en juego es, ni más ni menos, la credibilidad, que, como se ha dicho, es el principal activo de los periodistas, sobre todo en tiempos de auge de la desinformación. Y no hay credibilidad sin independencia. Una reciente encuesta de la Asociación de la Prensa de Madrid lo pone negro sobre blanco. Los periodistas siguen dándole un suspenso, 4,5, al grado de independencia con que llevan a cabo sus labores informativas, mientras que los ciudadanos conceden un aprobado raspado (5,4 por ciento) a la confianza en la información periodística que reciben.[151]

Como ha puesto de manifiesto la Unesco, en su último informe, un indicador de la ausencia de independencia es el nivel de confianza pública en la credibilidad del periodismo. Y lo cierto es que la confianza en los medios de comunicación parece estar en descenso, al igual que la confianza en los gobiernos, las ONG y las empresas. Y en buena medida, por un problema de independencia. Las audiencias no ven trigo limpio en muchas informaciones.

En el caso de España, sólo el 10 por ciento de los españoles confía mucho en la información de los medios informativos, a lo que se podría añadir un 32 por ciento que tiene una confianza media. En el informe de hace dos años, dichos porcentajes eran del 19 y del 33 por ciento, respectivamente. España, en este sentido, se sitúa por debajo del promedio europeo (junto a países como Reino Unido y Francia), que es del 19 por ciento para quienes les inspiran los medios mucha confianza y el 41 por ciento que tiene una confianza media. No hace falta pasar por Salamanca para entender que esta falta de confianza en los medios

151. *Informe anual de la profesión periodística 2021* de la APM.

tiene mucho que ver con la sospecha de que no son independientes.

Algo que también se explica porque uno de los instrumentos clásicos para limitar la influencia de los medios es su desprestigio. Como han acreditado muchos estudios, la deslegitimación sistemática de los medios de comunicación por parte de quienes no quieren que sean independientes forma parte de un mecanismo de respuesta del poder que se niega a ser fiscalizado.

La deslegitimación, de hecho, es una forma sutil y efectiva de propaganda que reduce la confianza del público en la capacidad de los medios de llevar a cabo una función colectiva y vital de control del gobierno. Es por eso por lo que no se ponen los medios suficientes para que sean realmente independientes, ya sea con políticas de ayudas para crear un ecosistema equilibrado o con empoderamiento a través de la transparencia. Todos los periodistas conocen las dificultades que tiene pedir información a las distintas administraciones, que tienden a esconderse en procedimientos administrativos.

Se trata, obviamente, de otra barrera para asegurar la independencia de los medios, que al no poder contar con información de calidad se ven ninguneados por la opinión pública. En su lugar, y para obtener audiencias, se opta por hacer periodismo-espectáculo, que además es más barato.

La deslegitimación, como ha dicho la Unesco, fomenta y refuerza los ataques de otras facciones de la sociedad sobre los medios. Tomados en conjunto, estos ataques tienen la capacidad de intimidar a los periodistas y alterar la confianza pública en los principios fundacionales de la función de los medios y la prensa, así como la credibilidad de los datos y la ciencia. La deslegitimación puede considerarse parte de un problema mayor de polarización social y política que incluye los ataques sostenidos contra la legitimidad de las instituciones públicas, en particular los poderes judiciales independientes, que ocurre en todo el mundo.

Nada más que añadir. Sin independencia no hay periodismo como tampoco hay justicia. El apaleado Dutton Peabody, el imaginario fundador, editor y periodista del *Shinbone Star*, el periódico que remueve las conciencias en *El hombre que mató a Liberty Valance*, lo dijo claramente cuando le preguntó John Wayne: «Peabody, ¿vas a publicar eso?», y el bueno de Dutton le contesta: «Es una noticia y yo soy periodista».[152] Así de fácil y así de difícil.

152. Dutton Peabody es —como nos recuerda él mismo reiteradas veces a lo largo de la película— fundador, editor, director y reportero del *Shinbone Star*.

14

El asalto de la opinión al mensaje informativo (y otros extravíos)

Justino Sinova

Advertencia preliminar

En los días en que redactaba este capítulo se produjo un hecho inesperado y alarmante: el Gobierno aprobó en pleno agosto, con las instituciones paralizadas y la mayoría de los políticos en vacaciones, el anteproyecto de una llamada «Ley de Información Clasificada», que quiere tener en vigor en el más breve plazo para disponer de una herramienta que le permita retirar durante años del conocimiento de medios, de periodistas y, por lo tanto, del público, los temas que discrecionalmente decida. Por el modo y el momento elegido, por su intención y su contenido, la maniobra del Gobierno no genera confianza ni optimismo, sino todo lo contrario. Este capítulo se refiere a procedimientos del sector del periodismo, no a circunstancias ajenas que pueden afectarlo gravemente, como el citado anteproyecto, que entraña una grave tentativa política de control.

Esto que sigue no va a gustar a algunos o a muchos. Prefiero que sean sólo algunos, pero me temo que pueden ser muchos. Si son algunos, la actual enfermedad del periodismo puede no ser tan grave como parece. Si son muchos, será una señal de alarma sobre el deteriorado estado de salud de una profesión necesaria para la convivencia social y la libertad de cada ciudadano.

Partamos de la base de que lo que ofrece el periodismo, cuando es bien entendido y ejercido, es la verdad sobre los hechos significativos. Es algo tan simple como eso, pero parece muy difícil de lograr si se presta atención a las mentiras, las insinuaciones, las insidias y los servilismos que circulan gracias a renuncias profesionales. Conviene hablar claro.

Un grave inconveniente para la información es que la profesión periodística sufra con mucha frecuencia una presión política que pretende controlar a las empresas de comunicación y a los profesionales o suplantarlos y que el resultado final dependa de la convicción democrática de cada político y de la responsabilidad y el compromiso con la verdad de cada periodista; hay políticos que no soportan la verdad sobre ellos ni sobre sus gestiones, y no se paran en barras para tratar de controlar el mensaje, lo que conduce tarde o temprano a maniatar al periodista. Pero tan grave inconveniente es que haya periodistas que no sufren dicha persecución porque se entregan de antemano —a una ideología, a un partido, a un gobierno— en una actitud de servicio no a los ciudadanos, sino a su, llamémosla así, afición.

Hay otra situación igualmente nefasta: la de los problemas que han de sobrellevar periodistas cabales que carecen de un espacio de libertad profesional en su empresa informativa; los compadezco y al mismo tiempo lamento su circunstancia, que tiene consecuencias para el receptor de sus mensajes. Y me apena el escenario opuesto: el sometimiento voluntario de periodistas a pautas no profesionales, por decirlo suavemente, aunque no se les impongan. Aquéllos persiguen, a veces sin éxito, una libertad de procedimiento que les pertenece como profesionales para facilitar su deber informativo y éstos abdican en favor de intereses ajenos a la finalidad del periodismo informativo. Ello tiene un origen —no el único, no se olvide el efecto del control político— en la dejación por la empresa periodística de su deber de servicio al público, pero, al margen de esto, no hay que menospreciar la fatalidad que implica la rendición profesional, que trastoca al periodista en agente de promoción o de repudio de ideas y de personas.

El acoso a la independencia profesional y la claudicación personal del periodista atentan contra la esencia del deber informativo, que es el hallazgo de la verdad y su difusión adecuada. El periodismo íntegro ha sido enterrado muchas veces por la proliferación de controles ajenos y dejaciones propias. Quien ha surcado durante más de medio siglo por redacciones y aulas universitarias debería estar curado de espantos, pero el caso es que el disparate no cesa, sino que persevera e incluso se engrandece con nuevos y reiterados usos, malos usos, para ser precisos. La defensa de la información genuina como un valor precioso para cada persona y para la sociedad en su conjunto no ha ganado la batalla, sigue perdiéndola, y esta catástrofe es lo que nos impide cesar en la insistencia.

Difamación del oficio periodístico

He aludido a las aulas, que es donde se dio sustento a un absurdo que permanece. Lo digo por experiencia y con amargura. En mis clases sobre la verdad en la información, curso tras curso, he formulado siempre una pregunta a los alumnos que solía recibir de algunos de ellos una respuesta coincidente. La pregunta era: «¿Qué saben ustedes de la objetividad?». Y la respuesta era con frecuencia de parte de uno o de varios alumnos que aseguraban que «la objetividad no existe» o «la objetividad es imposible». Año tras año, con alumnos distintos, se repetía la misma escena, lo que no podía ser casualidad. Era evidente que los alumnos que resolvían el caso con tal convicción habían sido aleccionados por otros profesores que habían visitado el aula con anterioridad. No hay que llamar a Hércules Poirot para inferirlo. Con el tiempo, algunos de tales profesores ¡han escrito libros para desacreditar y negar la objetividad!

Enfrente se han situado, por fortuna, algunos docentes y algunos informadores valientes y con sensibilidad para enojarse, como el periodista Jean-François Revel, enérgico y lúcido, que no dudaba en confesar que se escandalizaba de los estudiantes que seguían la corriente y parecían «encantados de semejante difamación de su futuro oficio».[153] La denigración se ha mantenido e incluso en algunos casos ha ido en aumento, como cabía prever, con muchos de aquellos estudiantes anclados en el carro de la negación.

Antes de que el lector caiga en el desánimo de pensar que ésta es una cuestión trillada y resuelta, porque el desprecio ha alcanzado gran eco, hay que recordar que la teoría de la objetividad ha ocupado a legiones de científicos, no sólo en el sector de la metodología, y que el consenso acerca de la necesidad y la exigencia del esfuerzo por la objetividad es entre ellos muy consciente. Karl Popper, que trató el asunto en varios de sus ensayos, debe de agitarse en la tumba cada vez que alguien sentencia que la objetividad es una filfa. No es materia para dejar de lado tratándose del ejercicio profesional del periodismo, en el que se encuentra el mayor porcentaje conocido de sus verdugos.

Cuesta entender que una profesión encargada de la búsqueda de la verdad esté trufada de tantos pesimistas tempranamente derrotados; produce estupefacción comprobar cómo abunda en el sector el espíritu agorero, mientras los destinatarios de sus relatos parecen confiar en satisfacer con ellos sus necesidades de información. No conocen el ambiente de muchas redacciones; si escucharan las conversaciones de ciertos periodistas, su fe en la información quedaría destruida. Un antiguo y sabio consejo que

153. Esto lo dijo Revel en el semanario francés *Le Point* el 6 de diciembre de 1982, en un artículo titulado «Información: la objetividad existe». Lo incluyó, junto con otras piezas, en un libro que luego se tradujo al español. Cito por dicha edición española: *El rechazo del Estado*, Planeta, Barcelona, 1985, pp. 61-65.

Los artículos reunidos abordan numerosos asuntos además de las cuestiones referidas a la información, que tanto preocupaban a Revel. Sobre los problemas que aquejan al trabajo periodístico publicó años después un libro esencial que aún se sigue editando: *El conocimiento inútil*, Planeta, Barcelona, 1989 (primera edición en lengua española). En él afirma que la sentencia «la objetividad no existe» es un «tópico que constituye, como diría Kant, el "asilo de la ignorancia" o, más bien, de la arrogancia», p. 240.

yo he repetido con frecuencia pone en alerta a los observadores demasiado confiados: «A los amantes de las salchichas y de las noticias les conviene abstenerse de visitar las trastiendas de las carnicerías y las redacciones de los periódicos». Algunos atribuyen la recomendación al novelista y periodista Mark Twain, ingenioso y escéptico. No sé si acierta sobre los carniceros, pero en lo otro sabía bien de qué hablaba.

La clave del ejercicio de la objetividad es que su propósito ha de ser previo y su práctica, simultánea a la tarea informativa. Dicho de otro modo: si no se hace el esfuerzo de limitar todo lo que en la persona puede impedir la búsqueda y la obtención de una versión adecuada de la realidad, será muy difícil llegar a conocer bien esa realidad y será más difícil aún informar sobre ella. Tales operaciones requieren confianza personal en la capacidad humana y empeño profesional. Es precisamente esa capacidad humana la que niegan los críticos —en un ejercicio extravagante de pesimismo—; es lo que los lleva a refugiarse en informaciones que consisten en la exposición de versiones y a caer en otra tendencia muy actual que es la proliferación de declaraciones.

Cualquiera entiende que todas las versiones no pueden ser adecuadas ni todas las distintas declaraciones pueden ser acertadas, pero muchas noticias que circulan hoy están construidas sobre datos contradictorios —unas fuentes dicen blanco, otras afirman negro— y se apoyan en manifestaciones enfrentadas a las que se atribuye idéntico valor. Los autores de tan singulares noticias —batiburrillos de datos y palabras al viento— dan rienda suelta a su personal relativismo, pero los destinatarios de esos mensajes obtienen más confusión que certezas.

Ideología y compromiso

Para concluir este breve y necesario recuerdo, acudamos a una brillante pensadora alemana que falleció hace casi cincuenta años y hoy sigue gozando de merecido aprecio, Hannah Arendt, que definía la objetividad como la «pasión por la integridad intelectual a cualquier precio» y aseguraba, nada menos, que «sin ella jamás habría nacido ninguna ciencia». Ni —podríamos añadir— habrían surgido esas noticias relevantes capaces de cambiar el mundo. Dicho de otra forma: sin una conducta profesional esforzada en someterse a la realidad, no habría sido posible conformar las grandes noticias que han convertido el periodismo en una antesala útil para el conocimiento de la historia. Esa disposición profesional consiste, como decía Arendt, en mirar «con los ojos del cuerpo y no con los de la mente». Hay que anular en lo posible los filtros subjetivos que podrían deformar el descubrimiento de la realidad, en palabras del profesor José María Desantes.[154] Es tan importante este proceso que, volviendo a Arendt, «la libertad de opinión es una farsa si no se garantiza la información objetiva y no se aceptan los hechos mismos». Y, atención, decretaba la actitud intelectual imprescindible: «Entre los modos existenciales de la veracidad sobresalen la soledad del filósofo, el aislamiento del científico y el artista, la imparcialidad del historiador y el juez, y la independencia del investigador, el testigo y el periodista». Llamaba a estas actitudes «formas de estar solo», que «tienen en común el que mientras sean duraderas no es posible ningún compromiso político, ninguna adhesión a una causa».[155]

154. El profesor José María Desantes, fallecido en 2004, primer catedrático español de Derecho de la Información, estudió todos los aspectos del ejercicio periodístico y articuló una extensa obra de consulta necesaria, en la que sobresale el manual *Fundamentos de derecho de la información*, primer tratado global sobre esta materia en lengua española, editado por la Confederación Española de Cajas de Ahorro, Madrid, 1977.

155. Arendt, Hannah, *Verdad y mentira en la política*, Página Indómita, Barcelona, 2016. La riqueza del pensamiento de Arendt no se puede reducir a dos citas. Sus trabajos abundan en sugerencias luminosas. En este pequeño trabajo nos encontramos, por ejemplo, con proposiciones como éstas: «Desde el punto de vista de la política, la verdad tiene un carácter despótico. Por eso la odian los tiranos, porque acertadamente temen la competencia de una fuerza coactiva que no pueden monopolizar», p. 39. «Si la prensa llegara alguna vez a convertirse en el "cuarto poder", tendría que ser protegida del poder gubernamental y de la presión social incluso con mayor cuidado que el poder judicial», p. 76. «Los experimentos totalitarios y la aterradora confianza que los dirigentes de dichos experimentos tienen en el poder de la mentira para reescribir la

Estas palabras son una impugnación radical, con toda la fuerza de la razón, de esa rutina citada que se limita a reunir versiones distintas y a veces contradictorias sin indagar en los datos. Porque construir informaciones es arriesgarse a favor del valor central de la comunicación y de la vida que es la verdad. La responsabilidad liminar de los periodistas es buscar, elaborar y difundir la verdad comprobada desde planteamientos personales de independencia, desde el alejamiento de las opiniones y sobre todo de las ideologías. El periodista Alfonso Armada define el periodismo de manera impecable en sólo ocho vocablos: consiste en «contar con palabras exactas lo que es cierto». Lo escribe en un lugar inesperado, en el catálogo de una exposición de la Biblioteca Nacional de España en Madrid,[156] pero eso no le quita fuerza porque lo importante de un dictamen no es donde se emite, sino que sea adecuado.

Produce rubor tener que insistir en la importancia crucial de la verdad en el periodismo, pero es obligado ante el diletantismo y la infidelidad profesional de quienes usan el periodismo como recurso para la adhesión ideológica o partidaria. Walter Lippmann describía en pocas líneas la corrupción de los que anteponen ideología al objetivo esencial del periodismo: «Si quienes suministran las noticias convierten sus propias creencias en una ley superior a la verdad, entonces están atacando los fundamentos de nuestro sistema constitucional [que reconoce el derecho a la información]. No puede haber otra ley superior en el periodismo que decir la verdad».[157] ¿Y se puede tributar el máximo respe-

---

historia una y otra vez con objeto de adaptar el pasado a la línea política del momento presente o para eliminar datos que no encajan en su ideología», pp. 90-91.

156. *Noticias verdaderas, maravillosos prodigios*, catálogo de la exposición del mismo título en la Biblioteca Nacional de España, Madrid, 2022, p. 71. La contribución de Alfonso Armada se titula «Verdad y fervor, o lo que la prensa necesita para que vuelvan los lectores», pp. 65-81.

157. Lippmann, Walter, *Libertad y prensa*, Tecnos, Madrid, 2011, p. 14. Lippmann fue un fecundo denunciador de las desviaciones del periodismo; algunos ejemplos: «El gran mal de la prensa es la mentira», p. 59. En la «formación profesional periodística» es «esencial el ideal del testimonio objetivo»,

to a la verdad implicándose ideológicamente en el relato, comprometiéndose en su valoración antes que en su precisión?

Desde la Transición a la «militancia afectuosa»

Quienes empezábamos a practicar el periodismo en los primeros años setenta del siglo XX y vivimos luego la ilusión del rápido nacer de la democracia, no pudimos sospechar —no pudimos temernos— que asistiríamos a una inquietante degradación del oficio cuando mejores condiciones favorables había para su ejercicio. La Transición confirmó la libertad que veníamos exigiendo en los años finales del franquismo y nos permitió experimentar los beneficios de una información profesional con voluntad de veracidad. El objetivo común de aquellos periodistas era hacer del periodismo un vehículo útil para colaborar con el impulso social hacia el futuro.

Las ideologías políticas, que se organizaban para servir de apoyo al desarrollo democrático, eran parajes ante los que los periodistas nos situábamos alejados, por lo general, como vigilantes comprometidos con el servicio informativo dedicado al público. Entre aquellos periodistas había casos de militancia política, que muchos interpretábamos como anormalidades pasajeras propias de un período excepcional. Fueron rarezas amortiguadas porque eran de conocimiento público, mientras con el tiempo se iba imponiendo el axioma de que la pertenencia a partidos y organizaciones que exigen sumisión a su estrategia era un impedimento insuperable.

Hoy, la militancia orgánica de un periodista en un partido es

---

p. 65. «Al periodista le resulta imprescindible tener una percepción general de lo que ocurre en el mundo. Pero, con total seguridad, lo que no debe hacer es ponerse al servicio de causa alguna, no importa lo buena que sea. En su actividad profesional no es asunto suyo cuidarse de quién se lleva el gato al agua», p. 69. «Avanzaremos cuando hayamos aprendido algo de humildad; cuando hayamos aprendido a buscar la verdad, a descubrirla y a publicarla; cuando nos ocupemos más de estas cosas que de la prerrogativa de polemizar sobre meras ideas en medio de una niebla de incertidumbre», p. 79.

considerada por las viejas generaciones y algunas de las nuevas promociones como una anomalía —con toda razón—, salvo en los que se dedican a desempeñar un empleo político de comunicación, que se asemeja al ejercicio del periodismo en las formas, pero no en lo esencial, que es la necesaria independencia personal como previo compromiso para la veracidad. (La publicidad y la propaganda usan métodos de comunicación comunes al periodismo, que debe diferenciarse por su tributo radical a la verdad.)

Sin embargo, viene abundando una especie de «militancia afectuosa», que en algunos casos llega a ser fanática, del periodista prendado de un Gobierno (o de varios porque los afectos no se limitan al central habiendo tantos otros autonómicos), de un partido o de una ideología. Y así hay en España comunicadores rendidos, que distribuyen su afán cortejador entre mensajes supuestamente informativos y opiniones dizque personales. Es muy difícil admitir que las opiniones de algunos son espontáneas cuando coinciden al milímetro una y otra vez con las que otros mantienen desde medios distintos y antes han sido emitidas por el portavoz de turno.

A los habituales consumidores de tertulias y otros productos televisados y radiados no hay que darles pistas ni citarles nombres, pues ya están hoy al cabo de la calle. La crisis del periodismo es de conocimiento público. La tertulia política plagada de fanatismo, con episodios de apasionamiento o de intransigencia según los casos, es un producto frecuente en esta España en la que la intolerancia ha resucitado a lomos de la política del odio que se ha practicado desde hace unos años. El clima político ofrece inquietantes casos de enfrentamiento, nada que ver con la tolerancia, la cooperación y la cordialidad de los primeros años de la Transición. Y se ha extendido a muchos otros sectores, entre ellos al periodístico, tan distintos de entonces a hoy.

«Distante, ajeno, imparcial»

Cómo no añorar a periodistas que pusieron por delante su oficio, con la conciencia de su responsabilidad profesional, incluso en condiciones letales para la supervivencia física. En esta encrucijada surgen el nombre y la odisea de Manuel Chaves Nogales, que ejerció la profesión entre las presiones políticas de la Segunda República, los odios de la Guerra Civil y la sangre, hasta que pudo librarse de todo ello. Director del diario azañista *Ahora*, huyó en 1937 de España, cuando se convenció del tangible riesgo de ser asesinado a manos de unos o de otros, y padeció el exilio por los arrabales de París y Londres en donde murió con sólo 47 años de edad. Vivió rodeado de todas las inducciones para malograr su oficio y servirse de él, pero resistió hasta que no tuvo más remedio que fugarse. Cuando luego pudo escribir a duras penas para sobrevivir, creó un puñado de relatos espléndidos y lacerantes sobre la guerra, a los que antepuso un prólogo en el que autorretrata su aislamiento vital y su esfuerzo por la neutralidad ideológica. Es ahí donde confiesa que compuso la ficción para reflejar el drama «luchando conmigo mismo —escribe— por permanecer distante, ajeno, imparcial».[158] No puede definir un periodista de modo más breve y directo el ejercicio de autogobierno, de neutralidad, de... objetividad. Ese luchar consigo mismo por permanecer distante, ajeno e imparcial es una «forma de estar solo», el requisito intelectual que describiría de tal modo Arendt años después.

El escenario en el que nos desenvolvemos los periodistas en el mundo libre no suele albergar amenazas tan feroces como las sufridas por Chaves o los informadores asesinados actualmente en México, encarcelados en China, en Rusia o en Cuba, incluso eliminados mediante envenenamiento, como el que sufrió el saudí Jamal Khashoggi. No faltan las presiones, pero su dimensión suele ser tan dominable que por lo general se entiende en el oficio que quien corrompe su profesión es porque hace méritos para ello.

No siempre un periodista se encuentra empotrado en un conflicto bélico, donde Graham Greene hace lamentar a uno de

158. Chaves Nogales, Manuel, *A sangre y fuego: Héroes, bestias y mártires de España*, Libros del Asteroide, Barcelona, 2011. La referencia se halla en el prólogo, p. 10.

sus personajes que «escribirá mentiras», porque no tiene más remedio, se entiende. Las presiones a los periodistas y a los medios son habituales, ya lo hemos dicho, y en general, el desempeño de la profesión incluye la tarea constante de descubrirlas y evitarlas. Tener éxito en ello importa para poder construir el relato informativo que la gente necesita. Así que no hay que sorprenderse de la existencia de presiones. Hay que dolerse, sí, de las caídas en ellas.

El periodista irrumpe en el relato

A mediados del siglo pasado, el crítico literario José María Castellet publicó bajo el título *La hora del lector* un notable ensayo sobre las técnicas literarias en el que describía el trayecto histórico recorrido por el narrador desde una posición de omnisciencia con respecto a sus personajes y los sucesos de sus novelas —«conocían» lo que hacían, lo que pensaban y lo que proyectaban, como Cervantes con don Quijote y Sancho, valga como ejemplo—, hasta llegar luego a situarse de simple observador que describe los hechos como lo haría una cámara cinematográfica. Este viraje literario dio lugar a *le nouveau roman* que se designó precisamente como «objetivista», y que aquí probaron con éxito entre otros Rafael Sánchez Ferlosio e Ignacio Aldecoa. Castellet resumía el fenómeno en elocuentes líneas: «Al limitarse el autor a narrar objetivamente o, por así decirlo, desde fuera, situaciones dadas, se niega a sí mismo toda posibilidad de analizar, juzgar, recomponer o comentar la conducta de sus personajes, como gustaba de hacer el escritor decimonónico».[159]

Se puede decir que ahora el periodista ha recorrido el camino inverso: el escritor creativo se sale del relato en un gesto que quiere ser de respeto a la realidad externa mientras el periodista se inmiscuye en la historia arrogándose el derecho a teñirla con su opinión. Aquello fue un gesto ritual, un ensayo literario, que

159. Cito el libro de Castellet por su primera edición, de Seix-Barral, Barcelona, de 1957. Posiblemente la última realizada sea de Península en 2001.

requería de la colaboración del lector, de ahí el título de Castellet, mientras que la incursión en la información periodística es nada literaria y sí abusiva, pues acaba creando una oportunidad para la desinformación. Es uno de los extravíos que más llaman la atención hoy: el protagonismo que ha adquirido —se ha atribuido— el autor de la noticia. El periodista irrumpe en el relato, se hace visible en el hecho y, como consecuencia de ese trueque de papeles, provoca una consecuencia muy perturbadora para la información: la invasión de la opinión del propio autor/actor en el cuerpo de la noticia.

Hace medio siglo que Tom Wolf y los suyos acuñaron la expresión «nuevo periodismo» para identificar los reportajes personalistas en los que el autor ejercía la función de su presencia; no era un simple observador que estaba allí, sino un actor que dejaba constancia de sus impresiones, sus reacciones y sus veredictos. Aquella moda, que pronto fue a más y se convirtió en un movimiento popular en el mundo cultural, reunía a escritores excelentes —Joe McGinniss, Truman Capote, Barbara L. Goldsmith, Gay Talese, Norman Mailer...— más interesados en la emoción y en la forma que en el rigor del relato, y produjo grandes creaciones que eran leídas con más interés literario que informativo.

Los creadores del llamado «nuevo periodismo» no engañaron sobre sus propósitos, pero abrieron otra puerta a un cambio en la construcción de las informaciones. Si a esa moda se añade el efecto causado por las nuevas formas facilitadas por el desarrollo tecnológico y la participación masiva en la comunicación de los que antes sólo eran receptores, tenemos un conjunto de causas que han contribuido al deterioro del mensaje informativo. Los jóvenes consumidores de información no suelen extrañarse de la presencia del autor y del exceso de opinión; la razón es que equivale a lo que ellos consumen en los mensajes que lanzan por las redes, propulsados por emociones y propósitos personales. En realidad, no han tenido muchas oportunidades de conocer las piezas informativas del periodismo que podríamos denominar clásico u ortodoxo. Creen que toda información es intencional. La consecuencia es que la información construida con ánimo de informar, es decir, el relato de hechos que pone por delante la verdad, le guste o le disguste a quien sea, no abunda, ni los medios que lo producen son mayoría en una red hiperpoblada de contenidos subjetivos y arbitrarios.

Recordemos que los clásicos insistían en rechazar la presencia protagonista del informador como una mala praxis. Advertían de que el periodista no es nadie en el relato noticioso y que su presencia en la noticia debe limitarse a la firma de autor, cuando sea necesaria. La noticia, como pieza informativa anónima, sólo sería propulsada por la importancia, la certeza y el interés de su contenido. Pero hoy es habitual la inserción del autor como parte del relato. El periodista como actor en lo que informa ha producido el resultado del juicio personal en la reconstrucción de un acontecimiento. El periodista usurpador de un protagonismo en el relato ya no se limita a decirnos lo que ha pasado, como es de ley en el periodismo informativo, sino que impone su visión no necesariamente sometida al esfuerzo de objetividad, e incluso nos transmite su veredicto. Es el periodista que mira con los ojos «de la mente», que decía Arendt.

Quizá las técnicas narrativas de la televisión han tenido su influencia en el relieve adquirido por el autor: una práctica habitual en el noticiario televisivo consiste en conectar desde el estudio central con un reportero que se halla en el lugar de la noticia, y que desde su papel de testigo privilegiado suele calificar los hechos que relata: la «importante» declaración que alguien ha ofrecido, la «rapidez» de actuación, la «contundencia», la «debilidad» en la respuesta, la «gravedad» de... La forma televisiva necesita protagonismo, pero la relevancia del informador acaba tiñendo cuando no eclipsando el contenido de la noticia. La televisión adolece de carencias en la transmisión de informaciones —en contra de lo que hacen suponer sus capacidades y sus medios: color, voz de los personajes, imagen del lugar del hecho...—, aumentadas por la superposición de la figura dominante del informador.

La radio, el medio más próximo al destinatario, más accesible —por la facilidad de su uso individual (ya no se oye en grupo) en diferentes dispositivos (móvil, *watchs*, ordenadores...) y espacios (coche, campo...)—, ha sido influido también por el protagonismo del informador, aunque su rapidez le permite mayor proximidad a la producción del acontecimiento. El periódico, medio más eficaz para la comprensión de informaciones, sea online o impreso —por la extensión de sus noticias, porque da oportunidad a la reflexión, porque permite un uso personalmente programado, siempre que el lector le dedique tiempo...—, ha sufrido en este aspecto la influencia de la televisión. Y aunque se resiste, no es extraño encontrar en él las noticias protagonizadas por el redactor, con su ración de adjetivos calificativos, determinantes y hasta exclamativos. El personalismo del narrador informativo parece un fenómeno imparable.

El infoentretenimiento como riesgo

La degradación de las normas básicas del periodismo ha conducido también a ese fenómeno que se ha llamado infoentretenimiento, traducción de la voz anglosajona *infotainment*, que une dos palabras (*information* y *entertainment*) de significados frecuentemente opuestos, pues la buena información no siempre es divertida y el entretenimiento o el pasatiempo casi nunca es información. Vargas Llosa ve el origen de esta y otras fórmulas parecidas en el hecho de convertir la «natural propensión a pasarlo bien en un valor supremo» que «tiene consecuencias inesperadas: la banalización de la cultura, la generalización de la frivolidad y, en el campo de la información, que prolifere el periodismo irresponsable de la chismografía y el escándalo».[160] Pretender

160. Vargas Llosa, Mario, *La civilización del espectáculo*, Alfaguara, Madrid, 2012, p. 34. El nobel analiza también la distinta capacidad técnica e informativa de los medios: «La palabra escrita tiene, hoy, cuando muchos piensan que las imágenes y las pantallas la van volviendo obsoleta, posibilidades de calar más hondo en el análisis de los problemas, de llegar más lejos en la descripción de la realidad social, política y moral, y, en una palabra, de decir la verdad, que los medios audiovisuales. Éstos se hallan condenados a pasar sobre la superficie de las cosas y mucho más mediatizados que los libros en lo que concierne a la libertad de expresión y creación. Ésta me parece una realidad lamentable,

servirse de la información para entretener y regocijarse lleva a desnaturalizar la información, que acaba sepultada bajo una montaña de comentarios superficiales, de gracietas, ocurrencias y chistes. Las noticias pasan a ser la excusa para un espectáculo, pierden su entidad y dan pie a todo tipo de comentarios ajenos al contexto, convertidos repetidamente en invectivas.

El infoentretenimiento es o lleva, en efecto, a la banalización, a la frivolidad, a la chismografía y al ruido. Distorsiona los mensajes informativos, hasta hacer desaparecer muchas veces el trazo de una información, y opera, como se demuestra con frecuencia, de conducto para acometidas contra personas e ideas. En este aspecto, tales prácticas, al dar a la información de actualidad un tono de ridiculez cuando no la convierten en pura falsedad, son un riesgo para la estabilidad colectiva.

Si la información es un valor esencial de la democracia y una defensa de la libertad del individuo, la deformación de la información no puede ser más que un predecible ataque al sistema y al saber de las personas. Todo lo que deteriora la información —desde la censura política a la mentira o la deformación y la ocultación de la verdad relevante— afecta al sistema de la democracia liberal, que quiere a los ciudadanos informados para que puedan ser conscientes de sus decisiones.

Empezar por el final

La expansión de la comunicación online ha implantado, por otra parte, una peculiar construcción de las noticias, que ha puesto del revés la fórmula clásica del relato periodístico. Consiste ésta en comenzar por el dato o la situación más importante, respondiendo al titular que la encabeza, para ir añadiendo circunstancias y

---

pero incontrovertible: las imágenes de las pantallas divierten más, entretienen mejor, pero son siempre parcas, a menudo insuficientes y muchas veces ineptas para decir, en el complejo ámbito de la experiencia individual e histórica, aquello que se exige en los tribunales a los testigos: "la verdad y toda la verdad". Y su capacidad crítica es por ello muy escasa», pp. 219-220.

explicaciones de mayor a menor significación hasta completar la historia. Tal estructura, definida gráficamente por los clásicos como pirámide invertida —lo más importante arriba, al principio, lo menos al final—, tenía el objetivo de satisfacer cuanto antes el deseo informativo del lector, facilitarle una rápida lectura y permitirle prescindir de los últimos y menos relevantes detalles.

Pero ahora el relato suele construirse al revés, tratando de buscar el rédito que ofrece internet, que pasa por el número de pinchazos que el lector da en el mensaje y el tiempo que aguanta en él. Y así, el titular de muchas piezas adopta la forma de un acertijo o apela con todo tipo de recursos a la curiosidad del lector para que haga un *link* y se quede *enganchado* el mayor tiempo posible. Dichas técnicas para provocar expectación y resultados se valen también de la opinión y de las calificaciones. Al lector se le trata de convencer del interés de lo que se encuentra dentro del mensaje levemente anunciado y para ello sirve cualquier otro procedimiento técnico, táctico o semántico, que el periodismo tradicional informativo rechazaría.

No hay que desdeñar la influencia de los mensajes espontáneos puestos en circulación por quienes tienen acceso a las nuevas tecnologías, que son casi todos los habitantes de los países desarrollados y libres, e incluso de los que están en proceso. La espectacular diseminación de la capacidad de comunicar, que era una exclusiva en manos de unos pocos, entre ellos los periodistas, ha transformado el mensaje en expresión personal plagada de subjetivismo. Cada día avanza el conocimiento de los riesgos de aceptar tales versiones en absoluto sometidas a un mínimo control de calidad y de veracidad, pero eso no ha impedido que la forma de contar las cosas con la presencia estelar del autor haya ejercido una influencia hasta en los espacios profesionales que más en guardia deberían permanecer.

La ideología en el mensaje

La consentida calificación de los hechos en el cuerpo del relato ha facilitado la entrada de la gran anomalía deformadora de la comunicación periodística. Ya se sabe: la presencia explícita de los intereses particulares de los autores y de sus adláteres. Ocurre en la información política, algo menos en la información económica y de modo exagerado en la información deportiva. En ésta, que la mayoría de las veces no ofrece noticias, sino simples tomas de postura a favor o en contra de unos colores, muchos presumen de sus preferencias o sus antipatías de modo que sus públicos conocen sus opiniones antes de que las emitan. Sus tertulias mediáticas suelen ser una sucesión de sobrentendidos y adquieren los tonos de un espectáculo con participación de *hooligans*, ajeno a la formalidad de un espacio informativo. De hecho, en muchas tertulias deportivas el caudal informativo es muy flaco en comparación con la verbosidad opinante. En vez de una opinión sólidamente fundamentada en el conocimiento de los hechos, en muchos espacios radiados y televisados se prefiere un contraste de afiliaciones a los actores del espectáculo deportivo.

Ramón del Valle-Inclán da una lección de periodismo salteador en su novela *Tirano Banderas*. Cuando el redactor Vate Larrañaga regresa al periódico tras presenciar un mitin y le refiere al director-propietario lo que allí vio — «Alguna protesta en la cazuela, pero se han impuesto los aplausos»—, se encuentra con una réplica inclemente: «Le falta a usted intención política. Nosotros no podemos decir que el público premió con una ovación la presencia del licenciado Sánchez Ocaña. Puede usted escribir: "Los aplausos oficiosos de algunos amigos no lograron ocultar el fracaso de tan difusa pieza oratoria, que tuvo de todo, menos de ciceroniana"». Y aún añadió: «Es una redacción de elemental formulario. ¡Cada día es usted menos periodista!». El escritor gallego retrataba el periodismo de partido, felizmente superado por el periodismo informativo para beneficio de los ciudadanos que desean conocer la verdad de lo que pasa. Pero ¿ha retrocedido el periodismo actual hasta aquellos extravíos? No del todo, aunque algunos rasgos han resucitado. Los observadores atentos saben de «informadores» de los que no se fían y de tertulianos adictos a las aficiones de aquel director decimonónico.

Lo más perjudicial para el periodismo y su función en una sociedad libre es la penetración de la ideología política en el mensaje. Es un grave cáncer del periodismo y, a la larga, para la democracia; un periodismo que no antepone la verdad porque está trufado de sumisión ideológica es una bomba de relojería. El principal y más peligroso embadurnador del periodismo, aunque no el único, es el gobierno; el gobierno totalitario sin duda, pero también el gobierno que se dice democrático y ejerce el control de cien maneras; el gobierno que cede a la tentación autoritaria cuando no totalitaria de la que alertaba Revel. Merece toda la atención y todas las vigilancias posibles ese abuso que cometen ciertas prácticas políticas para dominar el relato periodístico y a la larga matar la libertad de información, pero también hay que dirigirlas —atención y vigilancia— hacia el comportamiento de profesionales que embarran el terreno con su ideología o sus preferencias políticas, cargando al gobierno o a otros líderes ideológicos sobre sus espaldas.

No es frecuente que un periodista confiese en público las consecuencias reflejadas en sus trabajos por sus afinidades o debilidades políticas. Lucía Méndez (por cierto, autora de un capítulo en este libro), columnista de *El Mundo*, lo hizo y prestó un gran servicio a la causa de la verdad. Bajo el título «Examen de conciencia» publicó un artículo en el que reconoció que defendió al político Pablo Iglesias, incluso enfrentándose a colegas y otros políticos, hasta que descubrió que ella era «la equivocada». Lo más importante es cómo precisó que muchos periodistas se autocensuran y no hablan de ese político por miedo a las réplicas, para terminar confesando: «Yo misma me he autocensurado».[161] El director de *The Objective*, Álvaro Méndez, fue uno de los periodistas que saludó el testimonio de Méndez —que en otro clima habría sido recibido con más calor y menos miedo, menos continencia— y titulando «Periodismo colaboracionista», sentenciaba: «En la prensa española falta gente que diga la verdad, que opine en público lo mismo que dice en privado y que esté dispuesta a informar a los ciudadanos aun a riesgo de enemistar-

161. Méndez, Lucía, «Examen de conciencia», *El Mundo*, 7 de mayo de 2022. Disponible en: <https://www.elmundo.es/opinion/columnistas/2022/05/07/62755e4b21efa071158b4594.html>.

se con los políticos de turno». Hay, decía también, «demasiada autocensura y poca valentía». Yo añado: hay demasiados posicionamientos, no a favor de la información veraz, sino de la ideología, el partido o el político de turno.[162]

En resumen, el periodismo español sufre una enfermedad de tendencia invasiva cuyas causas son fácilmente detectables: a) periodistas que defienden con sigilo y habilidad intenciones políticas o de otro tipo dentro de informaciones aparentemente limpias o en sus piezas de opinión no incontaminadas; b) periodistas complacientes con determinados políticos, que suelen ser los integrantes de los gobiernos en ejercicio, a quienes brindan su oportunidad de elaborar mensajes, y c) periodistas que se distinguen por su tenacidad en demonizar, en su desempeño profesional con o sin motivo, determinadas ideologías y a políticos concretos, estén o no fuera de los márgenes del gobierno de turno. Es decir, periodistas que actúan más como agentes de ideologías o estrategias políticas, mediante la opinión o la deformación camuflada en el mensaje con apariencia de informativo; y que es, en realidad, intencional.

Los periodistas cabales, que ejercen con voluntad de descubrir la verdad y de servirla al ciudadano, son minoría en este ambiente que suele alimentarlo un gobierno que ignora su deber de neutralidad y su responsabilidad en la defensa de la libertad y de la verdad. Es posible que muchos periodistas cabales hayan sucumbido ante la presión de los que ríen las gracias al poder. A la vista del resultado, hay colegas que sostienen que el periodismo español ha muerto. Desde luego, poco tiene que ver con aquel periodismo ilusionado, concienzudo y en su mayor parte verídico de los comienzos de la democracia.

162. Nieto, Álvaro, «Periodismo colaboracionista», *The Objective*, 9 de mayo de 2022. Disponible en: <https://theobjective.com/elsubjetivo/opinion/2022-05-09/periodismo-colaboracionista-lucia-mendez/>.

Control político

Aunque este análisis se centra en los males del actual ejercicio periodístico, no está de más insistir en la circunstancia ajena, ya citada, que contribuyó y contribuye a deteriorar la situación: el control político de la información. La expansión de la radiotelevisión pública, parcelada en una televisión de ámbito estatal y numerosas de ámbito autonómico, ha dado como resultado no un mejor servicio informativo al ciudadano, sino un incremento de la presencia de los mensajes, las pretensiones y los planes políticos en todos los ámbitos, privados y públicos. Si a eso se añade el plan político gubernamental de ocupar más y más esferas de la comunicación, el resultado es la existencia de una mayoría de los medios privados que, respondiendo a los deseos del poder, magnifican sus acciones y denigran las de la oposición.

Los medios públicos controlados y los medios privados influidos forman una especie de *guardia de corps* del gobierno que falsea la realidad de un sistema teóricamente pensado para beneficio del ciudadano y en parte rendido al servicio de una opción política. Cualquier observador puede comprobar que hoy en España el poder político de turno recibe un tratamiento mediático generalmente más abundante y más positivo mientras que la oposición ha de emplearse a fondo para obtener huecos por los que hacerse oír cuando no ha de limitarse a soportar los denuestos que se le regalan.

El peso de la comunicación oficial y oficialista por los medios de información es exageradamente mayor que el de la comunicación independiente libremente trabajada. Está por realizar un estudio riguroso, con análisis de contenido y mediciones de tiempos y espacios, que determine cómo y quiénes informan en España y de qué asuntos a una población a la que el poder político quiere —estamos viéndolo desde hace años— cada vez más distraída, menos formada y, en definitiva, más controlable. El aspecto más doloroso, desde la observación de quien ama y desea una comunicación libre y emancipadora que fortalezca la libertad individual y, en conjunto, el sistema de la democracia liberal, es la colaboración de mal llamados periodistas, por fervor político, por miedo, por cobardía o por indolencia, a la desvergüenza del control.

Advertencia final

Cuando concluyo este capítulo, el ruido político, social y profesional despertado por el anteproyecto de una llamada «Ley de Información Clasificada» ha sido mínimo. Quizá el gobierno se sienta satisfecho de su estrategia porque al iniciar su proceso en pleno agosto pretendía que pasara prácticamente inadvertido. Ni la oposición se ha movilizado como debería. Ha habido protestas de organizaciones de periodistas, que han manifestado su temor y su escándalo por una recuperación de la censura. Y poco más. El anteproyecto se presta, sin duda, a que el gobierno pueda detener el curso de grandes informaciones relevantes. Si no se impide que entre en vigor tal como ha sido proyectado, la colaboración periodística o los errores profesionales de los que aquí se avisa serán *peccata minuta* en comparación con lo que podrá venir. Ante la ferocidad del poder político frente a la información libre, escasean los momentos luminosos para la comunicación; pero con intentonas como la iniciada estos días se arrojaría sobre nosotros —sobre todos nosotros, ciudadanos, no sólo periodistas—, si no se corrige a tiempo, una antidemocrática oscuridad.

15

Principales problemas de la profesión periodística según los periodistas

Ignacio Bel Mallén

Nadie pone en duda que, en la última década, fruto de las sucesivas crisis económicas que comportaron la pérdida de publicidad y las audiencias en los medios, el mundo de la información sufrió graves quebrantos, sobre todo en el ámbito de las empresas periodísticas y como consecuencia de ello en el campo de los profesionales de la información, de una manera especial en la prensa escrita, dado que la televisión y sobre todo la radio pudieron sortear, con menos dificultad, dicha crisis y la pandemia que la siguió. Ello hace que empresas y periodistas atraviesen en nuestros días por uno de los momentos más delicados de toda la historia del periodismo en nuestro país en los últimos cuarenta años.

Concluida la dictadura del general Franco y recuperada la normalidad democrática, como se ha puesto de manifiesto en otro lugar,[163] los medios vivieron momentos de esplendor, con excelentes resultados económicos,[164] que se vieron truncados por la grave crisis económica sobrevenida en España, crisis que los medios no supieron prevenir ignorando sus indicios y alertas,

163. Bel Mallén, José Ignacio, *La ética informativa: un reto en la era de la posverdad*, *op. cit.*

164. Ibídem, capítulo 13, «Entrevista a Fernando Yarza».

negligencia por la que no tomaron las medidas preventivas necesarias. Esta delicada situación se tradujo en las siguientes consecuencias:

1. La crisis económica, iniciada en 2008 y no concluida a causa de la pandemia y sus sucesivas olas, a las que en los momentos actuales se une, cuando se redactan estas páginas, la situación bélica en Europa, con sus consiguientes secuelas económicas en el campo de la inflación, coste de los productos básicos, encarecimiento de las energías, etcétera.

2. La consiguiente, como efecto de dicha crisis, pérdida de publicidad y audiencias, que, en alguna clase de medios, prensa diaria y revistas, se puede calificar, sin exagerar, de traumática.

3. El constante y alarmante nivel de paro a que ello ha conducido, con una destrucción de empleo que no consigue recuperarse pese al nacimiento y desarrollo de los medios online. Ese paro ha propiciado otro de los efectos negativos más graves para la información, como es la pérdida del talento en los medios, cuestión difícil de revertir.

4. El fuerte desarrollo de las tecnologías de la información, que han supuesto una auténtica revolución en las formas del trabajo periodístico, muchas veces debilitando el contenido informativo en su calidad y que pese a propiciar la creación de nuevos y abundantes medios online, no consiguen nivelar ni los ingresos, ni los puestos de trabajo existentes antes de la crisis.

5. La pérdida de confianza en los medios de comunicación y su escasa valoración por parte de la sociedad, que en los últimos años alcanza los peores datos de la década.

6. La debilidad de las empresas informativas tanto en su tamaño como en sus recursos económicos, lo que las sitúa en situaciones, a menudo, de inestabilidad peligrosa en el mercado informativo, sin que se produzcan las fusiones repetidamente lanzadas al campo de la rumorología.

7. El desarrollo inmenso de la comunicación corporativa, iniciativa que para muchos profesionales ha significado el principio del fin de la propia profesión periodística.

8. La pérdida de los niveles éticos deseados en la labor periodística y en la empresarial, con el olvido en muchas ocasiones de

los principios deontológicos profesionales por parte de periodistas y empresarios informativos.

9. La falta de independencia de periodistas y empresas, sometidos a presiones fundamentalmente políticas y empresariales, a lo que hay que sumar el fuerte recorte de libertades que el Gobierno ha desarrollado con la excusa de la pandemia de la COVID-19.

10. El olvido, en parte, de los principios básicos de la profesión periodística como la acción de vigilancia del poder político y económico, lo que ha derivado en muchas ocasiones hacia una clara servidumbre a éste, la mezcla indiscriminada de la opinión y la información, la ausencia clara de objetividad, etcétera.

Todos estos temas han sido tratados monográficamente en los distintos capítulos que componen este libro por especialistas en las distintas materias analizadas, que aportan con ello una visión global y realista de la situación de la profesión periodística en España a través del estudio de los puntos negros que se manifiestan en el desarrollo profesional periodístico y que requiere, como el título de la obra adelanta, una verdadera regeneración de la profesión periodística y con ello de la información.

En el presente capítulo se analizan los problemas más acuciantes que preocupan a los profesionales de la información con base en sus propias opiniones, vertidas en la última década, en los informes de la Asociación de la Prensa de Madrid, que constituyen un fondo de datos numéricos y reflexiones profesionales muy importante para conocer la realidad periodística en nuestro país. Nada más objetivo para conocer una situación de un sector profesional que saber lo que opinan sus profesionales, a través de la encuesta del sector que año tras año realiza la Asociación de la Prensa de Madrid, en el que participan un amplio número de periodistas, según indican los propios informes. Concretamente el número de encuestas realizadas a lo largo de estos diez años, es el siguiente:

Tabla 15.1

Año 2012	2.397
Año 2013	1.738
Año 2014	2.167
Año 2015	2.423
Año 2016	1.833
Año 2017	1.756
Año 2018	1.694
Año 2019	1.216
Año 2020	1.201
Año 2021	1.212

Fuente: Asociación de la Prensa de Madrid.

Como se observa, el nivel de contestación ha ido decayendo desde el año 2015, último año que la encuesta fue respondida por más de 2.000 periodistas. El nivel de los tres últimos años, se mueve en cifras más bajas y similares, alrededor de 1.200 profesionales. No obstante, este descenso, y teniendo en cuenta encuestas a otros sectores profesionales liberales, el número de contestaciones es bastante positivo y sobre todo permite realizar una evaluación de los temas planteados con una gran fiabilidad.

El paro es sin duda el más importante problema señalado por los periodistas, porque representa la posibilidad de trabajar o no y por ello en muchos de los informes ocupa el primer lugar entre los reseñados. Salvo este punto, que se ha tratado en primer lugar, el orden del resto de las preocupaciones de los periodistas sigue la propia relación y valoración insertada en los informes año tras año y que analizados en su conjunto permiten tener esa visión real en lo que a la profesión periodística se refiere, lo que constituye una fuente informativa de gran importancia, por su rigor, para conocer el sector. Obviamente, los informes tratan de otras muchas cuestiones, todas ellas interesantes, pero que no se refieren al objetivo de este capítulo, ni siquiera al de este libro, y que por lo tanto son obviadas en el análisis que se realiza en este capítulo.

Principales problemas de la profesión periodística, según los propios profesionales

Para la realización de este capítulo se han analizado las respuestas que los profesionales de la información han dado a la pregunta planteada, año tras año, por el *Informe anual de la profesión periodística* de la APM con proyección nacional: ¿cuáles son los principales problemas de la profesión periodística?[165]

Junto a la enumeración de los principales problemas que los profesionales detectan, se han señalado igualmente algunos importantes puntos que, sin ser definidos como problemas por parte de los periodistas, sí que constituyen sus inquietudes a la hora de valorar la profesión en su conjunto, sobre todo en lo relativo a la opinión que de ella tiene la sociedad o respecto a la realidad de los nuevos desafíos que se le plantean a las empresas y profesionales como es el caso de la desinformación.

El conjunto de estas tres partes: enumeración de los problemas profesionales, valoración de la sociedad sobre la profesión y nuevas perspectivas profesionales configuran el cuadro completo de temas que permite analizar de manera global la situación de la profesión y de los profesionales en nuestro país.

El cuadro general resultante de los datos aportados en las contestaciones, con relación a la primera parte, o sea, a los problemas más importantes que preocupan a los periodistas, es el siguiente:

165. La muestra del año 2021 fue de 1.212 personas, de las cuales 653 eran hombres, el 54 por ciento, y 557 eran mujeres, o sea, el 46 por ciento, es la última analizada en este capítulo. Es de suponer que cuando este libro vea la luz, se haya publicado el informe correspondiente al año 2022.

Tabla 15.2

AÑO	2012	2013	2014	2015	2016	2017	2018	2019	2020	2021
Tema										
Aumento del paro y de la precariedad	51,4	49,6	59,6	57	52,2	45,9	26	17	15	14
Mala retribución del trabajo periodístico	12,3	12,2	10,6	13,5	16	16,1	24	18	16	16
Falta de independencia	11,4	12,6	11,5	12,1	12	14,7	19	14	16	15
Falta de rigor y neutralidad	7,1	7,3	6,3	6,3	6,7	13,4	15	15	13	12
Carga de trabajo y falta de tiempo para elaborar información	5,8	5,7	3,1	3,1	3,1	4,3	9	14	10	11
Deficiente formación profesional	2,2	3,2	1,8	2,6	2,3	24,7*	20*	4	6	6
El intrusismo	-	-	-	-	-	4,4	7	10	10	10
La falta de ética profesional	-	-	-	-	-	-	-	-	8	9
El exceso de horas trabajo	-	-	-	-	-	0,8	2	7	6	6
Mala imagen de la sociedad de periodismo	2,5	3,0	1,9	1,1	1,3	78,9*	76*	81	74*	79*

Nota: Los señalados con asteriscos son mediciones no sobre porcentajes, sino sobre contestaciones múltiples.
Fuente: Asociación de la Prensa de Madrid.

Antes de entrar de manera pormenorizada en el análisis de estas diez cuestiones conviene hacer algunas observaciones globales a su contenido. Las reflexiones que los datos del cuadro sugieren son las siguientes:

1. El paro y la precariedad laboral es el principal problema para los profesionales de la información en esta última década, superando algunos años el 50 por ciento de las preocupaciones profesionales (2012, 2014, 2015 y 2016). A partir de 2018 se evidencia un descenso brusco en esa preocupación, por cuatro razones fundamentales:[166]

- La destrucción de empleo había dejado a las plantillas bajo mínimos, con un daño colateral muy importante como es la pérdida del talento, ocasionado por la desaparición de profesionales con muchos años de actividad, para ser sustituidos por otros sin apenas experiencia, pero más baratos en su contratación. Éste es un daño del cual todavía no se han recuperado, en gran parte, las empresas periodísticas.
- Esos últimos años representan el inicio, tímido, en la contratación laboral en general y la periodística en particular.
- La proliferación de medios online de variado signo e importancia que asume parte del paro existente.
- El fuerte trasvase de periodistas al campo de la comunicación corporativa, que ha absorbido parte del paro y la incorporación de muchos de los recién licenciados. Se calcula que el 60 por ciento de estas personas recién licenciadas se colocan en este campo profesional.

2. La mala retribución salarial es en estos años un problema constante que llega a ser un grave problema, con repercusiones en otras cuestiones también preocupantes para los periodistas, como la carga de trabajo, la valoración de los medios o el propio rigor profesional.

3. La falta de independencia, tanto política como económica, representa numéricamente niveles similares a la mala retribución. Los años 2018 y 2019 representan el pico más alto.[167] Y aunque en los últimos tres años los datos son más positivos, el

166. *Informe anual de la profesión periodística 2018* de la APM, pp. 29-34, donde se ve reflejado ese descenso.

167. Ibídem, tabla 43, p. 42.

valor de la independencia sigue estando a peores niveles que en los años anteriores a los dos citados como más positivos, lo que supone una clara llamada de atención a los sectores económicos y políticos por ser la causa en muchas ocasiones del efecto negativo que produce en la información.

4. El rigor en la información y con ello la debida neutralidad en el ejercicio profesional constituyen el cuarto de los problemas señalados por los profesionales y aunque su valoración negativa, desde un punto de vista numérico, se sitúa lejos de los anteriores problemas citados, no deja de ser significativa su incidencia.

5. Como consecuencia directa del punto anterior, el quinto de los problemas señalados se refiere a la carga de trabajo y a la falta de tiempo para elaborar la información. Los últimos cuatro años han sido especialmente negativos en la percepción de este problema por parte de los profesionales, pasando de un 4,3 por ciento del año 2017 a un 11 por ciento en el último año reseñado.[168]

6. Tampoco parecen estar muy satisfechos los periodistas con la formación que reciben los futuros profesionales de la información, ni con la formación permanente que desarrollan para alcanzar los niveles idóneos de profesionalidad.

7. El intrusismo, la falta de ética y el excesivo número de horas trabajadas son otros tres problemas señalados por los periodistas, aunque los dos primeros puntos sólo hayan recibido la atención de los informes en los últimos años, y por lo tanto no se pueda ver una evolución, sea positiva o negativa, a lo largo de todo este tiempo.

8. Otra de las consecuencias se refiere a la negativa valoración que la sociedad hace del trabajo periodístico y de los propios medios. Los profesionales de la información ni están satisfechos con sus condiciones de trabajo, salariales o puramente profesionales, ni tienen ningún reparo en afirmar que ello es una de las razones más importantes, para entender la deficiente calidad de su trabajo, la mala valoración que la sociedad hace de su actividad e incluso de la calidad global de los propios medios.

168. *Informe anual de la profesión periodística 2021* de la APM, tabla 33, p. 36.

Aunque el sistema de valoración, tal como se ha señalado, se ha concebido al margen de la pregunta sobre los problemas profesionales, cabe decir que los resultados son en los últimos años, y especialmente en 2021, muy negativos y preocupantes, ya que en este último informe el 79 por ciento de los encuestados calificaban como negativa esa percepción.[169]

9. Cuatro temas configuran el penúltimo grupo de inquietudes de los periodistas y tienen el denominador común de la opinión de la sociedad sobre la profesión periodística y los medios de comunicación. Son: la valoración de la sociedad sobre su labor, la imagen que se tiene de los periodistas, el nivel de confianza de los españoles en los medios y las razones de la falta de confianza que demuestran los datos.

10. Finalmente, un tema cierra el catálogo de preocupaciones: el relativo a las tecnologías de la información, y más concretamente la opinión que merece a los periodistas la realidad de internet y la existencia y utilización de las redes sociales.

Paro y precariedad laboral

Por muchos motivos, entre ellos podríamos citar como el más importante el significar la posibilidad del sistema de manutención vital, el paro es el primero y más importante de los problemas que se les plantean a los profesionales de la información. Es una cuestión que se inscribe obviamente en el problema general del paro en España, pero que en la profesión periodística se nota especialmente por la repercusión que la información tiene en la sociedad. Esto tiene como consecuencia directa, como es lógico, una precariedad en los puestos de trabajo que acentúa el problema. Las dos partes unidas configuran el problema que los periodistas ponen en primer lugar, cuantitativamente, en sus opiniones, año tras año.

En 2012, primera anualidad en la que nos vamos a fijar a lo largo de todo el capítulo, los datos aportan la siguiente información:

169. Ibídem, tabla 38, p. 40.

- El paro de los periodistas se situaba en el mes de diciembre en 27.443 personas, de las cuales el 64 por ciento, o sea, 17.648, eran mujeres y el 36 por ciento, 7.995, eran hombres, triplicando prácticamente la cifra del mismo mes del año anterior, cuando se contabilizaban 9.937 personas (3.468 hombres y 5.459 mujeres), que a su vez representaba un considerable aumento sobre los datos de los años 2008 a 2011, lo cual evidencia el grave deterioro del empleo que significó el estallido de la crisis económica del año 2008, cuyas consecuencias en el campo del trabajo y de la publicidad fueron realmente nefastas en el sector informativo.[170]
- Esta cifra queda matizada si se refiere al paro registrado en primera opción, que es más realista y se fija en 10.459, suponiendo, sin embargo, un 27,8 por ciento más que en el año anterior. De esa cifra, 6.652 eran mujeres y 3.807 eran hombres, y un 29,2 llevaban en paro más de 12 meses.[171]
- Si se atiende a los demandantes de empleo y en paro registrados, la cifra total es de 34.077 frente a los 27. 990 del año anterior.[172]
- Hay que señalar, para tener una visión completa a escala nacional, que las cifras de paro son negativas en todas y cada una de las comunidades autónomas, con graves alzas significativas respecto a los años anteriores. Lógicamente son Madrid y Cataluña las comunidades que aportan peores resultados, 7.891 y 3.392 parados, respectivamente, aunque también son significativos, por sus claros datos negativos, los resultados de la Comunidad Valenciana, 2.774; País Vasco, 1.583, y Galicia, 1.561.

Pasados diez años, los datos siguen reflejando una situación negativa, aunque las cifras aportadas por el informe de 2021 ha-

170. *Informe anual de la profesión periodística 2012* de la APM, p. 32. Aunque la tabla refleja los datos desde el año 2008, aquí se ha recogido la de 2012, que es el primer año analizado.

171. Ibídem, tabla 29, b, p. 32.

172. Ibídem, tabla 29, p. 34.

yan ralentizado ese descenso en la contratación y sean más positivas. No obstante, esa mejoría no permite catalogar de buenas las cifras del paro, ya que siguen siendo claramente negativas. Véanse como ejemplo unos pocos datos para atestiguar esa mejoría lenta y parcial:

- En todas las comunidades autónomas disminuyó el paro, pasando en la suma de todas ellas de 8.636 en 2020 a 7.332 en 2021, lo cual significa un descenso del 15,2 por ciento. De ellos, 4.574 eran mujeres y 2.748 eran varones. Pese al dato positivo el número de parados sigue siendo muy alto.
- En cuanto a los demandantes de empleo, los datos aportan un descenso significativo respecto al año anterior, ya que en 2020 se registraron 27.083 frente a los 11.527 de 2021, de ellos 7.156 eran mujeres y 4.371 hombres.[173] Este dato significa un 32,5 por ciento menos que en el año anterior en el total de demandantes de empleo, aunque para analizar bien los datos hay que tener en cuenta, según palabras del propio informe, dos hechos:

> [...] que la posible ralentización tenga que ver con las medidas de protección al empleo implementadas por la Administración, en forma de facilidades para los expedientes de regulación temporal del empleo que han impedido que se haya traducido en una destrucción de puestos de trabajo.
>
> [...] y que resulta difícil saber si ese descenso del paro registrado está relacionado con los niveles de contratación de las empresas periodísticas.[174]

Respecto a la esperanza de empleo, los datos son igualmente negativos a lo largo de los informes analizados. Así, por ejemplo, en el primero de ellos, año 2012, las respuestas recogidas afirman que «aunque la crisis es la causante de la mayor parte del

173. *Informe anual de la profesión periodística 2021* de la APM, tabla 28, p. 31.

174. Ibídem, texto explicativo de la tabla, p. 30.

desempleo, la cuarta parte de los parados lo está desde hace más de tres años», mientras que, en la dificultad de encontrar empleo, se dice que «más de la mitad de los jóvenes que buscan su primer empleo llevan en ello entre uno y dos años».[175] Diez años más tarde esta esperanza sigue siendo escasa ya que el 48 por ciento de los periodistas en paro creen que será muy difícil encontrar trabajo y el 10 por ciento afirma que no hay ninguna posibilidad. Por el lado positivo, el 33 por ciento afirma que tiene alguna posibilidad, el 3 por ciento que tiene muchas posibilidades, y el 6 por ciento está totalmente seguro de encontrar trabajo.[176] Y si se pregunta el porqué de esa dificultad la respuesta más numerosa apunta a la escasez objetiva de puestos de trabajo para periodistas.

Como dato resumen de todo ello, y analizando la repercusión de la crisis económica en las cifras del paro periodístico, cabe referirse a que, en el informe del primer año de los analizados (2012), el 91 por ciento de los encuestados respondían que efectivamente la crisis afectaba al normal desarrollo de su trabajo como periodista y sólo el 9 por ciento afirmaba lo contrario. Estos datos se repiten de una manera similar a lo largo de todos los informes señalados, a lo que hay que añadir el tema de la pandemia, como otra variante de crisis, y así en el último informe analizado los periodistas a la hora de ser preguntados sobre si el dejar de trabajar tuvo relación con la pandemia, la respuesta es afirmativa para el 27 por ciento de los encuestados.

Este enfoque negativo respecto al paro periodístico, en mayor o menor medida, se repite a lo largo de los informes de los siguientes años, hasta el último que se recoge a efectos del análisis desarrollado en estas páginas, que es del año 2021. Es cierto que los años 2016 y en mayor medida 2017, 2018 y 2019 supusieron un cierto freno a este deterioro, sobre todo respecto al año 2013 que supuso, hasta el momento presente, la mayor inciden-

175. *Informe anual de la profesión periodística 2012* de la APM, tablas 18 y 19, p. 25.

176. *Informe anual de la profesión periodística 2021* de la APM, tabla 17, p. 22.

cia en la tasa de paro (10.560). Siendo cierta esta disminución de paro, no por ello deja de ser un tema muy preocupante, tanto en lo relacionado con la posibilidad de encontrar trabajo como con la de ser despedidos, o sea, con la precariedad laboral. Esta dificultad se agudiza para los licenciados de los distintos centros que buscan su primer empleo.

Los datos de evolución del paro a lo largo de los diez informes analizados son los siguientes:[177]

Tabla 15.3

Año 2012	10.459
Año 2013	10.560
Año 2014	9.451
Año 2015	8.680
Año 2016	7.980
Año 2017	7.137
Año 2018	6.828
Año 2019	7.003
Año 2020	8.636
Año 2021	7.322

Fuente: Asociación de la Prensa de Madrid.

Esta última cifra, siendo positiva, ya que rompe la racha del año anterior en el cual el paro había aumentado, significa una disminución de un 15,2 por ciento, aunque sigue siendo muy preocupante porque nos sitúa aproximadamente en el nivel de empleo del año 2017, lo que demuestra claramente que el sector no es capaz de generar el necesario empleo, y menos estable, que revierta la situación de desempleo tan preocupante en el sector.

177. Ibídem, en la p. 28, se incluye un cuadro de evolución del paro desde el año 2012 hasta el 2021.

Mala retribución salarial

A esa cuestión del paro y su consiguiente precariedad se une el factor económico por la deficiente retribución que los periodistas reciben por su trabajo, cuya evaluación está reflejada en el cuadro general citado. Desglosando dicha evaluación, en las cuantías concretas que los periodistas reciben por su trabajo, nos encontramos los siguientes datos:

Tabla 15.4

	2012*	2013	2014	2015	2016	2017	2018	2019	2020	2021
0 a 1.500		33,8	42,2	57,2	33,9	33,8	33	27	32	34
1.500 a 3.000		51,9	49,6	29,4	52,5	52,5	55	56	52	56
3.000 a 4.000		8,1	6,1	5,4	9,9	11,3	9	13	10	8
Más de 4.000		3,3	2	4,1	2,5	2,5	3	9	3	3

Nota: Datos referidos a los periodistas y no a los comunicadores en general.
Fuente: Asociación de la Prensa de Madrid.

En el año 2012 los tramos de remuneración no fueron los mismos que sirvieron para realizar los restantes informes anuales, sino que se analizó este tema con base en las siguientes remuneraciones:

Tabla 15.5

De 0 a 1.000	14,7
De 1.000 a 2.000	46,8
De 2.000 a 3.000	26,4
Más de 3.000	1,2

Fuente: Asociación de la Prensa de Madrid.

Si nos fijamos en los datos del primer cuadro, la ganancia del grupo más numeroso de los periodistas se sitúa entre los 1.500 y los 3.000 euros, la cifra desciende drásticamente al pasar a remuneraciones superiores a 3.000 euros. Hay que señalar que desde el año 2016 no se hace la distinción en el informe entre hombres y mujeres en la retribución salarial, cuestión que sí se realizaba hasta ese año y que reflejaba una peor retribución de las mujeres respecto a los hombres. Cabe suponer, en consonancia con los datos generales del sector laboral, que esa diferencia sigue existiendo en mayor o mayor grado.

Falta de independencia

La independencia es sin duda una de las cuestiones esenciales en el trabajo periodístico, directamente relacionada con la libertad de que los periodistas deben gozar a la hora de realizar su labor profesional. Cualquier tipo de censura significa el atentado más grave que los profesionales pueden sufrir, provenga de su propia empresa o de los poderes económicos, políticos o de cualquier otro sector que se pueda dar en la sociedad.

El periodista necesita una total independencia para realizar su labor. En muchas ocasiones esa censura se establece de una manera directa, incluso a través de una legislación restrictiva u ocasionada por una situación especial, como ha ocurrido durante la reciente pandemia, cuando la información tuvo que soportar abundantes recortes en su independencia y la sociedad sufrir con ello un evidente descenso en la libertad de expresión, aún no totalmente recuperada.

A esas formas directas hay que añadir los abundantes sistemas de censura indirecta con los que se puede presionar a un profesional de la información. También entraría en este capítulo —aunque la censura no provenga del exterior— el delicado tema de la autocensura de los propios profesionales, si bien hay que reconocer que en muchos casos la ocasiona la falta real de independencia que conduce al miedo a perder el trabajo o a cualquier otra consecuencia negativa para el profesional como efecto de la información suministrada. Más negativa, y repudiable, es la autocensura que no proviene de esas circunstancias, sino de la falta de deontología del profesional que prefiere el camino de la autocensura personal al de la verdad informativa.

Los datos aportados en el cuadro general sitúan este problema entre los principales que aquejan a la profesión periodística, sólo detrás del paro y la mala retribución. A la hora de valorar, por los periodistas, el grado de su independencia en el trabajo, no la cuantificación de la independencia como problema, los resultados son los siguientes:

Tabla 15.6

Año	2012	2013	2014	2015	2016	2017	2018	2019	2020	2021
Puntuación	4,1	4	4,3	4,2	4,3	4,4	4,7	4,8	4,6	4,5

Fuente: Asociación de la Prensa de Madrid.

Como se puede observar, en ningún año los periodistas opinan que han alcanzado el aprobado en su trabajo, siendo 2019 el que más se acercó a esa puntuación. Dos años más tarde el dato vuelve a ser más negativo, en cuatro décimas y se sitúa, más o menos, en las coordenadas del año 2017.

El tema de la independencia, tal como señala el informe del año 2021, está, junto con la libertad, «íntimamente relacionado con las presiones ejercidas sobre los periodistas». Estas presiones son tan «viejas» como el mismo periodismo, ya que desde sus principios las estructuras ajenas a la información, fundamentalmente las de tipo político y económico, han querido influir en los contenidos informativos, entre otras maneras, a través de las presiones ejercidas a los profesionales de la información y, por supuesto, aunque no es el tema que nos ocupa en estas líneas, sobre las empresas informativas. Lo novedoso en estos últimos años es que dichas presiones se ejercen de una manera más directa, desde los gabinetes de comunicación de las entidades políticas, económicas y sociales en general, apoyándose en muchos casos en el uso de la publicidad como arma de presión e incluso de la propia información que se facilita o no, según la docilidad del profesional.

El cuadro de datos, en este tema, en sus puntos más esenciales nos muestra estos resultados en las dos siguientes preguntas:

¿Ha recibido presiones para modificar el sentido de una información?

Agrupando los que nunca han recibido nunca presión y los que sí las han recibido, en muchas o varias ocasiones, el resultado es el siguiente:

Tabla 15.7

	2012	2013	2014	2015	2016	2017	2018	2019	2020	2021
Sí	74,9	79,3	80,8	76,8	78,9	79	81	76	78	82
No	25,1	20,7	19,2	23,2	21,1	21	19	24	22	18

Fuente: Asociación de la Prensa de Madrid.

Los resultados son bastante desalentadores. A lo largo de los años la horquilla de los que han recibido muchas, varias o algunas presiones no baja del 74 por ciento. Mientras que los que nunca han recibido presiones no alcanza, salvo el año 2012, el 25 por ciento. Incluso el dato del último año analizado supone que mirando el tanto por ciento de quienes reciben presiones y de quienes no las reciben, no se va, en este tema, por buen camino.

¿De quiénes vienen esas presiones?

Desde el año 2015 se dan en porcentajes. Antes las respuestas eran múltiples:

Tabla 15.8

	2012	2013	2014	2015	2016	2017	2018	2019	2020	2021
Propios directivos	80,4	76,3	80,4	63,5	37,2	55,6	64	56	56	57
Instancias políticas	27,7	23,1	27,8	17	32,8	19,8	16	25	25	19
Mundo económico	13	14,7	15,4	19,5	30	13,3	13	17	16	22

Fuente: Asociación de la Prensa de Madrid.

No deja de ser curioso, y preocupante, que el mayor número de presiones que sufren los periodistas provengan de su propia empresa, de sus directivos, lo que cuestiona mucho la independencia de las empresas periodísticas. Ello sin duda viene dado porque en un alto porcentaje las empresas a su vez sufren las presiones del mundo político y empresarial, incluyendo en este último campo a los anunciantes, y las repercuten en sus trabajadores.

Decíamos en líneas anteriores que los gabinetes de comunicación se habían incorporado, negativamente, al campo de la presión sobre los periodistas. Respondiendo a este punto y preguntados los periodistas si reciben presiones de los gabinetes o departamentos de comunicación de sectores económicos, políticos y sociales en general, el resultado, es el siguiente:

Tabla 15.9

	SÍ	NO
2015	76,8	23,2
2016	74,6	25,4
2017	72,8	27,2
2018	78	22
2019	71	29
2020	73	27
2021	71	29

Fuente: Asociación de la Prensa de Madrid.

Falta de rigor y neutralidad

En este punto cabe señalar que la falta de rigor viene señalada, según los distintos informes, por la alta carga de trabajo que tienen que soportar los periodistas en sus jornadas diarias, lo que redunda negativamente, en muchos casos, en la necesaria neutralidad en su trabajo profesional, ya que según su propia opinión el periodista se ha convertido, en muchas ocasiones, en un simple recolector de informaciones elaboradas por otros, principalmente por los departamentos de comunicación de las empresas, sin posibilidad de tiempo material para valorar y analizar su contenido, con lo cual los contenidos evidencian una falta de rigor y tratamiento individualizado que contribuye a esa baja calificación cuando se evalúa la calidad de los medios y el trabajo de los periodistas.

Esta falta de rigor y neutralidad tiene también su directa relación con la falta de independencia profesional, ya que las presiones que reciben los profesionales redundan, lógicamente, en la neutralidad de la información y por extensión en su rigor, y máxime cuando el 93 por ciento de los consultados siguen pensando que el principal objetivo del trabajo periodístico es informar de manera veraz a la sociedad, y controlar que los poderes públicos —para el 66 por ciento— y económicos —para el 46 por ciento— no actúen en su perjuicio.[178]

Es preocupante observar cómo esta queja ha aumentado en su percepción numérica en los últimos cinco años, pasando de un 6,7 por ciento en el año 2016 a percepciones de dos dígitos en estos últimos años (13, 15, 13 y 12 por ciento). La mejora de una décima del último informe, respecto al año anterior, es un dato positivo, pero por su cuantía muy escaso.[179]

Carga de trabajo y falta de tiempo para elaborar la información

El resultado de este problema reflejado en el cuadro general citado en el punto dos de este capítulo nos demuestra tres hechos bien claros:

- Que la preocupación, después de los dos primeros años analizados (2012 y 2013) bajó considerablemente en la

178. Ibídem, tabla 35, p. 37.
179. Ibídem, tabla 35, p. 36.

percepción como problema para los periodistas, rebajándose más de dos puntos porcentuales en dicha percepción.

- Que durante cuatro años se mantuvo esa baja consideración, salvo un pequeño repunte en el año 2017.
- Pero a partir del año 2018 este punto ha vuelto a tener gran importancia para los periodistas consultados, pasando de ese 4,3 por ciento del año 2018 a 9, 14, 10 y 11 por ciento en los últimos cuatro años, siendo el peor dato el expresado en el año 2021, lo que demuestra una preocupante alza en esta cuestión, que redunda directamente en la baja calidad de la información producida por los periodistas.

Deficiente formación profesional

Otro de los temas de preocupación para los periodistas se refiere a la formación que reciben en los distintos centros de educación que tienen la información como objeto de sus licenciaturas. Se ha pasado en los últimos veinte/treinta años a considerar la labor informativa más una profesión que un oficio, idea que imperaba en años anteriores y que afirmaba que la profesión periodística era un hacer, un oficio en el que la progresiva experiencia facultaba para su perfecto desarrollo. Hace años que esa idea cambió y cada vez se abre paso con mayor intensidad la idea de la necesidad de una formación teórica y práctica.

Ello motivó la aparición de múltiples centros de formación en las universidades españolas en donde los estudiantes de periodismo reciben una formación educativa bastante completa tanto en el campo del periodismo escrito como en el del audiovisual, aunque, en opinión de muchas personas, no totalmente adecuada a las necesidades profesionales. Como en todo, la calidad varía según los centros, pero en definitiva se ha incorporado la necesidad de la formación universitaria, y máxime cuando se ha producido la aparición de las tecnologías de la información, con sus múltiples posibilidades en el campo informativo, que hacen de esa formación profesional un hecho absolutamente necesario por su especialización.

Los periodistas, aunque introducen este problema dentro de los genéricos del periodismo, no lo hacen con una puntuación excesiva, más bien lo colocan en los últimos lugares en la relación de problemas. En los años 2016, 2017 y 2018 (señalados con * en el cuadro general), no aparece incluido este punto en la respuesta a los principales problemas de los periodistas, aunque sí en las razones de la falta de confianza del público hacia el periodismo. Dicho esto, hay que señalar, sin embargo, la fuerte subida en el nivel de la preocupación profesional en los últimos años, y así vemos que mientras en 2012 este tema recibía una puntuación del 2 en la escala de los problemas de la profesión, en el último informe se le puntúa con un 6, o sea, tres veces más que en el primer informe.

Intrusismo

Los datos sobre la importancia de este tema fueron solicitados a los periodistas en el año 2012, y el resultado fue un índice bastante pequeño de preocupación, ya que sólo el 1,2 por ciento lo enumeró entre los principales problemas que aquejaban al periodismo. Entre 2013 y 2016 este punto dejó de aparecer en el listado de preocupaciones de los profesionales de la información, o por lo menos no se reflejó en los datos de esos años como una de las incertidumbres profesionales y por lo tanto los informes anuales no lo incluyeron en la relación de los problemas que aquejaban a los periodistas.

El tema del intrusismo, como preocupación, vuelve a aparecer y con mucha fuerza, en comparación con 2012, en 2017 cuando el 4,4 por ciento de los consultados lo incluyen en su lista de problemas profesionales, dato que sube al 7 por ciento en el siguiente año, 2018, para incrementarse hasta el 10 por ciento en los tres últimos informes analizados correspondientes a los años 2018, 2020 y 2021. Demuestra esta escalada, por una parte, que el tema del intrusismo vuelve a sentirse, para los periodistas, como un problema profesional, y por otra que lo hace con una fuerza relevante, dados los datos citados en los últimos años.

Falta de ética profesional

No parece que la ética tenga una especial importancia en las preocupaciones de los periodistas a lo largo de estos años, ya que no existe, hasta el año 2020, ninguna referencia a este punto en la lista de problemas que los periodistas enumeran como más importantes en la profesión. También es verdad que podría ser causa de no haberse incluido preguntas sobre esta materia en el contenido de los informes, con lo cual las posibilidades de destacar este punto entre los problemas periodísticos son imposibles de materializar.

Sea por las razones que sea, es en el año 2020 cuando aparece por primera vez este tema, con una valoración bastante alta si la comparamos con otras cuestiones, salvo el tema del paro, ya que el 8 por ciento de los encuestados lo incluyen como un punto preocupante a tener en cuenta. Dato que sube un punto en el último de los informes que se han utilizado para este análisis, siendo citado por un 9 por ciento de los periodistas encuestados. Ello viene a demostrar que esta cuestión sí figuraba entre sus preocupaciones en años anteriores, pero no con la fuerza para poder estar presente en la relación de las diez principales.

Es realmente extraño por una parte la ausencia de reflejo en los informes de esta cuestión, dado que el abandono de la deontología, o sea, la ética informativa, es uno de los problemas más importantes, visto desde fuera de la profesión, que afecta a este trabajo, como se ha manifestado en otro lugar.[180] Incluso, y es una prueba de ello, si repasamos el contenido de las resoluciones que la Comisión de Arbitraje, Quejas y Deontología, del periodismo de la APM, en un tanto elevado que podríamos cifrar en el 90 por ciento tienen que ver con temas contemplados en el campo de la deontología profesional informativa, refiriéndose a violaciones de dichos principios.[181]

180. Bel Mallen, José Ignacio, *La ética informativa: un reto en la era de la posverdad*, *op. cit.*

181. Los informes de los años 2015 a 2020, ambos inclusive, recogen al

El exceso de horas de trabajo

Este punto está directamente relacionado con el analizado anteriormente sobre la carga de trabajo y falta de tiempo para elaborar la información. Se ha separado porque en los sucesivos informes se analiza de forma independiente. Su análisis es inexistente en los informes de los años 2012-2015, y empieza a ser recogido como problema en los últimos lugares de la relación por los periodistas desde el año 2016 y además con una cuantificación importante, ya que pasa de un 0,8 en 2017 a un 6 por ciento en el último año analizado, en el que baja un punto respecto a los dos anteriores. En el informe de 2021, el 62 por ciento de los periodistas contratados trabajaban más de las 40 horas reglamentarias y el 26 por ciento más de 45.[182]

Datos más o menos parecidos se recogen en los demás informes analizados. El fondo de esta cuestión impide, en opinión de los periodistas, que exista el tiempo necesario adecuado para dedicar a la elaboración de cada información, y la principal consecuencia negativa de ello es que mengua la propia calidad de la información, con lo que se incumple el principal objetivo del trabajo periodístico como es el informar de una manera veraz, objetiva y completa a la sociedad.

Si analizamos este tema por horas trabajadas, el resultado es el siguiente, desde el primer año, 2016, en que se preguntó sobre esta cuestión:

---

final del texto y antes del índice de las tablas insertadas en el informe unas páginas dedicadas a mostrar las resoluciones en el campo deontológico que desarrolla sucesivamente todos los años la Comisión de Arbitraje, Quejas y Deontología existente en la APM. En los informes de los años 2012 y 2013 no se insertaron y fueron sustituidas por la cronología de los sucesos más importantes de cada uno de los dos años en el campo informativo. En el año 2021 no se publicaron las resoluciones de temas deontológicos ni la enumeración de los datos referidos a la información.

182. *Informe anual de la profesión periodística 2021* de la APM, tabla 32, p. 36.

Tabla 15.10

	2016	2017	2018	2019	2020	2021
De 30 a 40 horas trabajadas	29,5	28,8	34	36	30	33
De 40 a 50 horas trabajadas	37	33,8	35	36	36	36
Más de 50 horas trabajadas	26	27,6	27	22	28	25

Fuente: Asociación de la Prensa de Madrid.

Otros problemas que preocupan a los periodistas

A continuación se analizan una serie de cuestiones, cuyos resultados no están incluidos dentro de la pregunta planteada en el punto dos de este texto, sobre los problemas de la profesión periodística, pero que en otros apartados de los informes se presentan como preocupaciones igualmente manifestadas por los periodistas y que tienen una directa relación bien con su trabajo, bien con la percepción de la sociedad respecto a la información y al trabajo periodístico o simplemente se refieren a cuestiones muy directamente relacionadas con el presente y el futuro de la profesión.

Mala imagen del periodismo en la sociedad

La sociedad, en opinión de los periodistas, tiene una mala imagen del periodismo. Desde el año 2012 hasta 2016 este tema figura entre los problemas que preocupaban a los periodistas, aunque es verdad que ocupaba uno de los últimos lugares en ese listado. El sistema de puntuación, para este punto, se cambió en el año 2017, se dejó de pedir la opinión al respecto dentro del elenco de problemas de los periodistas y se individualizó la pregunta de tal manera que se preguntaba cuál era, según ellos, la imagen que la sociedad tenía del periodismo.

Se puede seguir considerando negativa esta percepción. En los últimos cinco años, y especialmente en 2019, cuando según los periodistas la imagen era mala en un 81 por ciento, 10 por ciento positiva y un 9 por ciento no se inclinaba por ninguno de los dos enfoques. En el último informe se mejoró esta puntuación, pese a que la percepción seguía siendo muy negativa y pasó al 79, 12 y 9 por ciento respectivamente en las respuestas de los encuestados.

Si profundizamos un poco en este tema, para conocer las opiniones tanto negativas como positivas que la sociedad tiene del periodismo según los periodistas, vemos en los últimos cuatro informes los siguientes datos.[183]

Tabla 15.11

	2018	2019	2020	2021
Negativa	76	81	74	79
Positiva	10	10	11	9
Ni positiva ni negativa	14	9	15	12

Fuente: Asociación de la Prensa de Madrid.

Falta de confianza de los españoles en los medios

El tema de la imagen va muy unido al de la confianza, porque a mayor confianza la imagen mejora y, por el contrario, a menor confianza la visión que se tiene de los medios empeora. Pues bien, como se observa en los datos, los periodistas son especialmente críticos en este punto, y por ello el último de los informes del año 2021 no duda en afirmar a la hora de valorar los datos que «se trata en cualquier caso de unas calificaciones claramente decepcionantes, puesto que para una labor como la periodística, que exige la confianza de quien recibe la información, ese aprobado raspado es, a todas luces, insuficiente. En esta misma línea, debe apuntarse que el 65 por ciento de los encuestados sostiene que en este momento los periodistas tienen menos li-

183. Ibídem, tabla 38, p. 40.

bertad que en el pasado a la hora de abordar las tareas informativas».[184]

Ese aprobado raspado se deduce de los datos sobre la falta de confianza de los españoles respecto a los medios, que arrojan el siguiente resultado:

Tabla 15.12

2012	2013	2014	2015	2016	2017	2018	2019	2020	2021
5,4	5,2	5,3	5,5	5,7	5,5	5,5	5,2	5,2	5,4

Fuente: Asociación de la Prensa de Madrid.

Una cuestión muy directamente relacionada con la confianza de los medios es por una parte la independencia que tienen medios y periodistas (ya vista en páginas anteriores) unida a la credibilidad que su trabajo suscita. «La idea de que las personas que nos informan no sufran impedimentos obstruccionistas para investigar o decir la verdad [...] es un elemento fundamental para que los ciudadanos crean en un determinado medio de comunicación. Es la fuente de la credibilidad.»[185] Esa credibilidad se refleja directamente en la confianza de los ciudadanos respecto a los medios y ese nivel de confianza sí que es un elemento que preocupa a los periodistas.

Tabla 15.13. Razones de la falta de confianza*

	2014	2015	2016	2017	2018	2019	2020	2021
Amarillismo y sensacionalismo		55,6	48,3	52,2	60	64	6	57
Falta de rigor y de calidad	12,8	45,2	40,6	42,4	44	41	19	45
Intereses económicos de los editores	55,9	46,3	39,9	42,4	39	34	43	57

184. Ibídem, tabla 34, p. 36.

185. En el informe del año 2017, p. 40, se incluye un amplio artículo sobre la credibilidad, cuyas primeras palabras son las que se recogen en esta nota.

	2014	2015	2016	2017	2018	2019	2020	2021
Falta de independencia	37,8	47,6	38,9	41,8	38	33	15	37
El intrusismo		43,2	32,1	19	20	33	9	16
Precariedad en el trabajo	8,8	42,1	29,4	12,5	13	19	7	16
Tertulias y tertulianos		38	28,4	35,5	35	34	4	33
Descredito profesional		23,3	15,8	29,1	30	29	3	28
Falta de profesionalidad	6,7	28,2	23	24,7	20	24	7	22

Nota: (*) En los años 2012 y 2013 no se preguntó sobre esta cuestión, mientras que en el año 2014 sólo aparecen estas cuatro respuestas.
Fuente: Asociación de la Prensa de Madrid.

Internet

Los tres primeros informes de la APM de la década analizada preguntaron a los encuestados si internet fortalecería o no a la profesión. Posteriormente no se les volvió a requerir sobre esta cuestión, derivando el interés a las redes sociales. De los tres informes, en donde sí existe esta pregunta cabe deducir que la opinión de los periodistas es que internet tiene una gran importancia para el periodismo y que su existencia lo fortalece. Los datos ofrecidos así lo manifiestan:

Tabla 15.14

AÑO	SÍ	NO
2012	62,5	37,5
2013	67	33
2014	71,6	28,4

Fuente: Asociación de la Prensa de Madrid.

Opinión de los periodistas sobre las redes sociales

El tema de las redes sociales según la opinión de Hernández, incluida en el informe del año 2021, «se ha convertido en una herramienta fundamental en la labor de cualquier periodista [...] como una importante fuente de información y por su papel para difundir el trabajo de los periodistas».[186] Este tema enfocado en su percepción y uso por parte de los periodistas ha sido sólo analizado extensamente de manera individual en el último apartado del texto, en el informe del año 2021. Hasta ese informe, el tema se estudiaba desde el enfoque de fuente de información de los españoles, cómo la usaban los ciudadanos, etcétera, temas que no son objetivo de nuestro análisis.

Por el contrario, en el último informe anual, año 2021, junto con analizarlo desde el punto de vista social y ciudadano, sí se incluía la opinión concreta de los periodistas, lo que nos permite estudiarlo en nuestro análisis en el contexto general de las preocupaciones periodísticas. Y ello se hace basándose en dos preguntas, con su consiguiente reflejo en dos tablas: una primera dedicada a valorar la opinión que les merecen a los periodistas las redes sociales en el contexto de su trabajo y en segundo lugar sobre las aplicaciones de mensajería utilizadas por los profesionales de la información.

La opinión, primer aspecto, es muy positiva hacia las redes sociales, ya que la mayoría opina que les permiten informar y hacer periodismo con otros formatos, idea positiva que se complementa con la valoración, igualmente positiva, a la hora de saber si las redes sociales les proporcionan una mejor proyección social. La valoración negativa, alta, se refiere a la generación de ruido y confusión que pueden ocasionar las redes sociales, pero en definitiva y globalmente hablando se puede afirmar que la valoración de las redes sociales es positiva.

Los datos son los siguientes:

186. *Informe anual de la profesión periodística 2021* de la APM, p. 71. Iñaki Hernández es coordinador de la sección de internet de Europa Press. Se incluye en este informe como último capítulo un amplio análisis en relación con las redes sociales y la información, en donde está incluida la opinión del autor de la nota.

Tabla 15.15

	SÍ	NO
Las redes sociales permiten informar y hacer periodismo con otros formatos	72	28
Con las redes sociales no se puede informar y hacer periodismo por las limitaciones de sus formatos	31	69
Las redes sociales proporcionan al periodista una buena proyección profesional	65	35
Las redes sociales generan demasiado ruido y confusión entre sus seguidores	87	13

Fuente: Asociación de la Prensa de Madrid.

Respecto a las aplicaciones de mensajería, claramente Twitter es la red preferida por los periodistas para la realización de su trabajo profesional, aunque seguida muy de cerca por WhatsApp, que ocupa el segundo lugar de las preferencias. Las otras tres redes sociales, que se distancian de las dos citadas, son Facebook, Instagram y YouTube.[187]

Éstos son los datos en porcentajes:

Tabla 15.16

Twitter	84,8
WhatsApp	82,1
Facebook	56,2
Instagram	37,6
YouTube	36,9

Fuente: Asociación de la Prensa de Madrid.

Desinformación

En los últimos años se ha producido un gran debate en torno a la desinformación, tanto en relación con los profesionales de la in-

187. Ibídem, tabla 1, p. 72.

formación como por extensión a la propia sociedad. La multiplicación de las *fake news* y el fenómeno de la posverdad unidos son los hechos sobre los que gravita este fenómeno. Los informes de la APM han sido ajenos a este tema hasta el año 2017, en el que por primera vez se trata de este fenómeno que se planteó en el informe «acerca del grado de información de la sociedad española», en el que los datos reflejaron que «un alto porcentaje, el 80 por ciento de los periodistas, considera que la población está desinformada o informada de una manera sesgada».[188]

Al desarrollar las causas de esa desinformación los periodistas hablan de tres aspectos:

Tabla 15.17

Hay un exceso de información y crea un caos informativo que se traduce en desinformación	46 %
Muchos medios y/o periodistas informan de manera sesgada	44 %
Hay mucha gente que de manera personal renuncia a estar informada	11 %

Fuente: Asociación de la Prensa de Madrid.

El informe de 2019 dedica diez páginas al tema de la desinformación que, al margen de otras muchas cuestiones que no hacen referencia al contenido directo de nuestro análisis, recogen bastantes ideas relacionadas directamente con la preocupación de los periodistas por este tema, ya que ellos son «quienes deben actuar para luchar contra la desinformación y detener la expansión de las noticias falsas», según el 45 por ciento de las personas consultadas al respecto.[189]

Para combatir la desinformación, y según el informe del citado año, la respuesta de la profesión periodística ha sido de dos tipos. Por un lado, se ha sucedido la convocatoria de foros y seminarios con

188. *Informe anual de la profesión periodística 2018* de la APM, tabla 48, p. 47.

189. *Informe anual de la profesión periodística 2019* de la APM. En este informe se incluyen las pp. 80-89 sobre el tema de la desinformación. Las palabras recogidas, a las que pertenece esta nota, se encuentran en la p. 83.

vistas a analizar la desinformación, sus causas y las formas de abordarla. Por otro, han surgido iniciativas que buscan atajar, en lo posible, las informaciones falsas, erróneas o tendenciosas que circulan.

Esta preocupación se traduce, en el ámbito periodístico, que es al que nos ceñimos en estas páginas, en las respuestas a la pregunta: ¿qué importancia tiene la desinformación para los periodistas? Los datos son los siguientes:

Tabla 15.18

	MUY IMPORTANTE	UN PROBLEMA SIN MÁS	POCO IMPORTANTE
Hasta 30 años	95	4	1
De 31 a 40	85	14	1
De 41 a 50	89	11	0
De 51 a 65	85	15	1
De 66 y más	83	15	2
Total	87	12	1

Fuente: Asociación de la Prensa de Madrid.

Al ser preguntados los periodistas sobre la responsabilidad en el origen de la desinformación, su opinión es que los medios de comunicación son los menos responsables comparados otros campos analizados:

Tabla 15.19

	MUCHA	BASTANTE	POCA
Redes sociales	83	15	2
Ámbito de la política	73	27	2
Publicidad y marketing	54	39	8
Empresas y mundo económico	28	51	21
Medios de comunicación	21	48	31

Fuente: Asociación de la Prensa de Madrid.

A modo de conclusión y retos a superar

Obviamente en esta relación no acaban todos los problemas e incertidumbres que rodean a la información en estos momentos en España, pero sí se han recogido los verdaderos problemas que directamente se relacionan con la profesión periodística y sobre todo según la opinión de los protagonistas de la información, los periodistas. Temas como el teletrabajo, los muros de pago, el nacimiento de medios online y otros muchos configurarían el análisis global de la información en España que no es objeto de este capítulo y que por lo tanto no se han analizado, aunque los informes de la APM aportan interesantísimos datos, que permitirían sin duda abordar su estudio sin problemas. Pero no ha sido ése el propósito de estas líneas, que tenían sólo por objeto ceñirse a los problemas denunciados sistemáticamente por los periodistas.

La primera conclusión o deducción que cabe realizar de los datos aportados es que la profesión tiene, y desgraciadamente en forma estructural, una serie de problemas, que en ocasiones se han hecho endémicos y que conviene resolver.

Estos problemas, y podría ser la segunda conclusión a enumerar, son de dos tipos: los relacionados con la posibilidad de realizar adecuadamente la actividad informativa, y aquí se incluirían el paro, la independencia, el intrusismo, la formación adecuada, etcétera, y los que afectan al contenido del trabajo periodístico, y en este grupo se debe citar otra serie de problemas que tienen relación directa con los contenidos informativos como el rigor, la neutralidad debida, la calidad de la información, etcétera.

Ahora bien, dicho todo lo anterior, lo importante, cara al futuro, es buscar algunas soluciones que puedan paliar, a corto y medio plazo, esta situación que bien podemos calificar de negativa y que se deduce de la relación de problemas planteados en las líneas de este capítulo. No es fácil, porque en muchos de los temas aportados las posibles soluciones no están sólo en las manos de los periodistas, por lo cual la imposibilidad de tomar medidas apropiadas es una realidad incuestionable. Pero no nos podemos abonar al pesimismo, ni dejar de investigar y profundizar las posibles soluciones que vuelvan a colocar a los periodistas en el lugar que por su labor se merecen en el orden social.

Hay algunos puntos en los que sí que pueden, ellos mismos, sin esperar ayudas externas, movilizarse para mejorar la situación, si no es posible revertirla. Y en ese campo hay seis medidas bien claras:

- Ser lo más éticos posible en el trabajo, aplicando los principios deontológicos en la labor profesional. El desconfiar de la ética, o el no hacerle caso a sus planteamientos por pensar que ello es un esfuerzo inútil o está pasado de moda, es un craso error. Hay que pelear por conseguir que sus principios presidan la labor periodística, porque es la única manera de volver a recuperar el prestigio profesional y con él, la confianza del público, de tal manera que la profesión recupere el reconocimiento, en gran parte perdido.
- En ese sentido, hay que luchar por devolver el rigor a la información, peleando día a día para que disminuya esa ausencia que los mismos periodistas reconocen como problema. Y ello, con todos los inconvenientes señalados anteriormente, está en gran parte en manos de los periodistas, de su profesionalidad, de su querer buen hacer. Sólo ellos con su trabajo bien hecho pueden eliminar este rasgo negativo que reconocen como problema.
- Otro campo es la pelea por la independencia. Es cierto que en este punto la dependencia respecto a la empresa puede ser un inconveniente para su logro, pero hay que tener bien claro, aunque sea dura la expresión histórica, que no hay mejor esclavo que el que quiere serlo, que trasladado a nuestro tema exige el no rendirse a las primeras de cambio, el pelear por los contenidos que uno entiende que son los debidos en su información, el no plegarse con facilidad a los intereses políticos y económicos para evitarse problemas, el huir de la autocensura que representa una falta grave de profesionalidad, el no acomodarse a situaciones difíciles sino luchar por salir de ellas. En definitiva, siguiendo a Sinova cuando se pregunta «¿Independientes

de qué? De todo aquello que pueda condicionar de manera decisiva su deber informativo».

- Pelear por la verdad y buscar la máxima objetividad es otro de los aspectos de posible lucha personal que conduzca a no conformarse con lo fácil, con lo rápido. En este punto puede ocurrir algo semejante a la ética, que es el pensar, sobre todo en el terreno de la objetividad, que es imposible su consecución. La verdad es necesaria, sin ella no hay verdadera información y por lo tanto su busca debe ser una exigencia absoluta del periodista. En la consecución de estos dos puntos es donde se juega con más fuerza la profesionalidad un periodista y, por lo tanto, aunque cueste, es una lucha inaplazable, en la que el desánimo debe ser desterrado.
- Si la falta de formación ha sido destacada como problema, está en manos de los periodistas el combatir ese aspecto negativo, profundizando en su formación, mejorando su especialización, estudiando, desarrollando sus conocimientos, etcétera, de tal manera que sus informaciones sean lo más relevantes posible. Esto en un mundo tan especializado como el que vivimos es una necesidad esencial en el trabajo periodístico.
- Finalmente, por concluir esta relación que a buen seguro se podría ampliar, hay un tema que está en sus manos de manera clara y es exigir a sus asociaciones profesionales que apoyen y ayuden a los profesionales a que los problemas detectados se vayan eliminando o al menos disminuyendo en su escala de importancia. Los informes de la APM han ido pidiendo anualmente la valoración de los servicios profesionales. En el último de ellos, año 2021, se destaca que «la valoración que hacen los profesionales de los servicios que prestan las asociaciones ha mejorado ligeramente en casi todos los epígrafes». Eso está bien, pero habría que conseguir no sólo una ligera mejora, sino un diez en la puntuación de todos los servicios, sobre todo en los que están en relación directa con los problemas detectados por los periodistas.

Tercera parte

Editores versus empresarios

16

El abandono de la información como objeto preferente del empresario informativo: sus causas y momento actual

Ignacio Bel Mallén

Introducción

En el análisis de los temas más graves que afectan al trabajo profesional de los periodistas no podía quedar excluida la referencia a la empresa informativa, no sólo en lo que se refiere a la prensa escrita, que ha sufrido una gran transformación en los últimos decenios, sino en términos generales a toda clase de empresas que tienen la información o el entretenimiento como objetivo empresarial. Para los medios escritos, al margen de su evolución hacia fórmulas multiinformativas mediante las alianzas con empresas de televisión, la aparición de las tecnologías informativas ha supuesto un fuerte cambio en el propio objeto mercantil que ya no sólo tiene el papel como principal soporte, sino que está combinado con el tratamiento digital, lo que ha propiciado fuertes cambios en las propias estructuras empresariales, claramente diferentes a las que han estado vigentes en las últimas épocas.

Junto a ello, o quizá como consecuencia de ello, se ha producido, en el ámbito ejecutivo de muchas empresas, la aparición de personas que, siendo ajenas al campo de la información, ocupan los puestos más significativos en los equipos directivos e incluso en los consejos de administración de dichas empresas, con la característica esencial de que la información les interesa en tanto en cuanto sirve para obtener los resultados económicos deseados, dejando muy en segundo plano el carácter informativo del objeto empresarial.

Esta búsqueda del beneficio económico por encima de todas las consideraciones ha tenido graves consecuencias en diversos aspectos de la vida periodística, el más importante de los cuales es sin duda el despido masivo de periodistas con la consiguiente pérdida de talento de las redacciones, sometidas a continuos ERE, ERTE, prejubilaciones o simplemente despidos, y con ello el descenso de calidad en los contenidos informativos. Por otra parte, estas iniciativas no han frenado, en muchos casos, ni las caídas de ventas ni los descensos de publicidad, ni en definitiva la destrucción del tejido empresarial, inmerso en estos momentos en la búsqueda de nuevas fórmulas —muros de pago, publicidad online, etcétera— que puedan llegar a equilibrar las cuentas de resultados empresariales.

Hemos querido conocer la opinión de una serie de empresarios que han vivido en los últimos años algunas de las situaciones citadas, y que tienen o han tenido como denominador común responsabilidades en diversos grupos de prensa familiar (Correo, Heneo, Joly), sobre la situación vivida en los últimos años, las consecuencias de la COVID-19, la irrupción de las tecnologías de la información y como consecuencia el mundo online y otros temas de interés para el conocimiento real del momento empresarial informativo. Les queremos agradecer sus respuestas, sus puntos de vista, que ilustran y aclaran muchos de esos problemas detectados en el campo empresarial de la comunicación.

Junto a estas opiniones, completa esta parte del libro la visión, desde el otro lado de la barrera, de dos personas que como exdirector y ex consejero delegado han vivido muchas de las vicisitudes que se reflejan en las respuestas de nuestros entrevistados. Esperamos que, con esas dos visiones y el contenido de las entrevistas, se pueda comprender mejor el porqué de una situación como la actual, compleja, esperanzadora, pero llena de fuertes dudas en lo que a la viabilidad empresarial se refiere, sobre todo si se piensa en la información como objeto preferente de la actividad empresarial, persiguiendo los lícitos beneficios, pero no poniendo a la información al exclusivo logro de ellos.

Alejandro Echevarría

Nació en Bilbao en 1942. Se licenció en Ciencias Empresariales por la Universidad de Deusto y fue consejero delegado del Grupo Correo desde 1980 hasta febrero de 2001. Ha sido presidente de la AEDE (Asociación de Editores Españoles), presidente de Editores Asociados para TEVISA y presidente del Círculo de Empresarios Vascos.

Ha recibido los premios Jaume de Cordelles (ESADE), Mejor Empresario Vasco, Mejor Gestión Empresarial, a los Valores de Empresa en Medios de Comunicación y Miguel Moya en reconocimiento a su trayectoria profesional. En diciembre de 2009 fue nombrado «Ilustre de Bilbao». También ha sido premio ASTER de Comunicación en 2013 y Ramón Rubial a la Trayectoria Profesional 2014.

Ha sido presidente de UTECA, consejero de Willis y Endesa, vicepresidente de Deusto Business School y patrono de la Fundación Novia Salcedo. En la actualidad, es presidente de la Fundación Alejandro Echevarría Comunicando Futuro, presidente de Honor de Mediaset España, consejero de CVNE y de los periódicos *El Diario Vasco*, *El Diario Montañés* y *El Correo*. Es también vicepresidente del CONR (Foro de la Contratación Pública Socialmente Responsable) y patrono de FAD.

* * *

> «La función editora desmerece de lo que ha sido en el pasado.»
>
> «En la información debe primar el derecho de los ciudadanos sobre el mercantilismo.»
>
> «La prensa libre es fundamental en las democracias liberales.»

1. ¿Cuáles cree usted que deben ser las cualidades profesionales y personales de un editor de prensa?

Debe tener un gran conocimiento de todos los aspectos de la comunicación para poder desarrollar bien su actividad editora.

2. ¿Por qué cree que hoy en día la mayor parte de los puestos directivos de las empresas informativas están ocupados

por personas con grandes currículums pero desconocedores de las características de la información?

La prensa está en crisis, ha tenido que ceder y transigir para poder sobrevivir y, efectivamente, la mayoría de los puestos directivos en los consejos de administración están ocupados por personas ajenas a la información, por lo que la función editora desmerece de lo que ha sido en el pasado.

3. ¿Qué es para usted una empresa periodística?

Es una empresa que se dedica a comunicar todo lo que ocurre en la sociedad informativa defendiendo la libertad de expresión. Es un servicio muy importante para el ciudadano actual.

4. En la época dorada de la prensa, la tríada editor-periodista-periodismo era indisoluble. ¿Es ahora así?

Ahora no es así porque la crisis económica afecta también a la prensa escrita y esto ha ido deteriorando la función del editor.

5. En 2008 la APM le otorgó a usted y a Javier Godó, Jesús de Polanco y Santiago Rey el Premio Miguel Moya. ¿Qué sintió?

Me sentí muy honrado cuando me dieron el Premio Miguel Moya y creo que Javier Godó, Jesús de Polanco y Santiago Rey son, también, merecedores de este premio.

6. ¿Cuáles deben ser para usted las cualidades más importantes de un empresario informativo?

Hay que tener una gran sensibilidad en el proceso informativo de un medio de comunicación, lo que requiere formación amplia y conocimientos sobre los diferentes temas que preocupan a la sociedad.

7. ¿Qué diferencias más significativas le parece que existen entre un editor/empresario informativo de ayer y de hoy?

La diferencia más importante es que hoy en día no se entiende, como antes, el verdadero sentido que debe tener la información en el contexto del proceso público en relación con la empresa.

8. Usted ha afirmado que el «cambio más importante que hubo en la prensa española fue el proyecto de una red de prensa». ¿En qué puntos se cimentó esa gestión?

En aquella época no existía la profesionalidad suficiente para hacer proyectos empresariales desde el punto de vista del mundo de la comunicación. El proyecto se cimentaba en aprovechar las sinergias de un grupo empresarial regional, bien gestionado, aplicándolo a la organización adecuada.

9. ¿Me podría indicar cuál cree usted que es la gran diferencia entre el mundo de la comunicación de hoy y de hace diez, veinte años?

Hoy en día el mundo de la comunicación ha sufrido una gran transformación con la irrupción de las redes sociales y hay que tenerlo muy en cuenta a la hora de comunicar.

10. ¿Qué es para usted un periodista?

Es una persona formada y bien informada en cuya tarea tiene que primar la profesionalidad sobre cualquier otra circunstancia. El criterio y la independencia son también fundamentales para su trabajo.

11. La información ¿es más un derecho de los ciudadanos o una mercancía?

En la información, en el contexto de una empresa informativa, debe primar el derecho de los ciudadanos sobre el mercantilismo.

12. ¿El periodismo es un poder o un contrapoder del poder legítimamente constituido?

El periodismo debe ser un contrapoder del poder legítimamente constituido.

13. ¿Usted, como Thomas Jefferson, prefiere tener prensa sin Gobierno que Gobierno sin prensa?

Opino exactamente igual que Thomas Jefferson, porque su pensamiento es muy actual.

14. En la invasión de Ucrania hemos constatado la importancia de la prensa libre para informar. ¿Cree usted que las democracias liberales deben apoyar fiscalmente a los medios?

Se ha demostrado la gran importancia que tiene la prensa libre para informar de la guerra en Ucrania. Es evidente que la prensa necesita ayudas para sobrevivir, pero que sean objetivas y no para comprar los mensajes.

15. ¿Ha variado el objeto de la empresa periodística?

El objetivo de la empresa periodística no ha variado, debe seguir siendo totalmente independiente y cada vez más profesional.

16. ¿Cree usted que el empresario online tiene el mismo concepto de la información que el que poseen los editores como usted?

El empresario del mundo online no tiene el mismo concepto de la información que los editores tradicionales, y esto favorece el desarrollo y la divulgación de las *fake news*, distorsionando la validez de la información.

17. ¿Tiene futuro la prensa escrita?

La empresa periodística evidentemente tiene futuro si está bien planteada y se rige por criterios profesionales.

18. ¿La televisión es un soporte periodístico o un medio de entretenimiento? ¿Y la radio? ¿Y la prensa digital? ¿Y las redes sociales?

La televisión sigue siendo un soporte periodístico muy importante para la sociedad porque tiene una gran divulgación. La radio ocupa un lugar muy importante en el hogar, sobre todo en el sector femenino. La prensa digital y las redes sociales también ocupan su lugar.

19. ¿Sobrevivirá en las democracias liberales lo que llamamos prensa libre?

Creo que la prensa libre es fundamental en las democracias liberales porque es esencial para el desarrollo de la sociedad.

20. Por último, ¿qué se propone con la Fundación Alejandro Echevarría que acaba de fundar?

La Fundación Alejandro Echevarría tiene como misión apoyar la comunicación, formando a profesionales mediante la formación en el periodismo libre y la creación de foros de debate que enriquezcan el futuro de la comunicación aportando ideas y sistemas. La fundación no ha hecho más que empezar y yo espero que tenga un gran futuro para ayudar a la comunicación libre.

Fernando de Yarza López-Madrazo

Fernando de Yarza López-Madrazo nació en Zaragoza en 1971, está casado, es padre de tres hijas y es el presidente de HENNEO. Pertenece a la quinta generación de una familia editora que hace 126 años fundó *Heraldo de Aragón*, el germen de HENNEO, uno de los grupos editoriales más importantes en la actualidad, vinculado a los medios de comunicación y a la tecnología que cuenta ya con decenas de empresas en España y en el mundo. Está formado, entre otras compañías, por *20 Minutos*, *Heraldo de Aragón*, *La Información*, *Cinemanía*, *Diario del Alto Aragón*, Factoría Audiovisual, DASA, HENNEO y Printing e Hiberus.

De Yarza es licenciado en Ciencias Económicas y Empresariales por la Hogeschool Zeeland (Países Bajos), MBA por la Escuela Europea de Negocios, Executive MBA por la Universidad de Navarra-IESE, PDD por Michigan Business School (Estados Unidos) y CEIBS de Shanghái (R. P. China). Además de estar al frente de HENNEO es presidente de la Asociación Mundial de Periódicos y Editores de Noticias (WAN-IFRA), siendo el primer español en ostentar el cargo.

* * *

> «No supimos leer esa tormenta perfecta que se avecinaba que fue la transformación tecnológica y la crisis económica que supuso las *subprime*.»
>
> «[Los periodistas] me siguen pareciendo los auténticos protagonistas de lo que es un periodismo auténtico.»
>
> «Tenemos que ser competitivos en la gestión del talento, en reconvertirnos, pero frente a momentos en que he sido pesimista pienso que hoy la prensa tiene futuro.»

1. ¿Qué está ocurriendo en el sector de las empresas periodísticas? ¿Por qué se ha llegado a la situación actual en lo que a la propiedad se refiere?

En España, en lo que respecta a la cultura de propiedad, si te paras a pensarlo, la historia refleja toda una serie de intentos fallidos. Polanco se murió pensando que lo dejaba atado y bien atado y al final Juan Luis se hizo con ello y acabó como acabó. A los pocos meses de fallecer José Manuel Lara, su hijo es despedido de la compañía y le dan una caja de cartón para que recoja sus efectos personales, y Vocento tampoco ha sabido gestionar una sucesión adecuada. Por ello, suelo decir que la situación es tan dramática que para mirar algo reconocible te tienes que ir a grupos como el nuestro o los catalanes.

Cabe deducir un fracaso en la sucesión de los grandes medios sobre todo en lo que se refiere a la estructura de gobernanza. Pero yo, que no soy de aquellos a los que les gusta echar la culpa a los demás, creo que hemos gestionado muy mal y personalmente tengo que reconocer que he fracasado en el intento de fortalecer grandes grupos de comunicación netamente españoles. He hablado con Rodríguez Zapatero, Mariano Rajoy y Pedro Sánchez con ese propósito y no ha habido nada que hacer. Yo sí me creo la españolidad en este campo y pienso que es un gran fracaso, como país, que no tengamos un grupo de medios con fuerte arraigo de propiedad industrial española con vocación de largo plazo.

A mí me preocupa mucho este punto y por eso invertimos en Vocento y hemos ido haciendo cosas, porque veo fundamental ese desarrollo pensando en el futuro. Ya te he dicho que no he sido capaz de convencer o ilusionar a ninguno de los últimos presidentes del gobierno sobre la necesidad de fortalecer a los medios netamente españoles. Ahí hemos fracasado y se puede comprobar viendo qué propiedades tienen los grandes grupos de información de este país, por lo que cabe decir que en un tema tan importante como los *media* somos un fracaso como sector y como país. Hay una realidad y un hecho objetivo y es que, en un sector tan sensible para el país, lo que podemos aportar los editores y sobre todo los de tradición familiar centenaria es que trascendamos al corto plazo y nos comprometamos con el país para siempre.

2. ¿Qué es para usted una empresa periodística?

Quizá por herencia familiar pienso que es algo que trasciende al hecho de querer ganar dinero con un negocio para desarrollar un conjunto de valores y principios que logren movilizar a la sociedad civil, para hacer mejor el entorno en que desempeñas tu actividad. Esta idea hemos tenido la osadía de llevarla a nuestros estatutos de la sociedad que figuran en el Registro Mercantil. A mí me gusta releer en ocasiones los estatutos del *Heraldo de Aragón* porque es un ejercicio positivo y hay afirmaciones que son entrañables, por ejemplo, hay un punto que dice que «se ejercerá la gestión con austeridad y sin alardes innecesarios».

Ello refleja un poco el caso del *Heraldo*, que es un periódico que fundan un republicano de izquierdas y un monárquico de centro derecha, desarrollando un ejercicio de transversalidad absoluto donde te demuestran dos personas que no quieren algo partidista, sino algo transversal y transformador. Realmente pienso que debe existir un componente empresarial porque la independencia periodística te la da la independencia económica, pero esa independencia debe ser para mejorar la sociedad en la que actuamos. Quien pierda de vista esto y ponga en primer lugar el rendimiento económico creo que desvirtúa un poco la pureza o el sentido que tiene el negocio periodístico.

3. ¿Cuáles deben ser las cualidades más importantes de un editor/empresario informativo?

Principalmente la honestidad y junto a ello la mirada a largo plazo, porque vivimos unos tiempos muy líquidos y es fácil caer en la tentación de caer en lo coyuntural, perdiendo de vista los principios editoriales y sobre todo olvidando cuál es tu papel en la sociedad. Creo que cometimos a primeros de los 2000 varios pecados, principalmente el de la soberbia. Tuvimos unos márgenes más propios de actividades ilegales, en donde las cuentas de resultados eran, diría yo, casi obscenas, lo que nos llevó a perder un poco el juicio. Por otra parte, no supimos leer esa tormenta perfecta que se avecinaba que fue la transformación tecnológica y la crisis económica que supuso las *subprime*. Pienso que la realidad de una empresa centenaria te ayuda a que el corto plazo no tiene que ser tu guía, sino que abordes lo que abordes, debes ser fiel a los valores y principios que te han hecho perdurar con más acierto.

4. ¿Qué diferencias más significativas existen entre un editor/empresario informativo de ayer y de hoy? ¿Cree que los editores de hoy entienden el verdadero sentido que debe tener la información en el contexto del proceso informativo público-redacción-empresa?

Yo creo que al hilo de lo que te comentaba y fruto de nuestros pecados la verdad es que nos habíamos quedado bastante desubicados. Es verdad que han pasado una serie de acontecimientos, principalmente la COVID-19, que nos han vuelto a dar un protagonismo, dado que fruto de la revolución tecnológica y de esos errores que he citado, habíamos perdido la confianza de nuestros lectores. No digo que cualquier tiempo pasado fuese más fácil de gestionar porque yo le oí decir a mi abuelo que nuestro *Heraldo*, como muchos periódicos centenarios, había sobrevivido a cinco guerras, dos monarquías y no voy a decir que ello fuera fácil, sino, por el contrario, complicadísimo. Lo que caracteriza nuestros tiempos, en relación con esos tiempos del pasado, es la velocidad, lo fungible que es todo y en esas circunstancias pienso que es más difícil que nunca ser fiel a los principios y valores fundacionales, que a pesar de ser más que centenarios son plenamente vigentes.

Es necesario saber adaptarte a unos tiempos que, como te he comentado, se caracterizan por la velocidad, porque si algo diferencia los tiempos que me ha tocado vivir a mí como presidente de los de mi tía o mi abuelo es que ahora la velocidad se multiplica por tres, todo es mucho más rápido, más fugaz, lo que te obliga a adaptarte con muchísima más rapidez a los acontecimientos diarios.

5. ¿Cuáles deben ser las cualidades profesionales y personales de un editor de prensa que le diferencian, por el objeto de la actividad empresarial, de otros sectores empresariales?

Para mí hay una principal que es la responsabilidad. Esto que en una empresa normal afectaría a los trabajadores y a sus accionistas, en nuestro caso trasciende más allá e implica muy directamente a la sociedad, a los ciudadanos y a todo lo que se mueve alrededor tuyo como empresario informativo. Para mí el hecho diferencial es que nuestra actividad trasciende a lo que son los *steilhordes* tradicionales y en ese sentido tus errores y aciertos no sólo los pagan los accionistas y los trabajadores, sino que los pagan los ciudadanos que depositan esa confianza en ti. Para mí ése es el hecho absolutamente diferencial y, por lo tanto, siendo muy respetables otras actividades, la nuestra tiene la trascendencia de que los miembros de la sociedad depositan una confianza en ti, lo que constituye un hecho absolutamente determinante.

6. ¿Cree que ahora el objeto de la empresa informativa se conceptúa más como una mercancía que como el resultado positivo de una labor periodística al servicio de la empresa periodística? ¿Ha variado el objeto de la empresa periodística?

Entiendo que el tema está absolutamente condicionado a causa de la tiranía del clic y de las audiencias que acortan el proceso de reflexión, el proceso ortodoxo de la elaboración de las informaciones rigurosas, veraces y fiables que ha sido devorado por la inmediatez, ocasionando una presión agobiante con la finalidad de generar unas audiencias inmediatas. Ello hace que el resultado informativo tienda a ser muy cortoplacista, y que esta realidad efectivamente haya llevado al objeto informativo a una adulteración por la presión de la exigencia de obtener resultados a corto plazo en lo que a la audiencia se refiere. Si esto lo trasladamos al campo de la televisión los resultados aún son más negativos porque se ha perdido ese poso, ese análisis, ese contraste que se daba antes de una manera más reflexiva.

7. ¿Por qué que hoy en día la mayor parte de los puestos directivos en los consejos de administración de las empresas informativas están ocupados por directivos de bancos, de empresas tecnológicas, fondos de inversión, etcétera, en definitiva, por personas con gran currículum pero desconocedoras de las características de la información y de la empresa informativa?

Te lo apuntaba antes y es para mí un aspecto fundamental: el no haber sabido hacer bien las cosas [...]. Esto es como la teoría de los gases, que cuando uno no ocupa su lugar, éste es ocupado por otro. No hemos sabido adaptarnos y terminamos siendo un sector muy egocéntrico, muy soberbio y poco predispuesto al cambio. Eso por un lado, y, por otro, entiendo que hay una corriente generalizada favorable hacia los fondos de inversión, lo cual ha llevado a que ejecutivos más transversales se hayan involucrado en el negocio. Es cierto que también la irrupción de la tecnología ha hecho que se abrieran los perfiles hacia personas de estas características.

Tengo una anécdota muy buena que ilustra esta situación. En el último viaje que hice antes de la pandemia a Nueva York me invitó a comer en su despacho Marty Baron, persona de gran experiencia sobre todo para mí, que venía de Zaragoza, del *Heraldo de Aragón*. Al terminar el almuerzo en su despacho me llevó a la reunión de portada de *The Washington Post* y allí, en un alarde de confianza que le agradecí, me dijo: «Este Bezos me ha llenado esto de ingenieros y no tengo casi periodistas». Es una anécdota muy ilustrativa de esa tendencia, expresada por Marty, que se ha ido extendiendo de una manera global a todas las empresas periodísticas, desequilibrando esa adecuada relación entre tecnólogos y periodistas.

8. Pasemos ahora a hablar del segundo protagonista de todo proceso informativo: el periodista. ¿Qué es para usted un periodista?

Un héroe, porque si para los editores el ejercicio de transformación ha sido importante para los periodistas ha sido, como diría una nueva vedete de televisión, una transformación de 180 grados al menos. La verdad es que se ha dado un fenómeno muy curioso que no tiene que ver con la edad, porque ha habido gente que se han tenido que reciclar, y no tenía que ver que tuviera cincuenta o treinta años, y por el contrario otros no han necesitado ese cambio en un nivel tan absoluto. Lo cierto y seguro es que se han tenido que reinventar totalmente. Personalmente me siguen pareciendo los auténticos protagonistas de lo que es un periodismo auténtico, siendo cierto que es una profesión que está sometida ahora a un proceso de cambio y transformación absolutamente radical.

9. En la época dorada de la prensa la tríada editor-periodista-sociedad era indisoluble. ¿Es ahora así o se ha roto y cada uno va más por su lado?

No sé cómo ocurre en otras empresas. A mí estos tiempos me han servido para relacionarme más con los periodistas en medio de una nueva situación caracterizada por la irrupción de otras figuras, como la de los tecnólogos. Ello en mi caso particular me ha llevado a establecer una entente más cordial e íntima con los periodistas para luchar contra esa nueva imposición que son los gestores, por ejemplo, de las audiencias. Paradójicamente en mi caso, y no me siento en condiciones de establecer una teoría general, me he acercado a los periodistas quizá porque siempre me he considerado una persona semejante a un espía del KGB que sale de la academia de ese centro el día que cae el muro de Berlín y se encuentra en una situación totalmente distinta.

Personalmente estaba preparándome para ir a un mundo que cambió radicalmente nada más salir a él, pero efectivamente me he sentido más cerca, quizá por formación y generación, del periodismo anterior, del periodista en su verdadero sentido, lo cual no me impide admirar a los tecnólogos que ejercen una labor absolutamente necesaria y que han permitido crear otros nuevos referentes como son esos gestores de audiencias, de tráfico, de titulares, etcétera.

10. En relación con el papel de los medios en la sociedad, ¿cuáles son las diferencias entre el mundo de los medios de comunicación de hoy y el de hace diez, veinte años?

Para mí el gran hecho diferencial es que después de esta cura de humildad, escuchamos bastante más a nuestros lectores, ya que antes éramos unidireccionales y, perdón por la insistencia, poco humildes. Esto ha cambiado y ahora hay un diálogo recíproco en donde en vez de establecer una única dirección en los temas, prestamos mucha más atención a nuestro entorno, a la sociedad, lo cual es muy positivo y hace que la gente se sienta más atraída e interesada. Para mí ése es el hecho, más allá del soporte lo importante es que ahora la comunicación es bidireccional a diferencia de la unilateralidad que había hace veinte años.

11. La información, en el contexto de una empresa informativa, ¿es más un derecho de los ciudadanos o, por el contrario, una mercancía cuyo tratamiento debe estar al servicio de los legítimos intereses empresariales?

Por tradición familiar, por experiencia personal y también en otro sentido por mi carrera profesional como directivo europeo y mundial, mi punto de referencia han sido siempre los países nórdicos. No es casualidad que dichos países tengan las democracias más sanas y donde la calidad de vida es superior. Cuando empezó la pandemia escribí un artículo en el que apuntaba que esa difícil situación iba a ser un termómetro en el que se iba a demostrar el compromiso democrático de apoyo a los medios. Me parece que no es casual que países que gozan de mayor calidad de vida son los que tienen unos medios de comunicación más ricos y más plurales. Para mí la información no es que sea un derecho, sino que entiendo que es realmente un termómetro de la calidad democrática del país. Es algo objetivo, demostrable y absolutamente real que cuando el ecosistema de medios es más rico, plural y diverso, más sana es la democracia y mejor el nivel de vida de los ciudadanos. Esto es rotundamente un hecho objetivo.

12. ¿El periodismo es en sí mismo un poder o un contrapoder del poder legítimamente constituido?

Sigo pensando en la romántica idea de que el periodismo es una herramienta de la que se dota la sociedad para evitar los abusos del poder y si eso lo entiendes como un contrapoder se puede afirmar como cierta su existencia. Supone una vacuna que la sociedad se da para evitar que los poderosos, ya sea en lo político o en lo económico, crucen las líneas rojas.

13. Siguiendo lo dicho por Thomas Jefferson, ¿prefiere tener prensa sin Gobierno que Gobierno sin prensa?

Un país sin prensa es lo más parecido a una dictadura. Vivimos tiempos engañosos, pero igual que creo en la justicia independiente pienso —en esto soy muy anglosajón— que lo mejor es un juego de contrapoderes, no sólo en lo que se refiere a la prensa, que no tiene por qué tener el monopolio del control, sino en todos los ámbitos importantes de la sociedad. Creo firmemente en la justicia y por eso he luchado mucho desde mis responsabilidades internacionales en relación con las plataformas, sobre las cuales no tengo una visión tan hostil como pueda tener otra gente, pero a mí no me parece justo, por ejemplo, que Twitter no tenga ninguna responsabilidad.

Sobre lo que han publicado hoy mis medios respondo con mi propia casa y eso es de justicia. Lo que no me parece de justicia es que tú me puedas insultar desde el anonimato de Twitter y la empresa no tenga ninguna responsabilidad. Ahí debe haber un sistema de equidad en la responsabilidad. No creo en esas teorías que opinan que la prensa está por encima del bien y del mal, sino que debe estar sometida al imperio de la ley como cualquier ciudadano y opino que un sistema sin medios de comunicación independientes es como Rusia, una dictadura cuasi perfecta.

14. El futuro tiene claros síntomas de incertidumbre en lo que a la prensa se refiere. ¿Tiene futuro la prensa escrita?

A mí me hace gracia porque la primera vez que fui a un Congreso de la Wan-Ifra, un ponente, que además tenía un nombre apocalíptico porque se llamaba Fatal de apellido, auguró que antes de 2005 desaparecería la prensa escrita. Soy optimista fundamentado y como le decía antes pienso que la COVID-19 nos ha dado una nueva oportunidad porque las gentes, y esto es un hecho objetivo, las audiencias han vuelto a nosotros. Podíamos hablar de cuánta vida le queda al soporte papel, pero eso lo considero un tema secundario. Hay una realidad objetiva y es que los ciudadanos, cuando las cosas se han puesto serias, han vuelto a confiar en los medios de comunicación, y gracias a ello estamos volviendo a ser competitivos en el tema de la publicidad, las plataformas se están pagando, etcétera.

Por ello creo que hay elementos positivos y objetivos comprobables para tener cierto optimismo si sabemos hacer las cosas bien. Estamos teniendo experiencias de suscripción digitales que han salido de la marginalidad y tienen una materialidad, unas facturaciones elevadas. Creo de verdad que hay elementos que permiten ser optimistas. ¿Es una batalla ganada? No. Hay que hacer la cosas bien. Sí. Tenemos que ser competitivos en la gestión de talento, en reconvertirnos, pero frente a momentos en que he sido más pesimista pienso que hoy la prensa tiene futuro.

15. ¿Sobrevivirá en las democracias liberales lo que llamamos prensa libre? Es decir, ¿medios de comunicación con ingresos suficientes para no hipotecar su solvencia?

Tendrá mucho que ver con la voluntad de las Administraciones públicas, la sociedad y las empresas. Si la gente no es consciente de que invertir en empresas periodísticas y de comunicación en general es invertir en democracia, lo pasaremos mal. Pero es verdad que los ciudadanos ya están respondiendo bien, por ejemplo, en el tema de las suscripciones. Lo que se exige ahora es que los gobernantes desarrollen un marco regulatorio que nos proteja.

En un lenguaje muy aragonés diría que no quiero ser más que nadie, pero tampoco menos que nadie. Lo que deseo es que Twitter y Facebook compitan conmigo con las mismas armas, porque claro que es mucho más *cool* ampararse en el anonimato y hacer un periodismo un poco más frívolo que puede atraer la gente, pero eso no es justo. Quiero que Twitter tenga las mismas responsabilidades que yo y deseo que existan marcos regulatorios en donde se reconozcan mis derechos y proteja lo que es nuestro negocio. En ello va a jugarse una parte importante de esta partida, saber en definitiva si el marco regulatorio que regula todo este ecosistema es pro medios de calidad o de escasa calidad. También, no hay que olvidarlo, si los anunciantes reconocen el papel que desempeñamos.

16. No podemos olvidar, en este rápido repaso a las cuestiones fundamentales de la empresa periodística, el referirnos a las tecnologías de la información que han propiciado el nacimiento de los medios online. El empresario de ese mun-

do ¿tiene el mismo concepto de la información que el que poseen los editores tradicionales?

Creo que esto es un proceso de maduración porque no es lo mismo cuando eres un medio emergente que cuando eres un medio consolidado. El emergente no tiene nada que perder y entonces no es comparable, pero ya hay medios nativos digitales contrastados que se mueven con parámetros similares a los nuestros. No tienen tanto que ver con su origen nativo, sino en qué momento de su proceso de maduración están inmersos. Igual hay medios tradicionales que se suicidan y se cargan el producto. Como reflexión general veo medios digitales nativos muy consolidados y en unos parámetros muy similares a los que nos podemos mover nosotros.

17. ¿La televisión es un soporte periodístico o un medio de entretenimiento?

La televisión la conozco más desde la parte de la producción, y veo que está como estaba la prensa en el año 2008, ante un dilema de definición de lo que va a ser de ella en el futuro. Honradamente la veo más enfocada al entretenimiento que a la información. La televisión también está viviendo momentos decisivos sobre lo que va a ser su devenir en relación con el futuro, porque la consolidación absoluta de las plataformas hace redefinir todo el modelo y la tendencia al parecer claramente es la que están marcando Netflix, HBO, Amazon Prime..., que van muy orientadas al mundo de las series, del entretenimiento y menos a la información.

18. Hablemos de la COVID-19 y su relación con el mundo informativo. ¿Ha significado un fuerte recorte de las libertades, entre ellas las informativas, en este país?

Efectivamente, la COVID-19 ha causado un fuerte recorte de las libertades en España y para los medios ha sido terrible. Hay pruebas porque por aquel entonces yo participé activamente en las relaciones con el Gobierno y me consta que había una parte del Gabinete ministerial que estaba decidida, como se hizo en la mayoría de los países europeos, a apoyar a los medios. Quiero recordar que las necesidades de información eran máximas pero las limitaciones, tanto de personal como de ingresos, eran absolutas. Sin embargo, hubo personas en la otra parte del Gobierno que activamente desincentivaron, con toda clase de iniciativas, el apoyo que era necesario. Hubo un tema que fue la prueba del algodón. Nosotros hicimos la propuesta aquella Semana Santa de renunciar a hacer ERTE si se nos exoneraba de las cuotas de la Seguridad Social, hecho que era más beneficioso para el Gobierno, ya que salía más a cuenta bonificarnos las cuotas de la Seguridad Social que pagar los ERTE.

Tuve una reunión de la Asociación de Editores y asociaciones sudamericanas antes del viaje a Washington que te citaba antes, y pude comprobar que en la hoja de ruta del grupo de Puebla se habían marcado dos objetivos a destruir que eran los periódicos independientes y la justicia. Para los populismos, me da igual que sean de izquierdas que de derechas, son las dos trincheras a tomar para desintermediar con la sociedad, porque para ejercer el populismo hay que acabar con la prensa libre y se aprovechó la COVID-19 en ese sentido. Ya había afirmado en mi artículo que esta difícil circunstancia iba a ser un espejo donde la gente se iba a retratar sobre sus compromisos democráticos. Tengo que decir que confiaba mucho en la vicepresidenta Carmen Calvo, pero sucumbió a la parte del Gobierno que pensaba y piensa que hay que acabar con los medios de comunicación privados.

19. Ha afirmado que «la COVID-19 se ha traducido en un aumento de las suscripciones digitales, que ya arrojan números significativos». ¿Piensa, vistos los resultados económicos de los muros de pago, que podrán llegar a suponer una parte importante de los ingresos de los medios, en semejanza a lo que supuso la publicidad tradicional?

Lo que pienso es que se abre una puerta a la esperanza, que dichos ingresos han dejado de ser marginales, y que, aunque evidentemente sigue existiendo una brecha muy importante, nos gustaría que fuera disminuyendo, porque obviamente una suscripción que costaba 300 euros, no se puede igualar a los precios de las ofertas actuales. Hay una frase de nuestro presidente de la

AMI, José Joly, que me gusta mucho y que enlaza con este deseo: «Las conquistas en la historia no han sido de 0 a 100, sino que se han hecho poco a poco». Que alcancemos números significativos de suscripciones me parece muy importante porque el precio será una cosa que podamos ir mejorando y podrá ir evolucionando en el tiempo. Personalmente, yo le doy mucha importancia a esta mejora y creo que es un motivo de optimismo razonable.

20. También afirmó que la COVID-19 ha supuesto un acercamiento de los medios a sus lectores «recuperando así su confianza». ¿Podría ampliar este punto de vista?

Nosotros no supimos leer una cosa en el pasado que fue que nos estábamos alejando de la sociedad. Siempre cuento una anécdota. No podré agradecer en su justa medida las decisiones de mis mayores en relación con mi primer trabajo. En su momento pensé que me mandarían a *El País*, al *ABC* o a algún gran periódico regional, cuando la realidad es que me pusieron primero a repartir un primer año con una furgoneta y el segundo a contar devoluciones y a preparar paquetes en el almacén. Y ahí me di cuenta, y te estoy hablando del año 2000, de que las ventas caían. Es verdad que nuestros departamentos de marketing de una manera muy eficiente hicieron las promociones que recordará y llenamos todas las casas de enciclopedias, vídeos, vajillas, pero ello tuvo un doble efecto negativo: que nos estábamos alejando de nuestros lectores, que constituía el problema más importante, y en segundo lugar que como ganamos mucho dinero quitamos el foco a ese primer punto que era el problema principal.

Durante la COVID-19 y cuando las cosas se pusieron serias y después de haber pasado esa travesía del desierto, cuando la gente tenía problemas de verdad y las redes sociales contaban lo de la lejía y otras tonterías, la sociedad volvió a confiar en nosotros y nos ha dado otra oportunidad, hecho que en muchas ocasiones no ocurre en la vida. Aquí ha vuelto a pasar otro tren y nosotros, que razonablemente habíamos hecho esa cura de humildad, desarrollando las partes de la confesión, principalmente el propósito de enmienda que pienso que es importante, hicimos en su momento lo debido.

Por ello, soy razonablemente optimista, porque es un hecho objetivo que la gente ha vuelto a confiar en nosotros y ahora frente a esa unilateralidad de la que te hablaba antes, escuchamos a los lectores, los conocemos mejor, sabemos lo que les gusta y sin vivir bajo la dictadura de lo que quieren ellos, hemos mejorado la relación lector-medio respecto a los momentos precedentes, por lo cual soy fundadamente optimista.

21. Decía que se ha podido comprobar que las noticias, editoriales, etcétera, que más parecían interesar a los lectores no eran, en muchas ocasiones, las más relevantes para ellos. ¿Cree que este hecho ha llevado, en parte, a la pérdida de lectores? Y si es así, ¿cómo se puede remediar?

Resulta decisivo al final el saber lo que realmente demandan tus lectores. Siempre cuento que en *Heraldo de Aragón* al hacer los primeros estudios de mercado discutía con mi director porque quería que el editorial ocupase un puesto principal y no el veintitrés. Hasta que desarrollé una cura de humildad absoluta y vi que lo primero era el horóscopo, luego las esquelas, etcétera. Esa cura de humildad te sitúa en un sitio más razonable para abordar ese compromiso con tu lector. Esa realidad creo que nos ha bajado los humos, ya que tuvimos una borrachera de soberbia y nos ha hecho más humildes a la hora de ser sensibles a lo que demandan nuestros lectores y eso puede ser la clave de nuestra salvación, porque nos ha permitido poner de nuevo al lector en el centro de nuestro proyecto informativo, no poniendo nuestro ego, nuestra ambición por delante.

Hemos vuelto a recordar que nuestra función principal y por lo que nos pagaban un euro era por eso que decía Ben Bradley, el mítico director de *The Washington Post*. Hablando de los lectores, comentaba ese sagrado contrato por el cual el lector deposita la confianza en ti, porque tú le vas a contar la verdad. Creo que toda esta dura experiencia que hemos vivido los españoles abre el camino para renovar ese pacto, ese contrato de confianza entre periodista, lector y editor.

José Joly Martínez de Salazar

Nació en Cádiz el 23 de julio de 1964. Es licenciado en Derecho y diplomado en Alta Dirección de Empresas por el Instituto Internacional San Telmo.

Desde 1998 es presidente y editor de Federico Joly y Cía. (Grupo Joly), al que se incorporó en 1987 con veintitrés años con motivo del fallecimiento de su padre. Hoy en día el grupo lo integran los periódicos *Diario de Cádiz*, *Diario de Jerez*, *Europa Sur*, *Diario de Sevilla*, *El Día de Córdoba*, *Huelva Información*, *Granada Hoy*, *Málaga Hoy* y *Diario de Almería*, así como otras sociedades vinculadas con la actividad editorial y los medios de comunicación.

Pertenece a la quinta generación de una familia editora que se inició en 1867 con la fundación del *Diario de Cádiz* por su tatarabuelo, Federico Joly Velasco. Al fundador le sucedió su hijo Federico Joly Diéguez y a éste el suyo, Federico Joly Díez de la Lama en 1924. La cuarta generación la formaron los dos únicos hijos de este último, Federico y José Joly Höhr, que gestionaron la empresa hasta su fallecimiento en 1999 y 1987, respectivamente, y que llegaron a aglutinar la totalidad del capital de la compañía, hoy en manos de sus hijos y nietos, quinta y sexta generación.

En la actualidad el grupo Joly es la empresa periodística más antigua de España. José Joly es, desde diciembre de 2021, presidente de la Asociación de Medios de Información (AMI), que es la entidad que agrupa y representa a las empresas editoras de periódicos de España.

Pertenece a los patronatos, consejos y juntas directivas o de protectores de diversas fundaciones y entidades como la Fundación de Ayuda contra la Drogadicción (FAD), el Museo Picasso de Málaga, el Teatro Real de Madrid o la Universidad Loyola de Andalucía. También es académico de honor de la Real Academia Hispanoamericana de Ciencias, Artes y Letras y de la Real Academia Provincial de Bellas Artes de Cádiz.

Está casado con la sevillana Marita Rufino y es padre de dos hijos: José, de veintidós años y Candela, de dieciocho.

* * *

«La empresa periodística debe ser el garante que permita tener la seguridad de que el medio editado está al servicio de la información y, como consecuencia, del lector.»

«Esa relación entre periodista, empresa, sociedad no funciona como debería. Ojalá la podamos restaurar en el futuro porque ello es esencial para la buena marcha de una empresa periodística.»

«El periodismo es un contrapoder, sin duda. Si consideramos el periodismo un poder, estamos desvirtuando su naturaleza absolutamente.»

1. ¿Cuáles han sido en los últimos años los momentos más importantes en lo que se refiere a las empresas informativas?

El punto de partida ha sido la Transición. Cuando se inicia no hay un sector con gran volumen que esté organizado, ni se tiene aún la conciencia de lo que podría representar en el mundo de los medios, teniendo presentes los valores democráticos de libertad, entre ellas la de expresión, que están surgiendo. A partir de ese momento es cuando se empieza a configurar ese posible sector, con grandes dificultades porque como se recordará era el Estado el que permitía crear o no crear las cabeceras de los medios, lo cual en muchas ocasiones no era fácil. Me acuerdo de los sinsabores de mi abuelo para conseguir el reconocimiento de unas cabeceras que ya eran centenarias y establecer que el *Diario de Cádiz* quedase como el único periódico de la ciudad, ya que, según la Delegación del Gobierno, por diversas razones, población, carestía del papel, etcétera, a Cádiz sólo le correspondía un periódico.

En 1975 existía, por un lado, la Prensa del Movimiento junto con una serie de medios, pertenecientes a la Iglesia o algunas empresas particulares, que eran del agrado del Estado. Sólo en los años 1976-1977, el sector empresarial informativo empezó a tomar conciencia de lo que podría representar y para nosotros, que somos la empresa familiar más antigua de España, esos momentos fueron importantes. Es realmente cuando empieza el cambio que poco a poco ha dado lugar a la realidad empresarial periodística de estos momentos.

En esos años la realidad de la empresa periodística española destacaba por una serie de sagas familiares de prensa, como la nuestra, que ya era centenaria, y que se fueron multiplicando desde esos años setenta, teniendo una clara importancia en el mundo informativo. Años más tarde se produjo una clara liberalización del sector, lo que permitió la progresiva entrada de capital extranjero, la creación de nuevas cabeceras en muchos casos en manos de dicho capital, lo que ha ocasionó que las empresas familiares fueran disminuyendo en número y en importancia, aun cuando quedan un buen número significativo de ellas con un peso específico grande en el sector.

2. ¿Qué es para usted una empresa periodística?

La empresa periodística debe ser el garante que permita tener la seguridad de que el medio editado está al servicio de la información y, como consecuencia, del lector, y para ello esa empresa periodística tiene que tener una escala de valores orientada por una parte al negocio que consiste en vender información a bajo precio y a largo plazo, pero sobre todo pensando en el lector. Es muy importante no perder este, para mí, verdadero concepto de lo que debe ser una empresa periodística, porque sin este enfoque de la empresa no se puede hablar de prensa independiente. Si el objeto no es ése y, por ejemplo, es un servicio a un partido político o a cualquier grupo de interés ajeno al lector, estamos ante un fraude del verdadero sentido de empresa periodística.

Por lo tanto, repito, ésta debe ser la que garantice que se publiquen medios al servicio de la información y del lector a largo plazo. Cuando no se cumple este objetivo, pienso sinceramente que no estamos ante lo que debe ser una empresa periodística, estamos ante una realidad, legítima si se quiere, pero que para mí es otra cosa.

3. En este sentido, ¿cuáles piensa que deben ser las cualidades más importantes de un empresario informativo?

La independencia por supuesto debe ser la primera cualidad. La segunda, el poseer una vocación a largo plazo de continuidad. Junto a estos dos principios, y siempre identificada con la independencia, la ética profesional, es decir, la profesionalidad, la línea recta, ética y profesional, que permita hacer un producto informativo al servicio de los lectores. Nosotros somos de los lectores, porque al fin y al cabo si un periódico sirve de verdad a los lectores no cabe duda que tendrá larga vida.

Por ello, cuando veo que políticos jóvenes, que no han leído mucho, sea dicho de paso, y también representantes de las instituciones o grandes empresas creen que las empresas periodísticas sólo nos movemos por intereses, trato de explicarles con delicadeza, pero con claridad, que eso es falso porque si hemos sobrevivido tantos años es, sencillamente, porque somos profesionales independientes al servicio de nuestros lectores. Si no se lo creen, por lo menos les pido que reconozcan que hemos sabido adaptarnos a las circunstancias de las distintas épocas, sin perder de vista los intereses de los lectores, porque si no éstos no nos hubieran seguido hasta el momento actual. Además, es necesario aclararles que no somos sectarios porque si lo hubiéramos sido ya habríamos desaparecido en el alguno de los vaivenes de la historia de España de los últimos dos siglos.

4. Desde el punto de vista empresarial, ¿cuáles ve que son las diferencias más acusadas entre un empresario de hoy y de ayer? ¿Cree que los empresarios de hoy entienden que la información es el resultado de una adecuada relación entre público y empresa informativa?

Los editores sí que lo entienden, lo que ocurre es que la figura del editor hoy es muy complicada, incluso para las empresas familiares, porque, aunque la propiedad es más individualizada, sigue siendo familiar, está dividida, por lo que normalmente es más fácil ponerse de acuerdo en designar al consejero delegado o al primer ejecutivo que a un editor, al margen de que esa figura no está bien desarrollada y configurada en España. Lo que ocurre desgraciadamente es que ese primer ejecutivo no siempre tiene las características del editor.

Cuando existe la figura del editor, es más fácil preservar todas estas cualidades que hemos citado, sacrificando la rentabilidad o parte de ella por la continuidad porque a su periódico le interesa mucho más la continuidad a largo plazo que la rentabilidad a corto, le preocupa mucho más el mantener la independencia y el prestigio de su medio que la influencia política. Por ejemplo, yo estoy educado en que no debo intervenir en lo que no nos compete y he visto siempre que mi familia jamás se ha metido en nombramientos, en intrigas en las que no tenía ningún sentido entrometerse o en temas internos de partidos políticos. Mi familia ha desdeñado siempre eso porque hemos entendido que el concepto de independencia es el prestigio a largo plazo de nuestros medios. Eso lo debe entender también la redacción y no caer en la vanidad del sentirte poderoso, influyente o querer intervenir en lo que no compete, ni a la propiedad, ni al editor ni a la redacción.

5. ¿Cree que ahora el objeto de la empresa informativa se conceptúa más como una mercancía que como el resultado positivo de una labor periodística al servicio de la empresa periodística? ¿Ha variado el objeto de la empresa periodística?

Hoy en día la rentabilidad es lo que más prima. Ahora que estamos en una fase de compleja transición del negocio, hay que mirar mucho, muchísimo, la cuenta de resultados porque las empresas periodísticas hemos tenido que asumir deudas, hemos empeorado mucho nuestros balances. Lo ocurrido a partir de 2008 fue tremendo, diría que traumático, y por lo tanto a partir de ese momento la escala de valores no tuvo más remedio que cambiar. Empezamos a tratar mal a nuestras redacciones, esas circunstancias nos llevaron a no cuidar debidamente de nuestros periodistas, a perder talento, todo ello debido a que la caída de publicidad fue tan drástica, tan brutal en tan poco tiempo, que había que reducir costes fijos y el principal componente de ese coste fijo en una empresa periodística únicamente son los recursos humanos y quizá por ello la información sufrió en su calidad.

El objeto debe ser la información y además una información plural, independiente, veraz y objetiva. Ésa es la única manera de sobrevivir y el día que perdamos de vista ese enfoque corremos el grave riesgo de perder el afecto de los lectores, porque nos considerarán poco independientes o poco fiables y entonces no tendremos ni podremos hacer nada. Las diversificaciones, que se derivan del objeto mercantil de una empresa periodística, son muy complicadas y para hacerlas hay que contar con mucho capital y normalmente las empresas periodísticas no cuentan con ese capital. Nosotros hemos intentado diversificaciones, en el mismo sector, como es la creación de una importante imprenta, que desgraciadamente con todo el dolor de nuestro corazón tuvimos que cerrar.

6. ¿Por qué hoy en día en muchas empresas no familiares la mayor parte los puestos directivos en los consejos de administración están ocupados por personas ajenas al mundo periodístico, con grandes currículums pero desconocedoras de lo que es la información?

Siempre ha habido dinámicas de tensión entre tres sectores de la empresa periodística: la redacción; el mundo comercial, o sea, los gestores comerciales, y los responsables de la gestión. Haría primar siempre a la redacción, pero es necesario que ésta no se muestre tan arrogante que llegue a despreciar los intereses comerciales legítimos. Hay que tener en cuenta que una de las paradojas de este negocio consiste en que la principal fuente de ingresos no es consecuencia de lograr el objeto de la empresa, que es hacer información de calidad. Si se consigue ese importante objetivo, como consecuencia habrá lectores y entonces surgirá el verdadero negocio, que es el campo de los anuncios, que en los buenos años llegó a representar dos tercios de los ingresos. En este punto se produce la primera tensión entre los intereses de la compañía y los de la información.

¿Qué ha pasado últimamente? Que de repente, quizá pensando en el segundo campo, empiezan a aparecer ejecutivos ajenos a ese primer sector, o sea, al campo de la información, entran economistas, ingenieros, a los cuales por cierto les encanta ordenar las redacciones, y se produce el choque no tanto por el desconocimiento de la información, sino por un afán de dominio en ese objeto propio de la redacción que nos es lógico. Sí que lo es, quizá, en el mundo digital, porque puedes tener la mejor redacción del mundo, pero si no saben aplicar los sistemas que les indican los tecnólogos, el fracaso está asegurado.

Y ése es el problema actual, que conviven tres clases de negocios: el del papel, decadente, pero real; la web abierta y gratuita en donde estamos alcanzando unos resultados elevadísimos que están permitiendo lograr valores en el campo de la publicidad muy importantes, y el tercero, que es donde está el futuro, o sea, el pago por los contenidos, que nos hace preguntarnos si seremos capaces de generar contenidos por los que nuestros lectores paguen. Quizá esto explique esa aparición y permanencia de personas desconocedoras en un principio de la información, pero conocedoras de esas otras técnicas digitales tan necesarias hoy en día. Dado que el primer negocio está en vías de extinción tenemos que conseguir hacer una transición ordenada, y acorde con nuestros principios, a la tercera clase de negocio, o sea, conseguir que los lectores se trasladen al mundo del pago. Quien quiera hacer esto de forma rápida o precipitada fracasará.

7. Pasemos ahora a hablar del segundo protagonista de todo proceso informativo. ¿Qué es para usted un periodista?

El periodista es el corazón de la empresa periodística. Sin redacción, sin ese corazón, no existe la empresa periodística, por eso es tan importante que empecemos a darnos cuenta de que tenemos que cuidar más a nuestros periodistas, porque no los hemos tratado bien en los últimos años. Ellos lo entienden porque no teníamos otra posibilidad, y si no reducíamos costes todo se iba a pique en pocos años, pero está claro que el periodista, la redacción, es el fundamento de la empresa periodística. La redacción debe tener independencia, autoestima, debe estar muy cuidada, hay que seleccionar muy bien a los profesionales que se integran y luego darles carrera profesional y alimentar que se atrevan a tener ambición profesional, porque una redacción sin ambición profesional es una redacción muerta.

Por eso es tan difícil conseguir que los buenos tecnólogos puedan entenderse con los buenos periodistas. Desgraciadamente, los tecnólogos en muchas ocasiones no leen los periódicos, yo les insisto mucho en que se lean bien el periódico por la mañana, aunque no les interese, que lo consideren parte de su trabajo porque lo tienen que conocer, tanto en papel como en digital, para ser convincentes delante de la redacción. Y la redacción tiene que hacer caso de las indicaciones de los tecnólogos para alcanzar buenos resultados, troceando las noticias, ya que los flujos del medio digital no se parecen en nada a los flujos del papel y si no lo hacen así, ni los algoritmos de Google, ni las redes sociales te van a dar el reconocimiento que necesitas para sobrevivir en este mundo digital.

La empresa periodística debe ser el garante que permita tener la seguridad de que el medio editado está al servicio de la información y, como consecuencia de ello, del lector. Para ello la empresa periodística tiene que tener una escala de valores orientada por una parte al negocio que consiste en vender información a bajo precio y a largo plazo, pero sobre todo pensando en el lector, y por otra a la consecución de unos recursos materiales que le permitan desarrollar el primer punto con las debidas garantías de independencia y permanencia en el sector a largo plazo.

8. En la época dorada de la prensa la tríada editor-periodista-sociedad era indisoluble. ¿Es ahora así o se ha roto y cada uno va por su lado?

Debería serlo, pero esa relación está muy quebrada porque por una parte la sociedad cree menos en el periodismo y por otra el periodista no ha recibido de sus empresas el trato que alimente su autoestima, lo que los hace estar muy asustados sobre su futuro porque saben que las empresas periodísticas los van a prejubilar antes de tiempo, que sus puestos de trabajo corren riesgo, etcétera. Por todo ello esa relación entre periodista, empresa, sociedad no funciona como debería. Ojalá lo podamos restaurar en el futuro porque ello es esencial para la buena marcha de una empresa periodística.

9. En relación con el papel de los medios en la sociedad, ¿cuáles son las diferencias entre el mundo de los medios de comunicación de hoy y el de hace diez, veinte años?

El factor digital es el que lo ha modificado todo. Desde que hay que hacer por un lado el producto en papel y por otro en digital, el trabajo empresarial ha cambiado totalmente. Nosotros hemos adoptado una decisión, hace pocos meses, que veremos si es acertada o no, que consiste en que por una parte la redacción debe estar volcada al digital y se debe olvidar del papel, y por otra un equipo centralizado es el que deben llevar las noticias, que se han trabajado para el digital, al papel, de forma tal que la edición en papel consuma los menos recursos humanos posibles, ya que hay menos de los que desearíamos. De esta manera, el periodista no tiene necesidad de pensar en el papel, que lleva unos trabajos de edición, que como sabes son muy complejos, mientras que los procesos del campo digital son muy rápidos.

Si por el contrario siguiésemos en la dinámica anterior y un periodista va a un acto a las diez de la mañana, toma sus notas se va a la redacción, hace otras cosas, recibe instrucciones de su redactor jefe, por la tarde escribe sabiendo que no lo tiene que cerrar hasta las nueve de la noche, es un proceso que se eterniza y totalmente improductivo en los momentos actuales. Eso ya no es así. Ahora el periodista está escribiendo ya en el mismo acto, al terminar éste debe quedarse en el mismo sitio y editar la noticia. Olvidándose desde entonces de ella. Alguna persona de la redacción cogerá esa noticia y la llevará al papel. Lo que ocurre es que es difícil que una redacción se acostumbre a eso en poco tiempo y sobre todo los que no son tan jóvenes.

En definitiva, el proceso ha cambiado desde los orígenes y por ello los tecnólogos han adquirido esa importancia. Ellos son los que dicen, por ejemplo, que hay que hacer seis noticias al día, marcan el modo de presentarlas, deciden cómo se debe trocearlas para que haya más visitas, ya que todo eso cuenta y además los tiempos de lectura han cambiado mucho y ahora no se aguanta un texto excesivamente largo. Todo ello nos lleva al delicado tema de la cuantificación de los resultados, campo en el que los editores no están a veces satisfechos con los criterios que una u otra compañía establece.

10. La información en el contexto de una empresa informativa ¿es más un derecho de los ciudadanos o, por el contrario, es una mercancía cuyo tratamiento debe estar al servicio de los intereses legítimos empresariales?

Es un derecho del ciudadano, sin perjuicio de que las empresas periodísticas puedan tener sus intereses, pero creo que las empresas periodísticas que tengan un interés espurio tendrán pocos lectores, podrán tener seguidores que quieran confirmar sus ideas, sus perjuicios, e incluso podrán tener éxito y ganar dinero y todos conocemos iniciativas de ese tipo, pero creo que si perdemos de vista el punto de vista del derecho de los ciudadanos estaremos cometiendo un error. En una democracia, que por cierto cada vez hay menos democracia (China, Rusia, etcétera), la prensa ha contribuido a que se creen sistemas políticos de libertad y progreso, y su papel ha sido muy importante con base en ese derecho del ciudadano a la información.

Ahora bien, creo que los poderes públicos y las grandes empresas también tienen una gran responsabilidad en este punto y deben velar y atender para que los medios, en los momentos de transición como los actuales, puedan preservar una libertad que les permita conseguir este derecho de los ciudadanos a una información libre, independiente y veraz. Ahora soy presidente de la AMI y una de mis obligaciones es trasladar estas ideas a las Administraciones públicas y en la medida de lo posible a las grandes corporaciones.

11. ¿El periodismo es en sí mismo un poder o un contrapoder del poder legítimamente constituido?

El periodismo es un contrapoder, sin duda. Si consideramos al periodismo un poder, estamos desvirtuando su naturaleza absolutamente. El día en que el lector y, por centrar más el tiro, las clases medias urbanas no vean en la prensa un garante de sus intereses, no estaremos cumpliendo el objeto por el cual nacimos. Nosotros participamos, así lo vio nuestro fundador, de la idea de que la prensa es un servicio público y también un negocio legítimo, pero un negocio basado en vender información independiente.

12. Siguiendo lo dicho por Thomas Jefferson, ¿prefiere tener prensa sin Gobierno o Gobierno sin prensa?

Prensa sin Gobierno sin ninguna clase de dudas.

13. El futuro tiene claros síntomas de incertidumbre en lo que a la prensa se refiere. ¿Tiene futuro la prensa escrita?

La prensa escrita como el negocio tradicional que se desarrolla en el siglo XIX y tiene su apogeo en el XX no va a tener éxito a partir del segundo tercio del actual siglo en el que estamos. Hoy desgraciadamente el sistema de imprenta y la logística de distribución, por sus altos costes, no permite que pueda durar muchos años. El mundo de la información se mueve digitalmente, pero mientras el papel siga existiendo, debemos hacer esa transición de manera ordenada, tanto pensando en los lectores como en los intereses publicitarios, porque todavía hoy el papel pesa lo suficiente como para poder diferenciarnos de los digitales nativos.

Esta diferenciación tiene que ir acompañada de valores porque llegará un momento en que los digitales que se han creado en los últimos años puedan hacer valer o representar valores similares a los que hemos tratado de representar las empresas periodísticas tradicionales. Por lo tanto, nosotros debemos incorporar además de la legitimidad que nos ha dado el papel, el servicio de nuestras webs, porque si no, un digital que sí aporte ese servicio podrá llegar a tener más éxito que nuestro periódico. Por eso nosotros tenemos que hacer valer el valor de la marca, que es muy importante siempre y cuando vaya acompañado de los otros valores que el lector necesita o demanda.

14. ¿Sobrevivirá en las democracias liberales lo que llamamos prensa libre, es decir, medios de comunicación con ingresos suficientes para no hipotecar su solvencia?

Ojalá, ojalá. Es muy difícil saberlo porque no sabemos hasta qué punto se van a desarrollar las redes sociales o las grandes tecnológicas, ni cómo van a ser reguladas por las instituciones. El fenómeno de las plataformas tecnológicas es de tal envergadura y magnitud que es algo desconocido en la historia de la humanidad. Estamos hablando de algo que trasciende las fronteras, los países, es un fenómeno de tal magnitud que es muy difícil saber hasta qué punto van a ser capaces las tecnológicas de crear un mundo que nos expulse. En todo caso las plataformas tampoco son creadoras de contenidos y fruto de su creciente madurez es que están empezando a reconocer que deben retribuir a los editores, otra cosa es saber cómo se distribuye esa cuantía.

Todo eso está ahora en período de carácter normativo, está tramitándose en sede parlamentaria, pero lo que está claro es que los editores españoles no renuncian al cobro de sus contenidos porque entienden que el valor de éstos debe ser retribuido y eso es una clara irrenunciabilidad. Ahora lo importante es saber cómo se interpreta ese derecho irrenunciable, lo que sí tenemos claro es que ese reconocimiento debe ser a la totalidad del sector. Estamos en un proceso normativo que no sabemos ni cuándo ni cómo va a terminar, lo que ha ocasionado que haya empresas periodísticas que han decidido interpretar esa irrenunciabilidad cada una a su manera.

15. No podemos olvidar en este rápido repaso a las cuestiones fundamentales de la empresa periodística la referencia a las tecnologías de la información que han propiciado el nacimiento de los medios online. ¿El empresario de ese sector tiene el mismo concepto de la información que el que poseen los editores tradicionales?

A bote pronto me saldría el ser crítico, pero no debo serlo porque cada cual hace lo que cree oportuno. La estructura de costes con la que ellos nacen es muy diferente a la que tenemos las empresas periodísticas que seguimos haciendo papel, y yo te diría que la escala de valores tampoco es la misma. Entiendo que los que han tenido éxito o empiezan a tenerlo empezarán a incorporar, desde esas perspectivas de rentabilidad, cada vez más criterios de exigencia profesional, de respeto al lector, ya que en la medida en que eres rentable te puedes permitir pensar más a largo plazo, cuidar a tu audiencia y no intentar obtener beneficios económicos y comerciales de manera acelerada. Confío en que a medida que se institucionalicen vayan incorporando criterios profesionales, que tengan que ver con la ética periodística tradicional, y que no ejerzan presiones indebidas.

16. Hablemos de la COVID-19 y su relación con el mundo informativo. ¿Ha significado la pandemia un fuerte recorte de las libertades, entre ellas las informativas, en nuestro país?

No. La COVID-19 ha obligado a los gobiernos a tomar medidas drásticas, pero entiendo que los gobiernos occidentales las han propiciado de forma parecida, aunque los gobiernos tienen tendencias al abuso si no tienen contrapoderes. Entiendo que las sociedades han comprendido que, ante situaciones especiales de gran complejidad, los poderes públicos no han hecho otra cosa que lo que han podido. Las empresas periodísticas nos hemos adaptado porque, por ejemplo, nuestros lectores no podían ir al quiosco y aun así nos hemos asombrado porque pese a las calles vacías las ventas, sobre todo en el norte, han caído poco, de tal manera que cuando hablaba con los colegas del norte se evidenciaba que cuando nos referíamos al sur las pérdidas eran mayores, mientras que, en el norte, islas Baleares, las caídas de difusión han sido menores. Por el contrario, el tráfico de la web creció enormemente y ello ha permitido una aceleración de procesos que ya estaban en marcha en el campo digital, lo que ha provocado, entre otras consecuencias, la desaparición de cerca de 20.000 puntos de venta de prensa, de los 30.000 que se estimaban que existía y de los que quedan activos de verdad habrá unos 7.000 u 8.000.

17. ¿Piensa, vistos los resultados de los muros de pago, que podrán llegar a suponer una parte importante de los ingresos de los medios, en semejanza a lo que supuso la publicidad tradicional?

Desgraciadamente si no llega a ocurrir eso, el futuro de la prensa libre e independiente, fiable con autoestima y con una buena cuenta de resultados para ser independiente se acabará. La independencia exige la rentabilidad. Si no eres rentable no puedes ser independiente, y eso hoy en día cuesta mucho porque las presiones de la política y de los propios anunciantes son cada vez mayores. Los anunciantes antes no entraban en los contenidos, las agencias se limitaban a discutir porcentajes, descuentos, etcétera, ahora también quieren entrar en los contenidos. Y ése es otro de los problemas que tenemos que resolver los editores, el ver hasta qué punto nuestros anunciantes pueden condicionar nuestros contenidos.

Los datos de los muros de pago ojalá apunten hacia arriba, pero todavía no lo hacen. La gran ventaja que hay es que al vender información de manera electrónica los procesos de intermediación, de edición, son tan baratos que podemos permitirnos tener unas tarifas mucho más bajas que en la prensa tradicional. Eliminando todas las partes del proceso que suponían un alto coste podemos tener unos precios muy baratos para tratar de hacer una información de calidad.

El problema es que para hacer una información de calidad necesitamos redacciones que deben ser de verdad y, como hemos comentado, hemos maltratado a esas redacciones porque no nos podíamos permitir otra solución. Necesitamos volver a tener redacciones competitivas, con la recuperación del talento necesario, que hagan una información por la que el lector quiera pagar. Y entrar en ese círculo virtuoso va a costar mucho trabajo y dinero. Si no se tiene un corpus sólido redaccional, no tienes fundamentos para crear una información valiosa por la que el lector pague. Hay que empezar a cortejar al lector, hacerte con una base de registros y conseguir que determinadas informaciones sean verdaderamente informaciones prémium.

Por lo tanto, lo primero es demostrarnos que somos capaces de crear informaciones prémium, no información estándar, pero claro, eso va en contra de la petición de los tecnólogos de hacer seis noticias al día y ahí entra de nuevo la figura del editor que concilie los intereses de la redacción con las peticiones de los tecnólogos. No el director general ni el consejero delegado, que no suelen ser bien vistos por la redacción, y si una redacción no está motivada no hay nada que hacer. Empezamos a salir de ese círculo vicioso.

18. Como presidente de la AMI, ¿cuáles son sus objetivos para la prensa en los próximos años?

La AMI es una organización que representa a las empresas periodísticas. Desde la AMI se tiene que intentar, como hizo la AEDE en la Transición, que las instituciones y la sociedad en general entiendan la importancia de una prensa libre, independiente, el verdadero papel de la prensa, y que sean sensibles a ello. Debe participar en la solución de esos nuevos enfoques que en los países occidentales se están propiciando y que la propia Unión Europea está realizando a través de fondos concretos, como son la transformación digital o la cohesión social. La prensa es una institución que está en pleno proceso digital y por ello debe participar de esos fondos y debe ser parte de esa cohesión social, y al mismo tiempo luchar contra la desinformación, contra las *fake news*.

Si de verdad hay voluntad de los poderes públicos de destinar recursos, que van a ser cuantiosos, hacia las empresas periodísticas, la AMI puede y debe concienciar a la sociedad de la importancia de la prensa para conseguir esa cohesión social. Otro punto importante es el de apoyar la cualificación de nuestras redacciones en ese mundo digital en el que estamos inmersos. En definitiva, es luchar por conseguir que los grandes valores del periodismo, de las empresas periodísticas, que son los mismos de todos los tiempos, los sepamos adaptar al mundo digital.

17

España: se busca editor

Bieito Rubido

En España apenas si hay editores. El deterioro del sector de los medios explica el hecho. La situación es así de dramática, ya que la ausencia de personas de ideas comprometidas con el bien común y vinculadas empresarialmente a la prensa, en concreto, y a los medios, en general, es algo que viene dándose en las últimas décadas. De aquellos pioneros de finales del siglo XIX y principios del XX que poseían el aliento de un ambicioso ideal del periodismo como servicio a una causa, hoy podemos decir que ya no existen. Es posible que algún iluminado, al leer estas líneas, se sienta agraviado al considerarse el «último editor de España».

Probablemente queden algunos editores de estirpe, que heredaron la empresa, de los cuales unos supieron engrandecerla y otros terminaron vendiéndola, pero hecha esa excepción de media docena de apellidos, la triste realidad es que los editores, entendidos como tales, han desaparecido. Ahí está uno de los grandes males del periodismo español actual.

Hay empresarios de la más variada extracción metidos a editores, es decir, a promover y ofrecer contenidos a los ciudadanos a través de los más diversos soportes: especuladores de fondos, compañías extranjeras con intereses diversos, fondos de países árabes, lobistas que utilizan los medios para fines espurios, empresarios de la construcción, banqueros, compañías de telefonía, viejas cajas de ahorros, viejos periodistas metidos a entender la hoja Excel y el EBITDA y directivos infantiles que padecen el síndrome de la «épica Watergate». Si el lector tiene algún interés en ello, a nada que haga un mínimo recuento encontrará un nombre propio para cada una de las casillas que acabo de señalar.

Es y será la constatación de un sector enfermo. Tal vez sea también el reflejo de una sociedad alicaída en materia democrática como es hoy la española. No sabe qué es antes, el huevo o la gallina, pero como apuntaba Theodore Roosevelt: «Aquel que escribe cada día produce el material que va a conformar el pensamiento del público y va a determinar, más que nadie, el carácter de la gente y el tipo de gobierno que esa gente tendrá». Hoy en España eso no sólo lo hacen los medios escritos, reducidos ya al consumo por parte de minorías, lo hace sobre todo la televisión, en manos, hoy, de un 70 por ciento de accionistas extranjeros, sin apenas vínculos emocionales con la sociedad española.

En España hay empresarios de comunicación, no editores. La vieja figura del editor, aun teniendo el mandato moral de alcanzar el beneficio económico para mantener su libertad, poseía fundamentalmente el motor de las ideas y del compromiso con la defensa de ese ideario. Los primeros editores nacieron con la vocación proselitista de convencer a la ciudadanía de la bondad de su credo. Andando el tiempo, la figura del editor fue perfeccionándose y profesionalizándose y nacieron las dinastías familiares vinculadas con la parte empresarial del fenómeno periodístico. Las transformaciones tecnológicas posteriores y la sofisticación y complejidad de la economía llevaron a la práctica extinción de estos perfiles empresariales.

Una de las características de los antiguos editores es que el resultado económico, siendo muy relevante, no era el objetivo final. Lo que se buscaba fundamentalmente era contribuir a una sociedad mejor a través de la poderosa herramienta de la transmisión de hechos e ideas. El periodismo mejoró notablemente con el paso de los años. En España, tras la muerte del general Franco, se iniciaron procesos de concentración de cabeceras, junto con la privatización de otras en manos públicas y la irrupción de la radio y la televisión privadas, y ello supuso un cambio radical en el concepto del empresario de comunicación en nuestro país.

Podemos situar en el arranque de la década de los ochenta del siglo pasado, y muy especialmente con la llegada de los socialistas al poder, el punto de inflexión en el cual el perfil de editor clásico comienza su declinar para dar paso a una figura completamente distinta: el empresario de comunicación, para quien pesa más el resultado económico que las ideas que se defienden, a tal punto que podemos encontrarnos con empresarios de marcado carácter conservador impulsando medios de izquierda e incluso de extrema izquierda o independentistas. El beneficio lo explica todo, aunque no lo justifica. Tal vez se corrijan esas perversiones a través de un estado de opinión pública que fuerce a un comportamiento más ético en este punto.

Bien es cierto que la libertad ampara todas las iniciativas que se planteen, sean del signo que sean. Cada uno puede comunicar lo que más le guste como mejor le parezca, dentro del marco de la legalidad vigente. Da la impresión, sin embargo, de que comienza a levantarse, especialmente entre la población más próxima a las ideas liberales y de centro derecha, una exigencia moral en la que sobresale la obligación de ofrecer de manera trasparente quiénes son los accionistas de los medios. De esa manera se entenderán mejor muchos comportamientos.

La transparencia

Vivimos en los tiempos de la transparencia, me atrevería a decir que de la hipertransparencia y, curiosamente, los medios de comunicación, sobre todo en España, son especialmente opacos a la hora de informar a la opinión pública acerca de sus auténticos propietarios. Parece aconsejable y muy higiénico, desde el punto de vista de la convivencia política, que, en una sociedad democrática, como presume España de ser, se informase con detalle acerca de quién, de verdad, detenta la propiedad de los medios. Se puede argumentar que eso es público. Y es cierto. Ahora bien, la mayoría de la ciudadanía desconoce los mecanismos de ese control y en un buen número de ocasiones se camufla en sociedades pantalla a los auténticos propietarios de las acciones. Comprobar el vínculo con intereses empresariales y muy especialmente la cercanía a determinados políticos o detentadores de poder creo que es algo que la sociedad tiene derecho a conocer.

El editor clásico era conocido. Se había pronunciado políticamente en múltiples ocasiones. Quien lo ha sustituido en la actualidad no lo ha hecho en los aspectos más nobles de esa actividad. Hay una involución en esta materia. Desconocemos las alianzas que se esconden entre grupos accionariales, muchos de ellos movidos por un pragmatismo económico que puede derivar en comportamientos poco éticos. De ahí que volvamos a necesitar la resurrección de editores a la vieja usanza, en parte para salvar el oficio del periodismo y todo lo que ello conlleva, y en parte para favorecer un ambiente más limpio en el debate público del juego político y democrático de la España actual.

En esa confusión que hemos descrito sobresale el directivo que quiere alzarse como editor. Es más frecuente de lo que pueda parecer. Se trata de un perfil muy pretencioso que, con escasa formación intelectual, pretende orientar el diario —o el medio y soporte que se quiera analizar— a sus intereses. En muchas ocasiones de una manera grosera. Para ello invoca la cuenta de resultados y somete la actividad de los periodistas a la discrecionalidad de sus intereses.

Los hay todavía peores. Aquellos que se creen tocados por un halo divino, según el cual ellos saben interpretar mejor la actualidad que toda la plantilla de periodistas que trabajan en el medio. Son directivos que no se juegan su patrimonio y que con sus arbitrariedades e incursiones nocivas en la redacción desorientan al medio e invaden las competencias del director. Joseph Pulitzer solía defender el buen entendimiento del editor con el director, hasta el punto de que llegó a escribir que los propietarios de medios deberían buscar directores que se entendiesen perfectamente con ellos «para convertir el alma del director en el alma de la publicación. A este propósito diré —continuaba Pulitzer— que no he pasado ni una hora en las redacciones del *St. Louis*

Post-Dispatch ni el *The World*, a pesar de haberlos fundado y seguir siendo el dueño de ambos».

Parece que la autoridad moral de Pulitzer fue superada por estos directivos. La vieja idea del editor de trabajar para la comunidad se sustituye por la de trabajar para el interés personal de cada uno de ellos. El negocio se impone al conocimiento y la cultura. La audiencia a cualquier precio. La venta de ejemplares por encima de la ética y de las buenas prácticas. Se fuerzan las historias, no se contrastan los hechos. Todo parece estar envuelto en el halo de urgencia en una sociedad donde, cada vez más, el pensamiento elaborado desaparece. Se priman los seguidores en redes sociales, aunque la mitad de ellos sean ficticios.

La tendencia es a la banalidad y venalidad, donde las buenas rutinas de las redacciones se anatemizan y se prima cualquier novedad que parezca envolverse en modernidad de eficacia no demostrada. En medio de esta descomposición, emerge ese directivo agresivo que cree encarnar el papel de un Randolph Hearst moderno, claro que sin el dinero del magnate norteamericano, es decir, que juega con el patrimonio de los demás.

Aun en ausencia de viejos editores, que también han desaparecido en otros muchos países, se pueden encontrar buenos empresarios. En ese sentido, suelo recordar con frecuencia la reflexión que Ben Bradley realizaba en sus memorias. Solía decir el veterano director de *The Washington Post* que «para ser buen director sólo hace falta una cosa, tener un buen empresario». Eso es justamente lo que necesita ahora mismo el periodismo español en sus múltiples vertientes y expresiones, buenos empresarios, aunque no se acerquen al perfil primigenio de los editores del siglo pasado.

Empresarios comprometidos con el bien común, con el interés general y que mantengan una especie de «monogamia» en cuanto a su actividad empresarial. Los propietarios de medios deberían tener la obligación moral de no dedicarse a más actividad que la edición de medios. De lo contrario, se corre el riesgo de que las otras iniciativas y negocios contaminen la noble acción de informar y comunicar. En ese camino, comienza a aflorar en algunos países la figura de las fundaciones que, sin ánimo de lucro, deciden sacar adelante medios de comunicación social con el claro objetivo de difundir sus credos ideológicos y donde el negocio queda en segundo lugar, aunque, evidentemente, el medio tiene que ser viable.

Ganar dinero con los medios es legítimo. Es más, es obligatorio. Pero no de cualquier manera y, sobre todo, no a costa de los valores y principios que alientan un buen periodismo. No a costa de anteponer el dinero a valores como la convivencia, la paz, el respeto a la ley, la defensa de la libertad, de la vida y de tantas otras realidades que son, de hecho, el impulso de una sociedad libre y democrática y las columnas de las democracias occidentales que justamente han llevado a su momento estelar el periodismo y a quienes han promovido esa actividad: los editores.

De aquellos apellidos ilustres que durante todo el siglo pasado sacaron adelante empresas informativas quedan apenas media docena. Unos sobreviven con más fortuna que otros. Son nombres conspicuos en sus entornos. Algunos han sobrevivido gracias a las ayudas oficiales de los distintos gobiernos autonómicos y otros han sabido adaptarse a los nuevos tiempos y abordar una transformación de sus compañías para hacerlas actuales y competitivas. En cualquier caso, la ausencia de liderazgos naturales derivados del ejercicio clásico de la gestión de los diarios es notable y palpable. También ellos han querido arrumbar al periodista del núcleo central de la toma de decisiones.

Otros perfiles profesionales han ocupado el lugar de los periodistas. Las compañías de comunicación están llenas de jefes de estrategia, sostenibilidad, financieros, logística, marketing, ventas, recursos humanos, eventos..., de todo, menos periodistas. Éstos han sido relegados al ámbito exclusivo de la redacción, pero apenas opinan o participan en la gestión de los medios. Se dirá, y con razón, que no adquirieron la formación necesaria para participar en esas tareas antes descritas. Sin embargo, la ausencia de los periodistas en el núcleo duro de la gestión explica algunos de los fracasos recientes a los que estamos asistiendo en los últimos tiempos. El periodista con trayectoria y conocimiento del medio desde el núcleo central de la empresa, que es la elaboración de contenidos, posee unas habilidades y una experiencia que, en cierta medida, viene a sustituir el papel del antiguo editor.

Enseñar a ser editor

Poseer la firme determinación de arriesgar un patrimonio —físico e inmaterial— para trasladar a la sociedad noticias, hechos, ideas, reflexiones y hasta propuestas sociales con una intencionalidad no es una tarea fácil y además no se enseña en ninguna universidad.

Recuerdo una reunión extraordinaria en uno de los diarios en que trabajé como director. En ese encuentro, que poseía la condición de extraordinario por suponer una inflexión en el área de la gestión, el entonces propietario hizo una síntesis que me pareció entonces muy acertada: «Ésta es una empresa que saca a la calle un diario, el área de la gestión y el resto de los departamentos ayudan al director a hacerlo cada día, no existe más organización ni ninguna otra sofisticación». Y así parece que debería ser. Tanto en la prensa escrita —en papel o digital— como en los otros soportes, más allá de las parcelas destinadas en radio y televisión al entretenimiento. ¿Dónde había aprendido aquel viejo editor esa síntesis? Sin duda, en los muchos años de oficio y en el interés por conocer bien el sector en que se movía.

Puede ocurrir que incluso algunos empresarios aprendan y comprendan la singularidad de su responsabilidad a medida que van ensanchando sus conocimientos sobre un sector tan especial en la vida de las sociedades libres como es el de los medios de comunicación. Tampoco hay que perder la esperanza y puede resultar que de un promotor inmobiliario surja un editor hecho y derecho.

Durante diez años tuve la fortuna y el honor de dirigir una de las grandes cabeceras del periodismo español: el diario *ABC*. Allí me acompañó la suerte al contar con las hermanas Luca de Tena —Catalina y Soledad— como editoras, que desempeñaron un papel distinto cada una de ellas. Pertenecían, sin duda, a lo que yo denomino editores de estirpe. Su bisabuelo había fundado el diario en 1903. Su abuelo, Juan Ignacio, lo mantuvo frente a viento, marea y una guerra civil en la que llegaron a incautarle la cabecera. Su tío, Torcuato, y su padre, Guillermo, fueron ejemplares directores. Sobre todo, su padre luchó denodadamente por la supervivencia del diario y con su ejemplo, sobre todo en el papel de editor, Catalina y Soledad aprendieron la liberalidad que debe acompañar a un editor. Lo mamaron en casa y pocas maneras más eficaces y espontáneas de aprender que el ejemplo familiar.

En España quedan todavía unas cuantas sagas, a quienes la historia todavía avala. Pocas: Luca de Tena, Yarza, Godó, Rey, Joly... y poco más. Podríamos incluir apellidos como Polanco, Bergareche, Echevarría, Moll o Lara, aunque éste evidentemente más vinculado a la edición de libros que a la actividad propia de la prensa. Si se analiza con detenimiento la geografía humana del reducido grupo de familias vinculadas a la edición, se concluye que la figura del editor es algo que está en proceso de extinción, en caso de que no haya ocurrido ya.

El editor se juega su propio patrimonio y defiende unos valores, estos últimos definen su medio. De ahí la importancia que tiene que editor y equipo directivo, muy especialmente el director de la publicación, estén en sintonía. Ocurre con relativa frecuencia que editor y director pueden protagonizar determinados desencuentros. Muy pocas veces esas diferencias tienen que ver con puntos de vista ideológicos, sí con publicaciones que uno u otro consideran desafortunadas o inoportunas.

Ahora bien, el mayor recelo que se da entre ambos se deriva del protagonismo que en ocasiones la parte editora estima como algo excesivo por parte del periodista que comanda la redacción. Es algo muy humano. Algunos empresarios de la comunicación preferirían contar con un director invisible y hay quien lo ha logrado. Ejemplos de historias desafortunadas en la relación entre el empresario y el periodista hay innumerables. Citar algunas de ellas superaría ya los límites de este trabajo.

Conviene señalar en este punto que hacer un periodista mínimamente competente lleva su tiempo. Un buen periodista no se improvisa. La universidad nos ofrece excelentes graduados, pero no necesariamente redactores capacitados. Se necesitan diez años para que un profesional de la información pueda competir. Para lograr un referente, un comunicador que al mismo tiempo pueda liderar a un grupo, numeroso o no, de periodistas, son necesarios lustros y no es fácil de encontrar ese perfil. Los propietarios de medios, justamente cuando carecen de las cualidades y calidades de lo que se entiende como editor, tienden al recelo en sus relaciones con ese perfil.

¿Se nace editor? Es probable que como tantos otros trabajos y profesiones las cualidades se adquieran con el tiempo. No es un desempeño fácil. El coraje moral que debe acompañar a una persona que debe respaldar el trabajo de decenas de periodistas que cada día irritan con sus textos a poderosos de toda índole no es nada fácil. Recordemos que el principal mandato de un editor es mantener vivo un medio que actúe como conciencia crítica del poder, pero recordemos que el poder posee muchos rostros y por tanto las quejas llegarán desde los ángulos más dispares de la sociedad, incluidos algunos ocultos que, sin embargo, son fácticos en la vida real.

En ocasiones, el editor debe respaldar informaciones o contenidos que incluso van contra sus propias ideas. Eso no es nada fácil. La tentación es ceder ante las presiones. Suelen ser muchas y casi diarias. Respaldar a los profesionales de la comunicación lleva un desgaste considerable. Hay que estar hecho de una pasta muy especial para que el día a día, con sus llamadas y sus quejas, no termine haciéndote doblar la espina ante los poderosos.

Algunas de las ideas esbozadas en el párrafo anterior vienen a demostrar, o al menos así lo hemos comprobado quienes llevamos algunas décadas en la profesión periodística, que empresarios editores, con las cualidades y calidades requeridas, hay muy pocos. La tentación es ceder. Si, además, la situación económica de la empresa es precaria, y a partir de 2008 en España el sector está herido de muerte en ese campo, las heroicidades son prácticamente inexistentes.

¿Se puede revertir la situación?

Tiendo a ser optimista en general, aunque el pesimismo de los datos tercos me provoque más de un insomnio. Como queda expresado a lo largo de toda esta reflexión, la profesión de editor, en su concepto primigenio y original, está en peligro de extinción. No obstante, no descarto que el péndulo vuelva al otro lado del espectro, tanto en esta cuestión como en otras muchas. Ahora no logramos otearlo en el horizonte, pero es probable que las incertidumbres del presente den paso a tiempos y personas más poderosas moralmente.

Es obligatorio entonar un canto a la esperanza. Todo tiene un principio y un final y todo puede cambiar... para peor, sin duda, pero también para mejor. Debemos lograr que la sociedad española vuelva a poner en valor la necesidad de crear una opinión pública bien informada y, por consiguiente, eficiente a la hora de ejercer su papel determinante en la vida política de nuestra democracia. A ello contribuye, como ningún otro factor, la actividad de los medios de comunicación social.

Vuelvo en la conclusión, y como corolario final, a las reflexivas palabras de Pulitzer. «Acaparar la atención, persuadir al juicio y conseguir el apoyo solidario de esa gran masa inerte a la que llamamos el público es una tarea difícil y delicada. Sólo la prensa, en su calidad de principal medio de publicidad, está a la altura de conseguirlo. Y a medida que la prensa haga su trabajo de manera inteligente, concienzuda y valerosa —difundiendo inteligencia como el sol difunde luz— el poder de la opinión pública hará otro tanto a favor de la justicia en el gobierno, la pureza de los políticos y unos valores morales más altos en los negocios y la vida social de la nación.»

Si encuentra el lector a una persona con recursos económicos y voluntad de contribuir a todo lo que ya era verdad hace más de cien años, es probable que haya encontrado un editor de medios, no un empresario ventajista, ni un fondo especulador ni un directivo pretencioso. No, se trata de buscar un perfil comprometido con una idea que contribuya al progreso de la sociedad. Eso es un editor. Se busca.

18

La figura del editor

Antonio Fernández-Galiano

De entre las diferentes acepciones que contiene el diccionario de la RAE sobre la palabra *editor*, me interesa destacar dos que nos permitirán profundizar en la figura y llegar a algunas conclusiones.

Editor: 1. «Que edita.» 2. «Persona que publica por medio de la imprenta u otro procedimiento una obra, ajena por lo regular, un periódico, un disco, etcétera, multiplicando los ejemplares.» 3. «Persona que, con arreglo a las leyes, firmaba todos los números de los periódicos y respondía de su contenido, aunque estuvieran redactados por otros.»

En un primer análisis, el término *editor* puede, entre otros, tener un significado en el ámbito de la acción —editor es quien edita y publica— o en el ámbito de la responsabilidad, editor es quien responde del contenido publicado.

En sus orígenes y de acuerdo con la propia etimología de la palabra, el editor es sencillamente quien produce, quien edita para publicar. Tendremos que esperar hasta finales del siglo XVIII, comienzos del siglo XIX, para ver una figura del editor más sofisticada, con mayor dimensión y con una gran trascendencia en la sociedad.

El origen de los periódicos tiene mucho que ver con la imprenta y la evolución de las técnicas de impresión; así, los emprendedores eran básicamente impresores cuyo negocio estaba en la reproducción de copias con un contenido predominantemente comercial. Poco a poco se fueron dando cuenta de que introduciendo noticias ensanchaban su base de clientes. Con el transcurso del tiempo, la mejora de los procesos de impresión y de distribución y con el indudable impacto que la publicación de noticias tenía en la opinión pública, los impresores se fueron transformando en verdaderos editores más afanados en la elaboración del contenido que en ninguna otra cosa. Era inevitable que sucediera que, al hilo de la publicación de las noticias, los editores empezaran a introducir opiniones e interpretaciones de las propias noticias, dotando de *intención* a sus periódicos.

Surgen así lo que hoy conocemos como líneas editoriales. Con ellas los editores no se limitan a contar lo que sucede, con más o menos nivel de interpretación, sino que realmente se proponen influir en la sociedad contribuyendo a conformar la opinión pública. Esto hace que en las democracias el papel de la prensa libre resulte esencial, determinante de su propia existencia como régimen político. En la medida en que una democracia es un régimen de opinión pública que, finalmente, se acaba expresando en las urnas a través del voto, la capacidad que tengan los periódicos, hoy más genéricamente los medios de comunicación, en la conformación de esa opinión pública resulta consustancial a un régimen basado en la libertad del individuo.

En este contexto, ¿pueden los periódicos, los medios en general, responder a un proyecto empresarial con una orientación ideológica y en el que la rentabilidad sea un requisito clave? Pueden y deben. A veces resulta difícil entender que un periódico busque la influencia de su línea editorial sin renunciar a la rentabilidad. Hay muchas interpretaciones, sin duda erróneas, según las cuales la función social de un medio resulta incompatible con la prosperidad empresarial y con la retribución al empresario o al accionista.

También se piensa que muchos medios malviven eternamente superando día a día una situación económica crítica gracias a la generosidad interesada de determinados bolsillos privados o públicos. Efectivamente, la naturaleza del negocio se presta a que esto sea así, pero no hay nada más corrosivo en lo empresarial que intervenir para que no se cumplan las leyes del mercado, ni más torticero en lo político que tener a un medio secuestrado en la acuciante necesidad de la bombona de oxígeno diaria para poder sobrevivir aun a costa de sus propias señas de identidad. Nada hay más contrario a la libertad de un medio y, por tanto, al cumplimiento solvente de sus fines que la falta de rentabilidad.

Hoy en día un periódico debe ser y debe nacer como un proyecto empresarial. Como en todo proyecto empresarial la figura del empresario, en este caso le llamamos editor, resulta determinante. Como en cualquier proyecto empresarial, alguien concibe una idea y la traslada al mercado corriendo el riesgo de que funcione o no funcione, en el segundo caso con la correspondiente pérdida económica. Lo que diferencia un proyecto empresarial de otro tipo de proyecto de otra naturaleza es que en el primero hay alguien, el emprendedor, que arriesga su dinero.

Los mejores proyectos periodísticos siempre han estado vinculados a personas que, poniendo en marcha un negocio, han decidido defender unas ideas, una visión de la vida y del mundo; que han definido, con más o menos acierto, más o menos precisión, una línea editorial, un proyecto intelectual. Siempre a través de un producto que busca contar historias acerca de lo que sucede con la verdad y la relevancia como objetivos irrenunciables. La historia está plagada de ejemplos en todo el mundo y, por supuesto, también en España. Editores que supieron encontrar el éxito económico a la par que el éxito editorial, influyendo sin dejarse condicionar por otros intereses que no fueran los del propio periódico, lo que les permitió mantenerse en muchos casos por generaciones.

A nivel internacional hay muchos ejemplos, algunos legendarios, como los de *The Washington Post* y *The New York Times* en Estados Unidos, dando lugar a mucha literatura e incluso a guiones cinematográficos, pero lo cierto es que ¿quién no tiene en la cabeza el papel de Katharine Graham, hija y viuda de editor, en el famoso *scoop* del Watergate? Algunos editores han levantado auténticos imperios globales y multinacionales, como es el caso del australiano Rupert Murdoch o el del malogrado Robert

Maxwell. En Europa, en Sudamérica, en Canadá, en Japón, en India, también hay numerosos ejemplos de editores emprendedores de éxito que han logrado tener un papel relevante en sus respectivas sociedades. La lista sería interminable.

En España contamos con muchos ejemplos y de gran trascendencia en diferentes momentos de nuestra historia. En este sentido, a finales del siglo XVIII, cabe destacar a José Marchena, editor de *Gaceta de la Libertad y de la Igualdad*, inspirado en los ideales de la Revolución francesa y del liberalismo, personaje que no dudó en arriesgar su dinero por una causa (la de la libertad) sin renunciar a un adecuado retorno de la inversión.

Posteriormente, ya entrado el siglo XIX, coincidiendo con las Cortes de Cádiz proliferaron muchos periódicos como *El Tribuno* o *El Conciso*, este último con cierto éxito, pues alcanzó una difusión de unos dos mil ejemplares en unos tiempos en los que apenas unos pocos sabían leer. Entonces la figura del editor era verdaderamente rotunda, inconfundible, referencial... y arriesgada.

Posteriormente, a finales del siglo XIX y comienzos del XX aparecieron otros editores con el mismo corte que el descrito y cuya obra, en muchos casos, se mantiene generación tras generación. A nivel regional hay casos muy notables, también a nivel nacional. Los Godó, Luca de Tena, Joly, Yarza, Rey, Bergareche/Echevarría, Montiel, Kindelán/Villanueva, entre otros muchos, y más recientemente Polanco y Moll. Todos ellos ejemplos de empresarios/editores que supieron cosechar indudables éxitos económicos peleando por sus ideales.

Ha habido otros emprendedores en el mundo del periodismo, pero quizá su perfil no se ajusta a la descripción que hemos hecho respecto a los citados. Hay muchos empresarios que han estimado oportuno tomar posición en el mundo de los medios siendo otra su actividad principal. Sin discutir la legitimidad de ese tipo de iniciativa, creo que no es lo mismo. No es igual invertir o emprender para defender unos ideales a través del negocio editorial que invertir en el negocio editorial porque conviene a los intereses de una determinada actividad. Con ello no quiero juzgar: se puede hacer buen periodismo de las dos formas, por qué no, pero si tenemos que identificar a la figura cualificada del editor, creo que en ésta encaja mucho mejor el primer tipo de emprendedores que el segundo.

¿Cuál es la situación en la que nos encontramos hoy en día respecto a la figura del editor? No hace falta alargarse con muchas explicaciones para concluir que las cosas han cambiado mucho. Las razones son de muy diversa índole y apuntaré algunas, pero lo cierto es que las circunstancias objetivas en las que tiene que desenvolverse hoy la prensa hacen que inevitablemente se haya diluido la figura del editor tradicional.

La primera razón ha sido la aceleradísima transformación tecnológica que ha sufrido el sector que ha impedido la digestión de inversiones millonarias que han devenido en improductivas al poco de haberse afrontado. A finales del siglo XX y comienzos del XXI, con el fenómeno digital ya en ebullición, la mayor parte de los grupos editoriales se embarcaron en cambios de rotativas, de equipos de cierre, de centros de preimpresión, invirtiendo cientos de millones de euros. Es cierto que las tiradas de los periódicos continuaban siendo altas, pero ya había suficientes elementos en el horizonte como para sospechar que la tendencia iba a ser claramente descendente. El resultado fue que ninguno de los planes de inversión se pudo rentabilizar en los plazos previstos, pues las difusiones comenzaron a caer en paralelo los ingresos por circulación.

Algunos pudieron sortear, más o menos, el problema imprimiendo para otros, pero el mal no tenía remedio. El impacto patrimonial que tuvo este fenómeno en las economías de los periódicos fue sencillamente brutal y el sector quedó herido de gravedad y sin liquidez ni recursos para abordar las necesarias reestructuraciones ni para invertir en una transformación tecnológica que se está evidenciando crucial para la supervivencia. El mercado se quedó pequeño y con muchos operadores.

Después vinieron fusiones, compras, integraciones que, en alguna medida, ayudaron a paliar el problema, pero con grandes cambios en las estructuras mercantiles de los grupos editoriales. Se diluyeron accionarialmente muchas de las familias de editores pioneros dando entrada en las sociedades a otro tipo de accionistas. Las empresas se fueron adaptando a una nueva realidad en la que empezaron a tener pesos profesionales con otros perfiles. Se pasó casi de la empresa unipersonal liderada por el editor a compañías mercantiles con diversos accionistas y representantes en los consejos de administración cuyos perfiles distaban mucho de la tradicional figura del editor. En los accionariados respectivos han entrado grupos que nada tienen que ver con el mundo editorial o fondos de inversión con intereses en los más diversos sectores. Además, algunas de las compañías editoriales han pasado a cotizar en bolsa, lo que las ha llevado a adoptar unos procedimientos de control y de gestión que han exigido especialidades profesionales muy alejadas de las tradicionales en el mundo de la edición.

Por ello, hoy estamos más familiarizados con las figuras de los altos ejecutivos de los grupos editoriales, consejeros delegados, directores generales, que han adquirido un gran protagonismo en los últimos años. Conviene aclarar que estos profesionales, aunque figuren en las manchetas y asuman la responsabilidad de lo que se publica, están muy lejos de la figura del editor descrita anteriormente. La diferencia que existe entre un editor y un primer ejecutivo de una empresa editorial vendría a ser la misma que existe entre un empresario y un alto ejecutivo. Nadie duda de lo que significó, por ejemplo, un Pablo Isla en Inditex, pero todo el mundo sabe que no era lo mismo que Amancio Ortega.

En defecto de la figura personal del editor, hoy está generalizada la forma mercantil en las empresas editoriales, casi todas sociedades anónimas. La cuestión es si en una sociedad, con sus órganos de administración, se puede velar por una línea editorial en la misma medida en que lo hace un editor tradicional. No tendría por qué ser imposible si se establecen las cautelas necesarias a través de los instrumentos adecuados. En los estatutos de una sociedad pueden introducirse innumerables disposiciones relativas al gobierno de la sociedad y también, nada lo impide, elementos relativos a cuáles son los principios ideológicos que deben regir la línea editorial del medio.

Se pueden establecer órganos de vigilancia que velen por el cumplimiento de esos principios y mecanismos que permitan el bloqueo o el veto de ciertos contenidos atentatorios contra la línea definida. Al final la responsabilidad será colegiada, pero en los periódicos modernos explotados desde una sociedad mercantil se puede articular todo lo necesario para exhibir, ejecutar y defender una línea editorial.

Hablábamos antes del editor unipersonal o de aquel que aun adoptando para la explotación de su periódico la forma mercantil, dada su relevancia, su autoridad, conferida por su posición de dominio en el capital social, es la auténtica referencia para todos, interna y externamente (piénsese, por ejemplo, lo que significó en España la figura de Jesús de Polanco durante décadas). Además de poder ser editado un periódico por una persona física, puede serlo por una persona jurídica, siendo en este caso, como hemos visto, la sociedad anónima el caso más frecuente.

También podría un periódico ser editado por una fundación, o incluso por corporaciones de derecho público. No es extraordinario que el Estado sea editor de periódicos o explote directamente otros medios de comunicación. Todos recordamos ejemplos muy sonoros de cabeceras estatales, normalmente en países en los que gobiernan regímenes autoritarios. En estos casos no es difícil deducir cuál es la línea editorial inspiradora de los periódicos, ni la dirección en la que el medio querrá influir en la opinión pública.

La tentación de intervenir en los medios por parte de los gobiernos de turno es algo que viene sucediendo desde que el mundo es mundo. Que lo consigan o no dependerá mucho de la solidez de los medios y de la defensa decidida que se haga de sus principios ideológicos expresados cada día a través de su línea editorial. En el caso español resulta especialmente delicado, pues la estructura territorial del Estado propicia la multiplicación de Administraciones públicas, favoreciendo mercados de nicho territoriales con muchos más operadores de los que el sentido común aconseja.

El resultado es que muchos operadores débiles y muchas Administraciones públicas deseosas de captar voluntades informativas constituyen una realidad poco sana desde el punto de vista de lo que debiera ser el papel de la prensa en una democracia madura. Produce sonrojo ver cómo se manejan los presupuestos de publicidad del sector público, beneficiando a los amigos e intentando hacer morir por inanición a los enemigos. Cuando este tipo de cosas suceden es porque alguien claudica a los deseos del poder y la claudicación siempre se personaliza en la figura de quien debe proponer una línea y defenderla, es decir, el editor, cualquiera que sea su forma jurídica.

La debilidad de los periódicos —y por tanto de los editores— resulta especialmente grave en los convulsos tiempos que corren, en los que la polarización y la fragmentación política están poniendo en riesgo nuestro sistema de valores, perfectamente expresado en la Constitución de 1978, piedra angular de nuestro ordenamiento jurídico. El papel que desempeñaron los periódicos y los editores durante la Transición permitió un consenso no sólo en el terreno político (nunca estuvo tan unido respecto a los principios todo el arco parlamentario), sino también en el ámbito social. Los periódicos intervinieron decididamente para aunar voluntades entre los ciudadanos, lo que permitió construir una voluntad general que se expresó masiva y mayoritariamente a favor de una idea, de unos principios que permitieron ordenar nuestra convivencia.

La influencia de determinados personajes del mundo periodístico y editorial fue más que elocuente en aquellos años. Editores como el ya citado Jesús de Polanco, la familia Luca de Tena, Juan Tomás de Salas, Javier Godó, los Bergareche y tantos otros fueron determinantes en el éxito de una descomunal tarea colectiva de la que debiéramos sentirnos orgullosos. Arriesgaron su dinero por unos ideales y ellos y sus periódicos se convirtieron en auténticas referencias en un momento en el que éstas eran tan necesarias.

Hoy lamentablemente no es así y la relevancia de los periódicos ha caído estrepitosamente. Consecuentemente, la capacidad de los periódicos para construir lo que en términos roussonianos llamaríamos una voluntad general, lo que hoy conocemos como una opinión pública articulada y consistente, se ha resentido considerablemente. Los nuevos editores se enfrentan a otras cosas sobre las que todavía es aventurado hacer pronósticos. Las grandes plataformas digitales, las redes sociales, la inteligencia artificial aplicada al estudio del comportamiento humano anticipando conductas individuales y colectivas... El desafío que tienen por delante los nuevos editores es tan inmenso como el que tiene el conjunto de la sociedad. Confío en que sepan estar a la altura.

Autores

Rubén Arranz

Redactor de *Vozpópuli* especializado en medios de comunicación y opinión. Es licenciado en Periodismo por la Universidad de Valladolid (UVa). Anteriormente, ha trabajado en la Agencia EFE (España y Uruguay) y en el diario digital *El Independiente*.

Fernando Cano

Actualmente redactor jefe de *Empresas* y miembro del Comité Editorial del diario digital *The Objective*, especializado en política y economía. Licenciado en Periodismo y Comunicación Social en la Pontificia Universidad Católica de Valparaíso (Chile) y máster en Información Económica por la Universidad Complutense, ha trabajado en medios de comunicación como *Radio Portales*, *El Mercurio*, *Cinco Días*, *El País*, *PR Noticias*, *El Español* e *Invertia*.

Lleva más de veintidós años de carrera profesional y desde el año 2005 sigue la actualidad de los medios de comunicación en España y ha vivido en primera línea todas las crisis del sector, desde los ERE de finales de la década pasada hasta el último golpe de la pandemia del coronavirus. Ha cubierto la información de prensa, radio y televisión siempre con una perspectiva del negocio periodístico que le ha permitido realizar aplaudidos análisis y ser reconocido como uno de los periodistas que más sabe de la información económica de medios en España.

Jorge del Corral y Díez del Corral

Hijo, hermano y padre de periodistas, licenciado por la Escuela Oficial de Madrid. Ha trabajado en *Tele-Radio, La Hoja del Lunes* de Madrid, *Auto-Club, Motor-Mundial* y *ABC*. Ha sido director del Circuito del Jarama y jefe de prensa del RACE (1973-1978).

En la Agencia EFE trabajó entre 1976 y 1988, donde fue redactor-jefe, subdirector de Nacional y de Internacional y corresponsal en Roma (1983-1988). Además, fue uno de los fundadores de Antena 3 TV (1989) y su primer director de Noticias y Programas de Actualidad, hasta que en 1996 fue nombrado secretario general de la cadena, donde permaneció hasta 2003. Entre 2001 y 2003 compaginó también ese cargo con el de director general de Comunicación y Relaciones Institucionales y secretario general técnico de Telefónica de Contenidos.

Miembro fundador de la Asociación de Periodistas Europeos (APE) y del Grupo Crónica; creador y fundador de la Academia de las Ciencias y las Artes de Televisión (ATV); promotor y primer secretario de la Unión de Televisiones Comerciales Asociadas (UTECA), de 1998 a 2011; directivo de la Asociación de la Prensa de Madrid (APM) entre 1992 y 2011, donde ideó y puso en marcha el Programa Primer Empleo, aún vigente, y articulista en *La Voz de Galicia, ABC, El Debate* y *Periodista Digital.*

Asimismo, es premio Salvador de Madariaga, Antena de Oro, Antena de Plata y premio Talento Extraordinario de la Academia de TV.

Loreto Corredoira

Loreto Corredoira es profesora titular de Derecho de la Información en la Facultad de Ciencias de la Información de la Universidad Complutense y Jean Monnet Chair. Es doctora en Derecho de la Información y licenciada en Derecho. Abogada (profesión que no ejerce) y periodista. *Visiting fellow* de las Universidades de Berkeley y UCLA (California). Coordinadora de varios libros clave en el derecho de internet, libertades informativas y garantías de la prensa libre en la democracia.

Además, es profesora invitada en Chile, Perú, Syracuse (Nueva York), y asesoró en temas de redes al Parlamento español, al de Perú y a la DG X de la Unión Europea en políticas de internet.

Especialista en derecho de la información, con líneas de trabajo y seminarios recientes sobre desinformación y responsabilidades en las redes. Autora de diez libros (dos codirigidos), coordinadora de seis y autora de más de cuarenta artículos y capítulos de libros del ámbito del derecho de los medios, prensa y redes sociales (especialmente Twitter, Facebook y YouTube). Colaboradora de temas jurídicos en periódicos y revistas. Y es directora del blog *Cyberlaw.ucm.es*, que lleva online veinticuatro años.

Desde 2020 codirige con Rafael Rubio el Observatorio Complutense de la Información dentro del proyecto SN-Disorders, que cuenta con financiación de la Agencia Estatal de Investigación.

Antonio Fernández-Galiano

Nacido en Madrid en abril de 1957, está casado, tiene tres hijos, es licenciado en Derecho (Universidad Complutense de Madrid), cursó un máster en Asesoría Jurídica de Empresas (Instituto de Empresa de Madrid) y el Programa de Dirección General (PDG) en el IESE (Universidad de Navarra), Madrid.

Antes de llegar a la presidencia ejecutiva de Unidad Editorial pasó por distintas posiciones en el grupo, al que se incorporó a comienzos de 1990 como director gerente de *El Mundo*. Más tarde fue nombrado director general y en 2005 accedió a la posición de consejero delegado. Desde esa posición afrontó la compra del Grupo Recoletos (abril de 2007) y su posterior fusión con Unedisa, dando lugar a la nueva Unidad Editorial, sociedad fusionada resultante, en la que fue confirmado como consejero delegado. En diciembre de 2011 fue nombrado presidente ejecutivo de Unidad Editorial.

Presidente de VEO Televisión y de UTECA (Unión de Televisiones Comerciales Asociadas) en el bienio 2012-2013. Durante su presidencia negoció con el Gobierno de España el primer dividendo digital.

En el sector de la comunicación ha pasado por diversos puestos y organismos: ha pertenecido al consejo de administración de OJD, así como a su comité ejecutivo; ha formado parte de la junta directiva de la AEDE, la Asociación de Editores, de la que ha sido presidente; a nivel internacional, ha sido miembro del consejo de administración de WAN-IFRA (Asociación Mundial de Periódicos) y perteneció a su Board of Senators. Ha pertenecido a la junta directiva de la AMI (Asociación de Medios de Información) desde su fundación y en los dos últimos años hasta mayo de 2021 ha sido su presidente.

Ha sido ponente en numerosos congresos y foros, nacionales e internacionales, y profesor de Derecho Civil en la Universidad San Pablo-CEU entre 1983 y 1999.

Carmen Fuente Cobo

Profesional y académica con amplia experiencia en empresas y medios de los sectores audiovisual, tecnológico e información. Ha sido directora de Contenidos de ONO y directora de Canales Temáticos de la productora Planeta 2010, del Grupo Planeta.

En la actualidad dirige el área de Investigación e Innovación de la Universidad Villanueva, donde también es profesora titular de Periodismo e investigadora experta en temas de regulación y autorregulación audiovisual, políticas públicas audiovisuales, derechos y libertades comunicativas y protección de la infancia.

Comprometida con la promoción y defensa de la calidad en el sector audiovisual, es miembro del consejo asesor de la plataforma de consumidores y usuarios de los medios iCmedia, de la que ha sido vicepresidenta.

Correo de contacto: <cfuentecobo@villanueva.edu>.

Alberto Lardiés

Nacido en Castejón (Navarra) en 1983, es periodista y escritor. Licenciado en Periodismo por la Universidad Complutense y máster en el Mundo Clásico por la UNED. En la actualidad es subdirector de *Crónica Vasca*, donde entre otras cosas ejerce la crítica televisiva. Antes escribió en las páginas de *Vozpópuli*, *The Objective*, *El Español*, *La Gaceta de los Negocios*, *El Imparcial*, *ABC* o *Diario de Navarra*. Sus últimos libros publicados son *Los días extraños* (2021), un diario sobre el confinamiento por la pandemia de coronavirus; *La democracia borbónica* (Akal, 2019), un ensayo que aborda cómo las élites manejan el poder en España, y *Los papeles de Barrabás* (Círculo Rojo, 2014), una novela corta sobre corrupción política. Antes también publicó *La corte de Felipe VI* (La Esfera de los Libros, 2015), *Los mil secretos de Rubalcaba* (Ciudadela, 2011) y *Anson: una vida al descubierto* (La Esfera de los Libros, 2010), coescritos junto a su amigo Daniel Forcada. Ha obtenido premios en varios concursos literarios con obras como *El rostro de Caronte*, *Memoria*, *Barrotes de oro* o *Espejos rotos*. Siempre tiene en mente su siguiente libro.

Twitter: @AlbertoLardies
<www.albertolardies.com>

Mercedes Medina Laverón

Doctora en Ciencias de la Información por la Universidad de Navarra (1995) y máster en Arts in Communication por la Universidad de Westminster (1994). Ha sido directora del Máster en Gestión de Empresas de Comunicación (MGEC, 2006-2012) y directora del Departamento de Empresa Informativa (2001-2006). Desde 2016, dirige la revista *Communication & Society* y coordina el Grupo de Investigación de Mercados y Empresas de Comunicación (GIMECo). Ha sido la investigadora principal de varios proyectos de investigación financiados por el Gobierno de España y la Comisión Europea.

Actualmente dirige el proyecto Resilient Media for Democracy in the Digital Age (2022-2024) financiado por la Comisión Europea. Es miembro del consejo de la European Media Management Association (EMMA, 2006-2008; 2022) y del consejo de la International Media Management Association (IMMA).

Tiene cuatro sexenios de investigación reconocidos y es experta en economía del entretenimiento, gestión de contenidos y calidad en televisión. Ha publicado más de cuarenta capítulos de libros, más de treinta artículos en revistas científicas indexadas y más de diez libros como editora y autora.

Twitter: @mmlaveron

Correo de contacto: <mmedina@unav.es>.

Lucía Méndez

Nació en Palacios de Sanabria (Zamora). Licenciada en Ciencias de la Información por la Universidad Complutense de Madrid, comenzó en la radio, en la Cadena SER, siguió en *Diario 16,* y es fundadora de *El Mundo*, periódico en el que sigue trabajando como redactora jefe y columnista (con una breve interrupción de dos años en la Secretaría de Estado de Comunicación). Premio Josefina Carabias del Congreso, premio Puro Cora del Grupo Progreso y premio Raúl del Pozo de columnismo político. Es autora de *Morder la bala* (La Esfera de Los Libros, 2018).

María Peral

Adjunta al director de medio digital *El Español* y especialista en información judicial. En este ámbito ha trabajado antes en *El*

Mundo y *ABC*. Participa habitualmente en actividades de formación de jueces y fiscales en materia de comunicación. Para esta misma actividad fue contratada como experta de la Unión Europea en un programa desarrollado en Rumanía de cara al ingreso de este país en la UE. Por designación del Consejo de Ministros, ha sido miembro de la Comisión de Modernización del Lenguaje Jurídico.

Recibió el Premio Javier Bueno, instaurado por la Asociación de la Prensa de Madrid como reconocimiento a una dedicación sobresaliente en un área especializada del periodismo. También ha recibido premios de la Asociación de Antiguos Alumnos de la Facultad de Derecho de la Universidad Complutense de Madrid; de la Asociación de Jueces y Magistrados Francisco de Vitoria y de la Plataforma Cívica para la Independencia Judicial.

En 2018 recibió en Nueva York el Premio First Amendment Award, concedido por la sección española de la Fundación Eisenhower. Está en posesión de la Cruz Distinguida de Primera Clase de la Orden de San Raimundo de Peñafort.

Como periodista de tribunales ha cubierto la mayoría de los principales procesos judiciales de los últimos años. También ha participado en publicaciones colectivas sobre justicia y medios de comunicación.

Tatiana Pereira-Villazón

Realizó su doctorado en la Universidad de Navarra en el Departamento de Marketing y Empresas de Comunicación. Tiene un máster en Comunicación Corporativa por la Universidad de Barcelona. Sus intereses de investigación se relacionan con la creación y gestión de marcas corporativas, con especial interés en la industria audiovisual, y los principales cambios en la gestión de la marca de medios.

Bieito Rubido

Nacido en Cedeira en 1957, es un periodista que se licenció en Ciencias de la Información por la Universidad Complutense de Madrid. A lo largo de más de cuarenta años ha ejercido la profesión en todos los soportes: prensa, radio y televisión.

En la actualidad dirige el diario digital *El Debate*. Con anterioridad había sido director de *La Voz de Galicia*, director editorial de los diarios regionales de Vocento y durante una década ocupó la dirección de *ABC*. En su dilatada carrera trabajó en *Informaciones*, *Ferrol Diario*, *El Ideal Gallego*, *La Voz de Galicia*, Antena 3 Radio y Antena 3 TV. Creó el diario deportivo *DxT* y fue uno de los fundadores de Radio Voz.

Ejerció también la docencia por espacio de más de diez años, tanto en la Universidad Rey Juan Carlos como en la San Pablo CEU, ambas en Madrid. Es habitual contertulio de COPE, esRadio, Trece TV y TVE.

Carlos Sánchez Sanz

Licenciado en Ciencias de la Información por la Universidad Complutense, es en la actualidad director adjunto de *El Confidencial*. En su vida profesional ha sido redactor jefe de Economía y Política en el diario *Expansión*; director de Comunicación del Consejo Económico y Social de España; redactor jefe del diario *El Mundo* (en Economía y Nacional) y miembro del equipo fundador; redactor jefe de Economía en Telemadrid; redactor del semanario *El Globo* y miembro del equipo fundador; redactor de Economía en Radio Nacional de España.

Es autor de *Los nuevos amos de España* (La Esfera de los Libros, 2007), *Dinero fresco* (Planeta, 2003) y coautor de *Estado de alarma* (Península, 2020) y del *Diccionario básico de la lengua* (Anaya, 1982).

Está especializado en economía, mercado laboral y sistema fiscal y financiero.

Justino Sinova

Periodista, escritor y profesor universitario. Realizó una larga tarea profesional en agencias de prensa (Europa Press), en la prensa escrita (periódicos *Informaciones*, *Diario de Barcelona*, *Diario 16* —en cuya fundación participó y del que fue director—, *El Mundo*), en la radio (Onda Cero y RNE) y en la televisión (TVE y Telecinco). Premio Víctor de la Serna en 1985, concedido por la Asociación de la Prensa al periodista más destacado del año, y distinguido por el Club Internacional de Prensa como autor del trabajo periodístico más relevante del año 1999: la edición en *El Mundo* de *El Diario del Siglo XX*.

Dirigió la «Historia de la Transición» en *Diario 16* (entre 1983 y 1984) y la «Historia de la democracia» (1995) en *El Mundo*. Su investigación se ha centrado en las relaciones del poder político y los medios, lo que ha plasmado en libros como *La censura de prensa durante el franquismo* (Premio Espasa de Ensayo 1989), *El poder y la prensa* y *La prensa en la Segunda República española: historia de una libertad frustrada* (Premio de Investigación Ángel Herrera 1995).

Álvaro Zarzalejos

Redactor del diario *Expansión*, graduado en Comunicación Audiovisual por la Universidad Carlos III de Madrid y en Ciencia Política y de la Administración por la Universidad Nacional de Educación a Distancia (UNED). También ha trabajado en *El Confidencial* y en *Vozpópuli*.

José Antonio Zarzalejos

Nacido en Bilbao, España, 1954, es licenciado en Derecho por la Universidad de Deusto, letrado de la Diputación Foral de Vizcaya y periodista. Se inició en la profesión como columnista en *El Correo Español-El Pueblo Vasco*, del que fue director adjunto y director (1990-1998). En 1998 y hasta 1999 fue director editorial del Grupo Correo y en septiembre de ese año director de *ABC* hasta septiembre de 2004, cuando pasó a desempeñar la secretaría general de la compañía, y regresó a la dirección de *ABC* de diciembre de 2005 a febrero de 2008. Tras su salida del diario desempeñó la dirección general de España de la multinacional de consultoría de comunicación y asuntos públicos Llorente & Cuenca S. L.

En la actualidad es analista de *El Confidencial* y adjunto al presidente de su sociedad editora y colaborador de la cadena SER y de Radio Nacional de España. Ha sido galardonado con el Premio de la Federación de las Asociaciones de la Prensa de España (FAPE), el Godó de Periodismo, el Luca de Tena, el Mariano de Cavia, el Rodríguez Santamaría, otorgado por la Asociación de la Prensa de Madrid, y el Francisco Cerecedo, entre otros. En 2004 fue condecorado por el Gobierno francés con la Orden de la Legión de Honor.

Ha publicado cinco libros: *País Vasco: crónicas de un analista político* (1989); *Contra la secesión vasca* (2005), *La destitución: historia de un periodismo imposible* (2010), *La sonrisa de Julia Roberts: Zapatero y su época* (2011) y *Mañana será tarde* (2015). El 10 de febrero de 2021 publicó *Felipe VI: un rey en la adversidad*, el primer relato a fondo de los seis primeros años del reinado del actual monarca y la descripción de la crisis de la monarquía española. Ha sido director editorial de la serie documental *El desafío: ETA* (2020) emitida en ocho capítulos en Amazon Prime Video.

Impreso en Romanyà Valls, S. A.
Sant Joan Baptista, 35
08789 La Torre de Claramunt (Barcelona)